INHALT

ES IST ZEIT ...

Revolutionen haben es manchmal schwer, in der historischen Tradition ihrer Völker »anzukommen«. Das galt für die große Französische Revolution, das galt für die Deutsche Revolution von 1848/49, und das gilt auch für die Revolution von 1918/19. Aber einhundert Jahre danach ist es Zeit, sie endlich zum festen Bestandteil unserer demokratischen Tradition zu machen.

Gerade die Deutsche Revolution 1918/19 ist auf unerwartete Weise wieder aktuell geworden. Was wir dieser Revolution verdanken, wird heute teilweise infrage gestellt, wenn auch glücklicherweise noch nicht in Deutschland. Die liberale und soziale Demokratie ist gefährdet. Das wird uns in diesen Jahren vielfach und schmerzlich vor Augen geführt – auch in Europa. In Ungarn und Polen haben national-konservative Parteien die Macht übernommen und arbeiten daran, sie nicht wieder zu verlieren. Vor Wahlen in einer ganzen Reihe von Staaten der Europäischen Union beginnt regelmäßig das große Zittern. Sogenannte Populisten haben Hochkonjunktur. Autoritäre Regime sind mit einem Mal nicht mehr nur ein Problem Südamerikas, Afrikas oder Asiens. Auch in Europa sind liberale und soziale Demokratien keine Selbstverständlichkeit mehr.

Gerade jetzt sollten wir uns deshalb erinnern, dass die politische Demokratie eine großartige Errungenschaft ist, für die in den Revolutionsmonaten 1918/19 Arbeiter und Soldaten,

Männer und Frauen gekämpft haben. Wir verdanken sie ihrer Bereitschaft, notfalls ihr Leben für diese Demokratie einzusetzen. Sie ist auf dem politischen Feld das Wertvollste, was wir haben. Wir in Deutschland sollten besonders wachsam sein und allen Versuchen, sie uns ein zweites Mal zu nehmen, von Anfang an entschieden entgegentreten. Die Erinnerung an die Revolutionskämpfe 1918/19 kann unseren eigenen Einsatz für die liberale und soziale Demokratie stärken und deutlich machen, worauf es dabei wesentlich ankommt.

Ein Blick nach Frankreich oder in die USA zeigt, dass andere Nationen mit Stolz ihre Revolutionen feiern und damit ihr Selbstbewusstsein als demokratische Gesellschaften stärken. Wir haben in der alten Bundesrepublik lange gebraucht, bis wir den aufständischen Bauern und den Revolutionären von 1848/49 einen angemessenen Platz in unserer Geschichtskultur gegeben haben. Dass darin bis heute die größte Massenbewegung der deutschen Geschichte fehlt, die uns 1918/19 die Demokratie gebracht hat, ist kaum zu entschuldigen – wohl aber zu erklären.

Die Erinnerung an die Revolution von 1918/19 ist jahrzehntelang ins Räderwerk der politischen Auseinandersetzungen geraten und für die unterschiedlichsten Zwecke instrumentalisiert worden. Gegenstand intensiver Forschung ist diese Revolution erst Mitte der Fünfzigerjahre geworden, und bereits dreißig Jahre später ist sie weitgehend in Vergessenheit geraten.

Ich bin ihr Ende der Sechzigerjahre – noch als Schüler – zum ersten Mal begegnet. Es war Faszination auf den ersten Blick. Sie hat viel Geheimnisvolles ausgestrahlt, von dem im Geschichtsunterricht nur beiläufig und mit sehr negativer Bewertung die Rede war: Meuterei, Aufstände, Arbeiter- und Soldatenräte, Räterepublik. Der *stern* hat damals in einer ganzen Serie den »großen Verrat« angeprangert, der 1918/19 stattgefunden habe. Da war offenbar ein Kapitel unserer Geschichte zu entdecken, das lange ins Abseits gestellt worden war.

Anfang der Siebzigerjahre habe ich diese Revolution dann im Studium näher kennengelernt, und sie hat mich seither nicht mehr losgelassen. Meine Magisterarbeit hat sich mit ihr beschäftigt, auch meine Dissertation. Ich habe die Revolution von 1918/19 als eine der großen Weichenstellungen der deutschen Geschichte wahrgenommen: Sie hat die Monarchie hinweggefegt und Deutschland zur Republik gemacht. Sie hat aber nicht alle Chancen nutzen können, auch die Gesellschaft zu demokratisieren. Todfeinde der Republik blieben mächtig und haben die Demokratie nach vierzehn Jahren an Hitler ausgeliefert. Vielleicht wäre Deutschland und der Welt manches erspart geblieben, wenn die Revolution ein Stück weiter vorangekommen wäre! Der Gedanke ist naheliegend, auch wenn er spekulativ ist und mit Geschichtswissenschaft nichts zu tun hat. Ich habe in den Siebzigerjahren vor allem auf die nicht genutzten Chancen geblickt, wie fast die gesamte historische Forschung. Inzwischen schaue ich viel intensiver auch auf die Ergebnisse und Errungenschaften dieser Revolution. Jede Zeit hat ihren eigenen Blick auf die historischen Ereignisse.

Die Geschichtsschreibung über die Revolution von 1918/19 hatte immer eine besonders stark ausgeprägte politische Dimension. Für die politische Rechte in der Weimarer Republik war die Revolution der »Dolchstoß« in den Rücken des Heeres und damit die Ursache für die Niederlage im Weltkrieg. Diese Position nahmen damals auch die meisten deutschen Historiker ein, die zu den entschiedenen Gegnern der Republik gehörten. Für Hitler war sie Hochverrat – und sein persönlicher Albtraum schlechthin. Der Nationalsozialismus hat sich von Anfang an als Gegenbewegung zur Revolution von 1918/19 verstanden. Die Kommunisten haben sie vor allem als großen Verrat der Sozialdemokraten gesehen, während die führenden Sozialdemokraten sie als erfolgreichen Abwehrkampf gegen den Bolschewismus feierten. Die bürgerlichen Parteien der Mitte haben sich mit der Republik arrangiert, wollten aber von der

Revolution schon bald nichts mehr hören. Allein die breite Mehrheitsströmung der Sozialdemokraten hat in der Weimarer Zeit die Erinnerung an die Revolution von 1918/19 in einem positiven Sinn hochgehalten.

Mit der Machtübergabe an Hitler im Januar 1933 endete auch das. Mehr als zwölf Jahre war dann nur noch von Dolchstoß, Hochverrat und Novemberverbrechern die Rede. Das Ende der ersten deutschen Demokratie und Hitlers Machtantritt prägten von nun an ganz entscheidend den Blick auf die Revolutionsperiode. Sozialdemokraten im Exil begannen ernsthaft darüber nachzudenken, ob man nicht in den Revolutionsmonaten 1918/19 Entscheidendes versäumt habe. Auch die Geschichtsschreibung in den USA und Großbritannien stellte diese Frage, besonders drängend nach dem Beginn des Zweiten Weltkriegs. Man wollte vermeiden, dass ein zweites Mal dieselben Fehler gemacht werden.

Solche Fragestellungen waren in der Geschichtswissenschaft der Bundesrepublik jahrelang tabu. Sie hat fast ein Jahrzehnt gebraucht, um sich vom Trauma des Nationalsozialismus und des Zweiten Weltkriegs etwas zu erholen. Ihr vorherrschendes Interesse richtete sich zunächst vor allem darauf, den Nationalsozialismus als tragischen Betriebsunfall darzustellen, der mit dem Rest der deutschen Nationalgeschichte nichts zu tun habe. Nach Versäumnissen in den Jahren 1918/19 zu fragen wäre diesem Interesse völlig zuwidergelaufen. Bis zum Historikertag 1964 galt deshalb: Es gab in den Revolutionsmonaten nur zwei Optionen, den Bolschewismus oder die Weimarer Republik, wie sie im Lauf des Jahres 1919 entstanden ist. Da den Bolschewismus nach dem Geschichtsverständnis des Westens niemand ernsthaft wollen konnte, war die Entwicklung hin zu Hitlers Machtantritt eine tragische Zwangsläufigkeit.

Ganz anders war die politische Interessenlage in der sowjetischen Besatzungszone. Hier trat die KPD, später die SED, mit dem festen Vorsatz an, all das nachzuholen, was die Revolution

1918/19 in ihren Augen versäumt hatte. Die DDR verstand sich als der deutsche Staat, der die »Lehren der Novemberrevolution« berücksichtigt hat. Paradoxerweise ergab das eine ganz ähnliche Deutung der Revolution von 1918/19 wie im Westen. Auf beiden Seiten sah man in den politischen Zielsetzungen der Spartakusgruppe bzw. der frühen KPD die einzige Alternative zur Weimarer Republik. Die Bewertungen waren allerdings völlig gegensätzlich.

Diese Revolutionsbilder passten vorzüglich in die Zeit des Kalten Krieges zwischen Ost und West, aber kritische Geister in der Sozialdemokratie hatten schon früh den Verdacht, dass sie dem tatsächlichen Geschehen der Revolutionszeit nicht gerecht wurden. In der zweiten Hälfte der Fünfzigerjahre entstanden in der Bundesrepublik zahlreiche Studien vorwiegend jüngerer Historiker, die ein ganz anderes Bild der Revolution von 1918/19 ergaben. Eberhard Kolb, Peter von Oertzen, Reinhard Rürup und ihre Kollegen entdeckten die Arbeiter- und Soldatenräte neu, die in der Revolutionszeit eine umfassende »Demokratisierung« des Militärwesens, der Verwaltung, der Wirtschaft, ja der ganzen Gesellschaft forderten, aber von Bolschewismus nichts wissen wollten. Die Kommunisten hätten während der Revolution zwar lautstark auf sich aufmerksam gemacht, seien aber keine machtpolitisch bedeutsame Größe gewesen. Im Kern kamen all diese Studien – bei manchen Unterschieden im Detail – zu dem Urteil, dass die Revolution 1918/19 die gegebenen Möglichkeiten nicht vollständig genutzt hat, um der jungen Demokratie eine sichere und nachhaltige Grundlage zu verschaffen.

Im Verlauf der Sechziger- und Siebzigerjahre hat sich dieses neue Bild der Revolution von 1918/19 – mit manchen Revisionen im Einzelnen – in der historischen Forschung weitgehend durchgesetzt. Es wurde durch immer neue Detailstudien untermauert und passte zugleich in seinen politischen Dimensionen vorzüglich zur Ära der sozialliberalen Reformpolitik, für die vor allem Willy Brandt stand. Folgte man dem neuen Bild der Revolution von 1918/19, dann hätte Brandts legendärer Satz »Wir wollen mehr Demokratie wagen« durchaus eine Lehre aus den Revolutionsmonaten sein können.

Es konnte unter diesen Umständen kaum ausbleiben, dass die politische Tendenzwende am Ende der Siebzigerjahre auch vor der Geschichtsschreibung und ihrem Urteil über die Revolution von 1918/19 nicht haltmachte. Helmut Kohls Forderung nach einer »geistig-moralischen Wende« spülte die alten Revolutionsbilder aus den Fünfzigerjahren wieder nach oben, völlig unabhängig von den Ergebnissen historischer Forschung. Die renommierten Fachhistoriker waren fassungslos und nach einiger Zeit auch sprachlos. Die üblichen Methoden der wissenschaftlichen Auseinandersetzung blieben ohne Wirkung, Debatten liefen ins Leere, weil wissenschaftliche Belege und Argumente offenbar gar keine Rolle spielten. Es ging ja auch nicht um Wissenschaft.

Um die Mitte der Achtzigerjahre bildeten sich unter den westdeutschen Historikern zwei politische Lager, die sich unversöhnlich gegenüberstanden und deren Auseinandersetzungen schließlich im sogenannten Historikerstreit gipfelten. Im Mittelpunkt stand dabei der Nationalsozialismus, es ging um seinen Stellenwert in der deutschen Geschichte und seine Bedeutung in der Weltgeschichte. Die Revolution von 1918/19 geriet dabei ganz an den Rand und schließlich nahezu völlig in Vergessenheit.

In der DDR setzte dagegen in den Achtzigerjahren zaghaft ernsthafte Forschung ein, die nicht unter dem Parteidiktat der SED stand. Im Zeichen der Wende, der Wiedervereinigung der beiden deutschen Staaten und des allgemeinen Ideologieverdachts gegen Historiker der früheren DDR ist diese Forschung versandet.

Ein Jahrhundert nach der größten Revolution in der deutschen Geschichte ist es höchste Zeit für einen Neuanfang – und die Chancen stehen nicht schlecht. Viele der politischen Konflikte, die den Blick auf die Revolution von 1918/19 jahrzehntelang geprägt und durchaus auch vernebelt haben, sind inzwischen historisch »erledigt«. Die Sowjetunion existiert nicht mehr, nicht mehr die Konkurrenz zweier deutscher Staaten und auch nicht mehr der große Gegensatz zwischen Sozialdemokraten und Kommunisten in der internationalen Arbeiterbewegung. Die Bundesrepublik Deutschland hat sich nach dem großen Reformschub der frühen Siebzigerjahre und der Abwehr des RAF-Terrorismus als besonders stabile liberale und soziale Demokratie etabliert und bewährt. Die Gewaltherrschaft des Nationalsozialismus ist als ein zentraler, nicht zu leugnender und nicht zu verharmlosender Teil der deutschen Geschichte in der Geschichtskultur der Republik fest verankert. Sie muss nicht mehr der einzige Bezugspunkt deutscher Geschichte sein. Was jahrzehntelang aus jeweils aktuellen politischen Gründen in diese Revolution hineingedeutet wurde, ist bedeutungslos geworden.

Das macht es uns möglich, die Republik von Weimar nicht mehr nur von ihrem Ende her zu sehen. Diese Republik ist zwar nach vierzehn Jahren beseitigt worden, aber sie war nicht von Anfang an zum Scheitern verurteilt. Heute können wir ohne falsche Ängste und Sorgen die Weimarer Republik als bedeutsame Vorgängerin und Wegbereiterin der Bundesrepublik sehen und die Revolution 1918/19 als entscheidende Wegmarke der Demokratisierung in Deutschland.

Ich will in diesem Buch die Geschichte der Revolution von 1918/19 neu erzählen und auch mit manchen Legenden aufräumen, die über diese Revolution noch immer in Umlauf sind. Beispielsweise mit der, dass diese Revolution völlig überflüssig gewesen sei, weil doch schon die »Oktoberreformen« eine parlamentarische Monarchie gebracht hätten. Die Revolution war im Gegenteil dringend notwendig, denn die herrschenden Schichten des Kaiserreichs, insbesondere die militärischen Eliten, waren zu keinem Zeitpunkt bereit, ihre Macht zu teilen. Die Oktoberreformen waren das Papier nicht wert, auf das sie geschrieben wurden. Sie waren nicht mehr als ein Trick der Heeresleitung, um bessere Waffenstillstandsbedingungen zu bekommen und sich zugleich aus der Verantwortung für die Niederlage zu stehlen. Als die Militärführung Ende Oktober erkannte, dass ihr Spiel nicht aufging, begann sie sofort, die Demokratisierung zurückzunehmen. Die Fakten sind klar: ohne Revolution keine parlamentarische Demokratie.

Nach wie vor spukt auch die Legende durch manche Geschichtsbücher, es sei in den Revolutionsmonaten vor allem um die Abwehr des Bolschewismus gegangen. Durch den »Spartakusaufstand« im Januar 1919 sei das Land kurz vor einer bolschewistischen Diktatur gestanden. Davon kann in Wahrheit keine Rede sein.

Ins Reich der Legenden gehört ebenso, dass nur durch die enge und dauerhafte Zusammenarbeit der sozialdemokratischen Regierung mit der alten kaiserlichen Armeeführung die Demokratie gesichert werden konnte. Das Gegenteil ist wahr: Dieses enge Bündnis ist unnötig gewesen und hat sich sehr schnell zu einer existenziellen Gefahr für die junge Republik entwickelt. Bereits 1920 putschten rechtsgerichtete Truppenverbände gegen die Demokratie.

Eine vierte Legende schließlich hält sich besonders hartnäckig: Die Sozialdemokraten hätten damals die Revolution »verraten«. In der DDR hat diese Legende zu den Grundlagen des Staatsverständnisses gehört, aber im Überschwang der 68er-Bewegung stand sie auch im Westen hoch im Kurs. Selbst konservative Bürgerliche wie Sebastian Haffner haben sie damals vertreten, und sein nach wie vor sehr erfolgreiches Buch verbreitet sie bis heute, wenn auch nicht mehr unter dem ursprünglichen Titel »Die verratene Revolution«. Haffner hat in einem späteren Vorwort zwar bekannt, manches inzwischen anders zu bewerten, den Text jedoch unverändert gelassen. Die Verratsthese scheint bis heute populär zu sein, aber sie hält der wissenschaftlichen Überprüfung nicht stand. Es war nie die Vorstellung der SPD, dass der Weg zum Sozialismus notwendigerweise mit einem Rätesystem und einer Phase der Diktatur des Proletariats verbunden sein müsse. Man kann den Sozialdemokraten nicht den Verrat an Zielen vorwerfen, die sie selbst nicht geteilt haben. Für sie war eine in allgemeiner, gleicher, freier und geheimer Wahl zustande gekommene Volksvertretung die elementare Grundlage jeder Demokratie, auch einer sozialistischen. Daran hat weder die SPD noch der gemäßigte Teil der USPD während der Revolutionsmonate einen Zweifel aufkommen lassen. Von Verrat kann also keine Rede sein! Richtig ist allerdings, dass die Revolution von 1918/19 ihr Potenzial nicht hat ausschöpfen können. Es wäre mehr drin gewesen, um es salopp zu sagen, aber es lag beileibe nicht nur an einigen führenden Sozialdemokraten, dass nicht noch mehr erreicht wurde.

Dieses Buch will einen Beitrag leisten, sich von solchen Legenden nachhaltig zu verabschieden. Vor allem aber liegt mir daran, an die Männer und Frauen zu erinnern, die mutig und selbstbewusst dem Krieg ein Ende machen, den Obrigkeitsstaat beseitigen und eine demokratische Gesellschaft aufbauen wollten. Die große Mehrheit der Revolutionsbewegung will eine parlamentarische Demokratie, aber sie will auch einen Schlussstrich unter den preußisch-deutschen Militarismus ziehen. Sie will demokratische Verhältnisse und demokratischen Geist in der Verwaltung, den Schulen, der Justiz und vor allem auch in der Wirtschaft.

Die Revolutionsbewegung von 1918/19 hat mehr gewollt, als sie damals erreicht hat. Immer wieder ist deshalb von einer »steckengebliebenen« oder von einer »gescheiterten« Revolution die Rede. Aber kann man den Erfolg allein daran messen, ob die Revolutionsbewegung alle ihre Ziele erreicht hat? Ich meine: nein.

Wenn man auf die Entwicklung des Landes schaut, dann ist die Revolution von 1918/19 zunächst vor allem eine gelungene Revolution. Sie hat Deutschland vorangebracht, und viele ihrer Errungenschaften sind für uns heute selbstverständlich: die demokratische Republik und das Frauenwahlrecht, die Verankerung von freiheitlichen und sozialen Grundrechten in der Verfassung, der Achtstundentag und die Tarifpartnerschaft zwischen Unternehmerverbänden und Gewerkschaften, Betriebsräte und Mitbestimmung. Unsere heutige Bundesrepublik ist in vielfältiger Weise von dem geprägt, was die Revolutionsbewegung 1918/19 erkämpft hat. Wir sind uns dessen nur viel zu wenig bewusst.

Es ist höchste Zeit, das zu ändern.

1
»DIE GRÖSSTE ALLER REVOLUTIONEN« – 9. NOVEMBER 1918

Der 9. November 1918 ist ein Samstag, ein normaler Arbeitstag in den Berliner Betrieben. Es ist ein typischer Novembertag: 9 Grad, trüb, in der Frühe regnet es. Wie an jedem anderen Tag machen sich die Arbeiter auf den Weg in die Fabriken. Auf den ersten Blick ist am Morgen noch alles wie gewohnt – aber es liegt etwas in der Luft. Seit drei, vier Tagen hat sich eine flirrende Anspannung über die Stadt gelegt. Nachrichten von der Küste sind durchgesickert. Matrosen der vor Wilhelmshaven liegenden Hochseeflotte haben sich geweigert, zu einem letzten Gefecht in einem inzwischen erkennbar verlorenen Krieg auszulaufen. In Kiel und anderen Städten an der Küste ist es zu Aufständen gekommen. Bremen, Hamburg und Kiel seien in den Händen von Arbeiter- und Soldatenräten, hat der *Vorwärts*, das *Zentralorgan der sozialdemokratischen Partei Deutschlands* (SPD), am Vortag berichtet, allerdings erst auf Seite drei. In München soll sogar der König abgesetzt worden sein. Bayern sei jetzt Freistaat und Republik, heißt es. Aber sicher können die einfachen Arbeiter nicht sein, die am 9. November auf dem Weg in die Fabriken sind. Die Reichshauptstadt ist inzwischen von allen Verbindungen zur Außenwelt abgeschnitten. Der Zugverkehr von und nach Berlin ist auf Anordnung des militärischen Oberbefehlshabers eingestellt worden. Versammlungen sind verboten. Über die

Stadt ist der Belagerungszustand verhängt, es herrscht Pressezensur.

Immer mehr Truppen sind in der Stadt zu sehen. Beunruhigend ist auch, dass der »Oberkommandierende in den Marken« – so lautet der offizielle Titel des Militärbefehlshabers – allen auf Urlaub in Berlin befindlichen Offizieren befohlen hat, sich »feldmarschmäßig ausgerüstet« am 8. November, mittags 12 Uhr auf der Kommandantur am Schinkelplatz zu melden. Am Abend dieses 8. November, berichtet ein Augenzeuge, seien am Halleschen Tor schwer bewaffnete Infanteriekolonnen, Maschinengewehr-Kompanien und leichte Feldartillerie »in endlosen Zügen« an ihm vorbeigezogen. Es braut sich etwas zusammen in der Hauptstadt.

Es sind ausgemergelte Männer und dürre Frauen mit fahlen Gesichtern, die am Morgen des 9. November auf dem Weg in ihre Fabriken sind. Man sieht ihnen den Hunger an. Schon seit zwei, drei Jahren gibt es nicht mehr genügend zu essen, und was noch aufzutreiben ist, hätte man in Friedenszeiten bestenfalls an Schweine verfüttert. Krankheiten haben die Arbeiter schon lange nicht mehr viel entgegenzusetzen. Die Grippe grassiert und fordert auch in Berlin viele Menschenleben. Das alles ist vollends unerträglich geworden, seit die Heeresleitung erklärt hat, man müsse Waffenstillstand schließen. Der Krieg ist verloren, warum jetzt noch weiter kämpfen, leiden und hungern? Jetzt muss mit alledem Schluss sein. Vor allem mit dem Krieg. Sofort!

Seit einigen Wochen hat sich diese explosive Stimmung immer mehr aufgebaut; in den letzten Tagen spürt man, dass ein kleiner Funke genügt, um einen Flächenbrand auszulösen. Nachdem es am 8. November zu Verhaftungen gekommen ist, beschließt noch am Abend ein selbsternannter »Vollzugsausschuss des Arbeiter- und Soldatenrates Berlin«, für den 9. November zum Generalstreik und zu Massendemonstrationen aufzurufen. Der Arbeiter- und Soldatenrat ist die illegale

Organisation der Berliner Arbeiter, in der sich auch Vertreter sozialistischer Parteien und Gruppen zusammengefunden haben. Ein Gremium, in dem man sich beraten und abstimmen kann, aber keine Revolutionszentrale. Noch in der Nacht entstehen zwei Flugblätter, die am frühen Morgen verteilt werden, aber nur in kleiner Auflage und in wenigen Betrieben.

Im einen, unterzeichnet vom Vollzugsausschuss des Arbeiter- und Soldatenrates, heißt es: »Arbeiter, Soldaten, Genossen! Die Entscheidungsstunde ist da! ... Wir fordern nicht Abdankung einer Person, sondern Republik! Die sozialistische Republik mit allen ihren Konsequenzen. Auf zum Kampf für Friede, Freiheit und Brot. Heraus aus den Betrieben. Heraus aus den Kasernen! Reicht Euch die Hände. Es lebe die sozialistische Republik.« Das andere stammt von der »Spartakusgruppe«, entschiedenen sozialistischen Kriegsgegnern um Karl Liebknecht, die sich nach dem legendären Führer eines Sklavenaufstands im Römischen Reich benannt hat. Ihr Flugblatt fordert die Beseitigung der Dynastien, die Wahl von Arbeiter- und Soldatenräten, die Übernahme der Regierung durch die Beauftragten der Arbeiter- und Soldatenräte, die sofortige Verbindung mit der russischen Arbeiterrepublik und endet mit einem »Hoch auf die sozialistische Republik!«. Es sind *zwei* Flugblätter. Die Spartakusgruppe ist zwar im Vollzugsausschuss des Arbeiter- und Soldatenrates vertreten, aber sie versucht äußerst konsequent, ein eigenes Profil zu zeigen und für ihre speziellen Ziele Propaganda zu betreiben. Nicht nur am 9. November.

In der Morgenausgabe des *Vorwärts*, den in diesen Tagen fast jeder Berliner Arbeiter zu lesen versucht, erscheint ein Aufruf des Parteivorstands und der Reichstagsfraktion der SPD vom Vorabend. Darin werden die Arbeiter vor »Unbesonnenheiten« gewarnt. Die SPD-Spitze habe am 7. November ultimativ eine Reihe von Forderungen erhoben, die zum Teil bereits erfüllt worden seien. Noch nicht erledigt sei die »Kaiserfrage«, man erwarte aber den Rücktritt des Monarchen unmittelbar nach dem Abschluss des Waffenstillstands und habe das Ultimatum bis zu diesem Zeitpunkt verlängert. Schon um die Mittagszeit werde der Kurier mit den Waffenstillstandsbedingungen in Berlin eintreffen. Die Arbeiter werden aufgefordert, einige wenige Stunden Geduld aufzubringen und mit allen Aktionen abzuwarten. »Eure Kraft und Eure Entschlossenheit verträgt diesen Aufschub.«

Philipp Scheidemann, seit 1917 neben Friedrich Ebert einer der beiden SPD-Vorsitzenden, ist unsicher, ob das an diesem Morgen tatsächlich noch aufrechtzuerhalten ist. Scheidemann ist 53, stammt aus einer Kasseler Handwerkerfamilie und hat Buchdrucker gelernt. Mit 18 Jahren ist er in die damals illegale SPD eingetreten und zielstrebig in ihr aufgestiegen. Seit 1903 gehört er dem Reichstag an, 1911 wird er Mitglied des Parteivorstands und seit 1913 ist er einer der beiden Vorsitzenden der SPD-Reichstagsfraktion. Scheidemann ist ein sehr guter Redner und hat eine ausgezeichnete Nase für Stimmungen; er spürt, was angesagt und notwendig ist. Seit Anfang Oktober 1918 ist Philipp Scheidemann als »Staatssekretär« (in unserem heutigen Sprachgebrauch »Minister«) Mitglied der Reichsregierung; er weiß, dass inzwischen von Kiel bis München die Stimmung eindeutig ist: »Fort mit dem Kaiser!«

Am frühen Morgen des 9. November, noch vor sieben Uhr, ruft Scheidemann zum wiederholten Mal drängend in der Reichskanzlei an und erklärt, die Abdankung Wilhelms II. sei überfällig. Wenn der Kaiser nicht sofort zurücktrete, dann wisse er nicht, wie er und die anderen Männer der SPD-Spitze die Leute noch davon abhalten können, auf die Straße zu gehen. Scheidemann kündigt an, dass er sein Amt als Staatssekretär niederlegen werde, wenn der Kaiser in einer Stunde nicht zurückgetreten sei. Auch Reichskanzler Prinz Max von Baden sitzt wie auf Kohlen, aber er hat keine Neuigkeiten aus dem Großen Hauptquartier im belgischen Spa, wohin sich der Kaiser am 29. Oktober begeben hat.

Prinz Max hat erst am 3. Oktober das Amt des Reichskanzlers und das des Preußischen Ministerpräsidenten übernommen. Er gilt als liberal und soll vor allem im Ausland, besonders bei den Kriegsgegnern den Eindruck erwecken, es habe sich etwas geändert im preußisch-militaristischen Deutschland. Aus diesem Grund hat er auch die Aufgabe, Sozialdemokraten und bürgerliche Demokraten mit in die Regierung einzubeziehen. Seine erste gewichtige Amtshandlung war es, bei den Gegnern um Waffenstillstand zu ersuchen. Der großherzogliche Prinz aus dem Südwesten hat die Aufgabe nur übernommen, weil er mit dem Kaiser verwandtschaftlich verbunden ist und der Kaiser ihm seine Unterstützung zugesagt hat. Dass sich Wilhelm II., als ihm der Druck in Berlin zu viel wurde, einfach zu seinen Generalen nach Spa abgesetzt hat, stürzt Max von Baden in eine tiefe Krise. Er hat schon seit Tagen keinen Zugang mehr zum Kaiser und fühlt sich zugleich vollständig von ihm abhängig.

Am Morgen des 9. November ist der Oberbefehlshaber in den Marken noch sehr zuversichtlich, dass in der Reichshauptstadt eine Revolution verhindert oder sofort niedergeschlagen werden kann. Generaloberst Alexander von Linsingen weiß zwar, dass inzwischen in vielen Städten des Deutschen Reiches Arbeiter- und Soldatenräte die Macht übernommen haben, aber er ist der festen Überzeugung, dass noch nichts verloren ist, solange Berlin gehalten werden kann. Er hat die Bildung von Räten in Berlin ausdrücklich verboten und vorsorglich in den vergangenen Tagen als besonders kaisertreu geltende Truppenteile zur Verstärkung in die Stadt geholt. Mehrere Tausend Soldaten, darunter die Garde und die »Naumburger Jäger«, sichern im Zentrum das Regierungsviertel und wichtige strategische Punkte. Sie sind mit Maschinengewehren ausgerüstet, mit Artillerie und Panzerkraftwagen. Auch Flugzeuge mit Bomben stehen bereit. Der Oberbefehlshaber in den Marken ist auf alles vorbereitet. Am Abend des 7. November hat er dem Kanzler versichert, er könne Berlin »unter allen Umständen« halten. »Er würde allerdings unter Umständen scharf zufassen, auch Artillerie verwenden müssen.« Der Kanzler ist einverstanden. »Beschränkungen wurden ihm von mir in keiner Weise auferlegt«, erklärt Max von Baden lapidar in seinen Erinnerungen.

Gewisse Vorkehrungen für bewaffnete Auseinandersetzungen hat man auch auf Seiten der sozialistischen Arbeiterbewegung getroffen. Sowohl die Spartakusgruppe als auch die »Revolutionären Obleute«, eine illegale Organisation von Berliner Betriebsvertrauensleuten, haben Verstecke mit Pistolen und Gewehren angelegt. An einzelne Handfeuerwaffen zu kommen ist in Zeiten nicht schwer, in denen sich viele Soldaten selbstständig aus dem Heer »entlassen« und auf den Heimweg machen.

Für die Aktiven in den sozialistischen Organisationen beginnt der 9. November sehr früh. Unter ihnen ist Cläre Derfert-Casper, die gemeinsam mit einem Kollegen für die Waffen- und Munitionsfabriken in der Kaiserin-Augusta-Allee eingeteilt ist. »Zur ersten Schicht standen wir beide vor der Waffenfabrik und verteilten Flugblätter, in denen die Arbeiter aufgefordert wurden, die Betriebe zu verlassen. Nachdem wir diese Aufgabe gegen 7 Uhr beendet hatten, halfen wir schnell den anderen Genossen die Revolver auspacken und die Patronen in die Magazine füllen.« Wie in vielen anderen Betrieben versammelt sich auch in den Schwartzkopff-Werken bereits frühmorgens die Belegschaft, erinnert sich Paul Walter. »Einige Kollegen hatten bereits Transparente angefertigt mit der Losung: Nie wieder Krieg! Nieder mit der Monarchie! Wir wollen Frieden und Brot! Es bildete sich ein Demonstrationszug, der etwa 4000 Menschen umfasste und dem sich später noch die Arbeiter der AEG Brunnenstraße und der AEG Ackerstraße anschlossen.«

Gegen acht Uhr beginnt in den ersten Betrieben der Generalstreik. Arbeiter machen sich in Demonstrationszügen auf den Weg in die Innenstadt. Ernste Entschlossenheit prägt diese

Demonstrationszüge. Fröhliche Gesichter sieht man am Morgen des 9. November nicht. Keiner der Demonstranten weiß, ob er den Abend dieses Tages erleben wird. Sie machen sich dennoch auf den Weg, weil jetzt endlich Schluss sein muss, koste es, was es wolle.

In Berlin verbrüdern sich am Morgen des 9. November 1918 Arbeiter und Soldaten.

Um 9 Uhr tritt in der Reichskanzlei das Regierungskabinett zusammen, nimmt den Rücktritt Scheidemanns zur Kenntnis und vertagt sich auf 12 Uhr. Vom Kaiser gibt es nichts Neues.

Zur selben Zeit treffen sich im SPD-Fraktionszimmer des Reichstages führende Sozialdemokraten – die Mitglieder des Partei- und des Fraktionsvorstands, zahlreiche Abgeordnete, die Führung der Berliner Organisation und auch die Berliner SPD-Betriebsvertrauensleute. Die einlaufenden Nachrichten und Berichte widersprechen sich zum Teil erheblich, aber sie lassen doch keinen Zweifel mehr zu: Die Arbeiter marschieren.

Die SPD muss handeln, wenn sie den Kontakt zur Berliner Arbeiterschaft nicht verlieren will.

Der SPD-Reichstagsabgeordnete Otto Wels eröffnet die Sitzung mit den Betriebsvertrauensleuten im völlig überfüllten Saal. Wels gehört nicht zu denen, die bislang die SPD nach außen prominent vertreten haben. Obwohl er Mitglied des Parteivorstandes ist, hat er die Bühne Parteifreunden überlassen – in diesen Zeiten ist das kein Nachteil. Wels ist gelernter Tapezierer, seit Längerem Gewerkschafts- und Parteifunktionär, ein zupackender Mann Mitte 40, der keine Angst vor Entscheidungen hat und etwas erreichen will: »Die Würfel sind gefallen! Geredet wird nicht mehr! Heraus aus den Betrieben, auf die Straßen.« Wels verkündet den versammelten Betriebsvertrauensleuten auch die Parole, mit der sich die SPD äußerst erfolgreich zurück ins Spiel bringen wird: »Von heute ab gibt es keinen Streit mehr in der Arbeiterschaft, heute kämpfen wir den Entscheidungskampf unter dem alten gemeinsamen Banner.« Die im Krieg erfolgte Abspaltung der Unabhängigen Sozialdemokratischen Partei (USPD) von der SPD soll von nun an ganz in den Hintergrund treten. »Heute mischt sich vielleicht unser Blut mit dem unserer Arbeiterbrüder im gemeinsamen Kampf. Komme, was kommen mag, jetzt heißt es vorwärts, durch Kampf zum Sieg.« Die Sitzung dauert nur wenige Minuten, dann machen sich die Vertrauensleute auf den Weg zu ihren Kollegen, die zum Teil schon auf dem Marsch in die Berliner Innenstadt sind.

Mitglieder des SPD-Parteivorstands und der Fraktionsleitung verständigen sich darauf, sofort mit der USPD in Verbindung zu treten. Man will sich möglichst schnell mit den Unabhängigen über eine gemeinsame Regierung verständigen, trifft aber zunächst nur Vorstandsmitglieder an, die allein, ohne ihren Vorsitzenden Hugo Haase, über keinerlei Vereinbarungen sprechen wollen. Haase hält sich nicht in Berlin auf, sondern in Hamburg, um sich dort ein Bild von der Revolution zu machen.

Man erwartet ihn am Abend zurück. Ohne ihn kann es keine bindenden Zusagen über eine Regierungsbeteiligung geben.

Inzwischen ist es zehn Uhr geworden, und es sind bereits Hunderttausende unterwegs. Auch Frauen schließen sich an – zum Teil mit Kindern. Sie ziehen zu den Kasernen: »Brüder, nicht schießen«. Die spärlich vorhandenen Waffen werden in den hinteren Reihen der Demonstrationszüge getragen. Die Demonstranten wollen keine Konfrontation – rein militärisch betrachtet, sind sie hoffnungslos unterlegen –, und doch scheint sie unvermeidlich. Die gewaltigen Demonstrationszüge weichen der Auseinandersetzung nicht aus. Truppen und Polizei haben den Befehl, von der Schusswaffe Gebrauch zu machen. Zeitweise liegt eine fast nicht zu ertragende Spannung über der Hauptstadt.

Sie löst sich dann allerdings recht schnell auf, denn die Soldaten sind nicht bereit, auf Demonstranten zu schießen. Immer mehr Truppenteile verbrüdern sich mit den marschierenden Arbeitern, verteilen Waffen, verweigern ihren Offizieren den Gehorsam, wählen Soldatenräte und schließen sich der Revolutionsbewegung an. Selbst die Naumburger Jäger gehen zu den Aufständischen über.

Eine wichtige Rolle spielt dabei Otto Wels: Er spricht am Morgen zu den Naumburger Jägern, die im Hof der Alexanderkaserne angetreten sind. Eine Abordnung der Einheit hat morgens darum gebeten, dass ein Mann aus dem SPD-Vorstand zur Truppe spricht und ihr die politische Lage erläutert. Wels sagt zu, lässt sich vom *Vorwärts*-Gebäude in die Kaserne fahren, weiß aber nicht, was ihn erwartet. Er macht seine Sache glänzend, tastet sich beim Reden langsam vor und findet genau den richtigen Ton. Die Offiziere lassen ihn gewähren, und er überzeugt die Soldaten schließlich, dass sie nicht schießen dürfen und einen Bürgerkrieg verhindern müssen.

An der Kaserne der Gardefüsiliere in der Chausseestraße fallen allerdings noch vor Mittag erste tödliche Schüsse. Als sich ein Demonstrationszug der Kaserne nähert, wird er von den Soldaten jubelnd begrüßt. Sie rufen den Demonstranten zu, sie seien von ihren Wachmannschaften eingesperrt worden und würden daran gehindert, die Kaserne zu verlassen. Man solle sie befreien, sie wollten sich anschließen. Natürlich lassen sich das die demonstrierenden Arbeiter nicht zweimal sagen. Sie brechen die Türen der Kaserne auf und stürmen hinein. Ein Offizier erschießt gezielt aus der Menge heraus drei der eindringenden Demonstranten. Der 26-jährige Erich Habersaath, Metallarbeiter und führender Kopf der sozialistischen Jugendbewegung, der Monteur Franz Schwengler und der Gastwirt Richard Glatte sind die ersten Toten des 9. November. Am Ende des Tages werden es 15 sein.

Otto Wels (SPD) hilft, Blutvergießen zu vermeiden.

Dass es nicht mehr Tote gibt, ist besonders Otto Wels zu verdanken. Sein Erfolg bei den Naumburger Jägern macht ihn mutig und zuversichtlich. Er zieht von einer Kaserne zur nächsten und hat großen Anteil daran, dass der 9. November 1918 in Berlin nicht in einem Blutbad endet. Otto Wels entpuppt sich an diesem Tag als Meister der politischen Taktik, der auch in schwierigen Situationen den Überblick behält. So lässt er beispielsweise einen Trupp der Naumburger Jäger abstellen, der das *Vorwärts*-Gebäude sichert. Etwa 100 Mann, bewaffnet mit Maschinengewehren, beziehen Position, um zu verhindern, dass radikale Demonstranten das Gebäude besetzen und das Erscheinen der Parteizeitung verhindern oder gar den *Vorwärts* für eigene Zwecke missbrauchen.

Das *Vorwärts*-Gebäude wird an diesem 9. November zur Leitstelle der Parteizentrale. Hier gründet die SPD-Spitze am Vormittag in aller Eile einen Arbeiter- und Soldatenrat, nachdem sie erkennt, dass ihr Aufruf zum Abwarten, den der *Vorwärts* am Morgen veröffentlicht hat, erfolglos ist. Die neuen Organisationsformen der Revolutionsbewegung werden gezielt kopiert und mit eigenem Führungspersonal besetzt. Diesem sogenannten Arbeiter- und Soldatenrat gehören Friedrich Ebert, Otto Braun, Otto Wels und andere leitende Funktionäre der Partei an. Auch noch am Vormittag erklären der zweite sozialdemokratische Staatssekretär und die Unterstaatssekretäre ihren Rücktritt. Die SPD scheidet aus der Regierung aus.

Selbst im Großen Hauptquartier in Spa kommen die Dinge am Morgen des 9. November endlich in Bewegung. Am Vortag hat der Kaiser der Obersten Heeresleitung (OHL) zwar den Auftrag erteilt, Vorbereitungen für die Rückgewinnung der Heimat zu treffen. »Ich stelle mich an die Spitze der aus der Front gezogenen königstreuen Truppen und erobere mir mein Deutschland wieder.« Aber der Chef der OHL Generalfeldmarschall Paul von Hindenburg und sein neuer Generalquartiermeister Wilhelm Groener sind der Überzeugung, dass dieses Vorhaben des Kaisers undurchführbar ist. Hindenburg will das dem Kaiser allerdings nicht selbst sagen, weil er keinesfalls mit einer möglichen Abdankung in Verbindung gebracht werden will. In Absprache mit Hindenburg bestellt deshalb Groener für den Morgen des 9. November Truppenkommandeure ins

Große Hauptquartier. Auf die klare Frage »Wird es möglich sein, dass der Kaiser an der Spitze der Truppen die Heimat im Kampfe wiedererobert?« antwortet ein Einziger der Offiziere mit Ja, 23 antworten mit Nein, und 15 formulieren mehr oder weniger deutlich ihre Zweifel. Dieses Ergebnis teilt Groener dem Kaiser beim Vortrag um 10 Uhr mit.

Für Wilhelm II. ist schockierend, was er da zu hören bekommt, aber er ist offenbar nicht in der Lage, daraus vernünftige Konsequenzen zu ziehen. Als einer der anwesenden Offiziere ins Gespräch bringt, Wilhelm könne doch vielleicht als Kaiser zurücktreten, aber weiterhin König von Preußen bleiben, scheint ihm das die Rettung zu sein. Dass er damit die verfassungsrechtliche Grundlage des Deutschen Reiches sprengen würde, weil laut Verfassung der König von Preußen stets auch Deutscher Kaiser ist, ist Wilhelm II. nicht bewusst oder gleichgültig. Der Württembergische Generalleutnant Groener gibt in dieser Situation die Zurückhaltung auf, die er sich eigentlich in allen Abdankungsfragen auferlegt hat. »Ich erklärte in schärferer Form, als ich es sonst wohl getan hätte, was ich zu sagen für meine Pflicht hielt«, schreibt er in seinen Erinnerungen. »Das Heer wird unter seinen Führern und Kommandierenden Generalen in Ruhe und Ordnung in die Heimat zurückmarschieren, aber nicht unter dem Befehl Eurer Majestät, denn es steht nicht mehr hinter Eurer Majestät.« Groener ist sich durchaus bewusst, was er da sagt. »Wenn mich einer der Anwesenden in diesem Augenblick über den Haufen geschossen hätte, so hätte mich das nicht gewundert, denn diese Worte waren eine Ungeheuerlichkeit in einem Kreise, in dem nur der alte Hindenburg, und auch dieser nur mit größter Überwindung, die Nüchternheit aufbrachte, die Dinge so zu sehen, wie sie waren.«

In der Berliner Reichskanzlei wartet um diese Zeit der Reichskanzler immer ungeduldiger und nervöser auf die Rücktrittserklärung des Kaisers. Ihm wird von immer neuen gewaltigen Demonstrationszügen berichtet, die im Anmarsch auf die Innenstadt seien. Überall verbrüdern sich Soldaten und Demonstranten. Wenn diese Bewegung überhaupt noch aufgehalten oder kontrolliert werden kann, dann nur durch den sofortigen Rücktritt Wilhelms II. Im Halbstundentakt ruft Prinz Max jetzt im Großen Hauptquartier an, um eine Entscheidung des Kaisers zu bekommen.

Um die Mittagszeit überstürzen sich dann die Ereignisse im wahrsten Sinn des Wortes. Es geschehen Dinge gleichzeitig, die nicht recht zusammenzupassen scheinen. Das hat einerseits mit den Kommunikationsmöglichkeiten zu tun, andererseits kreuzen sich um die Mittagszeit aber auch Aktivitäten mit sehr unterschiedlichen, sich teilweise widersprechenden Zielsetzungen. Da gibt es einmal letzte angestrengte Versuche, eine Revolution doch noch zu verhindern, indem der Kaiser zurücktritt und die Macht geordnet einem Mann übergeben wird, der sie verantwortungsbewusst wahrnimmt und der Einfluss auf die demonstrierenden Arbeiter hat. Dieser Mann kann nach Lage der Dinge nur Friedrich Ebert sein, der Vorsitzende der SPD. Andererseits ist die Revolution aber bereits seit Stunden mit voller Wucht im Gang und stößt praktisch auf keinen Widerstand. Im Grunde hat sie sich bereits durchgesetzt, das alte Regime liegt um die Mittagszeit am Boden. Das wiederum veranlasst die SPD-Spitze gegenüber den alten Gewalten die Forderung zu erheben, dass ihr die Macht übertragen werden soll.

Der Reichskanzler hört am späten Vormittag aus dem Großen Hauptquartier, dass Wilhelm II. sich entschieden habe abzudanken; der Text der Abdankungserklärung folge in einer halben Stunde. Natürlich kommt er nicht. Um einer Absetzung des Kaisers durch die Revolutionäre zuvorzukommen, gibt der Kanzler kurz vor Mittag eine Erklärung an das *Wolffsche Telegraphenbüro*, die wichtigste Berliner Presseagentur: »Der Kaiser und König hat sich entschlossen, dem Throne zu entsagen«, heißt es da. Friedrich Ebert soll Reichskanzler werden, und es sollen Wahlen für eine Verfassunggebende Nationalversammlung ausgeschrieben werden, die dann über die künftige Staatsform entscheiden soll.

Praktisch zeitgleich erscheint eine Extraausgabe des *Vorwärts* mit der übergroßen Schlagzeile »Generalstreik!«. Im Text heißt es: »Der Arbeiter- und Soldatenrat von Berlin hat den Generalstreik beschlossen. Alle Betriebe stehen still. Die notwendige Versorgung der Bevölkerung wird aufrechterhalten. Ein großer Teil der Garnison hat sich in geschlossenen Truppenkörpern mit Maschinengewehren dem Arbeiter- und Soldatenrat zur Verfügung gestellt. Die Bewegung wird gemeinschaftlich geleitet von der Sozialdemokratischen Partei Deutschlands und der Unabhängigen sozialdemokratischen Partei Deutschlands. Arbeiter, Soldaten, sorgt für Aufrechterhaltung der Ruhe und Ordnung. Es lebe die soziale Republik! Der Arbeiter- und Soldatenrat.«

Als der Text in Druck ging, war das reines Wunschdenken der SPD-Spitze. Von einer Leitung der Bewegung durch die SPD kann keine Rede sein, ihr »Arbeiter- und Soldatenrat« hatte keinerlei Einfluss auf das Zustandekommen des Generalstreiks, und auch die USPD kann nicht im Ernst für sich in Anspruch nehmen, diese gewaltige Massenerhebung zu »leiten«. Die Arbeiter und Soldaten wollen ein sofortiges Ende des verlorenen und sinnlosen Krieges, und sie sind bereit, alles beiseitezuschaffen, was der Verwirklichung dieser Forderung im Weg steht. Die Revolutionsbewegung ist am 9. November vor allem eine radikale Friedensbewegung. Frieden – jetzt! Alles andere wird man sehen. Es gibt kein einheitliches politisches Gesamtprogramm, die Bewegung ist spontan und vielfältig, und sie hat viele lokale und regionale Zentren.

Der SPD-Spitze gelingt an diesem 9. November eine taktische Meisterleistung. Noch am Morgen gehören ihre Vertreter der Regierung an, und die Partei fordert die Berliner Arbeiter auf, noch für einige Stunden stillzuhalten. Am Mittag nimmt sie für sich in Anspruch, die »Bewegung« gemeinsam mit der USPD zu leiten. Innerhalb weniger Stunden arbeitet sie sich also aus dem Bremserhäuschen des fahrenden Zuges nach vorn und erhebt Anspruch auf einen Platz im Führerhaus der Lokomotive.

Den Realpolitikern um Friedrich Ebert ist klar, dass sie in diesem Moment keinen Alleinanspruch auf die Führung geltend machen können. Die kleine Schwester USPD, die in Berlin allerdings genauso stark ist wie die SPD, muss mit ins Boot. Man ist auf Seiten der SPD bereit, die Führungsrolle zu teilen, und versucht, vollendete Tatsachen zu schaffen. Noch aber kann von einer »gemeinschaftlichen« Leitung keine Rede sein. Mit der USPD hat es zu diesem Zeitpunkt nicht einmal ernsthafte Gespräche gegeben, geschweige denn eine Einigung.

Die Meldung vom Rücktritt des Kaisers verbreitet sich um die Mittagszeit wie ein Lauffeuer in den Straßen Berlins. Gleichzeitig erscheint eine Abordnung der SPD unter der Führung von Friedrich Ebert in der Reichskanzlei und verlangt, dass sowohl das Amt des Reichskanzlers als auch das des Oberkommandierenden in den Marken mit Vertrauensmännern der SPD besetzt werden sollen. Die Delegation fordert außerdem die Mehrheit in einer neu zu bildenden Regierung für SPD und USPD, falls die Unabhängigen sich zur Beteiligung entschließen. Die Aufnahme von Vertretern bürgerlicher Parteien sei denkbar, solange eine sozialdemokratische Mehrheit gewährleistet ist. Nach kurzer Beratung mit den anwesenden Staatssekretären entscheidet sich Max von Baden, das Amt des Reichskanzlers an Ebert zu übertragen. Natürlich hat er dazu weder die politische Befugnis noch eine Rechtsgrundlage, aber im Regierungschaos des 9. November fragt danach keiner.

Friedrich Ebert ist seit 1913 Vorsitzender der SPD, zunächst gemeinsam mit Hugo Haase, später mit Philipp Scheidemann. Er ist von Beruf Sattler, 47 Jahre alt, und hat eine steile Karriere als Gewerkschafter und Parteiorganisator hinter sich. Kein charismatischer Führer, kein guter Redner, aber ein Mann mit sicherem Instinkt für das politisch Mögliche. Einer, der Prinzipientreue mit politischer Elastizität verbindet, der mit allen Wassern des politischen Geschäfts gewaschen ist. Ein Mann, dem es in seinen langen Jahren als Parteisekretär beim SPD-Vorstand und als Parteivorsitzender zur zweiten Natur geworden ist, zu vermitteln und Kompromisse zu finden – der aber durchaus auch Härte an den Tag legen kann, wie er in den Auseinandersetzungen mit »abtrünnigen« Kollegen während des Krieges gezeigt hat.

Bei den Spitzen der bürgerlichen Parteien, aber auch beim politischen Spitzenpersonal des Kaiserreichs gilt er als umgänglich und gemäßigt. Wenn man schon nicht mehr vermeiden kann, mit Sozialdemokraten zusammenzuarbeiten, dann am liebsten mit Friedrich Ebert. An ihm führt am 9. November kein Weg vorbei. Am Nachmittag wird Ebert die Amtsgeschäfte des Reichskanzlers übernehmen.

Etwa zur selben Zeit gehen beim Oberbefehlshaber in den Marken Meldungen ein, die das ganze Ausmaß des militärischen Ungehorsams zeigen: »Völliges Versagen der Nordreser-

Übergabe der Garde-Ulanen-Kaserne an die Revolutionäre

ve und des Ersatzbataillons 64«; »große Unordnung« beim Alexander-Regiment und Jägerbataillon 4; Regiment Franz und Reserve 93 weigern sich, »Waffen gegen die Volksmassen« zu gebrauchen; Ersatzbataillon 48 versagt den Gehorsam. Vom 2. Garde-Regiment und von den 21 MG-Kompanien, die dem Oberbefehlshaber als Verstärkung zugeteilt worden sind, treffen nur ein Pferdelazarett und zwei Pionierkompanien im Hauptquartier ein.

Linsingen will angesichts dieser Lage vom Preußischen Kriegsminister wissen, ob denn nun wirklich noch von der Schusswaffe Gebrauch gemacht werden soll, wo doch die meisten Truppenteile sich ohnehin weigern zu schießen und bereits Soldatenräte gebildet haben. Lediglich zum Schutz für Leben und Eigentum der Bürger und zum unmittelbaren Schutz der Regierungsgebäude, lässt der Kriegsminister schließlich nach Rücksprache mit dem Reichskanzler mitteilen. Aber selbst das ist inzwischen völlig bedeutungslos. Da die Entscheidung nicht schnell genug getroffen wurde, hat der Oberbefehlshaber in den Marken um 13.15 Uhr eigenmächtig verfügt: »Truppen haben nicht von den Waffen Gebrauch zu machen, auch bei Verteidigung von Gebäuden.«

Die demonstrierenden Arbeiter und Soldaten haben inzwischen Regierungsgebäude und Ämter besetzt, beispielsweise das Reichsmarineamt in der Kaiserin-Augusta-Allee und auch die Kommandantur am Schinkelplatz. Sie entwaffnen Offiziere, entfernen die Kokarden und Schulterstücke der kaiserlichen Armee von den Uniformen, bilden Soldatenräte. Ähnlich verläuft es im Kriegsministerium. Der hier gebildete Soldatenrat besteht aus Sozialdemokraten und bürgerlichen Demokraten, er trägt schwarzrotgoldene Armbinden.

Um 13 Uhr stürmen Arbeiter und Soldaten das Gefängnis Moabit und die Strafanstalt Tegel; es werden über 200 politische Gefangene befreit, und 650 Häftlinge kommen aus dem »Militärgewahrsam« frei. Geöffnet werden auch die Kasematten in Spandau. Das Polizeipräsidium am Alexanderplatz ist wie eine Festung hergerichtet worden: Auf den Treppen, in den Gängen und an den Fenstern hat man Maschinengewehre in Stellung gebracht. Im Lichthof stehen kriegsmäßig ausgerüstete Schutzleute, eine Jägerkompanie und eine Infanterie-Abteilung. Aber auch diese Trutzburg wird eingenommen. Es werden Hunderte von politischen Gefangenen befreit. Am frühen Nachmittag ist die ganze Innenstadt mit dem Regierungsviertel, dem Gelände um den Reichstag und das Schloss von demonstrierenden Arbeitern und Soldaten besetzt. Vom Reichstag, vom Brandenburger Tor und vom Roten Rathaus wehen rote Fahnen. Es gibt nun keinen Zweifel mehr am vollständigen Sieg der Revolution. Am frühen Nachmittag des 9. November ist Berlin – und damit das Deutsche Reich – in den Händen der Revolutionsbewegung.

Philipp Scheidemann hat sich nach den Gesprächen in der Reichskanzlei zum Reichstag begeben. Im Reichstagsgebäude geht es schon seit den Morgenstunden zu wie in einem großen Heerlager, hält Scheidemann später in seinen Erinnerungen fest. Mittags stürmt nun ein Haufen von Arbeitern und Soldaten zu dem Tisch im Speisesaal, an dem er gemeinsam mit Friedrich Ebert und anderen Spitzenpolitikern der SPD sitzt. An die fünfzig Mann drängen ihn herauszukommen und zu reden.

Es gibt Gerüchte, dass Karl Liebknecht, der mit Abstand populärste Politiker der Spartakusgruppe, beim Berliner Schloss die »Sozialistische Republik« ausrufen will. Dem will Scheidemann unter allen Umständen zuvorkommen. Also spricht er von der Balustrade eines Fensters im Reichstag zu den Menschen vor dem Gebäude. Ohne Absprache mit seinem Kollegen und designierten Reichskanzler Friedrich Ebert ruft er den Versammelten spontan zu: »Das Volk hat auf der ganzen Linie gesiegt. Das alte Morsche ist zusammengebrochen; der Militarismus ist erledigt! Es lebe die deutsche Republik!«

Philipp Scheidemann ruft die Republik aus.

Die Grafikerin und Bildhauerin Käthe Kollwitz erlebt das Geschehen hautnah mit. »Mittags nach ein Uhr kam ich durch den Tiergarten zum Brandenburger Tor, wo gerade die Flugblätter mit der Abdankung verteilt waren«, hält sie in ihrem

Tagebuch fest. »Aus dem Tor zog ein Demonstrationszug. Ich trat mit ein. Ein alter Invalide trat an den Zug und rief ›Ebert Reichskanzler! – weitersagen!‹ Vor dem Reichstag Ansammlung. Von einem Fenster herab rief Scheidemann die Republik aus. (…) Dann nach den Linden zurück. Das Lastauto gedrängt voll mit Matrosen und Soldaten. Rote Fahnen. Hinter dem Brandenburger Tor sah ich, wie die Wache abtrat. Dann in den Schwarm bis zur Wilhelmstraße und dann noch ein Stück mit. Soldaten sah ich, die ihre Kokarden abrissen und lachend auf die Erde warfen. So ist es nun wirklich. Man erlebt es und fasst es gar nicht recht.«

Wenig erfreut über Scheidemanns Proklamation ist Friedrich Ebert. Als Scheidemann an den Tisch im Speisesaal des Reichstags zurückkommt, ist Ebert vor Zorn dunkelrot im Gesicht. Er tobt, schlägt auf den Tisch und schreit Scheidemann an: »Du hast kein Recht, die Republik auszurufen! Was aus Deutschland wird, ob Republik oder was sonst, das entscheidet eine Konstituante!« Ebert ist kein Monarchist, sondern überzeugter Republikaner. Er hat aber offenbar im vertraulichen Gespräch mit dem immer noch amtierenden Reichskanzler Max von Baden Zusagen gemacht, an die er sich gebunden fühlt.

Das wird deutlich, als Prinz Max dann tatsächlich Ebert am Nachmittag die »Wahrnehmung der Geschäfte des Reichskanzlers« überträgt. In seiner ersten Bekanntmachung kündigt Ebert gegen Abend an, er sei im Begriff, die neue Regierung im Einverständnis mit »den Parteien« zu bilden. Dem neuen Kabinett sollen die meisten Mitglieder der bisherigen Regierung weiterhin als Staatssekretäre angehören. Es soll eine »Volksregierung« sein, die schnellstens den Frieden bringen, die errungene Freiheit festigen und die Ernährung sichern werde. Ebert bittet um Unterstützung und fordert die Mitbürger dringend auf: »Verlasst die Straßen. Sorgt für Ruhe und Ordnung!« Scheidemann hat dagegen bei seiner kurzen Ansprache zur

Friedrich Ebert,
SPD-Vorsitzender und
»Reichskanzler für
einen Tag«

Ausrufung der Republik erklärt, Ebert werde eine Regierung
bilden, der alle »sozialistischen Parteien« angehören. Er hat
das, wie er später in seinen Erinnerungen schreibt, »für selbstverständlich gehalten«.

In einem zweiten Aufruf, der sich an alle Behörden und Beamten wendet, bittet Ebert alle Amtsträger darum, auf ihrem
Posten zu bleiben. »Ich weiß, dass es vielen schwer werden
wird, mit den neuen Männern zu arbeiten, die das Reich zu
leiten unternommen haben, aber ich appelliere an ihre Liebe zu
unserem Volke. Ein Versagen der Organisation in dieser schweren Stunde würde Deutschland der Anarchie und dem schrecklichsten Elend ausliefern.« In einem dritten Aufruf an das Hei-
matheer fordert Ebert alle militärischen Dienststellen auf, »ihre
Dienstgeschäfte unverändert weiterzuführen«. Er ordnet die
Bildung von Soldatenräten sowie deren Beteiligung »an der

Abwicklung des Dienstes« an. »Ihre Hauptaufgabe ist, bei der Einrichtung des Ordnungs- und Sicherheitsdienstes mitzuwirken und das engste Einvernehmen zwischen Mannschaften und ihren Führern herzustellen.« Zwei weitere Aufrufe »Sorgt für Nahrungsmittel!« und »An alle« zeigen, dass es dem amtierenden »Reichskanzler« Friedrich Ebert und seiner Regierung aus bürgerlichen Staatssekretären an diesem 9. November in erster Linie um Kontinuität geht, um die Aufrechterhaltung der Ordnung und die Versorgung der Bevölkerung. Alles, nur kein Chaos!

Politisch am brisantesten ist zweifellos Eberts »Befehl an alle Groß-Berliner Truppen«. Darin erklärt er, die gewählten Vertreter aller Groß-Berliner Truppen hätten einen »Aktionsausschuss« gebildet, der ab sofort »die Spitze der ausführenden Militärgewalt« sei, »die er, unabhängig von irgendwelchen Meinungsverschiedenheiten der Arbeiterräte und irgendwelchen Parteizwistigkeiten so lange ausübt, bis die einzuberufende Nationalversammlung andere Bestimmungen getroffen hat«. Man mag Friedrich Ebert zugutehalten, dass er an diesem 9. November nicht immer weiß, was er in aller Hektik unterschreibt. Der Aktionsausschuss, den er hier zur Spitze der ausführenden Militärgewalt macht, ist in Wahrheit im Kriegsministerium auf Anweisung des Preußischen Kriegsministers Heinrich Schëuch zustande gekommen, der sich dem neuen »Reichskanzler« zur Verfügung gestellt hat. Das Ganze ist ein erster Versuch der alten militärischen Führung, trotz Revolution die militärische Macht wieder in die Hand zu bekommen. Noch am selben Tag beziehen jedoch die tatsächlich gewählten Soldatenräte sehr scharf Position gegen diesen Aktionsausschuss, und das ganze Vorhaben scheitert.

In der Geschichte des 9. November ist dieser Aktionsausschuss lediglich ein kleines Ereignis am Rande, aber es zeigt doch, dass bereits an diesem Tag die Auseinandersetzungen darüber beginnen, was aus dieser Revolution werden soll, mit der die Berliner Arbeiter und Soldaten das kaiserliche Regime hinweggefegt haben. Auch die doppelte Ausrufung der Republik illustriert das eindrucksvoll. Offenbar kurz nach Scheidemanns spontaner Rede aus dem Fenster des Reichstagsgebäudes erscheint Karl Liebknecht tatsächlich am Schloss, das inzwischen von Soldaten, Arbeitern und Matrosen besetzt ist. Liebknecht genießt als Kriegsgegner legendären Ruf. Der Sohn des legendären SPD-Vorsitzenden Wilhelm Liebknecht ist 47 Jahre alt, Rechtsanwalt, im Jahr 1900 in die SPD eingetreten und seit 1912 Reichstagsabgeordneter. Er hat als erster Sozialdemokrat bereits am 2. Dezember 1914 gegen die Bewilligung von Kriegskrediten gestimmt und saß mehr als zwei Jahre für seine Überzeugung im Zuchthaus. Erst am 23. Oktober 1918 ist er freigelassen worden. Jetzt ruft er von einem Kraftwagen aus den Demonstranten zu: »Der Tag der Revolution ist gekommen. Wir haben den Frieden erzwungen. Der Friede ist in diesem Augenblick geschlossen. Das Alte ist nicht mehr. Die Herrschaft der Hohenzollern, die in diesem Schloss jahrhundertelang gewohnt haben, ist vorüber. In dieser Stunde proklamieren wir die freie sozialistische Republik Deutschland.« Dann spricht Liebknecht vom Balkon über dem Portal IV des Schlosses und fordert die Versammelten zum Schwur auf die freie sozialistische Republik und die Weltrevolution auf. Viele Hände erheben sich, und am Mast der Kaiserstandarte wird die rote Fahne gehisst.

Gleich zwei Mal wird also am 9. November 1918 in Berlin die Republik ausgerufen – und es liegt nahe anzunehmen, die deutsche Revolution habe sich zwischen diesen beiden Republiken entscheiden müssen. Genau das aber ist *nicht* die Entscheidungssituation, um die es in den nächsten Monaten gehen wird. Karl Liebknecht ist in der Arbeiterschaft bekannt und beliebt, weil er vehement für seine Überzeugung eintritt und dafür sogar ins Gefängnis geht. Allerdings weiß nur ein kleiner Bruchteil der sozialdemokratischen Arbeiterschaft

Näheres über die politischen Ziele Liebknechts und der Spartakusgruppe. Vieles an seiner Rhetorik erinnert an die Bolschewiki in Russland. Die genießen durchaus Ansehen im linken Lager der sozialistischen Arbeiterschaft, weil sie erfolgreich eine Revolution gemacht haben. Zugleich schrecken die antidemokratischen Methoden der Bolschewiki nicht nur konservative und gemäßigte Bürger ab, sondern auch Sozialdemokraten und den größeren Teil der Unabhängigen Sozialdemokraten. Die Machtbasis der Spartakusgruppe ist schmal, ihre Anhängerschaft verschwindend gering. Eine Räterepublik nach den Vorstellungen Liebknechts und der Spartakusgruppe steht in Deutschland nicht im Entferntesten auf der Tagesordnung, eine Machtergreifung im Stile der bolschewistischen Oktoberrevolution ist eine ganz und gar unrealistische Befürchtung. Dennoch wird diese Vorstellung in den folgenden Wochen immer wieder das Denken der Akteure beherrschen und zeitweise in regelrechte Hysterie münden.

Im Großen Hauptquartier im belgischen Spa ist der Kaiser am frühen Nachmittag noch immer entsetzt über die Unbotmäßigkeit des bisherigen Reichkanzlers Max von Baden. Der hat mit der eigenmächtig verkündeten Abdankung Wilhelms II. als Deutscher Kaiser *und* König von Preußen alle Pläne zerschlagen, die Wilhelm noch erwogen hat. Erst gegen 16 Uhr am Nachmittag ist auch ihm endlich klar, dass er allenfalls *mit* seinen Truppen, aber nicht an deren Spitze in die Heimat zurückkehren kann. Anschließend könnte er sich auf seine privaten Besitzungen zurückziehen, wie das der sächsische König bereits gemacht hat, nachdem die Revolutionsbewegung ihn vom Thron geholt hat. Noch kann sich der bisherige Kaiser aber nicht entscheiden, ob er diesen Weg gehen will.

Generalfeldmarschall von Hindenburg, der Chef der Obersten Heeresleitung, verfolgt dagegen ganz andere Pläne. Er möchte Wilhelm II. dazu bewegen, in die Niederlande ins Exil zu gehen. Vorerst spricht er nicht mit ihm darüber, lässt aber auf diplomatischen Kanälen bereits anfragen, ob eine Übersiedlung Wilhelms II. in die Niederlande möglich wäre.

Denkbar wäre durchaus auch der »Heldentod« Wilhelms II. an der Front. Diese Variante hält General Groener für die beste, um den monarchischen Gedanken in Deutschland aufrechtzuerhalten und nachhaltig zu stützen. Eine Reihe von getreuen Offizieren ist bereit, den Kaiser auf diesem letzten Weg zu begleiten. Wilhelm II. weiß sehr genau, dass exakt dies die »preußische Lösung« wäre, aber er kann sich nicht dazu durchringen.

Theodor Wolff,
Chefredakteur des
Berliner Tageblatts

In Berlin geht um 16 Uhr Theodor Wolff, der Chefredakteur des *Berliner Tageblatts*, aus seinem Büro nach Hause. Er sieht auf den Straßen »endlose Züge von Soldaten, die ihre Gewehre auf den Rücken gehängt, die Mützen schief gesetzt haben, rote Bänder im Knopfloch tragen, folglich ganz anders aussehen, und Arbeiter, zum Teil mit Gewehren, dazwischen große rote Fahnen, voran und zur Seite Ordner mit Gewehren und

roten Armbinden. Mitten hindurch rollen ununterbrochen große, aus den Militärdepots genommene Lastautos, auf denen
Soldaten und auch Zivilisten mit Gewehren hocken, sitzen,
stehen und knien, gewöhnlich ein (Gewehr) im Anschlag – am
hinteren Ende ein Maschinengewehr, daneben wieder Soldaten
in Schussstellung, über allem die rote Fahne. Auch elegante
kleinere feldgraue Autos, in denen jetzt vier oder sechs Soldaten mit bereit gehaltenen Gewehren sitzen. Auf dem Bürgersteig die nach Hause eilenden Ladenbesitzer, die ihre Läden
geschlossen haben, auch viele Neugierige etc. Der ganze Eindruck stark unheimlich und nervenerregend, besonders auch
wegen der vielen Halbwüchsigen und zweifelhaften Gewehr-
träger. (...) Am Leipziger Platz zwingen zwei Bewaffnete eine
Elektrische, still zu stehen, weil sie von außen gesehen haben,
dass ein dicker Zahlmeister, der drin am Fenster sitzt, die Ko-
karde noch nicht abgenommen hat – er nimmt sie dann lä-
chelnd ab. (...) Als ich in der Leipziger Straße bei der Charlot-
tenstraße anlange, beginnt ein kolossales Geknatter von
Geschossen, so laut und scharf, dass man immer glaubt, die
Kugeln schlügen an die Wände, neben denen man geht. Ich
höre, dass mit Maschinengewehren um den Besitz des Mar-
stalls gekämpft wird, wo sich königstreue Offiziere, Kadetten
und Jugendwehr verbarrikadiert hätten und angeblich aus den
Fenstern schössen.«

Am frühen Abend des 9. November besetzen revolutionäre
Arbeiter und Soldaten, die der Spartakusgruppe nahestehen,
das Berliner Zeitungsviertel. Sie setzen durch, dass die 1. Abendausgabe des *Berliner Lokal-Anzeigers* eine Beilage mit den Forderungen der Spartakusgruppe erhält. Die 2. Abendausgabe
erscheint dann unter dem Titel *Die Rote Fahne. Ehemaliger
Berliner Lokal-Anzeiger.* In großen Lettern prangt auf der ersten Seite die Überschrift »Berlin unter der Roten Fahne«. Auch
einige andere Zeitungsredaktionen werden besetzt, ebenso das
Wolffsche Telegraphenbüro sowie das Haupttelegraphenamt.

Die Nachrichten des *Wolffschen Telegraphenbüros* werden unter Vorzensur gestellt.

Im Berliner Reichstag beraten am frühen Abend verschiedene Strömungen innerhalb der Unabhängigen Sozialdemokraten über die weitere Entwicklung, darunter Karl Liebknecht von der Spartakusgruppe, die Teil der USPD ist. Manche im Tagesverlauf entstandenen Arbeiter- und Soldatenräte haben Vertreter geschickt, die eine gemeinsame Regierung der beiden sozialdemokratischen Parteien fordern. Auch der SPD-Vorsitzende Scheidemann kommt dazu und drängt auf eine Koalitionsregierung von SPD und USPD. Doch die Vertreter des linken Flügels der USPD lehnen es rundweg ab, sich an einer solchen Regierung zu beteiligen. Keine gemeinsame Sache mit den »Regierungssozialisten« ist die Parole.

Als dann aber der Druck durch die anwesenden Vertreter der Arbeiter und Soldaten immer mehr wächst, formuliert Liebknecht Bedingungen für eine gemeinsame SPD-USPD-Regierung sowie für seinen persönlichen Eintritt in eine solche: Deutschland soll eine sozialistische Republik sein. In dieser Republik soll die gesamte Macht in den Händen von gewählten Vertrauensmännern der gesamten werktätigen Bevölkerung und der Soldaten liegen. Die bürgerlichen Mitglieder sollen aus der Regierung ausgeschlossen sein. Die Beteiligung der USPD an der Regierung soll zunächst nur für drei Tage gelten, bis der Waffenstillstand abgeschlossen ist. Beide Leiter des Kabinetts sollen gleichberechtigt sein.

Um 21 Uhr trifft die Antwort des SPD-Parteivorstands ein: Die Errichtung einer Rätemacht, die in Liebknechts Bedingungen enthalten ist, wird kategorisch abgelehnt. Über die Zukunft Deutschlands soll eine frei gewählte Konstituierende Nationalversammlung entscheiden. Auch andere Punkte bleiben strittig.

Der Vorstand der USPD formuliert noch am Abend in den entscheidenden Fragen einen Kompromiss: »Das Kabinett darf nur aus Sozialdemokraten bestehen, die als Volkskommissare gleichberechtigt nebeneinanderstehen. Für die Fachminister gilt diese Beschränkung nicht, sie sind nur technische Gehilfen des entscheidenden Kabinetts. Jedem von ihnen werden zwei Mitglieder der sozialdemokratischen Parteien mit gleichen Rechten zur Seite gegeben, aus jeder Partei einer. (...) Die politische Gewalt liegt in den Händen der Arbeiter- und Soldatenräte, die zu einer Vollversammlung aus dem ganzen Reiche alsbald zusammenzuberufen sind. Die Frage der konstituierenden Versammlung wird erst nach einer Konsolidierung der durch die Revolution geschaffenen Zustände aktuell und soll deshalb späteren Erörterungen vorbehalten bleiben.« Dieser Kompromissvorschlag wird der SPD-Spitze zugestellt, aber am 9. November wird keine Einigung zwischen SPD und USPD erreicht.

Im Reichstag geht es auch noch am Abend hoch her. Bewaffnete Arbeiter und Soldaten strömen ein und aus, vor den Sitzungszimmern diskutieren erregte Gruppen, aus den Beratungszimmern hört man lebhaftes Stimmengewirr. In einigen Zimmern haben sich Auskunfts- oder auch Befehlsstellen etabliert, die allerlei Berechtigungsscheine ausgeben; in einem Zimmer werden beispielsweise Ausweise zum Empfang von Lebensmitteln ausgestellt, ohne dass irgendeine befugte Stelle dazu Anweisung gegeben hätte. »Es schien unmöglich, dieses allgemeinen Wirrwarrs Herr zu werden«, schreibt Richard Müller über die Situation. Er ist einer der Mitbegründer und führenden Köpfe der Revolutionären Obleute, einer linken Gruppe innerhalb der USPD, die aus erfahrenen Arbeitervertretern besteht und großen Einfluss in den Berliner Betrieben hat. Richard Müller ist 37 Jahre alt und seit 1914 Leiter der Dreherbranche im Deutschen Metallarbeiterverband. Im Januar 1918 war er beim großen Streik der Rüstungsarbeiter, den die Revolutionären Obleute organisiert hatten, in vorderster Front dabei. Wenn überhaupt eine Gruppe den Anspruch erheben kann, den Massenstreik und die Demonstrationen des 9. November vorbereitet zu haben, dann die Revolutionären Obleute. Auch sie haben jedoch keine Kontrolle über all das, was im Verlauf dieses 9. November geschieht, sondern versuchen lediglich, so gut es geht, nicht von den Ereignissen überrollt zu werden.

Einen Versuch, das Heft des Handelns an sich zu ziehen, starten sie am späten Abend. Gegen 21 Uhr sind im Plenarsaal des Reichstags viele Soldaten versammelt, alles angeblich gewählte Soldatenräte – genau weiß das niemand. Gegen 22 Uhr kommen Vertreter der Revolutionären Obleute dazu, die bis dahin an den Gesprächen zwischen SPD und USPD über die Bildung einer gemeinsamen Regierung teilgenommen haben. Sie sehen einerseits die beginnende Verständigung zwischen den Spitzen von SPD und USPD mit größtem Misstrauen, andererseits schreckt sie genauso der Gedanke, der chaotische Soldatenhaufen im Plenarsaal könnte Einfluss auf das weitere Geschehen gewinnen. Die Revolutionären Obleute befürchten schon an diesem Abend, den Berliner Arbeitern könnte ihre erfolgreiche Revolution aus der Hand genommen werden. Um das zu verhindern, setzen sie ganz auf die Arbeiterräte: Ihre Legitimation muss gestärkt, ihre Macht verankert werden. Und was die Soldatenräte angeht, soll ein geordnetes Wahlverfahren für Klarheit sorgen. Also formuliert Richard Müller in aller Eile den Antrag, dass sich um 10 Uhr am folgenden Tag sämtliche Arbeiter und Arbeiterinnen in den Fabriken versammeln sollen, um Arbeiterräte zu wählen – Frauen sollen wählbar sein, Angestellte sollen als Arbeiter betrachtet werden. Sämtliche Soldaten sollen ebenfalls am nächsten Morgen Soldatenräte wählen. Auf ein Bataillon soll ein Soldatenrat entfallen, auf 1000 Arbeiter ein Arbeiterrat. Es ist schon Mitternacht, als der Antrag von den Versammelten angenommen wird. Beschlossen wird auch, dass sich die gewählten Arbeiterund Soldatenräte am Nachmittag des 10. November um 17

Uhr im »Zirkus Busch« versammeln und »die provisorische Regierung« wählen sollen.

Friedrich Ebert, der sich als Reichskanzler und Chef einer Übergangsregierung fühlt, muss diese Beschlüsse als Kampfansage verstehen. Aus der Sicht der Revolutionären Obleute sind sie durchaus auch so gemeint. In der Nacht des 9. November weiß niemand definitiv, was der folgende Tag bringen wird. Berlin steckt mitten in einer Revolution.

Eines immerhin hat sich am späten Abend geklärt. Der zurückgetretene Kaiser hat sich entschieden, am nächsten Morgen in die Niederlande ins Exil zu gehen. Wilhelm II. hat lange gezögert, aber am späteren Abend, gegen 22 Uhr, bricht sein Widerstand zusammen. Hindenburg lässt ihm sehr konkret vor Augen führen, was wohl geschehen würde, wenn »bolschewistische« Einheiten ihn gefangen nähmen. Das ist zwar völlig aus der Luft gegriffen, aber Hindenburg erreicht mit dieser Horrorvision sein Ziel. Er verfolgt sehr klare Interessen und weiß durchaus, was er mit seiner drängenden Empfehlung anrichtet. Der Kaiser auf der Flucht ins Exil – das schadet der Monarchie und der Dynastie der Hohenzollern nachhaltig und ist kaum je wieder gutzumachen.

Hindenburg glaubt, das in Kauf nehmen zu müssen. Der Kaiser hat ihn am Mittag mit seiner letzten Amtshandlung zum Oberbefehlshaber des deutschen Heeres ernannt, und Hindenburg geht es seither mehr um dieses preußisch-deutsche Heer als um die Monarchie und die Dynastie der Hohenzollern. Nur ohne Wilhelm II., davon ist er überzeugt, wird es gelingen können, das Heer und damit den Kern des Preußentums in die Zukunft hinüberzuretten.

Am frühen Morgen des 10. November macht der Deutsche Kaiser und König von Preußen sich schließlich auf den Weg in die Niederlande. Dass er erst zwei Wochen später offiziell abdanken wird, ist unerheblich. Mit seiner Abreise verabschiedet sich Wilhelm II. aus der deutschen Geschichte. Hindenburg und Groener an der Spitze der Obersten Heeresleitung haben jetzt freie Hand – aber sie machen das Spiel nicht allein. Noch versuchen sie das auch gar nicht.

Was sich an diesem 9. November in Berlin ereignet, ist kein Spaziergang. Die Arbeiter, die am Morgen ihre Fabriken verlassen und demonstrierend in die Innenstadt ziehen, müssen mit dem Schlimmsten rechnen, wissen nicht, was sie erwartet. Sie machen sich in mutiger Entschlossenheit dennoch auf den Weg und laufen auch nicht auseinander, als die ersten Schüsse fallen und die ersten Toten zu beklagen sind. Polizei- und Armeeführung sind entschlossen, diese Arbeiterdemonstrationen zusammenzuschießen. Sie sind vorbereitet, und sie wissen, was auf dem Spiel steht. Ihre Truppen sind schwer bewaffnet und könnten ein Massaker unter den Demonstranten anrichten. Dass es nicht dazu kommt, liegt nicht an der Einsicht der militärischen Führung, sondern am Willen der Soldaten, die sich weigern, auf Demonstranten zu schießen.

Es ist kein Mob, der am 9. November die Berliner Straßen erobert. Es sind disziplinierte, zielorientierte, entschlossene Arbeiter und Soldaten, die nach mehr als vier Jahren Krieg mit schlimmsten Entbehrungen endlich Frieden und ein auskömmliches Leben in Sicherheit und Würde wollen, die den bislang Herrschenden nicht mehr vertrauen und sie für ein Hindernis auf dem schnellen Weg zum Frieden und zu einem gerechten Volksstaat halten. Es kommt am 9. November nicht zu Plünderungen, nicht zur Misshandlung von Offizieren. Rangabzeichen und Kokarden werden von den Uniformen abgerissen, die Kennzeichen der alten Armee. Das ist alles. Ein starkes Symbol für die einfache Vorstellung von der gleichen Würde aller Menschen, die als Utopie in den Köpfen vieler Demonstranten steckt.

Theodor Wolff, der Chefredakteur des *Berliner Tageblatts*, schreibt am Abend seinen Leitartikel, der am nächsten Morgen zu lesen ist, und er schreckt vor Superlativen nicht zurück:

»Die größte aller Revolutionen hat wie ein plötzlich losbrechender Sturmwind das kaiserliche Regime mit allem, was oben und unten dazu gehörte, gestürzt. Man kann sie die größte aller Revolutionen nennen, weil niemals eine so fest gebaute, mit so soliden Mauern umgebene Bastille so in einem Anlauf genommen worden ist. Es gab noch vor einer Woche einen militärischen und zivilen Verwaltungsapparat, der so verzweigt, so ineinander verfädelt, so tief eingewurzelt war, dass er über den Wechsel der Zeiten hinaus seine Herrschaft gesichert zu haben schien. Durch die Straßen von Berlin jagten die grauen Autos der Offiziere, auf den Plätzen standen wie Säulen der Macht die Schutzleute, eine riesige Militärorganisation schien alles zu umfassen, in den Ämtern und Ministerien thronte eine scheinbar unbesiegbare Bürokratie. Gestern früh war, in Berlin wenigstens, das alles noch da. Gestern Nachmittag existierte nichts mehr davon.«

»Die größte aller Revolutionen« – Theodor Wolff ist für dieses Wort später heftig kritisiert und noch später verspottet und belächelt worden. Aber wer sich in die Situation des Zeitgenossen versetzt, der erkennt, dass sein Urteil am Abend des 9. November absolut berechtigt ist.

Nachts um Viertel vor eins geht Wolff mit zwei Kollegen nach Hause. »Die Straßen sind jetzt ziemlich leer, wir begegnen nur Matrosen und Soldaten mit umarmenden Mädchen etc. Als wir zum Leipziger Platz kommen, ist die Straße durch eine Truppenlinie gesperrt. Davor etwa fünfzig oder sechzig Neugierige, besonders auch Venuspriesterinnen. Die Soldaten sagen: ›Sie können nicht durch, auf dem Potsdamer Platz wird geschossen.‹ Wir erklären, wir hätten keinen anderen Weg und wollten heim. Ein Soldat rät uns, am Palasthotel vorbei schnell über den Platz zu laufen und uns immer rechts zu halten.« Die drei Männer befolgen den Rat und rennen. Theodor Wolff kommt gut nach Hause, hält aber fest: »Es ist dann die ganze Nacht hindurch auf dem Potsdamer Platz geschossen worden.«

Der 9. November in Berlin. Ein langer, großer – und doch auch ein sehr verwirrender Tag. Wie konnte es überhaupt zu dieser Revolution kommen? Wer steht gegen wen? Was hat es mit der gespaltenen Sozialdemokratie auf sich? Worum geht es der Revolutionsbewegung? In welchen Zusammenhängen steht diese Revolution in der bisherigen deutschen Geschichte?

2
VATERLANDSLOSE GESELLEN? – DIE SOZIALDEMOKRATIE IM KAISERREICH

Bereits 70 Jahre vor dem November 1918 sind in Deutschland Bürger, Handwerker und Arbeiter für Freiheit, Demokratie und ein einiges Vaterland auf die Straße und auf die Barrikaden gegangen. Es ist ein Parlament gewählt und eine Verfassung verabschiedet worden, aber am Ende scheitert die Revolution von 1848/49 und erreicht keines ihrer großen Ziele: weder garantierte Freiheitsrechte noch Demokratie und auch nicht einen deutschen Nationalstaat. Die Monarchen können ihre Machtpositionen wiederherstellen, ihre Truppen schlagen die Revolutionsbewegung nieder, und viele der Revolutionäre fliehen ins Ausland, insbesondere in die Schweiz, in die USA oder nach England. Die Aufbruchszeit des Vormärz und der Revolution endet in einer Phase der Restauration.

Das 1871 gegründete Deutsche Kaiserreich ist kein Reich der Bürger, Handwerker und Arbeiter, es hat mit den Zielen der Revolutionäre von 1848/49 nichts gemeinsam. Es ist ein Kaiserreich der Monarchen, das der Preußische Ministerpräsident Otto von Bismarck mit viel diplomatischem Geschick, vor allem aber mit »Blut und Eisen« aus der Taufe hebt. 1866 führt Preußen Krieg gegen Österreich und schließt durch seinen Sieg die Habsburger Monarchie aus den deutschen Einheitsbestrebungen aus. Es entsteht der Norddeutsche Bund, der bereits alle deutschen Staaten nördlich der Mainlinie umfasst und von Preußen dominiert wird. 1870 führen der Norddeutsche Bund und die mit ihm verbündeten süddeutschen Staaten Krieg gegen Frankreich. Erst im Verlauf dieses Krieges sind Baden, Bayern, Hessen-Darmstadt und Württemberg schließlich bereit, dem Norddeutschen Bund beizutreten, der ab Januar 1871 Deutsches Reich heißt. Am 18. Januar 1871 findet im Spiegelsaal des Schlosses von Versailles die Proklamation des Preußischen Königs Wilhelm I. zum Deutschen Kaiser statt.

Das Deutsche Reich ist eine konstitutionelle Monarchie, die als Bundesstaat aufgebaut ist. Die Verfassung begrenzt zwar die absolute Macht des Kaisers, Grundlage aber ist das monarchische Prinzip, wonach alle Staatsgewalt in der Hand des Monarchen liegt – und nicht etwa in der Hand des Volkes. Das wählt zwar in allgemeiner, gleicher und geheimer Wahl ein Parlament, den Reichstag – ein durchaus fortschrittliches Wahlrecht, auch wenn nur Männer ab 25 Jahren wahlberechtigt sind. Allerdings ist der Reichstag ein recht zahnloses Parlament, hat lediglich Mitentscheidungsgewalt über den Haushalt des Reiches, bescheidene Kontrollrechte gegenüber der Regierung und kann mit seinen Debatten Öffentlichkeit herstellen. Politik macht der Kaiser mithilfe der von ihm berufenen und nur ihm verantwortlichen Regierung.

Absolut dominierender Einzelstaat im Deutschen Reich ist Preußen. Es umfasst zwei Drittel des Reichsgebiets, der König von Preußen ist zugleich Deutscher Kaiser. Die politischen Beteiligungsrechte des Volkes sind in Preußen noch geringer als im Deutschen Reich. Das Preußische Abgeordnetenhaus wird nicht nach dem Wahlrecht gewählt, das für den Reichstag gilt, sondern nach einem speziellen Dreiklassenwahlrecht, das sich am Steueraufkommen orientiert. Es gibt drei Abteilungen, die für die Zusammensetzung des Abgeordnetenhauses gleiches Gewicht haben, aber der ersten Abteilung gehören weniger als fünf Prozent der Stimmberechtigten an, der dritten Abteilung

80 Prozent. Es ist ein Wahlrecht, das Handwerker, Bauern und Arbeiter massiv benachteiligt.

Trotz dieser bescheidenen politischen Mitsprachemöglichkeiten arrangiert sich das Bürgertum in wesentlichen Teilen mit dem Bismarckreich. Wirtschaft und Handel haben den einheitlichen Markt, den sie brauchen. Der Staat fördert Wirtschaft und Wissenschaft. Die Industrie entwickelt sich trotz der einen oder anderen Krise prächtig. In dieser Hinsicht ist das Deutsche Reich eine absolute Erfolgsgeschichte, mit der sich ein Großteil des Bürgertums identifizieren kann, zumal die deutschen Kleinstaaten nun nicht mehr Spielball der europäischen Mächte sind. Das Deutsche Reich wird im Konzert der Großmächte ernst genommen – und Bismarck achtet als Reichskanzler darauf, dass sich keine gefährlichen Koalitionen gegen den spät entstandenen deutschen Nationalstaat aufbauen.

Ganz anders als Adel und Bürgertum nehmen die politisch bewussteren Teile der stark wachsenden Arbeiterschaft das Reich wahr. Schon vor und während der Revolution sind erste Arbeiterorganisationen entstanden. Am prominentesten sicherlich der »Bund der Kommunisten«, in dessen Auftrag Karl Marx und Friedrich Engels »Das Kommunistische Manifest« geschrieben haben. Alle Arbeiterorganisationen werden 1849 verboten, aber schon nach zehn Jahren, als der spätere König Wilhelm I. die Regentschaft in Preußen übernimmt, ergeben sich Ansätze zu einem Neuanfang. In vielen Städten entstehen Arbeiterbildungsvereine, deren vorrangiges Ziel es zunächst ist, Arbeitern zu einer gewissen Bildung zu verhelfen. Liberale und Demokraten fördern diese Bewegung, die vor allem individuellen Aufstieg ermöglichen soll, aber doch recht schnell die politische Dimension der Arbeiterfrage in den Mittelpunkt stellt.

Unter Führung von Ferdinand Lassalle wird 1863 der »Allgemeine Deutsche Arbeiterverein« (ADAV) gegründet. Dessen politische Position wird ganz von Lassalles These vom ehernen

Lohngesetz bestimmt, die besagt, dass alle Selbsthilfeorganisationen und Gewerkschaften nichts daran ändern können, dass sich die Löhne stets in der Nähe des Existenzminimums bewegen. Wirkliche Veränderung erwartet Lassalle von Produktionsgenossenschaften der Arbeiter, die mithilfe des Staates errichtet werden sollen. Der ADAV sucht deshalb die Nähe zum Staat und sieht im liberalen Bürgertum seinen Hauptgegner.

Gründer und Häupter der SPD: August Bebel, Wilhelm Liebknecht, Karl Marx, Carl Wilhelm Tölcke, Ferdinand Lasalle.

Ganz anders die Position der Arbeiterbildungsvereine, die sich noch im selben Jahr zum »Vereinstag Deutscher Arbeitervereine« zusammenschließen, aus dem dann 1869 die »Sozialdemokratische Arbeiterpartei« (SDAP) entsteht. Prägender Kopf der Partei ist von Anfang an August Bebel, der gemeinsam mit Wilhelm Liebknecht nicht nur im Wesentlichen das Gründungsprogramm der SDAP formuliert, sondern auch ihr wichtigster Organisator ist.

Die Zusammenarbeit von August Bebel und Wilhelm Liebknecht ist von elementarer Bedeutung für die neue Partei. Liebknecht hat zu den Revolutionären von 1848 gehört und ist nach der Niederschlagung der Revolution zuerst in die Schweiz und später nach England ins Exil gegangen. Bis 1862 hat er in London gelebt und dort zum Kreis um Karl Marx und Friedrich Engels gehört. Als er nach Deutschland zurückkommt, bringt er die Grundthese mit, dass der politische und soziale Kampf der Arbeiter eine Einheit sei, der zwingend eine eigenständige, von den Liberalen getrennte politische Partei erfordere. August Bebel ist vierzehn Jahre jünger als Liebknecht, er war noch ein Kind, als Liebknecht schon ins Exil musste. Er hat seine politischen Anfänge in den Arbeiterbildungsvereinen und wendet sich dann marxistischem Gedankengut zu. Bebel ist neben Liebknecht nicht nur Vorsitzender der SDAP, er ist auch als ausgezeichneter Redner und Autor für die Partei unersetzlich. Sein politisches Engagement trägt ihm immer wieder Haftstrafen ein. August Bebel wird bis zu seinem Tod im August 1913 der charismatische Führer der deutschen Sozialdemokratie bleiben.

Von 1867 bis 1871 gehört Bebel dem Reichstag des Norddeutschen Bundes an, von 1871 bis zu seinem Tod dem Reichstag des Deutschen Kaiserreichs – mit einer einzigen kurzen Unterbrechung in den Jahren 1881-1883. Im Gegensatz zu Liebknecht, der das Parlament vor allem als Bühne für politische Propaganda betrachtet, sieht Bebel im Reichstag auch ein

Instrument zur Verbesserung der Lage der Arbeiter. Als 1870 der Deutsch-Französische Krieg beginnt, stehen Wilhelm Liebknecht und August Bebel vor derselben Frage, die sich der Sozialdemokratie 1914 wieder stellen wird: Sollen die beiden Abgeordneten der SDAP – auch mit Blick auf die allgemeine Kriegsbegeisterung – die Kriegskredite im Reichstag des Norddeutschen Bundes bewilligen oder nicht? Am Ende enthalten sich beide »als prinzipielle Gegner jedes dynastischen Krieges« der Stimme. Diese Haltung stößt auf heftige Kritik bei der Mehrheit der Parteispitze.

Im Reichstag des Kaiserreichs kritisiert Bebel dann den neuen Staat sehr grundsätzlich. Dieses mit »Blut und Eisen« geschaffene Reich sei »kein Boden für die bürgerliche Freiheit, geschweige für die soziale Gleichheit! Staaten werden mit den Mitteln erhalten, durch die sie gegründet wurden. Der Säbel stand als Geburtshelfer dem Reich zur Seite, der Säbel wird es ins Grab begleiten!« Es sind insbesondere die Reden Bebels, die Bismarck veranlassen, die SDAP unter polizeiliche Beobachtung zu stellen. 1872 wird Bebel in einem politischen Prozess wegen Hochverrats zu zwei Jahren Festungshaft verurteilt – das macht ihn in der Arbeiterschaft nur noch beliebter und steigert auch die Anziehungskraft der sozialdemokratischen Bewegung.

Diese Bewegung bekommt einen deutlichen Schub, als sich 1875 in Gotha die beiden bislang konkurrierenden politischen Arbeiterorganisationen ADAV und SDAP zur »Sozialistischen Arbeiterpartei Deutschlands« (SAPD) vereinigen. Der Einigungsprozess von 1875 folgt politisch-strategischer Vernunft und findet eher auf dem Papier als in den Köpfen statt. Formelkompromisse überdecken unterschiedliche Ansätze und Strategien. Die Altmeister Marx und Engels kritisieren aus London das »Gothaer Programm« der neuen Partei wegen seiner angeblichen Halbherzigkeit und Widersprüchlichkeit. Bebel und Liebknecht hoffen auf die Wirkung praktischer politischer Arbeit.

Im Hinblick auf die Außenwirkung ist die Vereinigung jedoch ein voller Erfolg. Der neuen Einheit, aber sicher auch der wirtschaftlich schwierigeren Lage ist zu verdanken, dass die SAPD bei den Reichstagswahlen von 1877 zwölf Mandate gewinnt. Das alarmiert allerdings auch die Obrigkeit, und die staatlichen Repressionsmaßnahmen nehmen zu. Als es dann im Jahr 1878 zu zwei Attentaten auf den Kaiser kommt, lastet der Reichskanzler sie den Sozialdemokraten an. Der Reichstag beschließt das »Gesetz gegen die gemeingefährlichen Bestrebungen der Sozialdemokratie«, das die Partei und ihre Nebenorganisationen (Gewerkschaften, Bildungs- und Sportvereine etc.) verbietet. Das Gesetz erlaubt es, Sozialdemokraten aus ihren Heimatgemeinden auszuweisen und greift damit auch tief in deren Privatleben ein. Es ist außerordentlich schwierig, die Kommunikation innerhalb der jetzt illegalen Organisation aufrechtzuerhalten.

Einzige Plattform der verbotenen Partei ist der Reichstag, dessen Abgeordnete nach dem Mehrheitswahlrecht direkt in den Wahlkreisen gewählt werden. Auch Männer, die zuvor der SAPD angehört haben, können sich zur Wahl stellen und gewählt werden. Als Abgeordnete können sie sich dann zusammenschließen. Diese – inoffizielle – Reichstagsfraktion ist in den Verbotsjahren die einzig legale Einrichtung der früheren SAPD und hat entscheidende Bedeutung für den Zusammenhalt der Genossen. Zwölf lange Jahre ist die SAPD verboten; mehrmals verlängert, bleibt das sogenannte Sozialistengesetz bis 1890 in Kraft. Bismarck scheitert mit seinem Versuch, dem Sozialistengesetz unbegrenzte Geltungsdauer zu verschaffen.

Die Reichstagswahl von 1890 bringt starke Gewinne für die Opposition, insbesondere auch für die Sozialdemokratie. Sie erhält etwa 20 Prozent der abgegebenen Stimmen und zieht mit 35 Abgeordneten in den neuen Reichstag ein. Weder die staatlichen Unterdrückungsmaßnahmen noch die Sozialgesetzgebung, mit der den Bestrebungen der Sozialdemokratie das Wasser abgegraben werden sollte, haben die illegale Partei zerstören können. Vordergründig ist das eine große Erfolgsgeschichte, aber die Verbotszeit hinterlässt auch tiefe Spuren. Möglichst nie wieder wollen die Sozialdemokraten und die mit ihnen verbundenen Gewerkschaften in die Illegalität gedrängt werden, nie wieder ihre Parteikassen und Gewerkschaftsvermögen verlieren, nie wieder mit Hausdurchsuchungen, Verhaftungen und Ausweisungen rechnen müssen. Und sie wollen anerkannt sein, nicht als »vaterlandslose Gesellen« abgestempelt und ausgegrenzt werden.

Als die Partei sich 1890 unter dem Namen »Sozialdemokratische Partei Deutschlands« (SPD) »neu« gründet, sind diese Langzeitfolgen noch nicht abzusehen. Programmatisch stellt sich die SPD klassenbewusster auf als je zuvor. Schon auf dem letzten Parteitag der Verbotszeit, 1887 in St. Gallen, hat Bebel sich einerseits zur parlamentarischen Tätigkeit der Sozialdemokratie und der Teilnahme an Wahlen bekannt, andererseits aber auch gewarnt, die Partei dürfe den Parlamentarismus nicht überschätzen. Die letzten Ziele des Sozialismus seien auf parlamentarischem Wege nicht zu erreichen. Das neue Parteiprogramm, das sich die SPD 1891 auf ihrem Parteitag in Erfurt gibt, beschreibt in seinem ersten Teil – in Anlehnung an die Marx'sche Theorie – die Entwicklungsgesetze des Kapitalismus. Dieser grundsätzliche Teil des Programms stammt von dem sozialistischen Theoretiker Karl Kautsky und fordert als großes Ziel »die Verwandlung des kapitalistischen Privateigentums an Produktionsmitteln – Grund und Boden, Gruben und Bergwerke, Rohstoffe, Werkzeuge, Maschinen, Verkehrsmittel – in gesellschaftliches Eigentum und die Umwandlung der Warenproduktion in sozialistische, für und durch die Gesellschaft betriebene Produktion«. Nur so könne »der Großbetrieb und die stets wachsende Ertragsfähigkeit der gesellschaftlichen Arbeit für die bisher ausgebeuteten Klassen aus einer Quelle des Elends und der Unterdrückung zu einer Quelle der höchsten

Wohlfahrt und allseitiger, harmonischer Vervollkommnung werden«. Aufgabe der Sozialdemokratie sei es, den Kampf der Arbeiterklasse in diesem Prozess »zu einem bewussten und einheitlichen zu gestalten und ihm sein naturnotwendiges Ziel zu weisen«.

Karl Kautsky   **Eduard Bernstein**

Der zweite Teil des »Erfurter Programms« enthält konkrete Forderungen für die praktische politische Arbeit in der Gegenwart. Er stammt von Eduard Bernstein. Gefordert werden beispielsweise ein allgemeines, gleiches, direktes und geheimes Wahlrecht für Männer und Frauen sowie die Abschaffung aller Gesetze, die zur Benachteiligung der Frau beitragen. Gefordert werden direkte Gesetzgebung durch das Volk und die Ersetzung stehender Heere durch eine Volkswehr. Das Recht auf freie Meinungsäußerung soll garantiert werden, ebenso die Vereinigungs- und Versammlungsfreiheit. Speziell zum Schutz der Arbeiter fordert das Erfurter Programm die gesetzliche Einführung des Acht-Stunden-Tages, das Verbot der Erwerbsarbeit für Kinder, ein weitgehendes Verbot der Nachtarbeit, garantierte Mindestruhepausen, die rechtliche Gleichstellung der landwirtschaftlichen Arbeiter und Dienstboten mit den gewerblichen Arbeitern und die Sicherstellung des Koalitionsrechts für Arbeiter.

Mit seinen konkreten Gegenwartsforderungen bietet das Erfurter Programm gute Orientierung für die alltägliche politische Arbeit, mit seiner scheinbar wissenschaftlichen Prognose über die Entwicklung des Kapitalismus zum Sozialismus eine rosige Zukunftsperspektive. Wie jedoch beides zusammenhängen könnte, darauf bleibt es jede Antwort schuldig. Bebel erwartet die sozialistische Revolution als sich gesetzmäßig ereignenden »großen Kladderadatsch«, den die Sozialdemokratie nicht gezielt herbeiführen müsse. Für ihn ist die internationale sozialistische Arbeiterbewegung, ein »mächtiger Strom, der kein Hindernis mehr kennt«. Nach seiner Überzeugung steht das Ende der bürgerlich-kapitalistischen Gesellschaft kurz bevor. Auf dem Erfurter Parteitag prophezeit er 1891, die meisten der Anwesenden würden den Sturz der bestehenden Staats- und Gesellschaftsordnung durch die Arbeiterschaft und die Errichtung des Sozialismus noch erleben.

Trotz seines Dualismus – vielleicht aber auch gerade wegen desselben – übt das Erfurter Programm eine große Faszination auf die Arbeiterschaft aus, die um wirtschaftliche Besserstellung und soziale Absicherung, um gesellschaftliche Anerkennung und staatsbürgerliche Gleichberechtigung kämpft. Das Erfurter Programm bleibt über das Ende des Kaiserreichs hinaus das gültige Parteiprogramm der SPD.

Der Dualismus von Reformpolitik und Sozialismusvision ist nicht nur ein Programmproblem der SPD, in ihm stecken Grundfragen politischer Strategie und Orientierung, die in den folgenden Jahren immer wieder kontrovers diskutiert werden. Vor allem zwei große Debatten sind es, in denen die SPD versucht, diesen Dualismus zugunsten einer schlüssigen Strategie aufzulösen. Die erste ist eng mit Eduard Bernstein verbunden und wird im Allgemeinen als »Revisionismusstreit« bezeichnet. Im Kern plädiert Bernstein dafür, eine reformorientierte politische Praxis in den Mittelpunkt sozialdemokratischer Politik zu rücken und sich vom Gedanken einer sozialistischen Umwälzung der Gesellschaft weitgehend zu verabschieden. Die tatsächliche Entwicklung der Gesellschaft verlaufe mit dem Entstehen neuer Mittelschichten und der spürbaren Verbesserung der Lage der Arbeiter anders, als Marx es prognostiziert habe. Offenbar, so Bernsteins These, sei es durchaus möglich, mit Reformen zu einer grundsätzlichen Verbesserung der Lage der Arbeiter zu kommen. »Ich gestehe es offen«, erklärt er 1898, »ich habe für das, was man gemeinhin unter ›Endziel des Sozialismus‹ versteht, außerordentlich wenig Sinn und Interesse. Dieses Ziel, was immer es sei, ist mir gar nichts, die Bewegung alles.«

Bernsteins Thesen führen zu offenem Streit. August Bebel, Rosa Luxemburg und Karl Kautsky sind Bernsteins entschiedene Gegner. Auf dem Dresdner Parteitag im September 1903 wendet sich Bebel in seinem Referat gegen alle revisionistischen Bestrebungen. »Ich will der Todfeind dieser bürgerlichen Gesellschaft und dieser Staatsordnung bleiben, um sie in ihren Existenzbedingungen zu untergraben und sie, wenn ich kann, zu beseitigen. Solange ich atmen und schreiben und sprechen kann, soll es nicht anders werden.« Der Parteitag verurteilt schließlich bei nur elf Gegenstimmen alle Bestrebungen, die sich mit der Reformierung der bestehenden Gesellschaft begnügen wollen.

Wenige Jahre später kommt es zu einem erneuten Versuch, den Dualismus von Reformpolitik und Sozialismusvision in einer schlüssigen politischen Strategie aufzulösen. Vor allem ausgelöst durch die großen Streikaktionen im Rahmen der Russischen Revolution von 1905, wirft der linke Flügel der SPD die Frage auf, ob nicht Massenstreiks das geeignete Mittel sein könnten, um bei sehr grundsätzlichen Problemen, denen allein mit Reformen offenbar nicht beizukommen sei, die Interessen des Proletariats durchzusetzen. Etwa, wenn es darum geht, die Abschaffung des undemokratischen Dreiklassenwahlrechts in Preußen zu erreichen.

Rosa Luxemburg entwickelt Konzepte für Massenstreiks, mit denen die sozialistische Revolution eingeleitet werden soll. Sie ist im Begriff, eine der führenden Theoretikerinnen der internationalen sozialistischen Bewegung zu werden. Nach ihrem Studium, das sie in Zürich mit einer Dissertation über die industrielle Entwicklung Polens abgeschlossen hat, ist sie seit 1898 in der deutschen Sozialdemokratie aktiv. Die SPD ist damals im Hinblick auf die Zahl ihrer Mitglieder, ihre politische Kampfkraft und die Qualität ihrer Programmatik die weltweit führende sozialistische Partei.

❲ Rosa Luxemburg (re.) und Clara Zetkin, die Chefredakteurin der proletarisch-feministischen Zeitschrift »Die Gleichheit«, 1910

Bildungsarbeit hat hohen Stellenwert. Der SPD-Vorstand besucht die Parteischule 1907 (4. v.li. Rosa Luxemburg, 5. v.li. August Bebel, 3. Bank re. Friedrich Ebert) ❳

Schon nach kurzer Zeit hat Rosa Luxemburg sich hier einen Namen gemacht. Bebel ist von der klugen und scharfsinnigen jungen Frau begeistert, die 1905 gerade einmal 34 Jahre alt ist. Mit ihrem offensiven Massenstreik-Konzept kann sie sich allerdings in der Partei nicht durchsetzen. Der Jenaer Parteitag akzeptiert im September 1905 den Massenstreik lediglich als wirksames Abwehrmittel gegen politische Angriffe auf die Arbeiterklasse, nicht aber als offensives revolutionäres Kampfmittel. Die Gewerkschaften lehnen Massenstreiks völlig ab.

Zu Beginn des neuen Jahrhunderts sind die politischen Differenzen zwischen Partei und Gewerkschaften groß, ebenso die zwischen dem linken Flügel der Partei um Rosa Luxemburg und dem reformerischen Flügel, der theoretisch von Bernstein vertreten wird, in der praktischen politischen Arbeit aber sei-

nen Schwerpunkt in den eher liberalen süddeutschen Staaten hat. Das sogenannte »Zentrum« der SPD um Bebel und Kautsky hat alle Mühe, immer wieder Kompromisse zu finden; nicht selten sind es Formelkompromisse, die grundsätzliche Differenzen lediglich mit konsensfähigen Formulierungen überdecken.

Ganz ähnlich stellt sich die Situation auf internationaler Ebene dar. In der Hochphase des Imperialismus mit zunehmenden Konflikten und Krisen zwischen den europäischen Mächten sehen die in der »Sozialistischen Internationale« verbundenen sozialdemokratischen und sozialistischen Parteien einen großen Krieg drohen. Kriegsgefahr und Abwehrmaßnahmen der Arbeiterparteien sind die großen Themen beim Internationalen Sozialistenkongress 1907 in Stuttgart und beim Internationalen Sozialistenkongress 1910 in Kopenhagen. Doch es gelingt nicht, sich über konkrete Gegenmaßnahmen für den »Ernstfall« zu verständigen.

Angesichts der Balkankriege und der immer konkreter werdenden Furcht vor einem großen Krieg zwischen den europäischen Großmächten findet 1912 in Basel ein außerordentlicher Sozialistenkongress statt. 555 Delegierte aus 23 Ländern demonstrieren ihren Friedenswillen. In einem »Basler Friedensmanifest« wird die Idee einer internationalen Außenpolitik entwickelt, die einen drohenden Krieg verhindern soll. Die Arbeiterklasse, heißt es im Manifest, solle überall den Friedenswillen des Proletariats demonstrieren. Auf die Ausrufung des Generalstreiks als letzte friedenssichernde Maßnahme kann man sich allerdings auch in Basel nicht verständigen. Das ist deutlich zu wenig, um im Ernstfall einen Krieg zu verhindern – wie sich keine zwei Jahre später in der Julikrise 1914 zeigt.

August Bebel erlebt das nicht mehr. Der große alte Mann der deutschen Sozialdemokratie stirbt am 13. August 1913, fast auf den Tag genau dreizehn Jahre nach seinem langjährigen politischen Partner Wilhelm Liebknecht. Zwei Jahre vor seinem Tod hat Bebel auf dem Jenaer Parteitag von 1911 Hugo Haase zu seinem Mit-Vorsitzenden wählen lassen, einen scharfsinnigen Rechtsanwalt, klugen Theoretiker und engagierten Kriegsgegner. Haase scheint ihm auch wegen seines verbindlichen Auftretens ein geeigneter Mann zu sein, um das Zentrum der Partei zu stärken, ein Mann, dem es weiterhin gelingen könnte, die auseinanderstrebenden Flügel der Partei zusammenzuhalten. 1912 wird Haase neben Philipp Scheidemann zusätzlich Vorsitzender der SPD-Fraktion im Reichstag.

Schon 1911 ist auch Friedrich Ebert als Parteivorsitzender im Gespräch, verzichtet aber auf eine Kampfkandidatur gegen Haase – und erhält dennoch mehr als 100 Stimmen. Nach Bebels Tod führt dann an ihm kein Weg vorbei. Mit 433 von 473 Stimmen wird er fünf Wochen nach Bebels Tod auf dem SPD-Parteitag, der wieder in Jena tagt, neben Haase zum Vorsitzenden gewählt. Ebert ist eindeutig dem reformorientierten Parteiflügel zuzurechnen. Er ist in der Partei bekannt und gilt als Mann des Ausgleichs. Für ihn ist die organisatorische Stärke von Gewerkschaften und Partei die entscheidende Größe. Nur eine starke und geschlossene sozialistische Bewegung, davon ist er überzeugt, kann den politischen Gegnern und den Arbeitgebern Zugeständnisse abringen. Innerparteilichen Streit hält er für schädlich, geschlossenes Auftreten für unabdingbar. 1912 ist er in den Reichstag und sofort auch in den siebenköpfigen Fraktionsvorstand gewählt worden.

Die SPD erzielt bei den Reichstagswahlen 1912 ihren bis dahin größten Wahlsieg. Fast 35 Prozent der Wähler stimmen für die Sozialdemokraten, mit 110 Abgeordneten wird die SPD stärkste Fraktion des Reichstags. Mit stolzgeschwellter Brust steht die SPD nach dieser Wahl als politische Kraft im Raum, an der man allem Anschein nach nicht mehr vorbeikommt. Mancher Genosse träumt davon, dass die Partei nach den nächsten Wahlen die Mehrheit der Abgeordneten im Reichstag stellen und nach und nach tatsächlich Einfluss auf die Politik des Deutschen Reiches gewinnen kann. Bei genauerem Hinsehen ist die Partei allerdings ein Scheinriese. Die Differenzen und Gegensätze zwischen den Parteiflügeln sind nur mühsam übertüncht. Den beiden Vorsitzenden bleibt nach Bebels Tod nicht einmal ein Jahr, um gemeinsam den Einigungsprozess der zerstrittenen Partei voranzubringen. Die Julikrise 1914 setzt all dem ein abruptes Ende. Jetzt geht es um Krieg oder Frieden – und weder die SPD noch die Sozialistische Internationale hat eine Strategie, die den Frieden bewahren könnte.

3
ZERREISSPROBE –
DER WELTKRIEG UND DIE
SOZIALDEMOKRATIE

Am 28. Juni 1914 werden der österreichische Erzherzog Franz Ferdinand und seine Frau Sophie bei einem offiziellen Besuch in der bosnischen Hauptstadt Sarajewo erschossen. Bosnien ist seit 2008 Teil Österreich-Ungarns, aber serbische Nationalisten verfolgen das Ziel, langfristig einen Anschluss Bosniens an Serbien zu erreichen und Großserbien zur vorherrschenden Macht auf dem Balkan zu machen. Das Attentat soll zur Destabilisierung der Donaumonarchie beitragen. Österreich macht Serbien für das Attentat verantwortlich, weil es ohne Unterstützung offizieller serbischer Stellen nicht hätte stattfinden können.

In Berlin äußert der SPD-Vorsitzende Hugo Haase schon in der Parteivorstandssitzung am 29. Juni die Befürchtung, das Attentat von Sarajevo könnte die allgemeine Kriegsgefahr auf einen neuen Höhepunkt treiben, aber er steht mit dieser Einschätzung zunächst allein. In den vorangegangenen Jahren hat es immer wieder gewaltige Krisen und sogar zwei Balkankriege gegeben, ohne dass sich daraus ein großer europäischer Krieg entwickelt hätte. Irgendwie ist es immer »gut« gegangen. Warum soll es diesmal anders sein?

Dass diesmal alles anders ist, hat mit der Befürchtung aller europäischen Großmächte zu tun, über kurz oder lang werde ein großer Krieg ohnehin nicht zu vermeiden sein. Eine wesentliche Rolle spielen auch die allgemeine Aufrüstung und die spezielle Sorge der deutschen Militärs, die Zeit arbeite gegen das Deutsche Reich, weil man angesichts der russischen Aufrüstung in wenigen Jahren einen Zweifrontenkrieg gegen Frankreich und Russland nur noch verlieren könne. Je früher man den ohnehin unvermeidbaren Krieg führe, desto besser – das ist verbreitete Meinung unter den Berliner Militärstrategen. Seit Frankreich, Russland und das Vereinigte Königreich sich 1907 in der »Triple Entente« verbündet haben, fühlt sich das Deutsche Reich eingekreist. Der deutsche Generalstabschef Helmuth von Moltke, der Neffe des legendären Generalfeldmarschalls, hat schon 1908 gedrängt, bald präventiv loszuschlagen, da man etwa ab dem Jahr 1916 in einem Zweifrontenkrieg nicht mehr bestehen könne. Bisher hat er sich nicht durchsetzen können, aber jetzt ist die Lage günstig, weil der Konflikt von Österreich-Ungarn ausgeht. Man muss in Berlin also nicht befürchten, dass der Bündnispartner in Wien am Ende seinen Verpflichtungen nicht nachkommen wird.

Das Deutsche Reich unternimmt nichts, um Österreich-Ungarn zur Mäßigung gegenüber Serbien zu bewegen. Im Gegenteil: Berlin erteilt Wien freie Hand für das Vorgehen gegen Serbien, sagt volle und bedingungslose Unterstützung zu – man wird später von einem »Blankoscheck« sprechen. Die Scharfmacher unter den Berliner Militärstrategen fürchten nicht, dass Österreich von diesem Blankoscheck Gebrauch macht – sie hoffen es!

Am 23. Juli übermittelt Österreich-Ungarn ein bewusst hart formuliertes Ultimatum, das mit einzelnen Forderungen klar in die Hoheitsrechte des serbischen Staates eingreift. Dieses Ultimatum innerhalb von 48 Stunden anzunehmen, wie das die Donaumonarchie fordert, wäre eine demütigende Unterwerfungsgeste. Dieses Ultimatum soll unannehmbar sein – und ist es im Grunde auch. Erst jetzt wird in der Öffentlichkeit die Krise ernsthaft wahrgenommen. Erst jetzt wird sich die ganze

SPD-Führung der Gefahr eines akut drohenden Krieges bewusst und ruft am 25. Juli im *Vorwärts* für den 28. Juli zu Antikriegskundgebungen auf. Am 26. Juli informiert das Auswärtige Amt die SPD-Spitze offiziell darüber, dass Deutschland in den Krieg eintreten werde, wenn es zwischen Österreich-Ungarn und Russland zum militärischen Konflikt kommen sollte. Hugo Haase widerspricht der Einschätzung, dass ein von Österreich provozierter Krieg für Deutschland den Bündnisfall auslöse. Vom »Blankoscheck« wissen die führenden Sozialdemokraten nichts, sie sind vom Friedenswillen der deutschen Regierung überzeugt.

Unmittelbar vor Ablauf des Ultimatums, am 25. Juli um genau 17.55 Uhr, beantwortet Serbien in einer offiziellen Note das Ultimatum Österreich-Ungarns. Es sagt zu, die meisten der zehn geforderten Punkte zu erfüllen, weist lediglich die Teilnahme von Beamten der Habsburger Monarchie bei den Untersuchungen der Hintergründe des Attentats auf serbischem Staatsgebiet zurück. In Paris, St. Petersburg und London wird das als weitgehendes Entgegenkommen gesehen, und auch Kaiser Wilhelm II. sieht nach seiner Rückkehr aus dem Urlaub am 27. Juli keinen Kriegsgrund mehr. Die serbische Antwort sei eine »Kapitulation demütigster Art«. Anders hingegen beurteilt man die Sache in Wien, wo man die Antwort als »ungenügend« betrachtet. Sie sei auch »vom Geist der Unaufrichtigkeit erfüllt«. Die Regierung in Berlin teilt die Einschätzung Wiens.

Serbien hat noch vor der Übergabe des Antwortschreibens an Österreich-Ungarn die Generalmobilmachung der eigenen Streitkräfte in Kraft gesetzt. Russland hat bereits in den Tagen davor mit ersten Mobilmachungsmaßnahmen begonnen. Aufgrund der großen Entfernungen und der enormen Transportprobleme ist dies notwendig, wenn Russland seine Frankreich gegenüber eingegangenen Verpflichtungen gegebenenfalls erfüllen will. Ob Russland tatsächlich zum Krieg entschlossen ist, weiß man in Wien und Berlin nicht, aber die Teil-Mobilmachung erhöht massiv den Druck auf Österreich-Ungarn und Deutschland.

Jetzt endlich wird die akute Kriegsgefahr auch der deutschen Öffentlichkeit bewusst, aber zugleich wird jede öffentliche Äußerung nun zum Politikum. Die Presse wird eingeschworen, die Wirkung ihrer Berichterstattung auf die potenziellen Kriegsgegner zu bedenken, und die Antikriegskundgebungen der Sozialdemokratie dürfen in Berlin am 28. Juli nur in geschlossenen Räumen stattfinden. In ganz Deutschland beteiligen sich an den Kundgebungen nach Schätzungen der Partei 500.000 bis 750.000 Menschen, darunter etwa zwanzig Prozent Frauen. Die Demonstranten wenden sich vor allem gegen die »provokative« Politik der Donaumonarchie und fordern, das Deutsche Reich solle seinen ganzen Einfluss auf den österreichischen Bündnispartner nutzen, um den Frieden zu wahren; keinesfalls dürfe es sich in einen Krieg hineinziehen lassen.

Während der britische Außenminister noch letzte Vermittlungsversuche unternimmt, erklärt Österreich-Ungarn am 28. Juli Serbien den Krieg und schafft damit vollendete Tatsachen. Am folgenden Tag antwortet Russland mit der offiziellen Teilmobilmachung seiner Streitkräfte und erklärt, sie richte sich lediglich gegen Österreich-Ungarn. Was nun folgt, ergibt sich aus Bündnisverpflichtungen, geografischen Rahmenbedingungen, strategischen Planungen und innenpolitischen Überlegungen. Keiner der beteiligten Akteure ist jetzt noch Herr des Geschehens.

Die deutsche Regierung ist indes intensiv darum bemüht, das Deutsche Reich keinesfalls als Angreifer erscheinen zu lassen. Nach innen gelingt ihr das, obwohl sie es ist, die schließlich am Abend des 1. August 1914 Russland den Krieg erklärt – wovon allerdings die deutsche Öffentlichkeit zunächst nichts erfährt. Die Presse berichtet am 2. August jedoch von ersten russischen Angriffen in Ostpreußen, wodurch in Deutschland der Eindruck entsteht, Russland habe heimtückisch mit Kriegshandlungen begonnen. Für große Teile der deutschen Öffentlichkeit geht es deshalb in dem Krieg, der soeben beginnt, zunächst insbesondere um eine Auseinandersetzung mit Russland. Die Aktivitäten der deutschen Regierung in den vorangegangenen Tagen erwecken zudem den Eindruck, sie habe alles versucht, diesen Krieg zu vermeiden. Damit ist es gelungen, genau die Situation und Stimmung zu schaffen, die es der deutschen Sozialdemokratie schwer machten, ernsthaften Widerstand zu leisten.

Die SPD hat sich stets als antimilitaristische Partei verstanden, hat immer wieder erklärt, imperialistische Kriege der Großmächte seien gegen die Interessen der Arbeiterklasse in allen Ländern gerichtet, hat auch in der Sozialistischen Internationale stets für Gegenmaßnahmen der Arbeiterbewegung bei drohender Kriegsgefahr plädiert. Zugleich sieht jedoch die deutsche Sozialdemokratie im Russischen Kaiserreich seit Langem die wichtigste Stütze der reaktionären Kräfte in Europa. Der charismatische Parteiführer August Bebel, der für ein Bündnis Deutschlands mit England eingetreten ist und einen Krieg mit Frankreich energisch abgelehnt hat, hat sich auf dem Parteitag der SPD 1907 als 67-Jähriger zu der Aussage hinreißen lassen, wenn es nötig sei, sei sogar er als »alter Knabe noch bereit, die Flinte auf den Buckel zu nehmen und in den Krieg gegen Russland zu ziehen«.

All dies ist der politischen und militärischen Führung des Deutschen Reiches sehr bewusst. Sie rechnet einerseits mit erheblichem Widerstand der SPD – Kaiser und Generalstab tendieren deshalb dazu, im Falle eines akut drohenden Krieges die SPD-Führer präventiv zu verhaften, um den zu erwartenden Widerstand im Keim zu ersticken. Dem Reichskanzler Theobald von Bethmann Hollweg ist andererseits aber auch klar, dass viele Sozialdemokraten unter dem Stigma des »vaterlandslosen Gesellen« leiden und sich danach sehnen, als Patrioten

anerkannt zu werden. So lässt er in den letzten Julitagen gegenüber SPD-Vertretern immer wieder erklären, die Regierung wünsche aufrichtig den Frieden. Flankierend betreibt er ein perfides Spiel mit der Russlandfurcht der Sozialdemokratie und appelliert an ihre Verantwortungsbereitschaft, sich einem Angriff des reaktionären Russischen Zarenreichs gemeinsam entgegenzustellen.

Im Kriegsfall ist es Sache des Reichstags, die notwendigen finanziellen Mittel zu genehmigen. Die SPD-Fraktion steht also vor der Frage, wie sie es in dieser Gesamtlage mit der Bewilligung von Kriegskrediten halten will. So wie Bebel und Liebknecht, die sich 1870 enthalten haben? Am 2. August entscheidet der Fraktionsvorstand der SPD sich mit vier gegen zwei Stimmen für die Bewilligung der Kredite. Die beiden Parteivorsitzenden stehen dabei in unterschiedlichen Lagern. Friedrich Ebert gehört zu den Befürwortern, Hugo Haase zu den Gegnern. Zwei Tage lang versucht Haase, die Fraktion für seine

❬ SPD Reichstagsfraktion 1914

Hugo Haase, SPD-Partei- und Fraktionsvorsitzender, 1917 Mitbegründer der USPD ❭

Position zu gewinnen, allerdings ohne Erfolg. In der fraktionsinternen Abstimmung am 3. August votieren 78 Abgeordnete für die Bewilligung und nur 14 dagegen.

Von diesen internen Auseinandersetzungen ist am folgenden Tag jedoch nichts zu spüren. In der SPD gilt eiserne Fraktionsdisziplin. Ausgerechnet Hugo Haase muss als einer der Fraktionsvorsitzenden am 4. August 1914 im Reichstag den Beschluss begründen, der gegen seinen Willen gefasst wurde. »Jetzt stehen wir vor der ehernen Tatsache des Krieges. Für unser Volk und seine freiheitliche Zukunft steht bei einem Sieg des russischen Despotismus viel, wenn nicht alles auf dem Spiel«, erklärt Haase. »Wir lassen das eigene Vaterland in der Stunde der Gefahr nicht im Stich.«

Auf dieselbe Linie schwenken auch die Vorstände der Freien Gewerkschaften ein. Sie haben schon am 2. August beschlossen, für die Zeit des Krieges alle Auseinandersetzungen um Lohn und Arbeitsbedingungen einzustellen. Es soll »Burgfrieden« herrschen. Der Kaiser reagiert auf das Einschwenken der sozialistischen Arbeiterbewegung in die Reihen der »Vaterlandsverteidiger« mit der Erklärung: »Ich kenne keine Parteien mehr, ich kenne nur Deutsche!«

Dieses Bekenntnis zur Nation und zur Vaterlandsverteidigung über alle sozialen Unterschiede und politischen Gegensätze hinweg wird schon bald zum »Augusterlebnis« stilisiert werden. Die Vorstellung, das Vaterland gegen barbarische Horden aus dem Osten verteidigen zu müssen und von Feinden umringt zu sein, führt zum Schulterschluss aller politischen und sozialen Kräfte in Deutschland. Am 3. August bereits ist die Kriegserklärung Deutschlands an Frankreich erfolgt, am 4. August beginnen deutsche Truppen, das neutrale Belgien zu besetzen, um möglichst rasch Frankreich zu besiegen. Noch am selben Tag erklärt Großbritannien dem Deutschen Reich den Krieg – es ist seit 1839 Garantiemacht für die belgische Neutralität und kommt mit seiner Kriegserklärung somit auch seinen internationalen Verpflichtungen nach.

Allerdings gibt es Anfang August 1914 in der deutschen Sozialdemokratie durchaus kleine Gruppen von Kriegsgegnern. Rosa Luxemburg gehört zu ihnen. Nach der Abstimmung im Reichstag schwankt sie zwischen Verzweiflung und unbändigem Zorn. Am Abend des 4. August versammeln sich einige Gesinnungsgenossen in ihrer Berliner Wohnung. Auch der Rechtsanwalt und Reichstagsabgeordnete Karl Liebknecht gehört zu ihnen, Sohn des legendären Parteiführers Wilhelm Liebknecht. Aber die Kriegsgegner sind zunächst nur eine kleine Minderheit innerhalb der SPD, und sie haben keine legalen Möglichkeiten, ihre Meinung zu verbreiten. Denn mit der Mobilmachung am 1. August 1914 wird zugleich der Belagerungszustand verhängt, der den stellvertretenden Militärbefehlshabern der 24 Armeekorpsbezirke, in die das Reich aufgeteilt ist, weitreichende Befugnisse gibt. Sie sind direkt dem Kaiser unterstellt und haben fast diktatorische Vollmachten. Offen ausgetragene Debatten über einen möglichen Widerstand gegen die Kriegspolitik sind unter den Bedingungen von Zensur und Belagerungszustand undenkbar. Es sind Hinterzimmer und Privatwohnungen, in denen sich linke Kriegsgegner nach und nach zusammenfinden und über das weitere Vorgehen beraten. Karl Liebknecht macht die Erfahrung, dass so mancher aufrechte Sozialdemokrat an der Parteibasis die Entscheidung der Fraktion vom 4. August weder versteht noch gutheißt. Schon Ende September 1914 ist er davon überzeugt, dass die SPD-Fraktion einen »ungeheuerlichen Fehler« gemacht hat, und bedauert seine Unterordnung unter die Fraktionsdisziplin.

Karl Liebknecht stimmt am 2.12.1914 als Erster gegen Kriegskredite.

Als dann am 2. Dezember eine weitere Abstimmung über Kriegskredite ansteht, stimmt er offen gegen die Bewilligung und erklärt: »Dieser Krieg, den keines der beteiligten Völker selbst gewollt hat, ist nicht für die Wohlfahrt des deutschen oder eines anderen Volkes entbrannt. Es handelt sich um einen imperialistischen Krieg (...) Die deutsche Parole ›Gegen den Zarismus‹ diente – ähnlich der jetzigen englischen und französischen Parole ›Gegen den Militarismus‹ – dem Zweck, die edelsten Instinkte, die revolutionären Überlieferungen und Hoffnungen des Volkes für den Völkerhass zu mobilisieren.« Liebknecht fordert einen schnellen, für keinen Teil demütigenden Frieden, einen Frieden ohne Eroberungen. Sein Auftreten wird von der Mehrheit der SPD-Fraktion als ungeheurer Affront gewertet.

Am 2. Dezember 1914 steht Liebknecht noch allein, bei der dritten Abstimmung über Kriegskredite am 20. März 1915 schließt sich der Abgeordnete Otto Rühle an, Haase und 29 weitere Abgeordnete verlassen kurz vor der Abstimmung den Plenarsaal. Noch im selben Monat gibt Liebknecht gemeinsam mit Rosa Luxemburg und einigen Genossen, die sich »Gruppe Internationale« nennen, die Zeitschrift »Internationale« heraus, die allerdings nur ein einziges Mal erscheint und sofort von den Behörden beschlagnahmt wird. Liebknecht wird zum Wehrdienst einberufen, obwohl er als Reichstagsabgeordneter davon eigentlich befreit ist. Trotz aller Widerstände gelingt es nach und nach, entschiedene Kriegsgegner der Linken für die Gruppe Internationale zu gewinnen, die sich im Januar 1916 in »Spartakusgruppe« umbenennt.

Aber nicht nur die radikale Linke beginnt 1915, sich zu organisieren. Am 19. Juni veröffentlicht die *Leipziger Volkszeitung* einen Artikel von Hugo Haase, Eduard Bernstein und Karl Kautsky mit dem Titel »Das Gebot der Stunde«. Darin kritisieren die prominenten Sozialdemokraten heftig, dass Konservative, Nationalliberale und Wirtschaftsverbände gewaltige Eroberungsprogramme formulieren, die allein im Westen über zehn Millionen Menschen zwangsweise unter deutsche Herrschaft stellen würden. Sie fordern von der SPD, »ihren gegensätzlichen Standpunkt in nachdrücklichster Weise geltend zu machen«.

Der für Fragen parteischädigenden Verhaltens zuständige »Parteiausschuss« der SPD verurteilt die Veröffentlichung, insbesondere die Beteiligung des Parteivorsitzenden Hugo Haase. Der Mitvorsitzende Friedrich Ebert drängt darauf, Haase als Partei- und Fraktionsvorsitzenden abzulösen. Haase dagegen kämpft darum, seine abweichende Position im Reichstag vortragen zu können, und hofft, schon bald die Mehrheit der Fraktion hinter sich zu haben. Die Kriegsbefürworter in der SPD-Fraktion lehnen es jedoch ab, Haase im Plenum sprechen zu lassen. Darauf legt Haase den Fraktionsvorsitz nieder, bleibt aber Parteivorsitzender. Bei der nächsten Abstimmung am 21. Dezember 1915 sind es bereits 20 Abgeordnete, die offen gegen die Kriegskredite stimmen, darunter Haase. 22 Abgeordnete haben vor der Abstimmung den Saal verlassen.

An den Fronten des Krieges wird verbissen gekämpft, die Zahl der Gefallenen steigt in die Millionen, aber es gelingt keiner der beiden Seiten, eine Entscheidung zu ihren Gunsten herbeizuführen. An der Westfront wird ein zermürbender Stellungskrieg geführt, und selbst der Einsatz von Giftgas verschafft dem deutschen Heer keinen entscheidenden Vorteil, sondern steigert nur das Grauen. Auch die Zivilbevölkerung leidet immer mehr. Im Winter 1915/16 kommt es zu Hungerunruhen in Deutschland.

In der SPD-Fraktion im Reichstag spitzt sich 1916 die Auseinandersetzung zu. Am 12. Januar 1916 wird Karl Liebknecht aus der Fraktion ausgeschlossen, Otto Rühle verlässt sie zwei Tage später. Unter den Bedingungen der Militärzensur können sich die Kriegsgegner allerdings außerhalb des Reichstags nicht äußern. Haase entschließt sich deshalb, am 24. März 1916 im Reichstag gegen die Annahme des Notetats zu sprechen, den die Regierung ins Parlament eingebracht hat. Intern hat die SPD-Fraktion sich mit Mehrheit dazu entschieden, dem Etat-Gesetz zuzustimmen, Haase will jedoch seine abweichende Meinung im Reichstag vertreten. Während der Reichstagssitzung kommt es zu Auseinandersetzungen, als Mitglieder der Mehrheit versuchen, Haase am Reden zu hindern. Schließlich wird er niedergebrüllt, und im Anschluss entscheidet die SPD-Fraktion mit 58 gegen 33 Stimmen, Haase und die anderen Kriegsgegner wegen ihres »Treubruches« aus der Fraktion auszuschließen. Am folgenden Tag erzwingen die Mitglieder des Parteivorstands Haases Rücktritt als Parteivorsitzender – es wird wahrlich nicht mit Samthandschuhen gekämpft. Die aus der Fraktion ausgeschlossenen Kriegsgegner bilden gemeinsam die »Sozialdemokratische Arbeitsgemeinschaft« (SAG). Haase übernimmt deren Vorsitz, und einige Parteibezirke der SPD bekennen sich zur SAG.

Auf internationaler Ebene knüpfen die Kriegsgegner in den sozialistischen Parteien Verbindungen. Im schweizerischen Dorf Zimmerwald treffen sich im September 1915 und im April 1916 Vertreter der europäischen Linken und fordern die Rückkehr zum Internationalismus und einen Frieden ohne Annexionen und Kriegsentschädigungen. Am 1. Mai 1916 wird erstmals seit Kriegsbeginn in mehreren Großstädten demonstriert. In Berlin marschiert Karl Liebknecht an der Spitze einer Antikriegsdemonstration, die von der Polizei umzingelt wird. Als er am Potsdamer Platz »Nieder mit dem Krieg! Nieder mit der Regierung!« ruft, wird er sofort verhaftet. Ende Juni steht er wegen Hochverrats vor Gericht, und schon der erste Prozesstag wird zu einem großen Sieg der Opposition: Inzwischen hat sich in Berlin ein Netzwerk von oppositionellen Gewerkschaftern in den Betrieben gebildet. Diese »Revolutionären Obleute« lehnen die Burgfriedenspolitik der Gewerkschaftsführung ab und organisieren Widerstand an der Basis. Zum Auftakt des Liebknecht-Prozesses treten mehr als 50.000 Berliner Arbeiter in einen von den Revolutionären Obleuten organisierten Solidaritätsstreik. Am 23. August 1916 wird Liebknecht zu einer Zuchthausstrafe von vier Jahren und einem Monat verurteilt.

Militärisch suchen beide Seiten 1916 die Entscheidung im Westen und gehen mit riesigem Materialeinsatz ans Werk. Allein bei den Kämpfen um Verdun sterben über 700.000, in der Schlacht an der Somme 1,2 Millionen Soldaten. Der Krieg im Westen entwickelt sich zum »Abnutzungskrieg«. Auch im Osten übersteigt 1916 die Zahl der Gefallenen die Grenzen jeder Vorstellungskraft – aber es fällt keine Entscheidung in diesem fürchterlichen Krieg. Innenpolitisch allerdings verändert sich die Situation insofern deutlich, als Generalfeldmarschall Paul von Hindenburg am 26. August zum Chef des Generalstabs des Feldheers ernannt wird, Generalleutnant Erich Ludendorff wird Erster Generalquartiermeister. Beide zusammen bilden die 3. Oberste Heeresleitung (OHL), die im weiteren Kriegsverlauf immer massiver alle Facetten der deutschen Politik bestimmt. De facto wird das Deutsche Reich jetzt zu einer Militärdiktatur mit Ludendorff als starkem Mann an der Spitze: Ludendorff entscheidet, Kaiser und Kanzler folgen.

Generalfeldmarschall Paul von Hindenburg, Kaiser Wilhelm II., General Erich Ludendorff im Schloss Pleß (Januar 1917)

Im Februar 1917 kommt es in Russland zur Februarrevolution, was bereits zu einer erheblichen Schwächung der russischen Kampfkraft führt. Nach der Oktoberrevolution im selben Jahr, mit der die Bolschewiki die Macht erobern, ist die russische Armee kaum mehr handlungsfähig. Lenin und seine Genossen machen die Notlage zum politischen Programm und propagieren den sofortigen Friedensschluss. Das bringt den Bolschewiki Sympathien bei der kriegsmüden Arbeiterschaft – weit über Russland hinaus. Am 15. Dezember wird ein Waffenstillstand geschlossen, und am 22. Dezember beginnen zwischen Deutschland und Russland die Friedensverhandlungen von Brest-Litowsk.

Im Westen dagegen wird am 1. Februar 1917 der »uneingeschränkte« U-Boot-Krieg aufgenommen, der auch Angriffe auf zivile Transport- und Passagierschiffe umfasst. Die Oberste Heeresleitung erklärt, diese Art der Kriegführung werde binnen eines halben Jahres das Vereinigte Königreich zum Frieden zwingen. Dies erweist sich jedoch als Fehleinschätzung. Der deutsche U-Boot-Krieg gegen die zivile Schifffahrt provoziert im Gegenteil den Eintritt der USA in den Krieg am 6. April 1917. Dadurch ändert sich die militärische Lage von Grund auf. Von nun an ist es nur eine Frage der Zeit, wann durch die neu herbeigeführten amerikanischen Truppen das Übergewicht der Gegner erdrückend sein wird. Als die Engländer im November erstmals ihre »Tanks« – ihre Panzer – einsetzen, lösen die neuen Waffen bei den deutschen Fronttruppen einen Schock aus. Vorerst gibt es keine wirksame Waffe gegen die Tanks.

Auch innenpolitisch geraten die Dinge 1917 im Deutschen Reich in Bewegung. Die Bevölkerung hungert, die Ernährungslage wird immer kritischer. Die Nachricht von der russischen Februarrevolution ermutigt kritische Köpfe, spontane Streiks nehmen zu. Eine Tagung der Sozialdemokratischen Arbeitsgemeinschaft im Januar 1917 nimmt die SPD-Führung zum Anlass, Hugo Haase und die anderen SAG-Mitglieder aus der SPD auszuschließen und in den Parteibezirken, die sich der SAG angeschlossen haben, neue eigene Organisationen zu gründen. Damit ist die Spaltung der SPD vollzogen, was den Reichstagsabgeordneten der SAG Freiheiten einräumt, die sie zuvor aufgrund der Fraktionsdisziplin in der SPD nicht hatten. In mehreren Reden begrüßt Haase begeistert die russische Februarrevolution, und am 30. März 1917 spricht er im Reichstag erstmals davon, dass auch in Deutschland die Einführung der Republik auf der Tagesordnung stehe. Vom 6. bis 8. April 1917 trifft sich die Parteiopposition in Gotha und gründet schließlich die »Unabhängige Sozialdemokratische Partei Deutschlands« (USPD).

Hugo Haase und Georg Ledebour werden zu Vorsitzenden der neuen Partei gewählt. Ledebour ist Journalist, 67 Jahre alt und bereits 1891 zur SPD gestoßen. Seit 1900 ist er Mitglied des Reichstags, seit 1913 hat er dem Fraktionsvorstand der SPD angehört. Ein sozialdemokratisches Urgestein, das seit Langem dem linken Flügel der Partei zuzurechnen ist. Die Spartakusgruppe entscheidet im Juni 1917, sich der USPD anzuschließen, behält aber zugleich ein eigenes Profil.

Wenn man sich die großen strategischen und programmatischen Auseinandersetzungen vor Augen hält, die es in der SPD um die Jahrhundertwende gegeben hat und die durchaus eine Spaltung der Sozialdemokratie in einen reformerischen und einen revolutionären Flügel nahegelegt haben, so sind nun paradoxerweise Angehörige aller Flügel der Sozialdemokratie in der neuen USPD vertreten. Haase und Kautsky repräsentieren das alte Zentrum der SPD, Bernstein den Reformflügel, Luxemburg und Liebknecht die radikale Linke. Die Spaltung erfolgt also nicht unter Gesichtspunkten politischer Ziele und Strategien, sondern ausschließlich entlang der Leitfrage: Wie hältst du es mit dem Krieg und den Kriegskrediten? Das muss die USPD in Schwierigkeiten bringen, sobald der Krieg beendet sein wird.

Ausgelöst durch die Februarrevolution in Russland, kommt im Frühjahr 1917 Bewegung in die Verfassungsfragen, die in Deutschland mehr als drei Jahre lang zurückgestellt worden sind. In seiner Osterbotschaft stellt der Kaiser am 7. April 1917 eine Reform des preußischen Wahlrechts für die Zeit nach dem Krieg in Aussicht. Die Mehrheit des Reichstags aus SPD, Zentrumspartei und linksliberaler Fortschrittlicher Volkspartei erreicht dann, dass *sofort* über die Reform des Dreiklassenwahlrechts in Preußen gesprochen wird. Es wird ein Verfassungsausschuss eingesetzt, der sich am 2. Mai konstituiert und den Sozialdemokraten Philipp Scheidemann zu seinem Vorsitzenden wählt. In der Sache aber kommt man keinen Schritt weiter, weil die preußische Aristokratie, gestützt auf die Oberste Heeresleitung, bis in den Herbst 1918 hinein jede Veränderung ablehnt. Immerhin aber erweist sich die Zusammenarbeit der bürgerlichen Parteien der Mitte und der SPD im Reichstag nicht als Eintagsfliege, sondern wird sogar das Kaiserreich überdauern. Diese »Reichstagsmehrheit« hat im Sommer 1917 den Glauben an einen »Siegfrieden« verloren und beginnt, sich politisch zu äußern. Am 19. Juli verabschiedet der Reichstag mit den Stimmen von SPD, Zentrumspartei und Fortschrittlicher Volkspartei eine Resolution, in der es heißt: »Der Reichstag erstrebt einen Frieden der Verständigung und der dauernden Versöhnung der Völker. Mit einem solchen Frieden sind erzwungene Gebietserwerbungen und politische, wirtschaftliche oder finanzielle Vergewaltigungen unvereinbar.« Erstmals greift der Reichstag mit dieser Resolution in das politische Geschehen im Krieg ein.

Die Reichstagsmehrheit wird mit der Friedensresolution ein politisches Kraftzentrum, das in Opposition zur Obersten Heeresleitung steht, aber bei weitem nicht so stark ist wie die Militärs. Alle wichtigen Entscheidungen fallen, ohne dass sie darauf Einfluss hat. Am 1. November 1917 wird zwar der 74-jährige Bayerische Ministerpräsident Graf Georg von Hertling zum Reichskanzler ernannt, ein konservativer Katholik mit großer persönlicher Autorität, und Vizekanzler wird Friedrich von Payer, der Führer der Fortschrittlichen Volkspartei. Die Reichstagsmehrheit feiert diese Regierungsbildung als großen Sieg, aber es ist ein Scheinsieg, denn in der realen Politik spielt inzwischen auch die Regierung keine große Rolle mehr. Selbst in politisch so entscheidenden Fragen wie den Friedensbedingungen, die Russland im Vertrag von Brest-Litowsk auferlegt werden, entscheidet die Oberste Heeresleitung allein. Die Regierung hat auszuführen, was Ludendorff verlangt, der Reichstag wird gar nicht gefragt. Weder der Reichskanzler noch die Reichstagmehrheit sind in der Lage, Ludendorff ernstlich entgegenzutreten. Das gilt nicht nur 1917, sondern bis in den Oktober 1918 hinein.

Von der siegreichen Oktoberrevolution 1917 in Russland gehen im Hinblick auf die deutsche Innenpolitik sehr widersprüchliche Impulse aus. Der Erfolg der Bolschewiki wird innerhalb des linken Flügels der USPD und der sozialistischen Arbeiterschaft durchaus als Signal zum Aufbruch verstanden und auch als beispielhaft gesehen. Wenn eine sozialistische Revolution in einem rückständigen Land wie Russland möglich ist, dann müsste sie doch umso mehr in einem ökonomisch fortgeschrittenen Land wie Deutschland denkbar sein. Andererseits stößt der Umgang der Bolschewiki mit der Konstituierenden Versammlung die demokratischen Kräfte in Deutschland vor den Kopf. Die Bolschewiki werden bei den Wahlen in Russland im November 1917 nur zweitstärkste Kraft, die »Sozialrevolutionäre« bekommen eine deutliche Mehrheit. Formal setzt Lenin dann auf die Arbeiter- und Soldatenräte, die sich im Revolutionsprozess gebildet haben. Er fordert, ihnen die gesamte politische Macht zu übertragen. Tatsächlich aber geht es ihm nicht um ein Rätesystem, sondern darum, die Macht der Bolschewiki als Partei zu erzwingen und zu stabilisieren. Mit Hilfe loyaler Truppen lösen die Bolschewiki die Konstituierende Versammlung im Januar 1918 auf und unterdrücken alle Proteste dagegen. Je mehr man in der deutschen Sozialdemokratie über das Vorgehen der Bolschewiki erfährt, desto abschreckender ist die Wirkung. Der »Bolschewismus« wird schnell zum Symbol dessen, was man in einem zivilisierten Land wie Deutschland auf keinen Fall will. Innerhalb der SPD-Spitze prägt eine diffuse Bolschewismus-Angst in den folgenden Monaten immer stärker das politische Denken. Der Bolschewismus dient aber auch schon früh als bewusst eingesetztes Schreckgespenst, das seine Wirkung in sozialdemokratischen, liberalen und konservativen Kreisen zuverlässig entfaltet. Aufbegehren, Streiks, Demonstrationen – vielfach wird alles, was von »unten« kommt und unkontrollierbar werden könnte, mit dem Etikett »bolschewistisch« versehen.

Schon um die Jahresmitte 1917 beginnt in der Arbeiterschaft das Vertrauen in die Politik der herrschenden Schichten und in das bestehende Gesellschaftssystem rapide zu schwinden. Im April ist es in Berlin zu einem mehrtägigen Proteststreik gekommen, der sich vor allem gegen die unzulängliche Lebensmittelversorgung richtet. Dabei wird – weil weder Partei- noch Gewerkschaftsorgane die Organisation übernehmen – ein Arbeiterrat gewählt, so wie das in Russland in den Revolutionen von 1905 und im Februar 1917 geschehen ist. In den folgenden Monaten werden die Proteste zahlreicher und politischer. Streiks greifen auf das gesamte Reich über. Ende Januar 1918 kommt es erstmals seit Kriegsbeginn zu einem politischen Massenstreik, an dem sich im ganzen Deutschen Reich rund eine Millionen Arbeiter beteiligen. Ihre Hauptforderung ist »Frieden und Brot!« Allein in Berlin zählt man 400.000 Demonstranten. Die Streikenden wählen einen Groß-Berliner-Arbeiterrat, der 414 Mitglieder umfasst und einen aus 11 Mitgliedern bestehenden Aktionsausschuss bildet. Dessen Vorsitz übernimmt Richard Müller, ein führender Kopf der Revolutionären Obleute. Dem Aktionsausschuss gehörten außerdem führende Persönlichkeiten der SPD und der USPD an: Philipp Scheidemann, Friedrich Ebert und Otto Braun für die SPD, Wilhelm Dittmann, Georg Ledebour und Hugo Haase für die USPD. Der SPD ist sehr daran gelegen, in der Streikleitung vertreten zu sein. Sie will mäßigend wirken und zugleich ihren Einfluss auf die Arbeiter nicht verlieren.

Regierung und Militär befürchten einen Aufstand und verhängen am 31. Januar 1918 den »verschärften Belagerungszustand«. Demonstrationen und Kundgebungen werden gewaltsam aufgelöst, es gibt Tote und Verletzte. Bestreikte Großbetriebe unterstehen nun der militärischen Kontrolle. Den Streikenden wird eine Frist bis zum 4. Februar gesetzt. Bis dahin müssen sie ihre Arbeit wieder aufnehmen, sonst drohen ihnen Verhaftung oder die Einberufung zum Kriegsdienst. Am 3. Februar verkündet der Aktionsausschuss den Abbruch des Streiks. Viele der Streikführer werden danach dennoch eingezogen und an die Front geschickt, auch Richard Müller, der eigentlich als dienstuntauglich ausgemustert worden ist. Zum letzten Mal gelingt es Anfang Februar 1918, solche Massenproteste mit Zwangsmaßnahmen zu beenden. Der Streik zeigt aber unmissverständlich, dass eine umfassende Kriegsmüdigkeit breite Bevölkerungsschichten erfasst hat. Spätestens jetzt ist erkennbar, dass neben der übermächtigen Obersten Heeresleitung und der relativ machtlosen Reichstagsmehrheit ein drittes Kraftzentrum im Entstehen begriffen ist: Die Arbeiterschaft der Großbetriebe beginnt sich – abseits ihrer traditionellen Partei- und Gewerkschaftsstrukturen – als politische Kraft zu organisieren.

Militärisch scheint die Lage Deutschlands zu Beginn des Jahres 1918 einen gewissen Optimismus zu rechtfertigen. Der Krieg gegen Russland ist beendet. Das Deutsche Reich vergibt allerdings die Chance, sich als Friedensmacht zu präsentieren, sondern zwingt Russland mit dem Friedensvertrag von Brest-Litowsk außerordentlich demütigende und harte Bedingungen auf: Russland muss ein Viertel seines europäischen Territoriums abtreten, verliert 50 Millionen Einwohner und wird verpflichtet, sechs Milliarden Reichsmark als Entschädigung zu zahlen. Im Westen steht die Oberste Heeresleitung vor der Aufgabe, den Krieg sehr schnell siegreich zu beenden, bevor die USA die Hauptmacht ihrer Truppen über den Atlantik schaffen können. Ludendorff und Hindenburg hoffen, mit einer letzten großen Offensive den Durchbruch zu schaffen. Dafür werden alle Kräfte mobilisiert, auch Einheiten aus dem Osten an die Westfront geschafft. Aber es reicht nicht. Im März 1918 kämpfen auf den Schlachtfeldern Europas 330.000 amerikanische Soldaten, im Juni sind es bereits drei Mal so viele.

Im Frühsommer 1918 endet der Versuch einer letzten deutschen Großoffensive mit riesigen Verlusten. Jetzt nimmt die Zahl der Desertationen sprunghaft zu. Die verzweifelte Kampfstimmung, mit der man sich zur Offensive aufgerafft hat, ist dahin. An den Schlachten Mitte Juli beteiligen sich bereits neun starke amerikanische Divisionen. Im August 1918 umfasst das deutsche Heer im Westen dreieinhalb Millionen Mann, die schlecht ernährt und durch jahrelange Kämpfe zermürbt sind. Neben französischen und britischen Einheiten stehen ihnen jetzt eine Million amerikanischer Soldaten gegenüber, die gesund, ausgeruht und gut versorgt sind. Vielen Soldaten des deutschen Heeres wird angesichts dieser frischen amerikanischen Truppen bewusst, dass sie auf Dauer dem übermächtigen Druck dieser Gegner nicht standhalten können.

Dass man Mitte Juli 1918 eine schwere Niederlage erlitten hat, sieht auch die Oberste Heeresleitung sehr klar. Noch aber sucht sie nach Gegenmaßnahmen. Das Ende deutet sich an, als am 8. August eine britische Offensive, unterstützt von Tanks und Tieffliegern, erstmals eine deutsche Armee ins Wanken bringt. Eine Woche danach hören der Kanzler und der neue Staatssekretär des Auswärtigen Admiral Paul von Hintze im Hauptquartier allerdings noch, die Oberste Heeresleitung hoffe darauf, sich mit einer strategischen Defensive in Frankreich festbeißen zu können, um »schließlich den Feinden unseren Willen aufzuzwingen«. Von Sieg ist nicht mehr die Rede.

Im Verlauf des Septembers kommt die Oberste Heeresleitung zu der Überzeugung, dass auch diese strategische Defensive nicht mehr lange möglich ist. Das deutsche Frontheer ist am Ende seiner Kräfte, Österreich-Ungarn strebt nach einem Separatfrieden, die Heimat in Deutschland leidet unter chronischer Unterernährung. Den Ausschlag gibt der militärische Zusammenbruch Bulgariens, den Staatssekretär Hintze im Hauptausschuss des Reichstags am 27. September 1918 mitteilt. Es ist jetzt davon auszugehen, dass Truppen der Entente in kürzester Zeit die Erdölfelder Rumäniens besetzen und der deutschen Armee den Ölhahn zudrehen. Allenfalls zwei Monate kann das deutsche Heer ohne Öl aus Rumänien noch kämpfen. Es ist also nur folgerichtig, wenn Ludendorff an diesem 27. September 1918 zu der Überzeugung kommt, dass nun der Krieg um jeden Preis beendet werden muss.

Mit derselben Akribie, mit der er zuvor Schlachtpläne entwickelt hat, macht sich der Feldherr und Stratege jetzt daran, die Niederlage zu planen. Zwei Ziele haben für Ludendorff oberste Priorität: Er will einen möglichst günstigen Frieden erreichen und zugleich die militärische Führung nicht mit den Folgen der Niederlage belasten. Was den Frieden angeht, setzt er seine Hoffnung auf US-Präsident Woodrow Wilson. Wilson hat am 8. Januar 1918 vor beiden Häusern des Kongresses eine programmatische Rede gehalten, in der er seine Vorstellung einer friedlichen und gedeihlichen Nachkriegsordnung für Europa umrissen hat. Ihm schwebt eine Welt freier und selbstbestimmter Nationen vor, die auf Rüstung so weit wie möglich verzichten und ihre Interessenskonflikte auf friedlichem Weg beilegen. Der Abbau von wirtschaftlichen Schranken und die Gleichheit der Handelsbedingungen sollen dazu beitragen, den Wohlstand aller Nationen zu mehren. Auch die Idee eines Völkerbundes formuliert der Präsident in dieser Rede. Es sind »Vierzehn Punkte«, die Wilson vorträgt, darunter auch sehr konkrete, die das Deutsche Reich unmittelbar betreffen: Belgien muss wiederhergestellt, Elsass-Lothringen an Frankreich zurückgegeben werden; ein polnischer Staat mit Zugang zum Meer soll entstehen. In Deutschland nimmt man vor allem wahr, dass Wilson einen Frieden des Ausgleichs und der Verständigung anstrebt.

Einen solchen »Verständigungsfrieden« strebt Ludendorff in letzter Minute an, bevor die Front im Westen völlig zusammenbricht. Der amerikanische Präsident hat allerdings in den vergangenen Monaten durchblicken lassen, dass er sich nicht vorstellen kann, mit der bisherigen politischen und militärischen Führung des Deutschen Reiches über einen Frieden zu verhandeln. Das unvermeidlich gewordene Waffenstillstandsersuchen hat also nur eine Chance, wenn zuvor eine Umbildung der Reichsregierung und eine grundlegende Änderung der Verfassung eingeleitet werden: Das Deutsche Reich muss eine parlamentarischen Monarchie werden. Das stört Ludendorff keineswegs, sondern kommt ihm sehr gelegen. Zum einen muss dann nicht die Oberste Heeresleitung die Verantwortung für das Waffenstillstandsersuchen übernehmen, zum anderen entsteht nur dann, wenn die Reichstagsmehrheit in die Regierungsverantwortung eingebunden ist, die breite politische Basis, die innenpolitisch nach Ludendorffs Überzeugung notwendig ist, damit das Waffenstillstandsersuchen nicht zu Chaos und Revolution führt.

Ludendorff handelt schnell und entschlossen. Am Morgen des 28. September lässt er dem Reichskanzler mitteilen, »dass eine Umbildung der Regierung oder ein Ausbau derselben auf breiterer Basis« notwendig geworden sei. Er lässt dem Kanzler nahelegen, möglichst schnell ins Hauptquartier nach Spa zu kommen. Graf Hertling ist völlig überrascht, dass die Oberste Heeresleitung sich nun plötzlich auf den Boden des Parlamentarismus stellt, den sie bis dahin immer vehement abgelehnt hat. Am Nachmittag macht sich Staatssekretär Hintze auf den Weg nach Spa, abends auch der Reichskanzler. Am Abend des 28. September informiert Ludendorff auch seinen Chef Generalfeldmarschall von Hindenburg, und der schließt sich wie gewohnt Ludendorffs Beurteilung der Lage an. Der folgende Tag soll weitreichende Entscheidungen bringen.

4
DER GROSSE BLUFF - REFORMEN IN LETZTER MINUTE

Der 29. September 1918 ist ein feuchter, regnerischer Sonntag. Kein Kaiserwetter im belgischen Kurort Spa, wo die Oberste Heeresleitung ihr Hauptquartier bezogen hat. Das Wetter passt zur Stimmung der Herren, die hier versuchen, die verheerende Niederlage abzuwickeln. Staatssekretär Paul von Hintze berät den ganzen Vormittag intensiv mit Ludendorff, der in diesem Moment noch immer der mächtigste Mann im Reich ist. Hintze hat die militärische Lage schon in den vergangenen Wochen etwas nüchterner betrachtet als die OHL. Er erholt sich schnell von dem Schock, den Ludendorffs Mitteilung auslöst, die Westfront könne jeden Moment zusammenbrechen, die Lage der Armee erfordere einen sofortigen Waffenstillstand.

Ludendorffs Idee, nun die Parteien des Reichstags in die Regierung einzubinden, sodass das Waffenstillstandsersuchen unter der Verantwortung der Reichstagsmehrheit gestellt wird, leuchtet Hintze unmittelbar ein. Er ist ein scharfsinniger Mann, der während des ganzen Krieges zu den Verfechtern eines »Siegfriedens« gehört hat. Hintze ist Mitte 50, wie Ludendorff, und von großer intellektueller Beweglichkeit. Er ist sich der »katastrophalen Wirkung für Heer, Volk, Reich und Monarchie« bewusst, die das Ersuchen um Waffenstillstand haben kann. Deshalb hält er es nicht für ausreichend, nur einige Parteivertreter in die jetzige Regierung aufzunehmen. In Hintzes

Augen ist es notwendig, einen vollständigen und sichtbaren Systemwechsel vorzunehmen, eine Verfassungsänderung, die er eine »Revolution von oben« nennt. Seine besondere Aufmerksamkeit gilt seit Langem dem amerikanischen Präsidenten. Er ist davon überzeugt, dass Wilson als Moralist nur ein demokratisiertes Deutschland als einen glaubwürdigen Verhandlungspartner für einen Verständigungsfrieden akzeptieren wird. Damit stößt er bei einem Mann wie Ludendorff, der nie irgendwelche Halbheiten geliebt hat, auf offene Ohren. Je radikaler der Bruch mit der bisherigen Regierung nach außen erscheint, desto glaubwürdiger ist die neue Führung gegenüber den Kriegsgegnern, desto eher auch erscheint das Waffenstillstandsersuchen als Konsequenz des politischen Führungswechsels und nicht als rettender Strohhalm, an den sich die Oberste Heeresleitung klammert.

Als Reichskanzler Graf Hertling im Lauf des 29. September in Spa eintrifft, informiert ihn Hintze über den Stand der Dinge, und der Kanzler ist schockiert. Seinem Sohn und Adjutanten sagt er: »Das ist ja furchtbar, die OHL verlangt, dass so bald als irgend möglich ein Friedensangebot bei der Entente gemacht wird. Hintze hat mit seinem Pessimismus recht behalten!« Hertling ist schon zuvor entschieden gewesen, um seine Entlassung zu bitten, weil er den plötzlichen Parlamentarisierungskurs der Obersten Heeresleitung nicht mitmachen will. Nun also auch noch ein Waffenstillstandsgesuch. Dafür will der Kanzler als überzeugter Anhänger einer aufgeklärten Monarchie seinen Namen nicht hergeben, das müssen andere machen. Die Vorgänge zeigen, wie gering die politische Macht des Reichskanzlers ist – und wie realistisch er sie einschätzt.

Es folgt der Vortrag Hindenburgs beim Kaiser, der ohne den Kanzler stattfindet. Hintze und Hindenburg vertreten die gemeinsame Linie, und der Kaiser ist mit allem einverstanden: mit der Parlamentarisierung ebenso wie mit dem Ersuchen um Waffenstillstand. Am Nachmittag bewilligt Wilhelm II. die Demission des Grafen Hertling als Reichskanzler, verweigert aber die von Hintze als Staatssekretär des Auswärtigen. Innerhalb von zwei Tagen hat Ludendorff durchgesetzt, woran die Reichstagsmehrheit zwei Jahre lang gescheitert ist. Wenn der starke Mann des Deutschen Reiches zu der Überzeugung kommt, dass nur ein Regimewechsel günstige Waffenstillstandsbedingungen und Ruhe im Innern verspricht, dann findet er statt – oder wird zumindest inszeniert. Und jeder spielt die Rolle, die Ludendorff ihm zugedacht hat, auch der Kaiser.

Am 1. Oktober werden die militärischen und politischen Eliten des Reiches in Kenntnis gesetzt. Ludendorff spricht vor dem gesamten Stab der Obersten Heeresleitung. Stabschef Albrecht von Thaer hört während des Vortrags »leises Stöhnen und Schluchzen, vielen, wohl den meisten, liefen unwillkürlich die Tränen über die Backen«. So hält er es in seinem Tagebuch fest. Am 2. Oktober werden im Reichstag die Parteiführer informiert, nicht von Ludendorff persönlich, sondern von seinem Vertrauten Major Erich von dem Bussche-Ippenburg. Auch hier blankes Entsetzen und tiefe Niedergeschlagenheit, bei Bürgerlichen und bei den Führern der Sozialdemokratie. Ebert ist totenblass, Scheidemann scheint kurz vor dem Kollaps zu stehen. Und keiner denkt daran, das Heft des Handelns an sich zu ziehen. In diesem Moment zeigt sich überdeutlich, wie schwach die Reichstagsmehrheit eineinhalb Jahre nach ihrer Friedensresolution ist. Kaiser und Kanzler, die verfassungsmäßigen Gewalten, haben ihre Entmachtung schon akzeptiert, Ludendorff reicht der Reichstagsmehrheit – zumindest vorläufig – die politische Macht auf dem silbernen Tablett, aber die ist nicht in der Lage zuzugreifen. Kein Sozialdemokrat, kein Zentrumsmann, kein Vertreter der Fortschrittlichen Volkspartei wird als neuer Kanzler ins Gespräch gebracht. Ein süddeutscher Prinz soll der erste Reichskanzler werden, der nicht von Kaisers Gnaden, sondern (scheinbar) nach dem Willen des Parlaments sein Amt ausübt.

Aber Prinz Max von Baden zögert lange, ob er sich darauf einlassen soll. Er hält das Waffenstillstandsersuchen, so wie es die Oberste Heeresleitung verlangt, für überstürzt und sieht darin einen großen politischen Fehler. Fieberhaft sucht er nach einem Ausweg, will langsamer und behutsamer vorgehen. Er schlägt vor, seine Regierungserklärung am 5. Oktober 1918 dafür zu nutzen, ernsthaften Friedenswillen zu signalisieren und Verhandlungsbereitschaft zum Ausdruck zu bringen. Er will nicht um sofortigen Waffenstillstand ersuchen, weil er das für ein Signal hält, das jeder Gegner als Eingeständnis der deutschen Niederlage verstehen müsse. Prinz Max bereitet eine Rede vor, in der er die Vierzehn Punkte Wilsons nicht einfach akzeptieren, sondern interpretieren will. Es soll eine Rede sein, die »den Feinden zeigt: wir haben noch Atem«.

**Reichskanzler
Prinz Max von Baden**

Prinz Max' Versuch, den Kaiser für dieses Vorgehen zu gewinnen, scheitert jedoch. Am Ende fügt sich Max, weil er erkennt, dass ohnehin geschehen wird, was Ludendorff als notwendig erkannt zu haben glaubt. Er übernimmt das Amt des Reichskanzlers, ist bereit, dieses »Opfer« zu bringen. In seinen Erinnerungen schreibt er: »Mir schien es feig, auszubrechen, nachdem ich gerufen worden war und nun eine Lage vorfand, die viel schlimmer war, als ich erwartet hatte.« In der Nacht vom 3. auf den 4. Oktober ersucht die deutsche Regierung den Präsidenten der Vereinigten Staaten von Amerika, »die Herstellung des Friedens in die Hand zu nehmen«.

Die Ministerliste des Prinzen zeigt, wie improvisiert der Wechsel vonstattengeht. Die allermeisten Staatssekretäre der Regierung Hertling bleiben im Amt. Aus den Reihen der Reichstagsmehrheit übernehmen der Abgeordnete Karl Trimborn (Zentrum) das Reichsamt des Inneren und der Abgeordnete Gustav Bauer (SPD) das Reichsarbeitsamt. Alle übrigen Vertreter der Parteien werden zu Staatssekretären ohne Portefeuille ernannt, haben also keinen eigenen Zuständigkeitsbereich. Ist das wirklich ein Regimewechsel? Oder ist es seine Inszenierung für das internationale und das nationale Publikum?

Am Morgen des 5. Oktober erfährt die deutsche Öffentlichkeit, dass es eine neue Regierung mit Prinz Max von Baden als Kanzler gibt, dass an dieser Regierung auch Sozialdemokraten, Zentrum und Fortschrittspartei beteiligt sind und dass es die erste Amtshandlung dieser Regierung gewesen ist, ein Waffenstillstandsgesuch an den amerikanischen Präsidenten zu senden. Was gegenüber den Kriegsgegnern tiefgreifenden Wandel demonstrieren soll, sorgt im Inneren dafür, dass die Hintergründe verschleiert werden und die Verantwortlichkeiten nicht mehr klar sind. Die Oberste Heeresleitung erscheint nicht als Hauptakteur, sondern als Zuschauer. Schon zu diesem Zeitpunkt wird der Keim für die These vom »Dolchstoß« in den

Rücken des Heeres gelegt. Fast zwei Jahrzehnte wird sie den Blick auf das Geschehen vernebeln – mit enormen politischen Konsequenzen.

Der neue Kanzler muss schon bald feststellen, dass das außenpolitische Spiel, auf das er sich eingelassen hat, nicht ganz einfach ist. In seiner ersten Antwortnote vom 8. Oktober nennt der US-Präsident als Bedingung für die Einleitung von Verhandlungen über einen Waffenstillstand den sofortigen Rückzug der deutschen Truppen aus allen besetzten Gebieten. Außerdem wirft er die Frage auf, »ob der Kanzler nur für diejenigen Gewalten des Reiches spricht, die bisher den Krieg geführt haben«. Die deutsche Antwort erklärt am 12. Oktober grundsätzlich die Bereitschaft zur Räumung der besetzten Gebiete. Außerdem unterstreicht sie, die jetzige Regierung sei »durch Verhandlungen und in Übereinstimmung mit der großen Mehrheit des Reichstages« gebildet worden. »In jeder seiner Handlungen, gestützt auf den Willen dieser Mehrheit, spricht der Reichskanzler im Namen der deutschen Regierung und des deutschen Volkes.«

Die zweite Antwortnote aus dem State Departement schlägt am 14. Oktober einen härteren Ton an. Inzwischen ist bekannt geworden, dass zwischen Irland und England ein Passagierdampfer von deutschen U-Booten versenkt worden ist. Hunderte von Menschen sind ums Leben gekommen, darunter viele Amerikaner. Die amerikanische Note wirft der deutschen Regierung kaum verhüllt vor, ein doppeltes Spiel zu spielen: Einerseits mache sie Friedensvorschläge, andererseits würden Passagierdampfer und sogar Rettungsboote versenkt, und beim Rückzug in Frankreich und Belgien komme es zu schlimmsten Verwüstungen und Plünderungen. Die Note fordert nicht nur die sofortige Einstellung des U-Boot-Krieges, sondern macht auch klar, dass es das Ziel der Politik des amerikanischen Präsidenten sei, jede Macht zu vernichten oder sie zumindest ihres Einflusses zu berauben, die den Weltfrieden stören könnte.

»Und die Macht, welche bis jetzt das Schicksal der deutschen Nation bestimmt hat, ist von der hier beschriebenen Art. Die deutsche Nation hat die Wahl, dies zu ändern.« Natürlich müsse das *vor* einem Friedensschluss geschehen.

Diese zweite Wilson-Note erregt in Deutschland heftig die Gemüter. Die konservative *Kreuzzeitung* erklärt kurzerhand die Waffenstillstandsaktion für gescheitert, malt das Schreckgespenst einer Besetzung des Landes durch »schwarze Horden« an die Wand, befürchtet eine Knechtschaft für Kinder und Kindeskinder. Das Blatt druckt einen »Aufruf zur nationalen Verteidigung«. Der immer noch einflussreiche langjährige Staatssekretär des Reichsmarineamts Alfred von Tirpitz plädiert für einen »Aufruf des ganzen Volkes zur entschlossensten Verteidigung unserer Ehre und unserer Lebensmöglichkeiten, begleitet von sofortiger Handlung, die nach außen und innen nicht den mindesten Zweifel an unserem Willen bestehen lassen kann«. Auch der Kanzler sucht geradezu verzweifelt nach Möglichkeiten, den Krieg für einige Zeit weiterzuführen, um einer Unterwerfung zu entgehen – und ist zu seinem Erstaunen und seiner Verärgerung mit einer militärischen Führung konfrontiert, die sich plötzlich wieder sehr kämpferisch gibt. Derselbe General Ludendorff, der am 29. September einen Waffenstillstand binnen 24 Stunden gefordert hat, plädiert jetzt dafür, das deutsche Volk solle doch »um seine Ehre nicht nur in Worten, sondern tatsächlich bis zum letzten Mann kämpfen und sich damit die Möglichkeit des Wiedererstehens sichern«. Man dürfe sich nicht »zur Kapitulation und damit zum Untergang vor der äußersten Kraftanstrengung drängen lassen«. Es ist ein perfides Spiel, das Ludendorff in diesen Tagen spielt. Zunächst – und hinter den Kulissen – ist er die treibende Kraft, die auf eine kaum zu bemäntelnde Kapitulation drängt – nichts anderes ist ein Waffenstillstand, der im Lauf eines Tages geschlossen werden soll. In dem Moment aber, in dem die neue Regierung die Verantwortung für die schnelle Beendigung des Krieges übernommen hat, spielt Ludendorff auf öffentlicher Bühne den entschlossenen Feldherrn, der sich gegen eine Politik zur Wehr setzt, die ihn angeblich zur Beendigung des Kampfes zwingen will.

Ohne dass die Öffentlichkeit das wahrnimmt, findet in diesen Tagen ein Machtkampf zwischen Ludendorff und dem neuen Kanzler statt, in dem beide Seiten sich nichts schenken. Ludendorff gefällt die durchaus selbstbewusste Haltung nicht, mit der Prinz Max sich an die schwierige Aufgabe macht, den Krieg zu einem erträglichen Ende zu bringen. Der neue Kanzler hat Ludendorffs Beurteilung der militärischen Lage von Anfang an nicht vollständig vertraut. Er hat unangenehme Fragen gestellt und sich darum bemüht, Berichte von erfahrenen Armeeführern einzuholen, um sich ein eigenes Urteil bilden zu können. Das hat die gesamte Oberste Heeresleitung als Misstrauensbeweis verstanden. Die Spannungen zwischen Ludendorff und Prinz Max nehmen immer mehr zu. Ludendorff schaltet seinen Chef ein. Am 12. Oktober kündigt Hindenburg in einem Fernschreiben an den Kanzler seinen Rücktritt an, falls Ludendorff entlassen werden sollte. Das ist ein Druckmittel, zu dem er schon in der Vergangenheit immer wieder mit Erfolg gegriffen hat.

Die Differenzen zwischen beiden Seiten sind vor allem strategischer Natur. Der Kanzler ist bereits nach der zweiten Note Wilsons ernüchtert und enttäuscht vom amerikanischen Präsidenten. »Kein Wort in diesem furchtbaren Dokument gemahnte an das hohe Schiedsrichteramt, zu dem der Präsident sich nach dem Eintritt Amerikas in den Krieg bekannt hatte.« Das politische Ziel des Prinzen Max ist es, zunächst Wilson vor der deutschen Öffentlichkeit zu entlarven, dem deutschen Volk klarzumachen, dass es einen »milden« Frieden auch mit diesem Präsidenten nicht geben wird. Dann will er Zugeständnisse bis hin zur Rückgabe von Elsass-Lothringen machen und danach schließlich das Volk zu einem letzten großen nationalen Widerstand gegen die Feinde aufrufen. Ludendorff will diesen nationalen Endkampf sofort und drängt darauf, die Verhandlungen mit dem amerikanischen Präsidenten abzubrechen. Das allerdings widerspricht der Strategie des Kanzlers, der ja zunächst die Entlarvung des angeblichen Friedenspräsidenten betreiben will. Auch Prinz Max droht mit Rücktritt und kann sich schließlich beim Kaiser durchsetzen.

Während in großbürgerlichen und adligen Kreisen in diesen Tagen viel von Ehre, Schmach und Zukunft der Nation die Rede ist, kämpfen die Familien einfacher Arbeiter und kleiner Angestellter um das nackte Überleben. Prinz Max ist dies durchaus bewusst. In seinen Erinnerungen schreibt er: »Um die Mitte des Oktober war das Elend in den Städten unsagbar. Keine Kohlen, keine ausreichende Kleidung, ein ständiger Hunger. Durch ganz Europa ging damals eine aus den USA eingeschleppte Grippeepidemie. In Berlin erkrankten allein am 15. Oktober 1722 Personen. Die Krankheit wütete furchtbar unter den Menschen, die keine Widerstandskraft mehr hatten.« Die tödliche Influenza ist im Januar 1918 in den USA ausgebrochen und kommt mit den amerikanischen Soldaten nach Europa. Nach Schätzungen von Medizinhistorikern sterben in den Jahren 1918 bis 1920 weltweit 50 Millionen Menschen an der »Spanischen Grippe«, etwa fünfmal so viele wie an Kampfhandlungen im Weltkrieg.

Der Gedanke eines letzten nationalen Widerstandes, eines Aufgebots aller deutschen Männer zu einem verzweifelten Endkampf, führt im Volk zu Unverständnis und Verbitterung. Nach all dem Bluten und Hungern muss jetzt endlich Schluss sein, das ist die absolut vorherrschende Meinung. Niemand versteht, warum es so lange dauert, den verlorenen Krieg zu beenden. Immer stärker setzt sich die Vorstellung durch, es liege vor allem daran, dass der Kaiser nicht zurücktrete. Auch in strikt monarchistischen Kreisen hört man immer häufiger die Forderung, der Kaiser müsse für Volk und Vaterland auf die

Krone verzichten. Am besten auch der Kronprinz. Vermutlich sei die Monarchie nur zu retten, wenn eine ganze Generation bei der Thronfolge übersprungen werde.

Auf der diplomatischen Bühne geht währenddessen die Auseinandersetzung weiter. Die deutsche Seite sagt zu, den U-Boot-Krieg und willkürliche Verwüstungen beim Rückzug der Truppen zu beenden. Sie betont ausdrücklich, dass in Deutschland mit der Einsetzung des Prinzen Max als Kanzler ein Regimewechsel stattgefunden habe, kann aber das State Department davon nicht überzeugen. Die dritte Wilson-Note vom 23. Oktober stellt fest, dass es bislang keinerlei Hinweis darauf gebe, »dass die Grundsätze einer dem deutschen Volk verantwortlichen Regierung jetzt bereits vollständig angenommen sind«. Es gebe auch keinerlei Garantie dafür, dass die Systemänderung von Dauer sein werde. Die amerikanische Regierung werde »mit keinen anderen als wahrhaftigen Vertretern des deutschen Volkes verhandeln«.

Ohne Rücksprache mit dem Kanzler erlässt die Oberste Heeresleitung daraufhin am 24. Oktober einen Armeebefehl, in dem es heißt: »Die Antwort Wilsons fordert die militärische Kapitulation. Sie ist deshalb für uns Soldaten unannehmbar. Sie ist der Beweis, dass der Vernichtungswille unserer Feinde, der 1914 den Krieg entfesselte, unvermindert fortbesteht. Wilsons Antwort kann daher für uns Soldaten nur die Aufforderung sein, den Widerstand mit äußersten Kräften fortzusetzen.«

Prinz Max dagegen will »die tatsächliche und verfassungsmäßig gesicherte Selbstständigkeit unserer parlamentarischen Regierung« vor aller Welt nachweisen. Nach wie vor ist er überzeugt, dass es einen letzten nationalen Volkswiderstand erst dann geben kann, wenn der deutschen Öffentlichkeit klar geworden ist, dass sie von Wilson nichts zu erwarten hat. »Eine nationale Verteidigung, gegen den Widerstand der Massen proklamiert und eingeleitet, musste im Bolschewismus enden. Das sagte mir Russlands warnendes Beispiel.«

Auf der politischen Bühne spitzen sich die Auseinandersetzungen am 25. und 26. Oktober noch einmal zu. Der Reichstag ist seit dem 22. Oktober wieder zusammengetreten – erstmals seit der Antrittsrede des Prinzen Max am 5. Oktober. Er soll die notwendigen Verfassungsänderungen beschließen, die das Deutsche Reich zu einer parlamentarischen Monarchie machen. Entgegen der Anweisung des Kanzlers verlassen Hindenburg und Ludendorff am 24. Oktober das Hauptquartier in Spa, um in Berlin den Kaiser für ihre Linie zu gewinnen. Damit überspannen sie den Bogen vollends. Hindenburg als der »Held von Tannenberg« mag aufgrund seiner Popularität unentbehrlich sein, Ludendorff als der mächtige Mann im Hintergrund ist es nicht. Er ist so lange unantastbar, solange er als großer Stratege den Sieg zu versprechen scheint; jetzt, im Angesicht der Niederlage, wird Ludendorff dagegen nicht mehr zwingend gebraucht.

Der Vortrag von Hindenburg und Ludendorff beim Kaiser verläuft völlig anders, als die beiden es sich vorgestellt haben. Sie drängen darauf, den Notenwechsel mit Wilson sofort abzubrechen. »Thron und Vaterland« stünden auf dem Spiel. Doch der Kaiser ist zuvor vom Staatssekretär des Auswärtigen darauf eingeschworen worden, die Verbindung zu Wilson dürfe keinesfalls beendet werden. Er hat sich inzwischen wohl auch mit der Vorstellung einer parlamentarischen Monarchie angefreundet und befürchtet überdies, am Ende doch von einer Revolution weggefegt zu werden, wenn sich die Waffenstillstandsgespräche weiter hinziehen sollten. Noch steht zwar die Front, aber die Bereitschaft der Soldaten, ihr Leben zu riskieren, nimmt dramatisch ab. Das weiß der Kaiser, und er weiß auch davon, dass Ludendorffs Führung im Frühjahr und Sommer 1918 von einem Gutteil der Heerführer überaus negativ gesehen wird. Ludendorff habe das Vertrauen des Heeres verscherzt, ist dem Kaiser berichtet worden.

All das mag eine Rolle spielen, als sich der Kaiser den Vortrag von Hindenburg und Ludendorff anhört, dann den neuen

Chef seines persönlichen Beraterstabes Clemens von Delbrück dazu bittet und ihn den Standpunkt der Regierung vortragen lässt. Anschließend verweist der Kaiser die beiden Generale an den Reichskanzler, der an diesem Tag mit einer Grippe das Bett hütet. Selbstverständlich bieten beide Offiziere ihren Rücktritt an. Allerdings kündigt auch Prinz Max dem Kaiser noch am Abend vom Krankenbett aus seinen Rücktritt an, falls »ein Wechsel in der Obersten Heeresleitung nicht möglich ist«. Am folgenden Tag geschieht, was wenige Wochen zuvor undenkbar war: Der Kaiser nimmt Ludendorffs Rücktrittsgesuch an, bittet Hindenburg aber zu bleiben. Der Feldmarschall entspricht der Bitte des Kaisers und lässt seinen langjährigen Weggefährten fallen wie eine heiße Kartoffel. Mehr als dreieinhalb Jahre schien kein Blatt Papier zwischen die beiden zu passen, Hindenburg hat stets vom strategischen Genie Ludendorffs profitiert und diesen im Gegenzug mit seiner ganzen Autorität gestützt und abgesichert. Jetzt ist Schluss. Nach diesem 26. Oktober ist zwischen den beiden nichts mehr wie zuvor. Ludendorff fühlt sich von Hindenburg völlig im Stich gelassen und weigert sich tief verletzt sogar, gemeinsam mit dem Generalfeldmarschall im Auto nach Spa zurückzufahren.

Dem Kaiser ist die Entlassung Ludendorffs schwergefallen, und er nimmt dem Prinzen Max übel, dass der ihn in diese Situation gebracht hat. »Ludendorff hat, um Dir die Situation zu erleichtern, gehen müssen«, schreibt er dem Kanzler drei Tage danach, »sein Fortgehen ist militärisch ein schwerer Verlust fürs Heer.« Der Kaiser teilt in diesem Telegramm dem Kanzler mit, dass er noch am selben Abend ins Hauptquartier reisen werde, um diesen Verlust zu ersetzen und »den Ersatz einzuleben«. Der Ersatz, also der Nachfolger Ludendorffs als Erster Generalquartiermeister, ist Generalleutnant Wilhelm Groener, der hervorragend das neue Anforderungsprofil für diesen Posten erfüllt. Jetzt geht es nicht mehr um strategische Planungen, sondern um die Aufrechterhaltung der Kampfkraft bis zum Waffenstillstand und um die Rückführung der Truppen in die Heimat. Groener ist Schwabe und hat insbesondere als Chef des Kriegsamtes im Preußischen Kriegsministerium gezeigt, dass er über großes Organisationstalent verfügt. Außerdem eilt ihm der Ruf voraus, mit Demokraten und Sozialdemokraten gut zusammenarbeiten zu können.

Der Reichstag erledigt am 26. Oktober im Eilverfahren, was von ihm erwartet wird, und verabschiedet die sogenannte »Oktoberreform«. Das Deutsche Reich ist nun – wenigstens auf dem Papier – eine parlamentarische Monarchie, in der die Regierung dem Parlament und nicht dem Monarchen verantwortlich ist. Entsprechende Veränderungen in den Bundesstaaten sollen folgen, für Preußen wird ein Ende des Dreiklassenwahlrechts angekündigt. Am 28. Oktober veröffentlicht der Kaiser die Gesetze, die damit in Kraft treten. Er verbindet das mit der Ankündigung, loyal mit der Volksvertretung und der Regierung zusammenzuarbeiten. Von Rücktritt ist keine Rede.

Die Stimmung im Volk ignoriert Wilhelm II. Die dritte Wilson-Note vom 23. Oktober hat ungeheure Dynamik in die »Kaiserfrage« gebracht. Auch glühende Verfechter der Monarchie erwarten jetzt, dass der Kaiser zum Wohl des Vaterlandes zurücktritt. »Die allerwildesten Kaiserstürzler sind die rechtsstehenden Leute«, berichtet Vizekanzler Payer dem Kanzler. »Die Herren der Hochfinanz und der Großindustrie, ja bis hoch in die Offizierskreise hinein kann man mit einer erstaunlichen Offenherzigkeit sagen hören: Der Kaiser muss sofort zurücktreten (...) Je länger die Hetze fortdauert, desto stärker wird die Forderung hervortreten, dass man überhaupt keine Monarchie mehr brauchte, sondern eine Republik errichten sollte.« Der Kanzler sucht fieberhaft nach einem Vertrauten, der »als Freund« zum Kaiser sprechen und ihm die Notwendigkeiten nahebringen kann. Er selbst fühlt sich dazu nicht in der Lage, obwohl er inzwischen nach den Verfassungsänderungen ausschließlich dem Reichstag und nicht mehr dem Kaiser verantwortlich ist. Aber die persönlichen Bindungen und Beziehungen zwischen dem badischen Thronfolger und dem Kaiser lassen eine nüchterne und sachliche Anwendung der neuen Verfassung nicht zu. Als Wilhelm II. sich am Abend des 29. Oktober ganz gegen den Willen des Kanzlers auf den Weg nach Spa macht, geht es ihm auch darum, sich der Abdankungsstimmung und dem Druck zu entziehen, die er in Berlin spürt.

Kaiser Wilhelm II. (im Fond mit erhobener Hand) verlässt Berlin am 29.10.1918 und reist ins Große Hauptquartier nach Spa (Belgien).

In Spa herrscht eine völlig andere Atmosphäre. Dort tritt man gemeinsam und entschieden allen Forderungen entgegen, wonach der Kaiser abdanken solle. Groener schreibt am 1. November in einem Brief an den Vizekanzler: »Das Rückgrat der Armee wird gebrochen, wenn diesen Männern (...) ihr oberster Kriegsherr, dem sie Treue geschworen haben, genommen wird und sie dadurch in ihren innersten Gefühlen verletzt werden.«

Der Kanzler versucht zwar mit immer drängenderen Vorstößen, den Kaiser zur Rückkehr nach Berlin zu bewegen, aber er hat keinen Erfolg. Im Gegenteil.»Von nun an steigerten sich täglich die Anzeichen des kaiserlichen Unwillens – aber schon die ersten Nachrichten ließen keinen Zweifel, dass Seine Majestät vom Augenblick an, da er Berlin verlassen hatte, in mir nur den Widersacher sah und meine Absichten verkannte.« Für Prinz Max ist das »ein sehr schwerer Schlag«, wie er in seinen Erinnerungen festhält.»Ich fühlte ein Fundament meiner Kanzlerschaft zerbrechen. Erst jetzt wurde mir bewusst, dass ich – ohne mir Rechenschaft davon zu geben – immer eine letzte Beruhigung in Reserve gehalten hatte: wenn alle schonende Aufklärung versagen sollte, dann gehe ich selbst zum Kaiser, und er wird in mir nicht nur den Kanzler der demokratischen Regierung, sondern auch den Freund und Verwandten sehen, der das Hohenzollernhaus vor dem Sturze retten will. Jetzt hatte der Kaiser seinen Sinn gegen mich verhärtet, sich mir entzogen und sich gegen mich verschanzt.«

So stellen sich Ende Oktober 1918 viele Fragen. Ist Prinz Max wirklich der Kanzler einer demokratischen Regierung? Ist das Deutsche Reich tatsächlich – und nicht nur auf dem Papier – ein demokratischer Staat, in dem die gewählte Volksvertretung alle Macht innehat? Sind nach der Entlassung Ludendorffs die Oberste Heeresleitung und die Flottenführung wirklich dem politischen Willen und den Weisungen der Regierung unterworfen? Ist der gerade vom Reichstag formell beschlossene Regimewechsel nachhaltig? Hat der Kaiser verstanden, was der Regimewechsel für ihn bedeutet? Ist die alte Elite des Kaiserreichs bereit, den Regimewechsel mitzutragen? Eine erste Antwort auf diese Fragen kommt von der Leitung der Seekriegsflotte ...

5
ROTE FAHNEN – MATROSEN-
MEUTEREI VOR WILHELMSHAVEN
UND AUFSTAND IN KIEL

Während im Notenwechsel zwischen der neuen Regierung und dem amerikanischen Präsidenten die Bedingungen für einen Waffenstillstand geklärt werden, beginnt die Marineführung Pläne für eine große Entscheidungsschlacht mit der britischen »Grand Fleet« im Ärmelkanal auszuarbeiten. Die Flotte des Vereinigten Königreichs ist der des Deutschen Reiches zwar hoch überlegen, aber die Grand Fleet hat ihre Hauptstützpunkte in Schottland und kann bereits auf ihrer Fahrt nach Süden in den Ärmelkanal durch deutsche U-Boote angegriffen werden. Der Plan sieht jedenfalls vor, die U-Boote vor den britischen Flottenstützpunkten zu positionieren. Die deutsche Hochseeflotte selbst soll in einer schnellen nächtlichen Aktion in Richtung der flandrischen Küste und in die Themsemündung vorstoßen. Dort will die deutsche Marineführung die dann hoffentlich schon etwas dezimierte Grand Fleet erwarten und die Entscheidungsschlacht gegen sie suchen.

Niemand in der Seekriegsleitung macht sich allzu große Illusionen über die Erfolgsaussichten des Projekts. Man weiß, dass es wohl scheitern wird. Aber es ist inzwischen durchgesickert, dass zu den Friedensbedingungen auch gehören soll, die gesamte deutsche Hochseeflotte in England zu internieren. Die Flotte hat bislang mit Ausnahme der großen Schlacht im Skagerrak im Jahr 1916 nicht wesentlich ins Kriegsgeschehen eingegriffen.

Die Seekriegsleitung zieht daher eine »ehrenvolle Niederlage« der drohenden kampflosen Übergabe der Flotte entschieden vor. Es geht in erster Linie um die »Ehre« der kaiserlichen Marine. Das zeigen sehr deutlich Äußerungen von Admiral Reinhard Scheer, dem Stabschef der Seekriegsleitung, und von Admiral Adolf Lebrecht von Trotha, dem Chef des Marinekabinetts. »Einer durch schmachvollen Frieden gefesselten Flotte ist die Zukunft gebrochen«, schreibt Trotha, und im Kriegstagebuch der Marine findet sich am 25. Oktober 1918 der Eintrag: »Wenn auch nicht zu erwarten ist, dass hierdurch der Lauf der Dinge eine entscheidende Wendung erfährt, so ist es doch aus moralischen Gesichtspunkten Ehren- und Existenzfrage der Marine, im letzten Kampf ihr Äußerstes getan zu haben.«

Die Marineführung ist überzeugt, dass die Reichsregierung unter Prinz Max diesen Plänen nicht zustimmen wird. Wer um

Admiral Reinhard Scheer, Stabschef der Seekriegsleitung

die Einleitung von Waffenstillstandsverhandlungen bittet, kann nicht zugleich die größte Seeschlacht des Krieges vorbereiten, ohne seine Glaubwürdigkeit auf dem politisch-diplomatischen Parkett vollständig zu verlieren. Die Marineführung stuft deshalb den Befehl zur Ausarbeitung von Schlachtplänen als »streng geheim« ein. Er geht nur an die Führungsoffiziere und wird auch gegenüber der Regierung – erfolgreich – geheim gehalten. Das ganze Unterfangen ist ein frontaler Angriff auf die neue politische Führung des Reiches, mit anderen Worten: eine Meuterei der Admirale gegen die Verfassungsreform und die Regierungsumbildung. Der Reichskanzler erfährt, wie er in seinen Erinnerungen festhält, »die Wahrheit über Art und Umfang der geplanten Flottenaktion (...) erst lange nach der Revolution«.

Am 24. Oktober erteilt Admiral Scheer der Hochseeflotte den Befehl, gegen die Kanalküste und die Themsemündung vorzustoßen und die Entscheidungsschlacht gegen Großbritannien zu suchen. Es ist derselbe Tag, an dem die Oberste Heeresleitung ohne Absprache mit der Regierung den Truppen mitteilt, die dritte Wilson-Note mit den dort genannten Bedingungen könne »für uns Soldaten nur die Aufforderung sein, den Widerstand mit äußersten Kräften fortzusetzen«. Während Prinz Max sich gegen die Rebellion der Obersten Heeresleitung zur Wehr setzt und am 26. Oktober die Entlassung Ludendorffs erreicht, findet die Meuterei der Admirale im Geheimen statt – Ludendorff allerdings ist informiert. Die Hochseeflotte ankert auf Schillig-Reede, dem Marinestützpunkt vor Wilhelmshaven und beginnt nun mit ihren Vorbereitungen.

Die Matrosen auf den Schiffen finden äußerst beunruhigend, was mit ihnen geschieht, und trotz aller Geheimhaltung sickert nach und nach durch, was die Seekriegsleitung im Schilde führt. Auf dem Schlachtschiff »Thüringen« schicken die Matrosen einen Abgesandten zum Ersten Offizier, um ihm zu erklären, der Flottenvorstoß sei wohl kaum im Sinn der neuen

Regierung. Doch der Erste Offizier antwortet nur knapp: »Ja, das ist *Ihre* Regierung.« Die Seekriegsleitung und die Offiziere der Hochseeflotte sind nicht bereit, die neue Regierung anzuerkennen. Nur die Matrosen können jetzt erreichen, dass die Friedensofferte der Reichsregierung nicht am Ende durch die meuternde Seekriegsleitung und ihr Offizierskorps torpediert wird. Es geht den Matrosen darum, nicht unmittelbar vor Kriegsende in einer sinnlosen Schlacht dem Ehrenkodex der Offiziere geopfert zu werden. Es geht darum, möglichst schnell einen Friedensschluss zu erreichen. Und es geht darum, die neue Regierung zu stützen, die diesen Frieden verspricht.

In der Friedensfrage sind die Fronten auf den Schiffen der Hochseeflotte schon seit zwei Jahren klar. Unter den Offizieren dominieren die Verfechter eines Siegfriedens, der Deutschlands Weltgeltung durch Annexionen absichern soll. Unter den Matrosen finden sich verhältnismäßig viele Anhänger der USPD. Auf dem Kriegsschiff »König Albert« beispielsweise haben am 31. Juli 1917 400 Matrosen eine Erklärung für einen Frieden ohne Annexionen unterzeichnet und gleichzeitig öffentlich ihren Eintritt in die USPD bekannt gegeben. Etwa zur selben Zeit ist es zu größeren Konflikten um die Qualität der Verpflegung gekommen. Die Matrosen haben die Einrichtung von »Menagekommissionen« erreicht, von den Mannschaften gewählte Ausschüsse zur Kontrolle der Verpflegung. Sie haben schnell eine Art Netzwerk gebildet, eine Kommunikationsplattform für die Mannschaften verschiedener Schiffe. Nach einigen Unruhen sind zwar die Menagekommissionen wieder abgeschafft worden, geblieben sind aber die Organisationserfahrung der Matrosen und ein starkes Gefühl der Zusammengehörigkeit. Beides kommt Ende Oktober 1918 zum Tragen.

Am Abend des 29. Oktober erfolgt der »Seeklar«-Befehl für die drei Geschwader mit ihren 60.000 Mann Besatzung, die vor Wilhelmshaven zusammengezogen sind. Es gehe zu Flottenmanövern in die Deutsche Bucht heißt es offiziell, aber

»auf den plumpen Blödsinn fiel natürlich keiner herein«, schreibt ein Marinesoldat nach Hause. »Beunruhigt Euch nun nicht, wenn's auch etwas drüber und drunter geht. Totschießen lassen wir uns nicht mehr die letzten Tage.« Auf drei Schiffen des III. Geschwaders, auf der »König«, der »Markgraf« und der »Großer Kurfürst«, weigern sich die Matrosen, die Anker zu lichten. Auf der »Thüringen« und der »Helgoland«, zwei Schlachtschiffen des I. Geschwaders, kommt es zur offenen Meuterei. Matrosen demolieren die Ankerwinden, zerschlagen die Lampen unter Deck und bringen die beiden Schiffe zum größten Teil in ihre Gewalt. Der Flottenchef ist entschieden, die Meuterei niederzuschlagen. Noch im Schutz der Nacht schieben sich die Torpedoboote »B 97« und »B 112« dicht an die »Thüringen« und die »Helgoland« heran. Auf der »Thüringen« haben Offiziere ein 30,5-Zentimeter-Geschütz besetzt und richten es gegen die »Helgoland«. Die Situation spitzt sich dramatisch zu, die Nerven der beteiligen Matrosen sind zum Zerreißen gespannt. »Lieber Papa«, schreibt einer der Matrosen von der »B 97« später nach Hause, »wenn du wüsstest, wie es mir zumute gewesen ist, als wir die Kanonen auf unsere Kameraden gerichtet hatten, welche ohnmächtige Wut ich hatte.«

Die Torpedoboote signalisieren »feuerbereit« – da erst ergeben sich die meuternden Matrosen. 400 Mann von der »Thüringen« und 200 von der »Helgoland« werden verhaftet und an Land ins Gefängnis gebracht. Es steht zu befürchten, dass zumindest eine größere Zahl von ihnen wegen Meuterei zum Tode verurteilt werden wird.

Auf den ersten Blick ist die Meuterei gescheitert, aber in der Sache hat sie ihr Ziel erreicht: Die Seekriegsleitung gibt ihre Schlachtpläne auf, weil ihr die Mannschaften für das Unternehmen einer großen Seeschlacht nicht mehr zuverlässig genug erscheinen. Die Flotte wird auseinandergezogen. Ein Geschwader bleibt vor Wilhelmshaven, eines wird zurück in seinen Heimathafen nach Kiel beordert. Noch immer ahnt die Reichs-regierung in Berlin nichts von den Hintergründen der Flotten-bewegungen.

Vizeadmiral Kraft, der Kommandeur des III. Geschwaders, absolviert vor der Rückfahrt nach Kiel in der Helgoländer Bucht mit seinen Schlachtschiffen eine Übung. Weil dabei alles reibungslos klappt, ist er sicher, die Mannschaften wieder im Griff zu haben. Während der Fahrt durch den Nord-Ostsee-Kanal lässt er 47 Matrosen der »Markgraf« verhaften, in denen er die Haupträdelsführer sieht.

Die verhafteten Matrosen werden nach Kiel ins Gefängnis gebracht, die übrigen bekommen Landurlaub. Den nutzen sie allerdings nicht zu Vergnügungen, sondern um zu besprechen, wie sie ihre Kameraden wieder frei bekommen können. Etwa 250 von ihnen treffen sich am Abend des 1. November im Gewerkschaftshaus in Kiel und beschließen zunächst, in Verhandlungen mit den verantwortlichen Offizieren die Freilassung zu erreichen. Ihre Delegation wird nicht einmal angehört.

Daraufhin nehmen die Matrosen Kontakt zu den sozialde-mokratischen Parteien und den Gewerkschaften auf. Als Antwort hierauf riegelt die Polizei am folgenden Tag das Gewerkschaftshaus ab. Doch die Matrosen geben nicht nach. 500 bis 600 Matrosen versammeln sich am Samstag, dem 2. November, im Viehburger Gehölz und auf dem Großen Exerzierplatz zu einer eindrucksvollen Demonstration. Zwei USPD-Mitglieder, der Matrose Karl Artelt und der Werftarbeiter Lothar Popp, ergreifen die Initiative und rufen dazu auf, auch am nächsten Tag zu einer großen Versammlung auf den Großen Exerzierplatz zu kommen. Es werden kleine Handzettel gedruckt, die Matrosen und Arbeiter auffordern, zur Demonstration zu kommen und die verhafteten Kameraden nicht im Stich zu lassen.

Vizeadmiral Wilhelm Souchon ist als Gouverneur von Kiel der mächtigste Mann in der Stadt, auch die zivile Verwaltung ist ihm untergeordnet. Am 2. November wird er zwar über die Aktion der Matrosen und Arbeiter informiert, aber ihm wird die Brisanz der Lage nicht klar. Erst am folgenden Tag dämmert ihm, dass sich hier etwas zusammenbrauen könnte, mit dem er allein nicht mehr fertig wird. Es sind fünf- bis sechstausend Demonstranten, die sich am Nachmittag des 3. November auf dem Großen Exerzierplatz in Kiel versammeln – Matrosen, Frauen und Männer aus den Fabriken. Sie verlangen nicht nur die Freilassung der Meuterer, sondern auch »Frieden und Brot«. Dann machen sie sich auf den Weg, um die verhafteten Matrosen zu befreien. Aber schon an der Ecke Karlstraße/Brunswiker Straße endet die bis dahin friedliche Demonstration. Eine Patrouille unter dem Befehl eines Leutnant Steinhäuser hat den Auftrag, sie vor der Haftanstalt zu stoppen. Der Leutnant lässt Warnschüsse abgeben und dann in die Menge feuern. Sieben Personen sterben, 29 werden schwer verletzt. Jetzt erkennt Souchon in aller Deutlichkeit, dass er Hilfe braucht. Er fordert auswärtige Truppen an und bittet zugleich in einem Telegramm an das Reichsmarineamt in Berlin darum, einen »hervorragenden sozialdemokratischen Abgeordneten herzuschicken«, der die Massen beruhigen soll.

Die Schüsse in der Karlstraße bringen das Fass zum Überlaufen, sie sind der unmittelbare Anlass zum bewaffneten Aufstand. Am Morgen des 4. November sind auf allen Schiffen und in fast allen Kasernen Soldatenräte gewählt. Ein grauer, trüber Montag beginnt, an dem in Kiel ein eisiger Wind weht. Es ist ein entscheidender Tag, nicht nur für Kiel, sondern für das ganze Deutsche Reich. Die Arbeiter stehen morgens in Gruppen zusammen, es werden Ansprachen gehalten. Die Arbeiter der Germania-Werft und der Torpedoanstalt entscheiden sich dazu, die Arbeit niederzulegen, die Vertrauensleute organisieren einen Generalstreik. Zugleich kocht bei den Marinemannschaften die Empörung hoch, und es kommt zu immer mehr Befehlsverweigerungen.

Souchon versucht, der Bewegung entgegenzukommen. Er empfängt meuternde Soldaten und Vertreter der Arbeiterschaft. Sie fordern die Freilassung der inhaftierten Matrosen und Aufklärung darüber, wie es zu den tödlichen Schüssen in der Karlstraße kommen konnte. Souchon sagt die Freilassung von 16 Gefangenen zu. In einem Triumphzug werden sie aus der Arrestanstalt in der Feldstraße geholt und ins Stadtzentrum gebracht.

Sechs Kompanien mit Heeressoldaten treffen am 4. November in Kiel ein, aber sie sind nicht bereit, mit Waffengewalt gegen die Aufständischen vorzugehen. So besetzt beispielsweise mit Maschinengewehren bewaffnete Infanterie aus Neumünster, etwa 200 Mann, am Nachmittag den Bahnhof mit allen Ausgängen. Nach einigen Stunden ist der Bahnhof jedoch in der Hand von aufständischen Matrosen, ohne dass geschossen worden ist. Die Soldaten aus Neumünster sind wieder abgezogen. Manche der Heeressoldaten fahren auf eigene Faust zu ihren Standorten zurück oder laufen zu den Aufständischen über. Die Soldaten der Garnison verbrüdern sich mit den Aufständischen. Am Morgen des 4. November wird der Aufstand von etwa 20.000 bewaffneten Matrosen und Marinesoldaten getragen, am Abend stehen bereits 40.000 Marineleute und Landtruppen hinter den Soldatenräten. Alle inhaftierten Matrosen sind inzwischen aus dem Gefängnis befreit worden.

Der Ingenieur Nikolaus Andersen, Beamter der Germania-Werft, notiert über diesen denkwürdigen Abend in seinem Tagebuch, dass die Soldaten mit den Matrosen gemeinsame Sache machen. »Sie lieferten Gewehre, Munition und Maschinengewehre an die Marine ab. Große Verbrüderung und Hochs auf die Infanterie. Feldgraue Helme wurden weggeworfen, Mützen aufgesetzt und Klamauk gemacht. Mariner gingen mit feldgrauen Helmen und Deckoffiziers-Degen umher. Später gegen 11 Uhr zum Bahnhof. Unheimliches Gedränge vor dem Nordportal u. Begeisterung. Hunderte Infanteristen zwischen tausenden Arbeitern, Marines, Zivilisten und – Mädchen und Jungs. Die Infanteristen verschwanden langsam im Bahnhof und sind ohne Waffen abtransportiert worden.« Noch aber gibt es vereinzelt Widerstand. Andersen hält auch fest, dass nachts gegen 2 Uhr »ein mörderliches Schießen« beginnt. Trotz der Kälte geht er noch einmal raus und stellt fest, dass Offiziere aus dem Hansa-Hotel heraus auf Soldaten schießen. »Ich musste hinter einem Kandelaber der Gaslaterne niederknien. Die Kugeln flogen umher. Ein Obermaat schießt neben mir stehend freihändig eine Kugel nach der anderen ins Hotel (...) Als das Schießen eingestellt ist, findet man einen Obermaat mit Beinschuss und einen Matrosen mit Brustschuss. Ein Krankenauto holt sie ab. Trauriger Anblick.« Um halb vier ist Andersen »mit Eisbeinen« wieder zu Hause. »Die Erbitterung gegen schießende Offiziere ist groß«, notiert er noch.

Am Abend des 4. November ist Kiel zum großen Teil in der Hand der Aufständischen. Überall sind Soldatenräte gebildet worden, und auch ein Arbeiterrat ist entstanden, der im Wesentlichen aus Vertretern beider sozialdemokratischer Parteien, aus Gewerkschaftsfunktionären und Vertrauensleuten besteht. Die völlig spontane Aufstands- und Revolutionsbewegung beginnt, sich Leitungsstrukturen zu geben. Noch am Abend entsteht ein »Provisorischer Zentraler Arbeiter- und Soldatenrat«.

Als in Berlin die Kieler Vorgänge bekannt werden, bittet der Staatssekretär des Reichsmarineamtes die SPD um Hilfe. In der Redaktion des *Vorwärts* wird ein Flugblatt hergestellt, das die Kieler Seeleute und Arbeiter zur Ordnung ruft. Es seien »unsinnige Gerüchte«, wenn behauptet werde, »die Offiziere der Kriegsflotte seien mit der Friedenspolitik der Regierung nicht einverstanden. (...) Niemand denkt daran, das Leben von Volksgenossen, Familienvätern zwecklos aufs Spiel zu setzen.« Die Regierung entsendet den Abgeordneten Gustav Noske nach Kiel, der als Marinereferent der SPD große Achtung bei den Matrosen genießt. Er ist seit 1906 Mitglied des Reichstags und kennt sich als Experte der Fraktion mit allem Militärischen aus, obwohl er selbst nie Soldat war.

Gustav Noske, Militärexperte der SPD, soll in Kiel Ordnung schaffen.

Noske hat das Korbmacherhandwerk gelernt und ist zuletzt Redakteur der SPD-Zeitung in Chemnitz gewesen. Nach Kiel begleitet ihn Staatssekretär Conrad Haußmann von der Fortschrittlichen Volkspartei als offizieller Vertreter der Regierung. Die beiden sollen nicht nur nach dem Rechten sehen, sondern wenn möglich den Konflikt entschärfen und befrieden.

Am Abend des 4. November treffen die beiden Politiker in Kiel ein. Noske wird begeistert empfangen. Man holt ihn mit einem Auto am Bahnhof ab, ein paar Mann steigen zu, einer schwenkt eine rote Fahne und schreit immer wieder mit heißerer Stimme: »Es lebe die Freiheit!« Noch am Abend hält Noske eine kurze Ansprache auf dem Wilhelmsplatz und fordert vor allem auf, Ordnung zu bewahren. Dann habe er, schreibt Noske in seinen Erinnerungen, halb Kiel abgesucht, um »die inzwischen sagenhaft gewordene Leitung der Revolution« zu finden, aber er habe sie nirgends entdecken können.

Bei Sonnenaufgang am 5. November hissen die Kriegsschiffe im Kieler Hafen rote Flaggen – und nicht die Reichskriegsflagge. Nur auf dem Schlachtschiff »König«, das im Dock liegt, lässt der Kommandant die Kriegsflagge setzen und kommandiert zwei Offiziere zur Verteidigung der Fahne an den Mast. In einem längeren Schusswechsel werden die beiden Offiziere Bruno Heinemann und Wolfgang Zenker getötet, der Kommandant wird schwer verwundet. Dann ist auch auf der »König« die rote Fahne gesetzt. Im nationalsozialistischen Deutschland werden Mitte der 1930er-Jahre zwei Zerstörer auf die Namen »Bruno Heinemann« und »Wolfgang Zenker« getauft werden.

In den Morgenstunden des 5. November werden die Werften und alle öffentlichen Gebäude Kiels besetzt. Die große Verbrüderung von Arbeitern und Matrosen mit den übrigen Soldaten ist jetzt offensichtlich. Der Ingenieur Nikolaus Andersen erlebt den Morgen dieses trüben, bedeckten, aber immerhin etwas milderen Tages nicht mit. Nach seinem nächtlichen Abenteuer schläft er bis elf. Nach Mittag, inzwischen hat es begonnen zu regnen, macht er einen Rundgang durch die Stadt: »Viele Menschen unterwegs. Haus Victoria Eck war stark beschossen, gleichfalls Germania-Hotel. Schweres Feuer, sogar mehrere Kanonenschüsse 8,8 cm aus Fischdampfern erhielt die Ecke der alten Sparkasse am Hafen bei der Fähre. Dort hatten Offiziere aus einem Eckturm geschossen, angeblich mit Maschinengewehren. Große Mauerteile liegen am Bürgersteig. (...) Das Gewerkschaftshaus abgesperrt. Große Mengen Menschen fluten durch die Straßen. Alle im Hafen liegende Schiffe haben eine rote Flagge, gleichfalls Rathaus und Schiffe an der Kaiserlichen Werft. Sie soll in den Händen der Marine sein. Ein neues Torpedoboot kam mit roter Fahne in den inneren Hafen. (...) In Kiel ist Revolution.«

Unter den Kieler Matrosen ist Kurt Kühn, ein 20-jähriger junger Mann, der dem Deutschen Metallarbeiterverband angehört. »Wir jungen Menschen lebten in den Revolutionstagen in einer Jubelstimmung. Wir trugen rote Schleifen im Knopfloch, rote Kokarden und rote Bänder an den Mützen. Die meisten Offiziere und Deckoffiziere hatten sich aus den Brennpunkten der Ereignisse zurückgezogen. Von den Unteroffizieren wurden viele von der Revolution erfasst. Die Fortschrittlichsten gehören zu den aktivsten vorwärtsdrängenden Kräften.«

Am 5. November werden die »Vierzehn Kieler Punkte« in Kraft gesetzt, die zeigen, dass es längst nicht mehr nur um die Freilassung der inhaftierten Matrosen geht, sondern auch um »Vollständige Rede- und Pressefreiheit« und um »Aufhebung der Briefzensur«. Besonders am Herzen liegen den Matrosen eine grundlegende Reform des überkommenen militärischen Systems und ein Ende der teils entwürdigenden Behandlung von Soldaten und Matrosen durch Offiziere. Die neuen Machtverhältnisse sollen festgeschrieben werden, der Soldatenrat soll als Vetoinstanz fungieren: »Sämtliche in Zukunft zu treffenden Maßnahmen sind nur mit Zustimmung des Soldatenrates zu treffen.«

Am Mittag ist auf dem Kieler Wilhelmsplatz kein Durchkommen mehr. Dicht an dicht stehen die Arbeiter, Matrosen und Soldaten, die im Begriff sind, das Land zu verändern. Gustav Noske spricht und teilt den »Tausenden und Abertausenden von Blaujacken« mit, die Bewegung müsse »von fester Hand geleitet« werden. Er, Noske, sei bereit, den Vorsitz des Soldatenrates zu übernehmen. Die einzelnen Truppenteile fordert er auf, Vertreter zu schicken. Als später mehr als 50 Mann kommen, schickt er die meisten wieder weg und wählt nur die aus, »die mir den Eindruck machten, dass mit ihnen etwas anzufangen sei«. Mit Plakaten lässt er dann in der Stadt bekannt geben, dass er jetzt der Vorsitzende des Soldatenrates sei.

Durchaus mit Zustimmung der Demonstranten und Aufständischen setzt Noske sich an die Spitze der Bewegung, die gerade im Begriff ist, eine wirkliche Revolutionsbewegung zu werden. Man fordert zwar noch immer die Freilassung der restlichen Gefangenen, aber die »Vierzehn Kieler Punkte« enthalten auch politische Zielsetzungen, und immer häufiger ist inzwischen auch von der Abschaffung der Monarchie die Rede. Klar aber ist: Weder der Aufstand noch die Revolution sind das Ergebnis eines lange vorbereiteten Protestes. Die Revolution in Deutschland beginnt spontan und aus einer defensiven Grundhaltung heraus. Im ersten Schritt wollen Matrosen der Hochseeflotte verhindern, dass die Seekriegsleitung die endlich eingeleiteten Gespräche über einen raschen Waffenstillstand torpediert. Im zweiten Schritt wollen sie ihre verhafteten Kameraden vor der drohenden Hinrichtung bewahren. Im dritten Schritt müssen sie sich selbst schützen, indem sie auf lokaler Ebene die Demonstrationen zum Aufstand werden lassen, und im vierten Schritt muss es ihnen schließlich gelingen, diesen Aufstand aus Kiel hinauszutragen und zur Revolution weiterzuentwickeln. Scheitern sie damit, droht ihr Aufstand recht schnell von kaisertreuen Truppen niedergeschlagen zu werden. Am Abend des 5. November ist noch völlig offen, was aus dem Kieler Aufstand werden wird.

6
DIE ZEIT IST REIF –
REVOLUTION
IM GANZEN LAND

Der Reichsregierung in Berlin ist die Brisanz des Kieler Aufstands durchaus bewusst. Reichskanzler Max von Baden plant, in zwei Schritten vorzugehen: »1. Absperrung des Seuchengebiets, 2. freie Hand für Noske bei dem Versuch, den lokalen Ausbruch zu ersticken.«

Im Hinblick auf Noske geht das Kalkül des Prinzen Max auf. Noske, schreibt Max in seinen Erinnerungen, »war im letzten Augenblick eingetroffen, um in Kiel ein bolschewistisches Chaos zu verhindern. Die Macht war den Marinebehörden entglitten, die Meuterer standen einen Augenblick verdutzt und ratlos vor der zerschlagenen Autorität – Führer hatten sie nicht. Als Noske auf dem Bahnhof in Kiel eintraf, empfing ihn großer Jubel.« Noske lässt sich in Kiel nicht nur zum Vorsitzenden des Soldatenrates wählen, sondern am 7. November auch zum Gouverneur; innerhalb sehr kurzer Zeit lenkt er die Bewegung in geordnete Bahnen. Er habe bereits gute Erfolge erzielt, berichtet er dem Kanzler schon nach zwei Tagen, aber dem ist diese Charakterisierung zu bescheiden: »In Wahrheit hatte der Mann Übermenschliches geleistet.«

Die Regierung scheitert allerdings mit der »Absperrung des Seuchengebiets«. Auf 40.000 Mann schätzt sie die Zahl der Aufständischen in Kiel. Ein Großteil von ihnen macht sich sofort nach dem Kieler Sieg auf den Weg – zunächst in die umliegenden Städte und Stützpunkte, dann in die weiter entfernt liegenden. Überall schließen sich ihnen Soldaten und Arbeiter an, beispielsweise noch am 5. November in Brunsbüttel an der Elbe, am Eingang des Nord-Ostsee-Kanals. Auch Lübeck wird noch am 5. November erreicht. Dort erscheinen vier Kriegsschiffe in der Bucht, Matrosen besetzen das Hauptpostamt, den Bahnhof und die Magazine. Sie erlassen eine Proklamation, in der sie die Abschaffung der Militärdiktatur und einen sofortigen Waffenstillstand fordern. Die Truppen in der Stadt denken nicht daran, Ämter und Behörden gegen die Revolutionäre zu verteidigen, sondern verhalten sich bestenfalls neutral.

Am 6. November erfasst die Revolution Hamburg, Bremen und Wilhelmshaven, und überall sind die Abläufe ähnlich. Aufständische Matrosen kommen in die Stadt, vielfach schließen sich die lokalen Militäreinheiten den Aufständischen an oder unternehmen zumindest nichts gegen die Matrosen. Als ob sie nur auf das Erscheinen der Matrosen gewartet hätten, organisieren sich die Arbeiter in Arbeiterräten und übernehmen gemeinsam mit den schnell entstehenden Soldatenräten die Macht in den Städten. Behörden und Beamte verhalten sich abwartend und akzeptieren die neuen Machthaber in aller Regel ohne offenen Widerstand.

Es gibt allerdings auch Ausnahmen. In Hannover beispielsweise, wo Matrosen am 7. November ankommen, lässt es der dortige Militärbefehlshaber auf eine Kraftprobe ankommen. Er befiehlt einen »energischen Angriff« kaisertreuer Ersatztruppen gegen den von Matrosen besetzten Bahnhof und scheitert damit auf ganzer Linie. In Berlin ist man darüber besonders beunruhigt. In der letzten Depesche, die den Kanzler aus Hannover erreicht, heißt es, der Kommandierende General sei gefangen genommen worden. Dem Prinzen Max wird immer klarer, dass diese Bewegung nicht leicht zu stoppen sein wird. Er ordnet an, die Bahnlinien von Hamburg und Hannover nach Süden an mehreren Stellen zu unterbrechen. Der Kanzler will

Revolutionäre Matrosen nach der Erstürmung des Gefängnisses in der Königsstraße, Wilhelmshaven

verhindern, dass noch mehr »Kieler Gift« ins »Blut des deutschen Volkes« gelangt.

Es geht jedoch nicht allein um »Kieler Gift«. So wichtig die Matrosenmeuterei vor Wilhelmshaven und der Aufstand in Kiel als Initialzündung für die Revolution sind: Es brodelt und gärt auch an anderen Stellen im Land. Schon Ende Oktober gibt es Meldungen, Bayern wolle weg von Preußen und das Deutsche Reich verlassen. Die bayerischen Truppen seien nicht mehr im Westen zu halten. Die Stimmung in ganz Süddeutschland liege am Boden. In Berlin planen die Revolutionären Obleute bereits für den 4. November einen Generalstreik, verschieben ihn dann aber auf den 11. November – und werden von den Ereignissen überrollt. In der württembergischen Industriestadt Friedrichshafen am Bodensee treten die Arbeiter am 5. und 6. November in einen Generalstreik. Ein Sprecher der SPD fordert dort einen sofortigen Waffenstillstand, und es wird ein Arbeiter- und Soldatenrat gebildet.

Auf der Theresienwiese in München findet am 7. November eine Massendemonstration statt, zu der USPD und SPD aufgerufen haben. Hauptredner ist der charismatische Führer der Münchner USPD Kurt Eisner, der von Anfang an alles unternimmt, um die SPD einzubeziehen und jeden Parteienstreit aus der Bewegung herauszuhalten. Neben ihm spricht Erhard Auer, einer der einflussreichsten Münchner Sozialdemokraten. Eine von Eisner entworfene Resolution fordert den sofortigen Rücktritt des Kaisers und den Verzicht des Thronfolgers, sie fordert die Vereidigung des Heeres auf die Verfassung und die Beseitigung aller Bestimmungen aus den Verfassungen, die einer vollen Demokratisierung Deutschlands im Wege stehen, sie fordert umfassende soziale Fürsorge, eine Arbeitslosenversicherung und die Begrenzung des Arbeitstages auf maximal acht Stunden.

Im Anschluss an die Versammlung zieht ein gewaltiger Demonstrationszug durch die Stadt. Demonstranten stürmen und plündern Waffengeschäfte, entwaffnen die Residenzwache, befreien die Insassen des Militärgefängnisses und holen Soldaten aus den Kasernen, die sich dann dem Zug anschließen. Zum Schluss wird das Landtagsgebäude besetzt, und im Abgeordnetensaal wird ein Rat der Arbeiter, Soldaten und Bauern gewählt. Kurt Eisner wird dessen erster Vorsitzender. Bis in die Nacht hinein tagt dieser Arbeiter-, Soldaten- und Bauernrat und beschließt, Bayern zur Republik zu erklären. »Bayern ist fortan ein Freistaat«, heißt es in dem schließlich beschlossenen Aufruf. »Eine Volksregierung, die von dem Vertrauen der Massen getragen wird, soll unverzüglich eingesetzt werden. Eine konstituierende Nationalversammlung, zu der alle mündigen Männer und Frauen das Wahlrecht haben, wird so schnell wie möglich einberufen werden. Eine neue Zeit hebt an.«

Die Aufrechterhaltung der Ordnung wird garantiert, auch die Sicherheit der Person und des Eigentums werden verbürgt.

Die Soldaten sollen sich durch Soldatenräte selbst regieren und die Disziplin aufrechterhalten. Alle Beamten bleiben in ihren Stellungen. »Grundsätzliche soziale und politische Reformen werden unverzüglich ins Werk gesetzt.« USPD und SPD wollen all das nicht nur gemeinsam umsetzen, sondern ihre Spaltung ganz überwinden. Der Aufruf endet mit einem Bekenntnis zur Einheit der sozialdemokratischen Bewegung: »Der Bruderkrieg der Sozialisten ist für Bayern beendet. Auf der revolutionären Grundlage, die jetzt gegeben ist, werden die Arbeitermassen zur Einheit zurückgeführt. Es lebe die bayerische Republik! Es lebe der Friede! Es lebe die schaffende Arbeit aller Werktätigen!«

Kurt Eisner, erster Ministerpräsident des Freistaates Bayern

Schon am folgenden Tag, am 8. November, legt Eisner auf der zweiten Sitzung des Arbeiter-, Soldaten- und Bauernrates eine Liste der neuen Regierung vor, die ganz von dem Grundgedanken der Einheit der Arbeiterbewegung getragen ist, aber auch bürgerliche Fachmänner nicht ausschließt. Eisner selbst wird Chef der bayerischen Regierung und übernimmt das Ministerium des Äußeren. Das wichtige Innenministerium übernimmt Erhard Auer von der SPD, und auch der Minister für militärische Angelegenheiten – bewusst kein »Kriegsminister« – ist ein Sozialdemokrat. Ein Zivilist, auch das ist Eisner wichtig: »Es ziemt sich für die demokratische Regierung, dass ein Zivilist die Leitung der militärischen Angelegenheiten übernimmt.« Der Arbeiter-, Soldaten- und Bauernrat konstituiert sich im Verlauf derselben Sitzung als revolutionäres Parlament, dem Angehörige der SPD, der USPD und bürgerliche Demokraten angehören.

Noch am 8. November verlässt König Ludwig III. die Stadt. Fünf Tage später verzichtet er vom bayerischen Krongut Salzburg aus auf den Thron und entbindet Beamte, Offiziere und Soldaten von dem Treueid, den sie ihm gegenüber geleistet haben. Ähnliche Erhebungen gibt es nach der Münchner Revolution in Nürnberg, Augsburg, Regensburg und anderen bayerischen Städten.

In Oldenburg, Braunschweig und Köln siegt die Revolution am 7. November. Am folgenden Tag sind alle westdeutschen Großstädte von der Bewegung erfasst. Ebenfalls am 8. November finden in Leipzig Massendemonstrationen statt, die zur Besetzung der Post und zur Entwaffnung der Polizei führen und mit der Kapitulation des Generalkommandos enden. Die Soldaten wählen einen Soldatenrat, die sehr starke USPD bestimmt einen Arbeiterrat, und gemeinsam übernehmen Arbeiter- und Soldatenrat die provisorische Stadtregierung. Als das bekannt wird, kommt es auch in anderen sächsischen Städten zur Bildung von Arbeiter- und Soldatenräten. Das alte Regime leistet keinen Widerstand, sondern fällt überall buchstäblich in sich zusammen. Noch in der Nacht vom 8. auf den 9. November verlässt der sächsische König mit seiner Familie die Hauptstadt Dresden und zieht sich auf eines seiner entlegenen Schlösser zurück.

Wenn in dieser Lage in Berlin die Revolution noch verhindert werden soll, dann muss Wilhelm II. schleunigst abdanken. Das ist dem Kanzler durchaus klar, aber Prinz Max dringt nicht zum Kaiser durch, der sich nach Spa ins Hauptquartier der Obersten Heeresleitung zurückgezogen hat. Nicht nur der Kaiser und die führenden Militärs im belgischen Spa verkennen die Lage, auch das politische Berlin begreift zum Teil nicht, was in diesen Novembertagen in Deutschland geschieht. Angesichts der Entwicklungen in Hamburg und Hannover fordert die Spitze der SPD am 7. November beim Kanzler ultimativ den Rücktritt des Kaisers. Der Kanzler und die bürgerlichen Mitglieder der Regierung reagieren nicht etwa betroffen, sondern empört. Offenbar haben sie in ihrem Regierungsviertel das Gespür für die Lage, die Interessen, die Verzweiflung und die Wut der einfachen Menschen verloren.

Innerhalb weniger Tage hat sich die Revolutionsbewegung ausgebreitet. In den meisten großen Städten wehen bereits rote Fahnen, als in Berlin am 9. November die entscheidende Auseinandersetzung beginnt. Auch die Hauptstadt ist trotz aller militärischen Abwehrmaßnahmen innerhalb weniger Stunden in den Händen der Arbeiter und Soldaten. Das zeigt die Stärke und Durchsetzungskraft dieser Revolutionsbewegung, es demonstriert aber auch den völligen Autoritätsverlust der alten Gewalten. Niemand im Land ist mehr bereit, für die Verteidigung der bislang herrschenden Ordnung zu kämpfen und vielleicht sogar sein Leben zu riskieren. Prinz Max irrt, wenn er schreibt: »Ohne Kiel keine Revolution.« Wäre es nicht die Matrosenrevolte gewesen, dann hätte ein anderer Funke dieses Pulverfass zur Explosion gebracht. Die Zeit ist reif für eine grundlegende Veränderung der Strukturen und Machtverhältnisse im Land.

Gelegentlich ist später behauptet worden, diese Revolution sei angesichts der im Oktober vom Reichstag beschlossenen Reformen ganz und gar überflüssig gewesen, eine unnötige Unterbrechung des Reformprozesses, der im Oktober begonnen hat. Diese Revolution wäre vermeidbar gewesen, wenn nur die wesentlichen Inhalte der Oktoberreform besser kommuniziert worden wären.

Solche Wertungen gehen an der politischen Wirklichkeit des Oktober und November 1918 vorbei. Verfassungstext und Verfassungswirklichkeit sind auch in geordneten Verhältnissen nicht völlig identisch, in der Umbruchphase des Herbstes 1918 klaffen sie meilenweit auseinander. Da ist zwar einerseits der Reichstag als Repräsentationsorgan des Volkes formal zum entscheidenden politischen Gremium geworden, aber es gibt nach wie vor die Gouverneure der Militärbezirke, die alle faktische Macht in ihrem Zuständigkeitsbereich in Händen halten. Die Oberste Heeresleitung und die Flottenführung verfügen tatsächlich über alle militärischen Machtmittel und bringen deutlich zum Ausdruck, dass sie sich keineswegs verlässlich und dauerhaft dem Reichstag und der von ihm bestimmten Regierung unterordnen werden. Die militärische Führung hat aus politischem Kalkül die Parlamentarisierung gefordert und möglich gemacht. Doch bereits am 24. Oktober hat sie begonnen, das Rad wieder zurückzudrehen.

Auch der Kaiser und sein Kanzler haben noch nicht verstanden, welche Ausprägung ihre Ämter in einer parlamentarischen Monarchie haben müssen. Der Kaiser ist in Spa bereits mit Staatsstreichplänen beschäftigt, und Prinz Max berichtet in seinen Erinnerungen freimütig, er habe vorgehabt, nach dem Friedensschluss »den Führergedanken wieder aufzurichten und die Regierung so neu zu bilden, dass aus ihr ein arbeitsfähiges Instrument würde«.

Die parlamentarische Monarchie, die mit den Oktoberreformen auf dem Papier entstanden ist, wird nie Wirklichkeit. Krone und Militär haben niemals mehr gewollt als ein »Potemkinsches Dorf« zur Täuschung des US-Präsidenten Wilson. Als diese Spekulation nicht aufgeht, rudern sie zurück, und auch ein schneller Waffenstillstand scheint plötzlich wieder gefährdet.

Im Kern sind Meuterei, Aufstand und Revolution zunächst vor allem eine Friedensbewegung. Die Aufständischen wollen verhindern, dass die militärische Führung den Krieg weiter verlängert. Die Bewegung ist allerdings Schritt für Schritt bereit, alles hinwegzufegen, was ihrem Wunsch nach schnellem Frieden im Weg steht. Die diplomatischen Noten des amerikanischen Präsidenten wecken im Volk die Hoffnung, man werde dann – und nur dann – einen erträglichen Frieden, einen »Wilson-Frieden« bekommen, wenn ein klarer Bruch mit dem alten Regime vollzogen wird. Denn mit den bisherigen militärischen Führern und monarchistischen Autokraten Deutschlands werde man nicht verhandeln, heißt es in der dritten Wilson-Note vom 23. Oktober, ihnen gegenüber werde man die »Übergabe« fordern.

Dies ist jedoch nicht die einzige Ursache der Revolution. Sie findet statt vor dem Hintergrund einer obrigkeitsstaatlich geprägten Gesellschaft, die große Klassenunterschiede kannte und kennt. Das »Augusterlebnis« des Jahres 1914 hat zwar ein Einschwenken der Arbeiterbewegung auf die Linie der gemeinsamen Verteidigung des Vaterlands bedeutet, aber nichts an den Klassenunterschieden und der Benachteiligung der Arbeiterschaft sowie der einfachen Soldaten geändert. Die sozialen Differenzen haben sich im Verlauf des Krieges noch verschärft. Gehungert und gelitten haben in extremer Weise die einfachen Arbeiter und Soldaten mit ihren Familien, weniger Bürgertum und Adel. Je länger der Krieg andauert, desto stärker wird das den Betroffenen bewusst. Kein überzeugter Sozialdemokrat hat nach vier Jahren Krieg vergessen, dass die SPD eine Partei ist, die die bisherige obrigkeitsstaatliche und kapitalistische Gesellschaft grundlegend verändern will – Differenzen gab und gibt es in der Sozialdemokratie »nur« über die Frage, ob dies auf dem Weg der Reformen oder auf dem Weg der Revolution geschehen soll. Auch wenn also zunächst nur von »Frieden und Brot« die Rede ist: Dies allein ist es nicht, wofür Anfang November 1918 die Aufständischen und Revolutionäre ihr Leben riskieren.

Überall im Reich entstehen im ersten Novemberdrittel als Ausdruck der Revolution Arbeiter- und Soldatenräte. Sie übernehmen die vor Ort anstehenden Aufgaben und ersetzen wesentliche Funktionen des zusammengebrochenen Staatswesens. Sie sind jeweils im lokalen Bereich die Inhaber der tatsächlichen politischen, polizeilichen und militärischen Macht. Am Abend des 9. November ist nicht nur der größte Teil des Deutschen Reiches in den Händen dieser spontanen, von niemandem befehligten und zunächst unkoordinierten Revolutionsbewegung, sondern auch die Reichshauptstadt.

Aus München strahlt zwar die bereits gebildete Koalitionsregierung aus USPD und SPD als ein mögliches Modell nach Berlin, aber ganz offensichtlich unterscheiden sich die Verhältnisse in Bayern doch ganz erheblich von denen in der Reichshauptstadt. Der charismatische Eisner hat es schnell geschafft, SPD und USPD zusammenzubringen. In Berlin ist am Abend des 9. November jedoch noch völlig offen, ob Ähnliches gelingen kann. Hier ist der interne Kampf der sozialistischen Gruppen und Parteien gegeneinander noch nicht zu Ende. Die Revolutionären Obleute unternehmen am späten Abend des 9. November einen ernstzunehmenden Versuch, die SPD-Spitze bei der Bildung der revolutionären Übergangsregierung auszubooten. Am nächsten Morgen sollen in allen Betrieben und Kasernen Arbeiter- und Soldatenräte gewählt werden, um dann am Nachmittag die neue Regierung zu bestimmen. Die

Regierungsbildung soll ganz in die Hände der Arbeiter- und Soldatenräte gelegt und nicht den Parteispitzen von SPD und USPD überlassen werden. Der 10. November 1918 wird ein entscheidender Tag für die Revolution werden.

7
ERSTES RINGEN UM
DIE MACHT –
DER 10. NOVEMBER IN BERLIN

Otto Wels und andere Männer der SPD haben die mitternächt-
lichen Beschlüsse im Reichstagsgebäude verfolgt und beraten
unmittelbar danach im Reichskanzlerpalais mit Ebert, Scheidemann und weiteren Mitgliedern des Parteivorstandes über die
neue Lage. Die SPD-Spitze ist alarmiert. Beruhigend ist aus ihrer Sicht allenfalls, dass die Betriebsvertrauensleute der SPD
bereits für 14 Uhr an diesem Sonntag zu einem Treffen ins
Vorwärts-Gebäude eingeladen sind. Man kann sie also noch
rechtzeitig vor der geplanten Versammlung der Berliner Arbei-
ter- und Soldatenräte um 17 Uhr im Zirkus Busch auf die eigene politische Linie einschwören. Die SPD-Spitze muss allerdings befürchten, dass die taktische Meisterleistung, mit der sie
sich am Vortag wieder ins politische Spiel gebracht hat, schon
am Nachmittag des 10. November annulliert werden könnte.
Sollte die Versammlung der Berliner Arbeiter- und Soldatenräte
eine Regierung ohne Ebert und andere Vertreter der SPD wählen, würde es schwer werden, die eigenen Ansprüche zu be-
haupten und durchzusetzen.

Ergebnis der nächtlichen Sitzung im Reichskanzlerpalais ist
eine Art Doppelstrategie. Zum einen versucht die SPD-Spitze
buchstäblich bei Nacht und Nebel, möglichst viel Einfluss auf
die Zusammensetzung der Versammlung im Zirkus Busch zu
nehmen. Weil die Berliner Arbeiter mehrheitlich zur USPD oder

zu den Revolutionären Obleuten neigen, sieht man den entscheidenden Ansatzpunkt bei der Wahl der Soldatenräte. Noch in der Nacht lässt Otto Wels ein Flugblatt mit einer Auflage von 40.000 Exemplaren drucken und wendet sich »An alle Truppenteile, welche auf dem Boden der Politik stehen, die der *Vorwärts* vertritt«. In diesem Flugblatt werden die Truppen aufgefordert, sofort Soldatenräte zu wählen und diese um 14 Uhr ins *Vorwärts*-Gebäude zu schicken. Wels hat schon am Vortag den richtigen Ton gefunden, um die Naumburger Jäger und andere Einheiten zu überzeugen, und es gelingt ihm erneut. Die Garnison folgt seiner Aufforderung und wählt 148 Vertreter für 58.000 Soldaten.

Diese Soldatenräte informiert Wels über die Absicht der Revolutionären Obleute, am Nachmittag eine Regierung ohne Beteiligung der SPD wählen zu lassen, und fordert sie auf, sich für die Einberufung einer Nationalversammlung und eine paritätisch aus Mitgliedern der SPD und der USPD zusammengesetzte Regierung stark zu machen. Gemeinsam werden Taktik und Redner für den Nachmittag festgelegt. In militärischer Formation marschieren die Truppenvertreter mit Otto Wels zum Zirkus Busch.

Der zweite Teil der SPD-Doppelstrategie besteht darin, sich unter allen Umständen noch vor Beginn der Versammlung im Zirkus Busch mit der USPD über eine gemeinsame Regierung zu verständigen. Die SPD-Spitze ist überzeugt, dass die versammelten Arbeiter- und Soldatenräte einer gemeinsam von beiden Parteien getragenen Regierung mit großer Mehrheit zustimmen werden. »Kein Bruderkampf« ist das Gebot der Stunde. Das hat man in der SPD mit feinem Gespür für die Wünsche und Bedürfnisse der breiten Masse der Arbeiterschaft erkannt. Die Gründe für die Spaltung der SPD haben sich in den Augen vieler Arbeiter ohnehin erledigt. Wenn der Krieg zu Ende ist, braucht man sich über Hintergründe und Ziele dieses Krieges nicht weiter zu streiten – so die durchaus plausible Überlegung.

Es ist naheliegend, ein gemeinsames Vorgehen der Arbeiterschaft und ihrer beiden Parteien zu fordern. Der *Vorwärts* trifft diese Stimmung am 10. November schon in seiner Morgenausgabe punktgenau. In einem Artikel mit der Überschrift »Kein Bruderkampf!« heißt es, der Sieg des deutschen Volkes und insbesondere des Berliner Proletariats stehe ohne Beispiel in der ganzen Geschichte da. Die Aufgaben der Zukunft seien aber nur zu lösen, wenn die Arbeiterklasse einig und geschlossen bleibe. Es sei völlig unverantwortlich, wenn einzelne kleine Gruppen versuchten, eigene Wege zu gehen. »Der gestrige Sieg des Volkes über das alte System ist nur mit geringem Blutvergießen bezahlt worden. Soll nun der Welt nach solchem herrlichen Triumph das Schauspiel einer Selbstzerfleischung der Arbeiterschaft in sinnlosem Bruderkampf geboten werden? Das darf nimmer geschehen!« Und wenn auch noch so viel Verbitterung sich eingefressen habe, wenn auch der eine Teil dem anderen manches aus der Vergangenheit vorwerfe: »Ein Tag wie der gestrige ist groß und überwältigend genug, um all das vergessen zu machen. Das Versöhnungswerk darf nicht an einigen Verbitterten scheitern, deren Charakter nicht stark genug ist, um alten Groll überwinden und vergessen zu können.« Das alles spricht den Lesern des *Vorwärts* aus dem Herzen, und nicht nur ihnen. Zumal die SPD beteuert, sie erstrebe die Einigung »mit aller Kraft auch unter eigenen Opfern« und verfolge »keinerlei eigennützige Ziele«. Vielmehr sei sie überzeugt, dass »die Rettung aus dem Abgrund, in den uns der überwundene Imperialismus gestürzt hat, nur von einer einmütigen und geschlossenen Arbeiterschaft ausgeführt werden kann. Die Bruderhand liegt offen – schlag ein!«

Recht plötzlich ist jetzt auch wieder die Rede vom Imperialismus und nicht vom Vaterland, das man in der Stunde der Not nicht im Stich lassen dürfe. Die gute alte Sozialdemokratie, so hat es den Anschein, besinnt sich auf ihre Wurzeln. Spricht unter diesen Umständen nicht wirklich alles dafür, den Streit und alle Verletzungen der Kriegsjahre schnell hinter sich zu lassen und einmütig zu handeln, wie man das vor Kriegsbeginn doch eigentlich mit großem Erfolg getan hat? Der *Vorwärts* ist an diesem Tag die Zeitung, die sich jeder Arbeiter zu verschaffen versucht. Entsprechend wirksam ist die Einheitsparole. Die von der Spartakusgruppe neu herausgegebene *Rote Fahne* ist weitgehend unbekannt, trifft aber auch nicht die Stimmung des Tages, wenn sie sich klar gegen eine Zusammenarbeit mit der SPD ausspricht: »Es darf kein ›Scheidemann‹ mehr in der Regierung sitzen; es darf kein Sozialist in die Regierung eintreten, solange ein Regierungssozialist noch in ihr sitzt. Es gibt keine Gemeinschaft mit denen, die euch vier Jahre lang verraten haben. Nieder mit dem Kapitalismus und seinen Agenten!« Das will am Tag nach dem glorreichen Sieg der Revolution kein Berliner Arbeiter lesen. Die Agitation der Spartakusgruppe läuft – zu diesem Zeitpunkt – völlig ins Leere.

Auch die Revolutionären Obleute müssen am Morgen des 10. Novembers feststellen, dass die Stimmung in den Betrieben über Nacht eine andere geworden ist. Am Tag zuvor haben Zorn und Wut dominiert. In ernster, todesmutiger Entschlossenheit sind die Arbeiter aufgebrochen, um endlich Schluss zu machen – mit dem Krieg und auch mit dem alten Regime. Jetzt aber herrscht vielfach gelöste Feierstimmung. Alles ist gut gegangen, man lebt noch und hat mehr erreicht, als man am Morgen zuvor hoffen konnte. Nur jetzt nicht den großen Sieg durch kleinliche Streitereien gefährden. Man ist versöhnlich gestimmt und bereit, großzügig über Fehler und Auseinandersetzungen der Vergangenheit hinwegzusehen, und man ist dankbar dafür, dass diese große Revolution so wenig Opfer gefordert hat.

Noch kommt es auf den Straßen zu der einen oder anderen Schießerei, schreibt der Unternehmer und Kunsthistoriker Oskar Münsterberg in sein Tagebuch, »es heißt, dass kaisertreue Offiziere sich im Marstall und im Schloss verteidigen. Unterir-

Nr. 310. 35. Jahrg.

Vorwärts

Berliner Volksblatt.

Zentralorgan der sozialdemokratischen Partei Deutschlands.

10 Pfennig

Redaktion: SW. 68, Lindenstraße 3. — Sonntag, den 10. November 1918. — Expedition: SW. 68, Lindenstraße 3.

An die deutschen Bürger!

Berlin, 9. November. Der neue Reichskanzler Ebert erläßt folgende Kundgebung an die deutschen Bürger:

Mitbürger!

Der bisherige Reichskanzler Prinz Max von Baden hat mir unter Zustimmung der sämtlichen Staatssekretäre die Wahrnehmung der Geschäfte des Reichskanzlers übertragen. Ich bin im Begriff, die neue Regierung im Einvernehmen mit den Parteien zu bilden und werde daher über das Ergebnis der Oeffentlichkeit in Kürze berichten.

Die neue Regierung wird eine Volksregierung sein. Ihr Bestreben wird sein müssen, dem deutschen Volke den Frieden schnellstens zu bringen und die Freiheit, die es errungen hat, zu befestigen.

Mitbürger! Ich bitte Euch alle um Eure Unterstützung bei der schweren Arbeit, die unser harrt. Ihr wißt, wie schwer der Krieg die Ernährung des Volkes, die erste Voraussetzung des politischen Lebens, bedroht.

Die politische Umwälzung darf die Ernährung der Bevölkerung nicht stören.

Es muß die erste Pflicht aller in Stadt und Land bleiben, die Produktion von Nahrungsmitteln und ihre Zufuhr in die Städte nicht zu hindern, sondern zu fördern.

Nahrungsmittelnot bedeutet Plünderungen und Raub, und Elend für alle! Die Aermsten würden am schwersten leiden, die Industriearbeiter am bittersten getroffen werden.

Wer sich an Nahrungsmitteln oder sonstigen Bedarfsgegenständen oder an den für ihre Verteilung benötigten Verkehrsmitteln vergreift, versündigt sich aufs schwerste an der Gesamtheit.

Mitbürger! Ich bitte Euch alle dringend: Verlaßt die Straßen! Sorgt für Ruhe und Ordnung!

Berlin, den 9. November 1918.

Der Reichskanzler. **Ebert.**

An alle Behörden und Beamten!

Berlin, 9. November. Der Reichskanzler Ebert veröffentlicht nachfolgenden Aufruf:

Die neue Regierung hat die Führung der Geschäfte übernommen, um das deutsche Volk vor Bürgerkrieg und Hungersnot zu bewahren und seine berechtigten Forderungen auf Selbstbestimmung durchzusetzen. Diese Aufgabe kann sie nur erfüllen, wenn alle Behörden und Beamten in Stadt und Land ihre hilfreiche Hand leisten.

Ich weiß, daß es vielen schwer werden wird, mit den neuen Männern zu arbeiten, die das Reich zu leiten unternommen haben, aber ich appelliere an ihre Liebe zu unserem Volke. Ein Versagen der Organisation in dieser schweren Stunde würde Deutschland der Anarchie und dem schrecklichsten Elend ausliefern.

Helft also mit mir dem Vaterlande durch furchtlose und unverdrossene Weiterarbeit, ein jeder auf seinem Posten, bis die Stunde der Ablösung gekommen ist.

Berlin, den 9. November 1918.

Der Reichskanzler. gez. **Ebert.**

Soldaten! Es ist der Wunsch der in Bildung begriffenen sozialistischen Regierung, daß Ihr heute wieder in Eure Kasernen zurückkehrt, wo Ihr durch Soldatenräte Eure Angelegenheiten selbst verwalten könnt. Nur dort könnt Ihr Eure Verpflegung sichern.

Kein Bruderkampf!

[Artikel in Fraktur, teilweise unleserlich]

Die Bruderhand bleibt offen — schlagt ein!

Vorwärts vom 10. November 1918

dische Gänge sollen vom Schloss aus Verbindungen schaffen. Auch von den Dächern des Viktoria-Kaffees und der Kgl. Bibliothek wurde geschossen. Es scheint wahnsinnig, dass in einer Fünfmillionen-Stadt gegen die Masse des Volkes ein Einzelner mit Maschinengewehr und Flinte ankämpfen will.« Auch noch am Nachmittag, so die Grafikerin und Bildhauerin Käthe Kollwitz, ist es an der einen oder anderen Stelle recht unruhig: »Ich versuche, nach dem Zirkus Busch zu kommen, wo die Delegierten der Arbeiter- und Soldatenräte tagen. Komme nur bis Schönhauser Tor. Soldaten zu Pferde treiben die Menge vor sich her und in die Häuser: schließen – es wird geschossen. Ich habe Angst und gehe nicht weiter.«

Solche Scharmützel sind allerdings Ausnahmen. Im Wesentlichen ist es ruhig, die Revolutionsbewegung hat sich auf der ganzen Linie durchgesetzt. Ungläubiges Staunen ist deshalb am »Tag danach« die vorherrschende Tendenz in den liberalen bürgerlichen Zeitungen. Die gewaltigen Massendemonstrationen, die fast unblutige Übernahme der Macht durch Arbeiter- und Soldatenräte, die Ausrufung der Republik, die Abdankung des Kaisers und die widerstandslose Hinnahme des Geschehens durch Militär- und Polizeiapparat – das ist historisch einmalig. Die meisten Zeitgenossen sind am 10. November überzeugt, dass diese Revolution so vollständig gesiegt hat, dass ein nachhaltiger reaktionärer Rückschlag vollständig ausgeschlossen ist. Große Teile der bisher politisch und gesellschaftlich einflussreichen Kreise, auch weite Teile des vermögenden und gebildeten Bürgertums sind zunächst wie gelähmt.

Die Revolution hat das Land mit einer so elementaren Wucht erfasst, dass monarchistische, nationale, konservative und bürgerliche Kreise an offenes Aufbegehren gar nicht denken. In den ehemals herrschenden Schichten des Kaiserreichs herrscht resignative Stimmung. Die Erwartungen und Befürchtungen des Bürgertums sind geprägt durch die Russische Revolution von 1917, aber auch durch die Französische von 1789.

»Aus dem Erlebnis des 9. November erwartete alle Welt den Beginn des Vernichtungskampfes gegen die Stützen der bisherigen Gesellschaft. Gegen den Besitz, dachte man (...), werde sich der Hauptstoß richten, und er werde den Adel, die Beamtenschaft, die Richter, die Offiziere, die Politiker der Rechten mit treffen«, beschreibt der Theologe, Historiker und Publizist Eugen Fischer-Baling die Stimmung unmittelbar nach dem Umsturz. »Es hätte niemand überrascht, wenn am 10. ein Sturm auf die Villen im Tiergarten eingesetzt, wenn ein Revolutionstribunal zu arbeiten angefangen, wenn die Volksleidenschaft an den lautesten Siegverkündern und den obersten militärischen Führern sich vergriffen hätte. Dergleichen wurde erwartet.«

Aber nichts dergleichen geschieht. Außerhalb der Innenstadt herrscht am 10. November eine geradezu unwirkliche Sonntagsruhe. Es ist ein wundervoller Herbsttag, und zum milden Sonnenlicht passt die Erleichterung, die sich am Nachmittag langsam beim Berliner Bürgertum breitmacht. »Die Bürger gingen in Massen wie gewöhnlich im Grunewald spazieren. Keine eleganten Toiletten, lauter Bürger, manche wohl absichtlich einfach angezogen. Alles etwas gedämpft wie Leute, deren Schicksal irgendwo in weiter Ferne entschieden wird, aber doch beruhigt und behaglich, dass es so gut abgegangen war. Trambahnen und Untergrundbahnen gingen wie sonst, das Unterpfand dafür, dass für den unmittelbaren Lebensbedarf alles in Ordnung war.« So beschreibt der Berliner Theologieprofessor Ernst Troeltsch die Szenerie.

Die Revolution hat gesiegt. Jetzt gilt es, gemeinsam das neue demokratische und sozialistische Deutschland aufzubauen. Das ist am 10. November die vorherrschende Tendenz insbesondere auch in der Arbeiterschaft. Die Revolutionären Obleute versuchen zwar auf Betriebsversammlungen, die Berliner Arbeiterschaft davon zu überzeugen, dass eine gemeinsame Regierung mit der SPD-Spitze der Revolution schaden werde. »Sie hatten damit keinen Erfolg, selbst dort nicht, wo sie jahrelang das vollkommenste Vertrauen der Arbeiter besaßen«, berichtet Richard Müller, einer der herausragenden politischen Köpfe bei den Revolutionären Obleuten. »So kam es in einigen Betrieben, dass Funktionäre der Sozialdemokratie, die am Tage zuvor aus dem Betrieb geprügelt worden waren, weil sie sich dem Generalstreik nicht anschließen wollten, nunmehr als Mitglieder des Arbeiterrats gewählt wurden.« Die Arbeiter wollen ein Zusammengehen der beiden Parteien.

Nach den Wahlen in den Betrieben ist klar, dass die neue Regierung paritätisch aus SPD- und USPD-Vertretern zusammengesetzt sein wird. Aus der Perspektive der Revolutionären Obleute ist das eine empfindliche Niederlage. Sie fürchten, dass die SPD-Spitze alles unternehmen wird, um die Revolution schnellstmöglich zu beenden. Man hofft zwar, dass die Arbeiter bald aus ihrem »Einigungsrausch« erwachen werden, aber das hilft im Moment wenig. So entscheiden sich die Revolutionären Obleute, der Versammlung am Nachmittag im Handstreichverfahren die Wahl eines »Aktionsausschusses der Arbeiter- und Soldatenräte« vorzuschlagen, der irgendwie neben der vorläufigen Regierung stehen soll. Er soll, so Richard Müller, »ohne jede Debatte, gewissermaßen durch einen Bluff« zustande kommen, »und nur aus den zuverlässigsten Mitgliedern der Revolutionären Obleute und des Spartakusbundes bestehen«.

Zugleich treten noch am Vormittag die Verhandlungen zwischen den Spitzen der SPD und der USPD über eine gemeinsame Regierung in die entscheidende Phase ein. Unter Eberts Leitung tagt in der Reichskanzlei die alte bürgerlich-sozialdemokratische Regierung – allerdings ohne den Prinzen Max, der Berlin bereits verlassen hat und auf dem Weg nach Baden ist. Im Reichstag hat sich die Fraktion der USPD versammelt und ist sich ihrer starken Position durchaus bewusst. Man weiß, dass die für den Nachmittag anberaumte Versammlung der Berliner Arbeiter- und Soldatenräte die SPD-Spitze unter

Druck setzt. Hat Ebert die Unabhängigen gestern noch in harschem Ton von oben herab angesprochen, so begegnet er ihnen nun auf Augenhöhe. Der »Reichskanzler« ist dringend auf eine Verständigung mit der USPD-Spitze angewiesen, wenn die Versammlung im Zirkus Busch nicht aus dem Ruder laufen soll. Nur dann, wenn er der Versammlung eine Regierung der sozialistischen Versöhnung präsentieren kann, wird er auf breite Zustimmung stoßen.

Ebert ist deshalb bereit, Bedingungen der USPD zu akzeptieren, die er am Tag zuvor rigoros abgelehnt hätte: »Die politische Gewalt liegt in den Händen der Arbeiter- und Soldatenräte, die zu einer Vollversammlung aus dem ganzen Reiche alsbald zusammenzuberufen sind. Die Frage der konstituierenden Versammlung wird erst nach einer Konsolidierung der durch die Revolution geschaffenen Zustände aktuell und soll deshalb späteren Erörterungen vorbehalten bleiben.« Dieser Passus in der gemeinsamen Regierungsvereinbarung zwischen SPD und USPD steht in deutlichem Widerspruch zur bisherigen Haltung der SPD-Spitze.

Noch am Vortag haben Ebert und die Spitze der SPD darauf gesetzt, so schnell wie möglich nach allgemeinem Wahlrecht eine Nationalversammlung wählen zu lassen, und sie wollten die Zeit bis zu deren Zusammentreten mit einer Art Übergangsregierung unter der Reichskanzlerschaft von Friedrich Ebert überbrücken. Jetzt erkennen sie an, dass die politische Macht nicht mehr bei dieser Übergangsregierung liegt. Sie erkennen an, dass erst nach einer »Konsolidierung der durch die Revolution geschaffenen Zustände« über die Wahl einer Nationalversammlung gesprochen werden soll. Und sie erkennen das alles »nach kurzer Überlegung« an, also eher nebenbei und ohne ausführliche Beratung. Es geht der SPD-Spitze vor allem darum, den Nachmittag einigermaßen erfolgreich zu überstehen. Danach wird man weitersehen, Formulierungen sind interpretierbar, Papier ist geduldig. Die SPD-Spitze, das jedenfalls wird

Der Rat der Volksbeauftragten: v.l.n.r. Emil Barth (USPD), Otto Landsberg (SPD), Friedrich Ebert (SPD), Hugo Haase (USPD), Wilhelm Dittmann (USPD), Philipp Scheidemann (SPD)

auch am 10. November deutlich, besteht aus gewieften Taktikern, die das politische Geschäft beherrschen. Zwischenzeitlich fordern sie die USPD-Spitze sogar auf, die Regierung doch allein zu übernehmen. Wie ernst das gemeint ist, vermag niemand zu sagen. Die USPD jedenfalls reagiert so, wie das zu erwarten war: Allein wolle und könne sie nicht regieren.

So kommen die Spitzen der beiden sozialdemokratischen Parteien schließlich am Mittag zu einer gemeinsamen Regierungsvereinbarung, die festlegt, dass das Kabinett nur aus Sozialdemokraten bestehen darf, »die als Volkskommissare gleichberechtigt nebeneinander stehen«. Für die bürgerlichen Fachminister, auf die vor allem die SPD nicht verzichten zu können glaubt, findet man eine scheinbar elegante Lösung: Sie sind nur »technische Gehilfen des entscheidenden Kabinetts«.

Diese bürgerlichen Minister will man dadurch in ihrer Amtsführung kontrollieren, dass jedem von ihnen zwei Mitglieder der sozialdemokratischen Parteien mit gleichen Rechten zur Seite gestellt werden, aus jeder Partei eines. Beide Parteien benennen drei Mitglieder für das allein entscheidende Kabinett, die SPD ihre Vorsitzenden Friedrich Ebert und Philipp Scheidemann sowie den Reichstagsabgeordneten Otto Landsberg, die USPD ihren Vorsitzenden Hugo Haase, den Reichstagsabgeordneten Wilhelm Dittmann und Emil Barth von den Revolutionären Obleuten. Karl Liebknecht lehnt es ab, als Vertreter der USPD-Linken in ein gemeinsames Kabinett mit der SPD einzutreten, in der Nacht haben ihn einige seiner Genossen darauf noch einmal eingeschworen.

Etwa 3.000 Arbeiter- und Soldatenräte kommen um 17 Uhr im Zirkus Busch zusammen. Für intensive Debatten eignet sich das riesige Rund mit seiner gewaltigen Kuppel naturgemäß nicht; hier kochen eher die Emotionen hoch. Allen Beteiligten ist die elementare Bedeutung dieser Versammlung für den weiteren Verlauf der deutschen Revolution bewusst, und so besteht von Anfang an die Gefahr, dass die ganze Versammlung völlig im Chaos enden könnte. Die Wahl des Präsidiums geht zu Beginn einigermaßen geordnet und wie geplant über die Bühne. Emil Barth eröffnet als einer der beiden Vorsitzenden die Versammlung und ehrt zunächst die gefallenen Opfer der Revolution. Für einige Zeit kehrt nachdenkliche und dankbare Ruhe ein – in Berlin sind insgesamt 15 Tote zu beklagen.

Barth setzt dann, wie von den Revolutionären Obleuten geplant, zusätzlich die Wahl eines Aktionsausschusses auf die Tagesordnung und erteilt Friedrich Ebert das Wort. Der berichtet von der bereits erzielten Einigung der beiden sozialdemokratischen Parteien und erntet stürmischen, schier nicht enden wollenden Beifall der Versammlung. Er spricht über die schwierigen Aufgaben, die nur gemeinsam bewältigt werden könnten, und erhält stehende Ovationen. Im selben Sinn äußert sich

Hugo Haase, der aber nichts Neues zu berichten hat. Entsprechend gedämpfter ist die Reaktion des Publikums. Dritter Redner ist Karl Liebknecht, der Ebert scharf angreift und damit deutlichen Widerspruch provoziert, zum Teil sogar wütende Proteste, insbesondere bei den Soldatenvertretern. Stimmung und Mehrheitsverhältnisse im Saal sind klar und eindeutig – so wie es die SPD-Spitze erhoffte und die Revolutionären Obleute befürchtet haben.

Die nun folgende Wahl des Aktionsausschusses gerät für die Revolutionären Obleute zum Fiasko. Die Versammlung lässt sich nicht einfach zur diskussionslosen Verabschiedung einer vorgelegten Liste bewegen, sondern erkennt schnell, dass auf dieser Liste kein einziger Vertreter der SPD zu finden ist. Ebert erklärt, der Ausschuss sei unnötig, wenn man ihn aber unbedingt wolle, dann müsse er paritätisch mit Vertretern beider Parteien besetzt sein. Das lehnt Barth kategorisch ab und sorgt damit für massive Empörung und einen regelrechten Tumult. Es bleibt nicht bei wildem Gebrüll; Soldaten stürzen in die Manege und auf die Bühne der Versammlungsleitung, drohen sogar, die Revolution ohne Parteien und Arbeiter weiterzuführen und eine Militärherrschaft zu errichten. Listen von Soldaten werden erstellt, die dem Aktionsausschuss paritätisch angehören sollen, auch eine Liste von SPD-Vertretern wird vorgelegt, und schließlich einigt man sich nach langem, hektischem und lautstarkem Hin und Her auf Parität zwischen Arbeiter- und Soldatenvertretern und bei den Arbeitervertretern auf Parität zwischen SPD und USPD. Die Wahl selbst erfolgt dann einstimmig und unter großem Beifall. Der Ausschuss erhält den Namen »Vollzugsrat«.

Die Wahl der provisorischen Regierung ist jetzt nur noch Formsache, auch sie erfolgt unter großem Beifall. Die Regierung gibt sich den Namen »Rat der Volksbeauftragten«. Nach den Wahlen verabschiedet die Versammlung schließlich zu guter Letzt eine Proklamation »An das werktätige Volk«, die

Ernst Däumig vom linken Flügel der USPD formuliert hat. Däumig war von 1911 bis 1916 Redakteur beim *Vorwärts* und wurde dann wegen seiner Kritik an der Politik der SPD-Führung aus der Redaktion entfernt. Inzwischen ist Däumig zum Verfechter einer Räterepublik geworden. Durch die Revolution, heißt es in seiner Proklamation, sei Deutschland »eine sozialistische Republik« geworden. Überall im Land sollen nun Arbeiter-, Soldaten- und Bauernräte gebildet werden. Aufgabe der provisorischen Regierung sei es in erster Linie, den Waffenstillstand abzuschließen und für einen raschen Frieden zu sorgen. Rasch und konsequent sollen aber auch die kapitalistischen Produktionsmittel vergesellschaftet werden, um eine neue Wirtschaftsordnung aufzubauen. Ferner erwarte die Versammlung, dass die deutsche Regierung sofort völkerrechtliche Beziehungen zur russischen Regierung aufnimmt. »Es lebe die deutsche, sozialistische Republik!«

Noch am Abend verständigen sich die Volksbeauftragten über ihre Zuständigkeiten. Formal sind die sechs Volksbeauftragten gleichberechtigt, das Gremium bestimmt Ebert und Haase zu Vorsitzenden mit gleichen Rechten und Befugnissen. Ebert übernimmt Inneres und Militärwesen, Haase wird zuständig für Äußeres und die Kolonien, Scheidemann für Finanzen. Wilhelm Dittmann (USPD) verantwortet Demobilisierung und öffentliche Gesundheitspflege, Emil Barth (USPD) die Sozialpolitik und Otto Landsberg (SPD) Presse und Nachrichtendienst.

Was bleibt am Ende des Tages? Deutschland ist am 10. November eine sozialistische Republik, die politische Macht liegt in den Händen der Arbeiter- und Soldatenräte. Ihre Legitimation erhalten sowohl der Rat der Volksbeauftragten als auch der Vollzugsrat aufgrund ihrer Wahl durch die Versammlung der Berliner Arbeiter- und Soldatenräte, die stellvertretend für die Räte des ganzen Reiches handelt. Damit sind revolutionäre Institutionen geschaffen worden, deren staatsrechtliches Gewicht

141

und deren politischer Handlungsspielraum weit über die einer reinen Übergangsregierung hinausgehen. Das wird auch von der SPD anerkannt. Ebert ist unter dem Eindruck der gewaltigen revolutionären Massenbewegung des Vortags und unter dem Einigungsdruck, der von der Versammlung der Berliner Arbeiter- und Soldatenräte ausgeht, vermutlich sehr viel weiter gegangen, als er sich selbst das am Morgen des 9. November hat vorstellen können. Im Interesse eines gemeinsamen Vorgehens hätte er auch Karl Liebknecht als Volksbeauftragten in der Regierung akzeptiert, wenn die USPD ihn nominiert hätte – und die Unabhängigen hätten Liebknecht nominiert, wenn der sich darauf eingelassen hätte.

Wie wäre wohl die Revolution weiter verlaufen, frage ich mich, wenn Liebknecht sich anders entschieden hätte, wenn er Volksbeauftragter geworden wäre und die Zuständigkeit für das Militär übernommen hätte? Ein reines Gedankenspiel – die Wirklichkeit des November 1918 ist eine andere.

Liebknecht und die Spartakusgruppe gehören nominell der USPD an, aber sie verharren wie die Revolutionären Obleute in einer prinzipiellen Gegnerschaft zur SPD-Spitze. Die Verständigung der beiden Parteispitzen lehnen sie grundsätzlich ab. Diese Haltung wird zu Beginn der Revolution nur von einer kleinen Minderheit geteilt – selbst in Berlin, wo die radikale Linke traditionell sehr stark ist. Das zeigt sich bei der Wahl der Berliner Arbeiterräte überdeutlich, und unter den Soldatenräten ist die radikale Linke so gut wie gar nicht vertreten.

Trotz der Schwäche der radikalen Linken ist es angesichts der Überrumpelungsversuche und Tricks der Revolutionären Obleute durchaus nachvollziehbar, dass Ebert und andere Mitglieder der Regierung sich als Personen und Amtsträger am Abend des 10. November keineswegs sicher fühlen. Nach der Rückkehr aus der Versammlung im Zirkus Busch stellt Ebert dem Preußischen Kriegsminister Heinrich Scheüch die Frage, ob er in der Lage sei, die Regierung wirksam zu schützen.

Schëuchs klares »Ja« trägt zu einer gewissen Beruhigung bei. Offenbar als eine Art Gegenleistung für den militärischen Schutz wird Schëuch die Stützung des Offizierskorps versprochen.

Nach wie vor tun sich tiefe Gräben zwischen der radikalen Linken und der SPD-Führung auf. Dabei spielen die äußerst schmerzhaften Erfahrungen der Kriegsjahre eine zentrale Rolle, die viel Misstrauen haben wachsen lassen. Es geht aber auch um grundlegende politische Differenzen im Hinblick auf das Ziel einer sozialistischen Gesellschaft und den Weg dorthin. All das muss notwendigerweise in politische Auseinandersetzungen münden. Beide Seiten lassen schon am 10. November wenig Zweifel daran, dass sie bei diesem Streit alle Register des politischen Kampfes ziehen werden.

Zwischen beiden Lagern steht das Zentrum der USPD um ihren Vorsitzenden Hugo Haase. Der weitere Verlauf der Revolution wird wesentlich auch von der Politik des rechten Flügels der USPD und des Zentrums der Partei abhängen. Im Moment sind die Spitzen von SPD und USPD darauf angewiesen, zu Kompromissen und einer gemeinsamen Regierungslinie zu finden. Dazu verpflichtet sie der entschiedene Wille und Auftrag der Revolutionsbewegung, die in den Arbeiter- und Soldatenräten ihren Ausdruck findet.

Unklar ist am Abend des 10. November das Verhältnis zwischen dem Rat der Volksbeauftragten und dem Vollzugsrat. Ungewiss ist, ob es im Rat der Volksbeauftragten wirklich zu vertrauensvoller Zusammenarbeit zwischen den Vertretern der beiden Parteien kommen wird. Unsicher ist, ob mit der Konstruktion der Beigeordneten tatsächlich die Arbeit der bürgerlichen Fachminister im Sinne der neuen sozialistischen Republik und ihrer Regierung gesteuert werden kann. Unklar ist auch, ob und wie die Zusammenarbeit zwischen den Volksbeauftragten und den Arbeiter- und Soldatenräten in der Praxis gelingen kann.

Man kann nach diesen zwei Tagen der Revolution aber durchaus guter Hoffnung sein. Im Interesse einer gemeinsamen Regierung haben beide sozialdemokratischen Parteien viel Flexibilität gezeigt. Insbesondere die SPD hat große Zugeständnisse gemacht und machen müssen, um den Kontakt zur Revolutionsbewegung nicht zu verlieren. Dieser Prozess kann sich durchaus fortsetzen.

Allerdings kommt es noch am Abend dieses 10. November zu einem Telefongespräch, aus dem heraus sich im Lauf der kommenden Tage und Wochen eine ganz andere Machtoption für die SPD entwickeln könnte. Generalleutnant Wilhelm Groener, der strategische Kopf der Obersten Heeresleitung, meldet sich über die telefonische Direktverbindung zwischen OHL und Reichskanzlei bei Ebert. Die beiden kennen sich.

**Wilhelm Groener
mit Gattin**

Groener schätzt Ebert als zuverlässigen, national denkenden Arbeiterführer und sieht in ihm den einzigen Politiker, dem er eine Stabilisierung der Lage zutraut. Was im Einzelnen zwischen den beiden besprochen wird, ist nicht zweifelsfrei überliefert.

Groener schreibt in seinen »Lebenserinnerungen«, die er allerdings erst zwei Jahrzehnte später formuliert, er habe Ebert mitgeteilt, dass das Heer sich seiner Regierung »zur Verfügung stelle« und dafür Unterstützung bei der Aufrechterhaltung der Ordnung und Disziplin im Heer erwarte. »Das Offizierskorps verlange von der Regierung die Bekämpfung des Bolschewismus und sei dafür zum Einsatz bereit. Ebert ging auf meine Bündnisvorschläge ein. Von da ab besprachen wir uns täglich abends auf einer geheimen Leitung zwischen der Reichskanzlei und der Heeresleitung über die notwendigen Maßnahmen. Das Bündnis hat sich bewährt.«

Im Rückblick Groeners mag in diesem berühmt-berüchtigten Telefonat am Abend des 10. November ein »Bündnis« geschlossen worden sein. Ob Ebert das genauso wahrgenommen hat, ist äußerst fraglich. Zweifellos kommt ihm aber die Bereitschaft der OHL zur Zusammenarbeit in diesem Moment sehr gelegen. Er glaubt, bei der kurzfristigen Demobilisierung des Millionenheeres auf den eingespielten militärischen Apparat nicht verzichten zu können. Ebert selbst hat später erklärt, die Vorgänge in den Abendstunden des 10. November seien ihm als der entscheidende »Wendepunkt der Dinge« in Erinnerung. Diese Bewertung bezieht sich wohl kaum auf die Demobilisierung. Ich stelle mir vielmehr vor, dass dem politischen Taktiker Ebert bereits am Abend des 10. November klar wird, dass ein möglicherweise potenter Mitspieler dabei ist, das Spielfeld wieder zu betreten. Er, Ebert, wäre dann nicht mehr in der Situation, sich nur nach der einen Seite anpassen zu müssen. Er wäre nicht mehr ohne Alternative auf das Wohlwollen der Unabhängigen angewiesen, er wäre nicht mehr in der Zwangslage, dass die Revolutionsbewegung ihn vor sich hertreibt und zu Reformen drängen kann, die er im Grunde nicht will. Das Wiedererwachen der OHL als politischer Machtfaktor bietet Ebert die Möglichkeit, eine Mittelposition zwischen ihr und der Revolutionsbewegung einzunehmen und dadurch seinen politischen Spielraum deutlich zu erweitern. Das, stelle ich mir vor, meint Ebert, wenn er die Vorgänge am Abend des 10. November als entscheidenden »Wendepunkt der Dinge« bezeichnet.

8
»BEISPIELLOSE UNMENSCHLICHKEIT«? – DER WAFFENSTILLSTAND

Am Morgen des 11. November wird in Deutschland nicht nur bekannt, dass die beiden sozialdemokratischen Parteien in Berlin eine gemeinsame Revolutionsregierung gebildet haben, auch die Waffenstillstandsbedingungen werden publik, auf die das Land seit Tagen wartet – selbst Jungs wie der spätere Journalist und Publizist Sebastian Haffner. »Irgendwo fand ich einen kleinen Menschenhaufen vor der Auslage eines Zeitungsladens. Ich stellte mich an, drängelte mich sachte durch und konnte schließlich auch lesen, was alle schweigend und missmutig lasen. Während ich las, erstarrte ich. Womit soll ich meine Empfindungen vergleichen – die Empfindungen eines elfjährigen Jungen, dem eine ganze Phantasiewelt zusammenbricht?«

Schon die erfolgreiche Revolution hat dem Jungen aus gutbürgerlichem Haus einen tiefen Schock versetzt. Jetzt auch noch das. »Ich las die Bedingungen wieder und wieder, den Kopf im Nacken, wie ich vier Jahre lang die Heeresberichte gelesen hatte. Schließlich löste ich mich aus der Menschenmenge und ging davon, ohne zu wissen, wohin ich ging. Die Gegend, in die ich auf der Suche nach Nachrichten geraten war, war mir fast fremd, und jetzt geriet ich in eine noch fremdere; ich trieb durch Straßen, die ich nie gesehen hatte. Ein feiner Novemberregen fiel. Wie diese fremden Straßen, war mir auch die ganze Welt fremd und unheimlich geworden. Das große

Spiel hatte offenbar außer seinen faszinierenden Regeln, die ich kannte, noch geheime Regeln besessen, die mir entgangen waren. Es musste etwas daran scheinbar und falsch gewesen sein. Wo aber war ein Halt, wo Sicherheit, Glauben und Vertrauen, wenn das Weltgeschehen so hinterhältig war, wenn Siege und Siege zu endgültiger Niederlage führten und die wahren Regeln des Geschehens nicht verlautbart wurden, sondern sich erst nachträglich enthüllten, im niederschmetternden Ergebnis? Ich blickte in Abgründe. Ich empfand ein Grauen vor dem Leben. Ich glaube nicht, dass die deutsche Niederlage irgendjemandem einen tieferen Schock versetzt haben kann als dem elfjährigen Jungen, der da durch die novemberfeuchten fremden Straßen irrte, ohne zu merken, wo er ging, und ohne zu merken, wie ihn der feine Regen allmählich durchnässte.«

Die Stimmung, die Haffner so einfühlsam beschreibt, legt sich wie Mehltau über weite Teile des Landes und erfasst einen Gutteil der Deutschen. Vor allem die alten herrschenden Schichten und das Bürgertum leiden, beide oft mit dem Herzen der Monarchie verbunden. Der Historiker Friedrich Meinecke notiert: »Es ist ja ganz herzbrechend, wie der Untergang der alten Ordnung, mit der ich doch innerlich aufs tiefste verwachsen bin, nun zusammenfällt mit den furchtbaren Waffenstillstandsbedingungen. Armes, armes Deutschland.« Entsetzen und Fassungslosigkeit prägen die Kommentare in den deutschen Tageszeitungen – auch die in den liberalen Blättern. Im *Berliner Tageblatt* heißt es: »Die Entente hat dem deutschen Volke unerhört grausame Waffenstillstandsbedingungen diktiert.« Durch diese Bedingungen drohe eine ernste Ernährungskrise. An den Gedanken, Schiffe, Kanonen und Festungen auszuliefern, habe man sich beinahe gewöhnt. »Aber man fordert uns einen großen Teil des Eisenbahnmaterials ab, das zur Beschaffung und Versendung der Nahrungsmittel absolut unentbehrlich ist. Man verlangt von dem durch eine lange Blockade ausgehungerten Deutschland, dass es feindliche Truppenmassen ernähren soll. Man lässt uns zur Heimschaffung und Unterbringung unserer Heere, vieler Millionen Soldaten, nur vierzehn Tage Zeit. In solchen Bedingungen können wir nicht Vorläufer späterer Versöhnung und auch nicht notwendige militärische Maßnahmen erblicken, sondern nur den Beweis einer beispiellosen Unmenschlichkeit.«

Da platzen Illusionen wie Seifenblasen. Schon die damalige Oberste Heeresleitung hat sich geirrt, als sie glaubte, durch eine schnelle Pseudo-Demokratisierung des Deutschen Reiches den US-Präsidenten Woodrow Wilson in die Rolle eines neutralen Schlichters locken zu können. Auf Seiten der Alliierten ist man nach wie vor misstrauisch: Vielleicht soll ein Waffenstillstand der deutschen Heeresleitung ja lediglich Zeit verschaffen, um ihre zurückströmenden Truppen neu zu formieren. Aus Sicht der Entente muss ein Waffenstillstand an Bedingungen geknüpft sein, die der deutschen Seite keine Möglichkeit lassen, die Kampfhandlungen wieder aufzunehmen.

Dass es darüber hinaus insbesondere auf französischer Seite große Genugtuung über den Sieg gibt, liegt auf der Hand. Vier Jahre lang ist auf französischem Boden gekämpft worden; Frankreich hat einen hohen Blutzoll entrichtet und den größten materiellen Schaden zu beklagen. Dass man nicht bereit ist, mit den Besiegten auf Augenhöhe zu sprechen, bekommt die deutsche Delegation von Anfang an zu spüren. Zu deren Leiter ist am 6. November 1918 um die Mittagszeit – »ganz plötzlich« und auch für ihn selbst völlig überraschend – Matthias Erzberger berufen worden. Erzberger ist ein Politiker der Zentrumspartei, der im ersten Kriegsjahr noch für einen Siegfrieden eingetreten ist, dann aber schon 1915 für einen Verständigungsfrieden plädiert hat. Als Anfang Oktober 1918 Prinz Max von Baden zum letzten kaiserlichen Reichskanzler ernannt wird, gehört Erzberger zu den Staatssekretären seiner Regierung. Er soll als Leiter der deutschen Waffenstillstandskommission das »neue Deutschland« jenseits des deutschen

Militarismus verkörpern. Dass er und nicht etwa ein General an der Spitze der deutschen Delegation steht, ist als Zeichen an die Alliierten gedacht. Es kommt aber auch den Interessen der Obersten Heeresleitung sehr entgegen, weil sie mit der Unterzeichnung des Waffenstillstandsvertrages nichts zu tun haben möchte und von Anfang an beabsichtigt, die Verantwortung für die Folgen der Unterzeichnung den demokratischen Parteien anzulasten.

Die deutsche Delegation erreicht im Eisenbahnwagon auf einer Waldlichtung beim französischen Ort Compiègne nur einige Milderungen im Detail. Am 11. November um 5.12 Uhr sind die letzten Gespräche beendet. Dann wird unterzeichnet, und um 5.30 Uhr verabschieden sich die beiden Delegationen »durch Erheben von den Stühlen«, ein Händedruck wird nicht gewechselt. »Der nationale Leidensweg nach Compiègne war das Schwerste und Bitterste, was mir in meiner amtlichen Tätigkeit auferlegt worden ist«, schreibt Matthias Erzberger in seinen Erinnerungen.

Matthias Erzberger, der Leiter der deutschen Waffenstillstandskommission

Schon das völlig unerwartete Waffenstillstandsersuchen, aber noch mehr die konkreten Waffenstillstandsbedingungen treffen eine Bevölkerung völlig unvorbereitet, deren nationalistischer und monarchistischer Teil bis vor Kurzem noch darüber in Streit geraten konnte, welche Landstriche nach dem Sieg unbedingt annektiert werden müssen. Sieg auf Sieg, die Armeen stehen seit Jahren in Feindesland – und dann die Niederlage. Es fällt vielen schwer zu glauben, dass dabei alles mit rechten Dingen zuging. Unter diesen Umständen ist es nicht schwer, die Lüge zu lancieren, dass die Revolution in der Heimat für die Niederlage gesorgt habe.

Die Oberste Heeresleitung trägt schon bei der Unterzeichnung des Waffenstillstands dazu bei, diese Legende in die Welt zu setzen. »Die Heeresleitung stellte sich bewusst auf den Standpunkt, die Verantwortung für den Waffenstillstand und alle späteren Schritte von sich zu weisen«, schreibt Groener in seinen Lebenserinnerungen. Hält man sich vor Augen, dass es sein Vorgänger Ludendorff war, der im Eiltempo von der Politik ein Waffenstillstandsersuchen verlangt hat, dann ist das ein starkes Stück – und das ist Groener durchaus bewusst. Die OHL, schreibt er, »tat dies, streng juristisch gesehen, nur mit bedingtem Recht, aber es kam mir und meinen Mitarbeitern darauf an, die Waffe blank und den Generalstab für die Zukunft unbelastet zu erhalten«.

Nicht nur die nationale Rechte nimmt im Hinblick auf den Waffenstillstand sofort eine entschiedene Abwehrhaltung ein. Auch bürgerliche Demokraten wie Ernst Troeltsch sprechen beispielsweise von der »Einpfählung eines polnischen und tschechischen Staates in das deutsche Fleisch« und geben sich der Illusion hin, ohne die Revolution wäre der Waffenstillstand »nicht so entsetzlich« geworden. Der Unternehmer und Kunsthistoriker Oskar Münsterberg ist mit seiner nüchternen Einschätzung eine Ausnahmeerscheinung. Er schreibt über die Waffenstillstandsbedingungen in sein Tagebuch: »Auf den ersten Blick erscheinen sie furchtbar hart, aber sicher ist, dass wenn wir gesiegt hätten, die Militärpartei unter Ludendorffs Leitung noch viel härtere Bedingungen gestellt hätte. (...) Für die Militaristen des alten Regimes ist die Auslieferung von Teilen der Flotte, der Kanonen und Maschinengewehre, die Räumung von Festungen unerträglich. Aber die neue demokratische, friedliche Regierung will keine Kriege mehr führen, daher sind die Kanonen und Schiffe so wertlos wie das zinslose Geld in der Reichsbank.«

Als der Waffenstillstand am 11. November 1918 um 11 Uhr die Kampfhandlungen beendet, hat der Erste Weltkrieg insgesamt 10 Millionen Tote und 20 Millionen Verwundete gefordert. Knapp 2 Millionen deutsche Soldaten sind gefallen, mehr als 4 Millionen sind verwundet worden, mehr als 600.000 befinden sich in Kriegsgefangenschaft. Viele der Verwundeten sind verstümmelt, Kriegsversehrte gehören zum alltäglichen Straßenbild. Der Krieg hinterlässt dauerhafte Narben – offensichtliche und weniger sichtbare. Die Erfahrungen der industrialisierten Kriegführung, der Massenvernichtung im anonymen Artilleriefeuer des Stellungskriegs, das Erleben existenzieller Ausnahmesituationen, die Selbstbehauptung in »Stahlgewittern« – viele Soldaten an der Front nehmen das als elementaren Zivilisationsbruch wahr, als vollkommene Umwertung bisher geltender Normen. Der Krieg hinterlässt nachhaltig eine kriegsorientierte Mentalität und ein enormes Gewaltpotenzial, er bewirkt für viele Jahre eine massive Brutalisierung der Gesellschaft. Der Rat der Volksbeauftragten beginnt seine Regierungsarbeit unter äußerst schwierigen Bedingungen.

Der 11. November wird von den Zeitgenossen aber keineswegs nur grau in grau gesehen. Er bringt nicht nur schwierige Waffenstillstandsbedingungen, sondern markiert auch das Ende des Krieges. Auch der *Vorwärts* nennt die Bedingungen »wahrhaft furchtbar«, aber er macht daraus keine große Schlagzeile, sondern berichtet sehr zurückgenommen auf Seite 3. Das entspricht der Stimmung in der Arbeiterschaft. Der sind Kanonen und Festungen ziemlich gleichgültig, wenn nur endlich die Waffen schweigen. Unter den Arbeitern und ganz generell unter den einfachen Frauen und Männern herrscht vor allem große Erleichterung, dass der Krieg endlich vorbei ist. Und besonders bei manchen jungen Männern und Frauen lösen Kriegsende und Revolution vor allem Jubel und Aufbruchsstimmung aus. Die 19-jährige Luise Kaetzler schreibt ihrer Mutter am 12. November aus Berlin: »Liebste Mutti! Hier ist es mehr wie großartig. Man besteht nur noch aus Revolution ... Andauernd sausen, stürmisch begrüßt, die großen Militärautos und Lastwagen mit bewaffneten Soldaten und Matrosen von der Roten Garde vorbei. (…) Andauernd werden Reden von Autos herab gehalten. Alles brüllt und ist eitel Wonne und Begeisterung. (...) Um 8:00 Uhr müssen alle Leute von der Straße sein! In Berlin! Alle Läden waren angstvoll geschlossen und verrammelt, ebenso die Lokale (...) Aber jetzt kommt ja Friede. Hier sind schon massenhaft Soldaten auf eigene Faust von der Front heimgefahren! Ist es nicht wundervoll? Seit gestern Waffenstillstand!!! Es ist fabelhaft, und wie rasch ist die Sache gekommen! Wir sind alle begeistert und tragen rote Bänder im Knopfloch!!!«

9
SOZIALE REPUBLIK – DAS PROGRAMM DER VOLKSBEAUFTRAGTEN UND DER GEWERKSCHAFTEN

Wenn sich in ruhigen Zeiten Parteien nach Wahlen zur gemeinsamen Bildung einer Regierung verabreden, dann dauern die Koalitionsverhandlungen Wochen, und am Ende steht ein viele Seiten umfassendes Dokument mit gemeinsamen Festlegungen. Davon kann natürlich am Beginn der Zusammenarbeit von SPD und USPD im »Rat der Volksbeauftragten« keine Rede sein. Die allgemeinen Formulierungen vom Vortag müssen genügen, sind Grundlage und Programm der Regierungsarbeit.

Nach ihrer Zahl sind die beiden Parteien gleichgewichtig in der Regierung vertreten, aber die Volksbeauftragten der SPD führen die strategisch bedeutsameren Politikfelder. Darüber hinaus verfügt die SPD über die administrativen Schlüsselstellungen in der Reichskanzlei. Innerhalb des ganzen Gremiums läuft die USPD von vornherein Gefahr, in die Rolle des Juniorpartners zu geraten. Was den Vorsitz angeht, hat Ebert den Bonus, von den Angehörigen der überkommenen Verwaltung als »Reichskanzler« gesehen zu werden. Ihm wird die Rolle des Regierungschefs jedoch nicht nur zugeschrieben, er beansprucht sie auch ganz selbstverständlich für sich, ohne dass Haase auch nur den leisesten Versuch unternimmt, seine Gleichstellung in der Praxis einzufordern.

Bereits am 12. November erlässt das Kabinett einen »Aufruf des Rates der Volksbeauftragten an das Deutsche Volk«, der Gesetzeskraft hat und eine ganze Reihe von Forderungen erfüllt, die Sozialdemokraten seit Jahrzehnten erheben. Der Volksbeauftragte Wilhelm Dittmann (USPD) nennt dieses Dokument später die »Magna Charta der Revolution«. In großer Klarheit kommt hier zum Ausdruck, was sich die beiden sozialdemokratischen Regierungsparteien vorgenommen haben – und was nicht:

»Die aus der Revolution hervorgegangene Regierung, deren politische Leitung rein sozialistisch ist, setzt sich die Aufgabe, das sozialistische Programm zu verwirklichen. Sie verkündet schon jetzt mit Gesetzeskraft folgendes:

1. Der Belagerungszustand wird aufgehoben.
2. Das Vereins- und Versammlungsrecht unterliegt keiner Beschränkung, auch nicht für Beamte und Staatsarbeiter.
3. Eine Zensur findet nicht statt. Die Theaterzensur wird aufgehoben.
4. Meinungsäußerung in Wort und Schrift ist frei.
5. Die Freiheit der Religionsausübung wird gewährleistet. Niemand darf zu einer religiösen Handlung gezwungen werden.
6. Für alle politischen Straftaten wird Amnestie gewährt. Die wegen solcher Straftaten anhängigen Verfahren werden niedergeschlagen.
7. Das Gesetz über den vaterländischen Hilfsdienst wird aufgehoben, mit Ausnahme der sich auf die Schlichtung von Streitigkeiten beziehenden Bestimmungen.
8. Die Gesindeordnungen werden außer Kraft gesetzt, ebenso die Ausnahmegesetze gegen die Landarbeiter.
9. Die bei Beginn des Krieges aufgehobenen Arbeiterschutzbestimmungen werden hiermit wieder in Kraft gesetzt.«

Es sind zunächst klassische liberale Freiheitsrechte, die von der Revolutionsregierung in Kraft gesetzt werden. Zugleich macht sie deutlich, dass das neue Staatswesen eine soziale Republik sein soll. Ausnahmegesetze und zeitweilige Einschränkungen sozialer Rechte werden aufgehoben. Weitere sozialpolitische Verordnungen werden angekündigt. In einigen, zum Teil zentralen Fragen entscheidet die Revolutionsregierung sofort: »Spätestens am 1. Januar 1919 wird der achtstündige Maximalarbeitstag in Kraft treten. Die Regierung wird alles tun, um für ausreichende Arbeitsgelegenheit zu sorgen. Eine Verordnung über die Unterstützung von Erwerbslosen ist fertiggestellt. Sie verteilt die Lasten auf Reich, Staat und Gemeinde. Auf dem Gebiete der Krankenversicherung wird die Versicherungspflicht über die bisherige Grenze von 2.500,– Mark ausgedehnt werden.«

Absichtserklärungen zum Wohnungsbau und zur Sicherung der Ernährung verbindet der Aufruf mit der Ankündigung, die Regierung werde »die geordnete Produktion aufrechterhalten, das Eigentum gegen Eingriffe Privater sowie die Freiheit und Sicherheit der Person schützen«. Das ist weit mehr Entgegenkommen, als man im Unternehmerlager und in den bürgerlichen Parteien erwartet. Moderate Sozialisierungsmaßnahmen in der Großindustrie hält man für selbstverständlich, ja sogar für unumgänglich, nachdem seit Jahrzehnten der Sozialismus das große Ziel der Sozialdemokratie ist. Der Sozialismus, zu dem nach allgemeinem Verständnis die Überführung der Produktionsmittel aus dem Privateigentum in Gemeineigentum gehört. Die Regierung kündigt zwar allgemein an, »das sozialistische Programm« verwirklichen zu wollen, gibt aber zugleich eine sehr konkrete Garantie für das Eigentum, auch für das an den Produktionsmitteln. Damit macht sie deutlich, dass sie in der Sozialisierungsfrage – zumindest vorerst – keinen Schritt unternehmen will.

Ganz anders in der Frage des Wahlrechts, das in Preußen seit Jahrzehnten ein rotes Tuch für die Sozialdemokratie ist. Das preußische Dreiklassenwahlrecht wird endlich abgeschafft, ohne dass der Aufruf es ausdrücklich erwähnt: »Alle Wahlen zu öffentlichen Körperschaften sind fortan nach dem gleichen, geheimen, direkten allgemeinen Wahlrecht auf Grund des proportionalen Wahlsystems für alle mindestens zwanzig Jahre alten männlichen und weiblichen Personen zu vollziehen. Auch für die Konstituierende Versammlung, über die nähere Bestimmung noch erfolgen wird, gilt dieses Wahlrecht.« Fast beiläufig verkündet der Aufruf damit zugleich einen großen Fortschritt: Deutschland ist eines der ersten Länder der Welt, in dem Frauen aktives und passives Wahlrecht haben.

Der Entwurf für diesen »Aufruf des Rates der Volksbeauftragten an das Deutsche Volk« stammt von Hugo Haase. Bei den Beratungen in der Kabinettssitzung formuliert Emil Barth von den Revolutionären Obleuten Änderungsvorschläge. Er möchte eine 10. Bestimmung aufnehmen, die erklärt, dass die gesamten Bodenschätze, Kohle, Kali, Erze, die Hüttenwerke, die Lokomotiv-, Wagen- und landwirtschaftlichen Maschinenfabriken in den Besitz der Allgemeinheit überführt werden sollen. Ferner möchte er das »Recht auf Arbeit« im Aufruf verankert sehen. Diese Änderungswünsche werden von den übrigen Volksbeauftragten abgelehnt. Haases Entwurf wird gegen die Stimme Barths angenommen.

Natürlich hat Haase seinen Entwurf nicht innerhalb eines Tages aus dem Nichts erarbeitet. Der Aufruf enthält im Wesentlichen die Forderungen, welche die USPD bereits 1917 auf ihrem Gründungsparteitag in Gotha als dringend zu verwirklichen aufgelistet hat. Sie stimmen im Großen und Ganzen überein mit den »aktuellen politischen Forderungen« in älteren Programmen der SPD und mit dem Aktionsprogramm der SPD vom Mai 1918. Die beiden Parteispitzen greifen also zurück auf die gemeinsamen Grundlagen ihrer Politik und gehen daran, all das umzusetzen, was die Sozialdemokratie seit Jahrzehnten als dringende Forderungen bezeichnet hat. Sie setzen damit klare politische und soziale Signale, die auch aus heutiger Sicht gar nicht deutlich genug hervorgehoben werden können. Zum ersten Mal soll auf deutschem Boden ein demokratischer und sozialer Rechtsstaat entstehen, eine parlamentarische Demokratie, die mit dem Frauenwahlrecht ein grundlegendes Emanzipationsziel verwirklicht.

Diese demokratische und soziale Republik ist nach dem Verständnis der beiden Parteispitzen die Basis des Sozialismus, dessen Verwirklichung innerhalb der deutschen Sozialdemokratie schon seit den 1890er-Jahren als Angelegenheit von Jahrzehnten und nicht von Tagen gilt. Barth scheitert vor allem deshalb mit seinem Versuch, konkrete Sozialisierungsmaßnahmen in die Proklamation aufzunehmen, weil keine der beiden Parteien konkrete Vorstellungen davon entwickelt hat, wie denn eigentlich dieser Übergang zum Sozialismus vonstattengehen soll. Womit soll man beginnen? Wie kann man gewährleisten, dass die Produktion nicht völlig zusammenbricht, wenn bestimmte Industriezweige verstaatlicht werden? Was bedeutet Überführung ins Eigentum des Staates oder der Gesellschaft konkret? Keine der beiden Parteien verfügt über ein Aktionsprogramm, das auch nur den Anspruch erhebt, Leitlinien für die Steuerung eines solchen Sozialisierungsprozesses zu geben. Beide Parteispitzen sehen darin in den Novembertagen 1918 aber auch kein entscheidendes Manko, weil sie der Auffassung sind, dass in Zeiten der Not ohnehin nicht sozialisiert werden kann. Sozialisierungsmaßnahmen würden nach ihrer Überzeugung in dieser Situation die Aufrechterhaltung der Produktion gefährden, und das wollen sie unter allen Umständen vermeiden – genau wie die führenden Männer in den Gewerkschaften. Die Freien Gewerkschaften neigen ohnehin seit Langem dazu, sich ganz auf die konkrete Verbesserung der Lage der Arbeiter zu konzentrieren und das kapitalistische Wirtschaftssystem stillschweigend als gegebenen Rahmen zu akzeptieren.

Schon seit mehr als einem Jahr sind Gewerkschaften und Unternehmer insgeheim im Gespräch über »die Zeit danach«, über die Zeit nach dem Ende des Krieges. Vermittelt hat diese

Gespräche August Müller, der 1916 als erster Sozialdemokrat in eine obere Reichsbehörde berufen und 1917 zum Unterstaatssekretär im Kriegsernährungsamt ernannt worden ist. Müller ist klar, dass die Arbeiter als Anerkennung für ihre Leistung im Krieg eine erkennbare Verbesserung ihrer Position in der Gesellschaft erwarten werden, dass die Klassengesellschaft des Kaiserreichs durch den Krieg erledigt ist. Es gelingt ihm, beide Seiten an einen Tisch zu bringen, um das Ende des Krieges für eine grundsätzliche Verständigung zwischen Unternehmern und Gewerkschaften zu nutzen. Die Gegensätze sind anfangs sehr groß, aber immerhin sitzt man zusammen, was für sich genommen schon eine Sensation ist. Zunächst finden diese Gespräche im Berliner Hotel »Continental« statt und dienen vor allem dem Aufbau von Vertrauen.

Wirkliche Bewegung kommt in die Sache erst, als die Oberste Heeresleitung im September 1918 die sofortige Einleitung von Waffenstillstandsverhandlungen fordert und damit einge-

Hugo Stinnes, Verhandlungsführer auf Unternehmerseite

steht, dass der Krieg verloren ist. Beide Seiten haben jetzt den ernsthaften Willen, für die Zeit nach dem Ende des Krieges vorzusorgen. Am 18. Oktober trifft man sich in einem prachtvollen Industriellenbau in Mülheim an der Ruhr. Hugo Stinnes, mächtiger Schwerindustrieller und Verhandlungsführer der Unternehmerseite, hat in seine gute Stube geladen. Ein angemessener Ort für konkrete Verhandlungen, mit denen die Beziehungen zwischen beiden Seiten von Grund auf neu geregelt werden sollen.

Vor allem die Unternehmerseite drückt aufs Tempo. Sie weiß, dass die Arbeiter in den Kriegsjahren gewaltige Opfer gebracht und Anstrengungen auf sich genommen haben und jetzt unmittelbar eine Gegenleistung erwarten. Das Beispiel Russlands hat allen in erschreckender Deutlichkeit vor Augen geführt, wozu enttäuschte Massen fähig sind. Bevor »die Flut der Ereignisse« über sie hinwegzugehen droht, bevor der »Bolschewismus« auch in Deutschland Einzug hält, entscheiden sich einflussreiche deutsche Unternehmer zu Verhandlungen mit den Gewerkschaften. Sie machen ernsthafte Zugeständnisse, um grundsätzlich das private Eigentum an Produktionsmitteln aufrechtzuerhalten.

Die Gewerkschaften dagegen sehen die einmalige Chance, endlich als Interessenvertretung der Arbeiterschaft in wirtschaftlichen Fragen anerkannt zu werden. Sie wollen erreichen, dass in Zukunft die Arbeitsbedingungen durch Tarifverträge geregelt werden, die zwischen Gewerkschaften und Unternehmerverbänden abgeschlossen werden. Das soll nicht nur ihre eigene Position als Organisation stärken, sondern auch helfen, die soziale Lage der Arbeiter nachhaltig zu verbessern.

Der Ausbruch der Revolution beschleunigt die Verhandlungen enorm und bewegt die Unternehmerseite zu Zugeständnissen, die sie unter anderen Umständen nicht gemacht hätte. Schon am 15. November unterzeichnen die beiden Verhandlungsführer Hugo Stinnes und Carl Legien, der Vorsitzende der

Generalkommission der Freien Gewerkschaften, ein sehr weitreichendes Abkommen. Es erkennt die Gewerkschaften als »berufene Vertreter der Arbeiterschaft« an, stellt Tarifverträge in den Mittelpunkt der Beziehungen zwischen beiden Seiten, enthält wichtige Absprachen über den Ablauf der Demobilisierung und formuliert ein Recht des Arbeiters auf Rückkehr an seinen alten Arbeitsplatz. Als Kernstück ihrer zukünftigen praktischen Zusammenarbeit beschließen Gewerkschaften und Arbeitgeberverbände die Einrichtung eines paritätisch besetzten »Zentralausschusses«, der alle grundsätzlichen Fragen entscheiden soll. Dieser Zentralausschuss soll einen »beruflich gegliederten Unterbau« erhalten. Die Gewerkschaften sollen also in allen grundsätzlichen Fragen der Wirtschaft bis hinein in die einzelnen Branchen paritätisch mitentscheiden. Die traditionellen Gegensätze zwischen Arbeitgebern und Arbeitnehmern sind damit entschärft.

Carl Legien, Vorsitzender der Generalkommission der Freien Gewerkschaften

Für Carl Legien ist dieses Abkommen die Krönung seiner Arbeit als Chef des Gewerkschaftsverbandes. Er war noch keine 30 Jahre alt, als er 1890 nach dem Fall des Sozialistengesetzes zum Vorsitzenden der Generalkommission der Freien Gewerkschaften gewählt wurde. Seither hat er dieses Amt inne. Mit einer Unterbrechung von fünf Jahren ist er seit 1893 auch Reichstagsabgeordneter. Legien ist ein Urgestein der Sozialdemokratie und der Gewerkschaftsbewegung.

Die Gewerkschaftspresse feiert das »Stinnes-Legien-Abkommen« als »Sieg von seltener Größe« und als »Magna Charta« der deutschen Arbeiter. Die politische Isolierung und Ohnmacht der Gewerkschaften sei jetzt überwunden. Gewürdigt wird auch die von den Volksbeauftragten verfügte und hier noch einmal festgeschriebene Einführung des Achtstundentags, für den Millionen von Arbeitern 30 Jahre hindurch am 1. Mai demonstriert haben. Die von den Volksbeauftragten in Aussicht gestellten weiteren sozialpolitischen Verfügungen lassen darauf hoffen, dass die zentralen Forderungen der Gewerkschaften, insbesondere nach materieller Absicherung der Arbeitnehmer gegen die Folgen von Krankheiten, Unfällen und Arbeitslosigkeit und nach einer vernünftigen Altersversorgung erfüllt werden und dass die Verfassung der neuen Republik einen Katalog sozialer Grundrechte enthalten wird.

Trotz aller Zugeständnisse haben die Arbeitgeber keineswegs das Gefühl, eine Niederlage erlitten zu haben, im Gegenteil. Als dann auch noch die Revolutionsregierung das Abkommen zustimmend zur Kenntnis nimmt, haben die Industriellen sogar allen Grund zu höchster Zufriedenheit. Weniger als eine Woche nach dem Sturz der Monarchie wird mit dem Abkommen der Fortbestand der Wirtschaftsordnung einschließlich der privaten Verfügungsgewalt über die Produktionsmittel sowohl von den größten Massenorganisationen der Arbeiterschaft als auch von der Revolutionsregierung bis auf Weiteres garantiert. Das ist ein außerordentlich starkes Bollwerk gegen alle aktuellen Sozialisierungsforderungen, die vom linken Flügel der USPD erhoben werden.

Das Abkommen vom 15. November stellt die Spitzen der Freien Gewerkschaften voll und ganz zufrieden. Selbstverständlich haben auch sie in ihren Verlautbarungen nach dem 9. November die »revolutionäre Umwälzung« begrüßt, aber von euphorischer Begeisterung ist kaum etwas zu spüren. Die Revolution hat mit der Beseitigung der Monarchien und der Öffnung der politischen Ordnung für eine parlamentarische Demokratie in den Augen der meisten Gewerkschaftsführer ihre historische Aufgabe bereits erfüllt. Die revolutionäre Ordnung sehen sie als ein Übergangsstadium bis zur Wahl einer Verfassunggebenden Nationalversammlung. Der Sozialismus steht für sie ebenso wenig auf der Tagesordnung wie für die Parteispitze der SPD. Die Vergesellschaftung der Produktionsmittel wird in Reden und Verlautbarungen der Gewerkschaftsführung zwar immer wieder als zwingende Pflicht bezeichnet, aber zugleich als ein stufenweises, mühsames Voranschreiten mit Zwischenetappen und Zwischenformen gesehen, das irgendwann in eine freie sozialistische Zukunftsgesellschaft münden soll. Der Sozialismus gilt als der zweite, zukünftige Schritt zur Beseitigung der Klassenherrschaft, dem die Durchsetzung und Sicherung der Demokratie als erster Schritt vorausgehen muss. Jetzt geht es um diesen ersten Schritt, davon sind die Spitzen der Freien Gewerkschaften und der SPD überzeugt. Alles andere wird irgendwann später Schritt für Schritt kommen.

Die langfristige Bedeutung des Abkommens zwischen Unternehmern und Gewerkschaften kann gar nicht hoch genug veranschlagt werden. Zum ersten Mal in der deutschen Geschichte wird mit diesem Abkommen der Gedanke der Sozialpartnerschaft in die Organisation des Wirtschaftslebens eingeführt, der heute die Grundlage der sozialen Marktwirtschaft deutscher Prägung ist.

10
GENUTZTE MÖGLICHKEITEN, VERPASSTE CHANCEN – DIE ERSTEN WOCHEN DER REVOLUTION

»Die politische Gewalt liegt in den Händen der Arbeiter- und Soldatenräte.« Das ist nicht nur ein Satz in der Regierungsvereinbarung von SPD und USPD am 10. November 1918, sondern Wirklichkeit. In den ersten Tagen nach der Beseitigung des alten Regimes geht in Deutschland nichts ohne die Arbeiter- und Soldatenräte. Sie sind die einzigen Organe, die über Macht und Autorität verfügen. Sie werden sowohl von der revolutionären Volksbewegung als auch von den überkommenen Institutionen anerkannt, und es gelingt ihnen, Politik und Gesellschaft geordnet im Fluss zu halten.

Es gibt keine klaren und einheitlichen Auffassungen über die Aufgaben und Kompetenzen der Räte. In den ersten Tagen der Revolution ist für Debatten über grundsätzliche Fragen gar keine Zeit, denn viele absolut drängende Aufgaben müssen gelöst werden: Die Versorgung mit Lebensmitteln und Brennstoff muss organisiert werden; es muss für Sicherheit und Ordnung gesorgt werden; die Demobilisierung des Millionenheeres erfordert eine Fülle von Maßnahmen auf lokaler Ebene; die nach Hause kommenden Soldaten müssen wieder Arbeit in der zivilen Wirtschaft bekommen; für die Ärmsten muss das Überlebensnotwendige bereitgestellt werden; eine einigermaßen funktionierende Verwaltung muss aufgebaut oder aufrecht erhalten werden. Es ist vor allem den lokalen Arbeiter- und Soldatenräten zu verdanken, dass die Revolution nicht in Wirrwarr und Chaos mündet.

Die Arbeiter- und Soldatenräte in den Hauptstädten beschränken sich nicht darauf, die örtlichen Angelegenheiten zu regeln, sondern nehmen zumindest vorläufig auch Befugnisse auf Länderebene für sich in Anspruch. Und in der Reichshauptstadt sehen sich die Groß-Berliner Arbeiter- und Soldatenräte als provisorische Inhaber der revolutionären Gewalt auf Reichsebene. Von diesem durch die Revolution geschaffenen Recht machen sie Gebrauch, als sie sich am 10. November im Zirkus Busch versammeln und den Rat der Volksbeauftragten als vorläufige Reichsregierung sowie den Vollzugsrat als eine Art Kontrollgremium der Regierung einsetzen.

Brotausgabe im Reichstag

So ist auch auf Länder- und Reichsebene von Anfang an klar, dass die Arbeiter- und Soldatenräte für sich in Anspruch nehmen, die weitere Entwicklung dieser Revolution maßgeblich zu bestimmen. Zwar verfügt diese Bewegung über kein ausformuliertes Programm, aber so viel wird doch bei aller Unterschiedlichkeit im Einzelnen deutlich: Die Arbeiter- und Soldatenräte der Novemberwochen sind in ihrer überwältigenden Mehrheit keine Gegner der Sozialdemokratie und schon gar keine Linksradikalen. Dass die beiden sozialdemokratischen Parteien gemeinsam die Regierung bilden, entspricht ihrem Willen und spiegelt zutreffend die Stimmung in der Revolutionsbewegung wider. In den Räten herrscht zugleich eine massive Abneigung gegen den Militarismus, gegen die überkommene autoritär-bürokratische Verwaltung, gegen die Vorrechte der Unternehmer und gegen jede Unterdrückung oder Entrechtung der Arbeiter. Spontan, ungeordnet, nicht völlig zu Ende gedacht, wird in den Räten der Wunsch großer Teile des Volkes sichtbar, nicht mehr länger kommandiert zu werden, sondern die Dinge irgendwie selbst in die Hand zu nehmen.

Es geht der Revolutionsbewegung neben der schnellen Beendigung des Krieges auch um eine umfassende »Demokratisierung« der Gesellschaft. Der alte Obrigkeitsstaat soll von Grund auf verändert werden. Demokratischer Geist soll in die Armee, die Verwaltung, die Justiz, die Schulen und die Fabriken, schlicht in die ganze Gesellschaft einziehen. Der Untertan und der Untertanengeist haben ausgedient. Die alte Ordnung soll durch eine demokratische und sozialistische Republik ersetzt werden.

Die große Mehrheit in den Räten stellt sich diese soziale oder sozialistische Republik als parlamentarische Demokratie vor und befürwortet die Wahl einer Nationalversammlung. Sie geht aber zugleich mit großer Selbstverständlichkeit davon aus, dass mit den demokratischen Strukturreformen sofort begonnen wird und nicht erst nach den Wahlen. Die Revolutionsbewegung erwartet von ihrer Regierung, dass sie die Initiative zu grundlegenden politischen Veränderungen ergreift. Die Arbeiter- und Soldatenräte, in denen sie sich organisiert, sollen keine Dauereinrichtungen sein, wohl aber während einer Übergangszeit erhalten bleiben und bei der Demokratisierung aller Lebensbereiche mitwirken. Das hat mit »russischen Verhältnissen« nichts zu tun, und auch nicht damit, dass ein »Rätesystem« an die Stelle der parlamentarischen Demokratie treten soll. Die Spartakusgruppe allerdings fordert bereits zu Beginn der Revolution »Alle Macht den Räten«, und sie steht damit nicht allein. Auch andere Gruppen der radikalen Linken, wie etwa die Revolutionären Obleute in Berlin oder die Bremer Linksradikalen, sehen in der parlamentarischen Demokratie lediglich eine Form der bürgerlicher Klassenherrschaft und wollen stattdessen ein Rätesystem etablieren, wie es gerade in Russland entwickelt worden ist. »Die Abschaffung der Kapitalsherrschaft, die Verwirklichung der sozialistischen Gesellschaftsordnung«, schreibt Rosa Luxemburg in der *Roten Fahne* vom 18. November, sei »das geschichtliche Thema der gegenwärtigen Revolution«. Aus diesem Ziel der Revolution ergebe sich ihr Weg, ihre Methode: »Die ganze Macht in die Hände der arbeitenden Masse, in die Hände der Arbeiter- und Soldatenräte.« Rosa Luxemburg ist später als Karl Liebknecht aus der Haft entlassen worden und erst am Abend des 10. November in Berlin angekommen. Über die Frage einer Regierungsbeteiligung der Spartakusgruppe hat sie nicht mitentscheiden können, und ganz gewiss formuliert die scharfsinnige Theoretikerin zu manchen Problemen andere Positionen als der eher impulsive Karl Liebknecht, der sich gern auch von Augenblicksstimmungen davontragen lässt. »Karl und Rosa« sind nicht die siamesischen Zwillinge, als die sie bis heute gelegentlich dargestellt werden. Aber in dieser für den Verlauf der Revolution so wichtigen Frage sind sich beide völlig einig: »Alle Macht den Räten!« Sie sehen in einem Rätesystem die politische Form der Diktatur des Proletariats, die in ihren Augen mindestens in der Übergangszeit vom Kapitalismus zum Sozialismus notwendig ist.

Für die SPD ist dagegen der Sozialismus untrennbar verbunden mit dem allgemeinen, gleichen, freien und geheimen Wahlrecht für alle Erwachsenen. Kompromisse kann es in dieser Frage aus ihrer Sicht nicht geben. Sie tritt deshalb schon am 9. November für die möglichst rasche Wahl einer Konstituierenden Versammlung ein. Ein dauerhafter Verzicht auf die Wahl einer Konstituante ist völlig unvereinbar mit den Grundüberzeugungen der Partei. Im Übrigen sieht man in der schnellen Wahl und Einberufung einer Konstituante auch ein wirksames Mittel gegen die Separationsbestrebungen, die in einzelnen Teilen des Deutschen Reiches wie etwa im Rheinland oder in Bayern zu bemerken sind.

Innerhalb der USPD gibt es keine einheitliche Position zur Verfassunggebenden Nationalversammlung. Anders als die Spartakusgruppe und die Revolutionären Obleute, die ja Teil der Partei sind, bekennt sich die große Mehrheit der USPD zur parlamentarischen Demokratie und stellt deshalb die Wahl einer Verfassunggebenden Nationalversammlung nicht grundsätzlich in Frage. Im Hinblick auf den Wahltermin hat die Mehrheit der Unabhängigen allerdings andere Vorstellungen als die SPD-Spitze. Vor der Wahl sollen nach ihrer Überzeugung die Ergebnisse der Revolution gesichert werden. Auch wahltaktische Überlegungen spielen bei der Terminfrage eine gewisse Rolle. Je später gewählt wird, desto eher hat die USPD eine Chance, sich und ihre politischen Vorstellungen bekannt zu machen. Die Partei ist erst eineinhalb Jahre zuvor gegründet worden und hat unter den Bedingungen von Belagerungszustand und Zensur kaum eine Chance gehabt, auf sich aufmerksam zu machen.

Zunächst kann die USPD ihre innerparteilichen Differenzen noch damit kaschieren, dass die Frage vertagt wird. Die Regierungsvereinbarung zwischen SPD und USPD vom 10. November hält fest, dass die Frage der Konstituierenden Versammlung erst bei einer Konsolidierung der durch die Revolution geschaffenen Zustände aktuell wird und deshalb späteren Erörterungen vorbehalten bleiben soll.

In den folgenden Wochen entfaltet die Spartakusgruppe eine intensive Kampagne gegen die Nationalversammlung. »Alle Macht den Räten« wird zur Parole, mit der die Arbeiter- und Soldatenräte in eine klare Frontstellung gegen die geplante Nationalversammlung gebracht werden sollen. Die Frage, ob man für oder gegen die Wahl einer Konstituierenden Versammlung ist, gerät sehr schnell zur scheinbar alles entscheidenden Schicksalsfrage. Sie prägt und polarisiert die gesamte politische Auseinandersetzung der ersten Revolutionswochen. Damit rückt allerdings eine Scheinalternative in den Mittelpunkt der Debatte, und das verhindert, dass man bei den wirklich wichtigen Fragen dieser Revolution vorankommt.

Betrachtet man die realen politischen Kräfteverhältnisse, dann hat die Forderung »Alle Macht den Räten« keinerlei Chancen, realisiert zu werden. Für eine deutsche Räterepublik kämpft nur eine Minderheit innerhalb der USPD, die Anhängerschaft einer parlamentarischen Demokratie reicht dagegen von der Mehrheit der USPD über die SPD bis hin zum Wählerpotenzial der bürgerlichen Parteien, die schnell wieder entstehen und sich zu Wort melden. Gemessen an den realen Möglichkeiten der revolutionären Übergangsperiode sind Rosa Luxemburg und Karl Liebknecht mit ihren politischen Positionen nicht mehr als Randerscheinungen. Die Wortführer der Rätepropaganda sind sich durchaus darüber im Klaren, dass sie im Moment nur eine kleine Minderheit der Arbeiterschaft hinter sich haben; sie hoffen darauf, dass ihre Agitation die Fronten klärt und dass immer größere Teile der Arbeiterschaft auf ihre Position einschwenken. Diese Rechnung geht jedoch nicht auf.

Im Kontext der allgemeinem antibolschewistischen Hysterie belastet die Parole »Alle Macht den Räten« die Arbeit der real vorhandenen Arbeiter- und Soldatenräte und drängt die dringend und rasch notwendigen demokratischen Reformen in den Hintergrund des Interesses. Insbesondere schadet das Beharren auf der Alternative »Nationalversammlung oder Rätesystem« auch einer mittleren Position, die in der USPD viele Anhänger hat. Auf dem rechten Flügel und im Zentrum der USPD plädieren viele dafür, vor den Wahlen zunächst eine gewisse Konsolidierung der Verhältnisse herbeizuführen und nachhaltig eine Reihe von Reformen einzuleiten, die der parlamentarischen Demokratie eine stabile Grundlage geben sollen. Diese Position wird getragen vom Parteivorstand und von den geistig führenden Köpfen der Partei, die sich immer wieder in der Tageszeitung *Die Freiheit* und der Wochenzeitung *Der Sozialist* zu Wort melden. Rudolf Breitscheid beispielsweise schreibt in der *Freiheit* am 17. November, man müsse eine Reihe von vollendeten Tatsachen schaffen, »die auf der Linie der proletarisch-sozialistischen Umwälzung liegen. Es muss dem Volke gesagt und gezeigt werden, was unter der sozialistischen Republik zu verstehen ist, bevor wir es zur Entscheidung darüber aufrufen können, ob es die sozialistische Republik will.«

Rudolf Hilferding geht in den folgenden Tagen in einer ganzen Reihe von Leitartikeln näher auf dieses gemäßigte Programm der Mitte und des rechten Flügels der USPD ein. Am 18. November schreibt er, »eine unbeschränkte Fortdauer der Diktatur der Räte würde die Auflehnung der Unterdrückten herausfordern«. Deshalb sei die Wahl einer Nationalversammlung ein zwingendes Gebot. Aber bis zur Wahl müsse die Regierung handeln, führt er am folgenden Tag aus: »Sie gerät sonst in Gefahr, aus allzu ängstlicher Rücksichtnahme auf die Bourgeoisie die Grundlage ihrer Existenz zu erschüttern, die revolutionäre Energie des Proletariats zu verringern.« Hilferding schlägt eine ganze Reihe konkreter Maßnahmen zur Demokratisierung der Verwaltung vor.

Heinrich Ströbel (USPD), neben Paul Hirsch (SPD) einer der Preußischen Ministerpräsidenten, fordert gleich am 12. November, schleunigst mit der Umgestaltung der preußischen Verwaltung zu beginnen, da alles, was die Reaktion stütze (Landräte, Regierungspräsidenten, Oberpräsidenten, die ganze preußische Bürokratie) unlöslich mit diesem Verwaltungssystem zusammenhänge. Er vertritt die Auffassung, die siegreiche deutsche Revolution müsse zunächst einmal die Volksherrschaft durch völlige Beseitigung des Militarismus, durch Austausch der führenden Bürokratie und durch entschlossene Demobilisierungsmaßregeln sicherstellen und auf den dazu geeigneten Gebieten einen kräftigen Anfang mit der Sozialisierung machen. Die Durchführung dieser Sozialisierungsmaßnahmen nähmen einige Monate in Anspruch, und während dieser Zeit müsste die Regierung der Volksbeauftragten, gestützt auf die Arbeiter- und Soldatenräte »von ihrer souveränen Gewalt den nachdrücklichsten Gebrauch machen«. Wenn so die sicheren Fundamente der proletarischen Dauerherrschaft gelegt seien, könne und müsse die weitere Entwicklung in die Hände der aus dem demokratischen Wahlrecht hervorgegangenen gesetzgebenden Versammlung gelegt werden.

**Heinrich Ströbel (USPD),
Preußischer Ministerpräsident**

Der Zeitraum, um den es Vertretern dieser Position geht, wird in Monaten gemessen, nicht etwa in Jahren – Ziel ist nicht die Verschiebung der Wahlen auf den Sankt-Nimmerleins-Tag. Die USPD-Mehrheit ist aber der Meinung, dass bis zur Wahl der Konstituante die Macht der alten wilhelminischen Militär- und Geheimratswirtschaft gebrochen sein muss, dass bei den Kohle- und Stahlbaronen ein Anfang mit der Sozialisierung gemacht worden sein muss, dass die Herrschaft der »ostelbischen Junker«, der Großgrundbesitzer im Osten Preußens, beendet sein muss, sodass eine Wiederkehr des reaktionären Systems nicht mehr zu befürchten ist.

Die Position des rechten Flügels der USPD stimmt in hohem Maß mit dem politischen Willen der Revolutionsbewegung überein. Dennoch hat sie im politischen Alltag der Revolution kaum eine Chance. Heinrich Ströbel klagt zu Recht, »die bolschewistisch infizierte Linke« tue alles, »um die seit dem 9. November bestehende sozialistische Arbeitsgemeinschaft durch Hineintragung des neuen Gegensatzes zwischen Demokratie und Rätediktatur zu sprengen«.

Die »sozialistische Arbeitsgemeinschaft«, von der Ströbel spricht, funktioniert anfangs erstaunlich reibungslos, jedenfalls auf Regierungsebene. Die Volksbeauftragten erledigen ihre Geschäfte in den Räumen der Reichskanzlei, sie sind im Grunde ein sechsköpfiger Reichskanzler. Jeder verfügt über einen Sekretär. Das Personal der Reichskanzlei bleibt zum größten Teil im Dienst und gewährleistet das Weiterfunktionieren des Regierungsapparates. Der verhältnismäßig kleine Beamtenstab der Reichskanzlei, der vor allem auch den Kontakt zu den Fachressorts halten muss, lässt im Routineverkehr mit den Reichsämtern überhaupt keine Unterbrechung eintreten. Diese verantwortungsbewusste Haltung der Beamtenschaft speist sich vor allem aus ihrem Dienstethos und ist keineswegs ein politisches Bekenntnis zur Republik. Unter den beiden sozialdemokratischen Parteien erscheint den alten Beamten die SPD als das kleinere Übel. Auch wenn sie zumeist im Herzen Monarchisten bleiben, stützen sie Ebert und sehen sich als seine Verbündeten gegenüber den Volksbeauftragten der USPD. Sehr schnell ist klar, dass die SPD-Volksbeauftragten den Apparat der Reichskanzlei beherrschen. Das Kabinett tritt täglich zusammen, oft sogar zweimal am Tag. Es hat über alle Verordnungen mit Gesetzeskraft zu entscheiden, und es bewältigt ein gewaltiges Arbeitspensum. Unsummen auch von kleinen und kleinsten Problemen werden an die Männer herangetragen, die im Reich und in den Einzelstaaten politische Verantwortung übernehmen, weil gewaltige Probleme zu lösen sind und vieles in dieser Umbruchzeiten unklar und im Fluss ist. Insbesondere die Männer an der Regierungsspitze stehen unter einem enormen physischen und psychischen Druck. Ein 18-stündiger Arbeitstag ist die Regel, Ebert und Scheidemann sind schon nach wenigen Tagen dem Zusammenbruch nahe.

Angesichts aller Schwierigkeiten und Probleme setzt die Regierung von Anfang an darauf, möglichst viel Kontinuität im Alltag zu bewahren. Am 11. November teilt der Rat der Volksbeauftragten per Erlass mit, die Staatssekretäre und die Chefs der Reichsbehörden seien von der Reichsregierung mit der vorläufigen Weiterführung der Geschäfte beauftragt worden. Nicht nur die Regierungsspitze setzt auf Kontinuität. Am selben Tag gibt auch der Vollzugsrat bekannt, dass »alle kommunalen Landes-, Reichs- und Militär-Behörden« ihre Tätigkeit fortsetzen. »Alle Anordnungen dieser Behörden erfolgen im Auftrage des Vollzugsrats des Arbeiter- und Soldatenrats. Jedermann hat den Anordnungen dieser Behörden Folge zu leisten.« Die Bildung der neuen preußischen Regierung ist erst am 12. November abgeschlossen. Auch sie wendet sich danach sofort an Behörden und Beamte und fordert sie auf, ihre amtliche Tätigkeit fortzusetzen und so zur Erhaltung der Ordnung und Sicherheit beizutragen. Im Gegenzug sollen die Ansprüche der

Beamten ungekürzt gewahrt bleiben. Nicht nur der SPD-Spitze, sondern allen politisch Verantwortlichen ist in diesen Novembertagen daran gelegen, dass der Staats- und Verwaltungsapparat in seinen wesentlichen Teilen weiterhin funktioniert und Chaos möglichst vermieden wird.

Für uns ist es heute eine Selbstverständlichkeit, dass nach einem Regierungswechsel politische Spitzenbeamte in den einstweiligen Ruhestand versetzt werden können. In den USA wird nach einem einfachen Wechsel im Präsidentenamt ein wesentlicher Teil der Administration ausgetauscht. In der deutschen Revolution aber nimmt die Regierung selbst an der Spitze der Reichsämter so gut wie keine personellen Veränderungen vor. Die meisten Staatssekretäre werden durch das Kabinett am 14. November ohne weiteren Kommentar in ihren Ämtern bestätigt. In zwei Fällen, in denen die Leitung neu vergeben wird, beim Reichsschatzamt und beim Reichswirtschaftsamt, werden bisherige Unterstaatssekretäre zu Staatssekretären befördert. Lediglich die Leitung des Kriegsernährungsamtes – am 19. November in Reichsernährungsamt umbenannt – übernimmt ein USPD-Mann, Emanuel Wurm.

Selbst der Preußische Kriegsminister Scheüch darf im Amt bleiben, nachdem er sich gegen seine Abberufung etwas gesträubt hat. Er bekommt – wie der Oberkommandierende in den Marken und die bürgerlichen Staatssekretäre – lediglich zwei sozialdemokratische Beigeordnete zur Seite gestellt, aus jeder Partei einen.

Im Fall der bürgerlichen Minister, die zu diesem Zeitpunkt noch »Staatssekretäre« genannt werden, kaschieren die Volksbeauftragten ihren Verzicht auf personelle Eingriffe durch verschleiernde Formulierungen. Gegenüber der Revolutionsbewegung, die eine rein sozialdemokratische Reichsregierung erzwungen hat, können es sich Ebert und seine Kollegen nicht leisten, den bisherigen Amtsinhabern offiziell die Verantwortung für ihre Ministerien zu übertragen und sie damit zu gleichberechtigten Regierungsmitgliedern zu machen. Deshalb gelten die Amtschefs offiziell nur als rein »technische Gehilfen des entscheidenden Kabinetts«. Dies ist eine bewusste Irreführung der öffentlichen Meinung und im Falle der USPD-Volksbeauftragten gewiss auch ein Stück Selbstbetrug. Den Unabhängigen wäre es äußerst unangenehm, als Teil einer sozialdemokratisch-bürgerlichen Regierung auftreten zu müssen.

Für die Sozialdemokraten ist das kein Problem. Sie haben bereits während des Krieges im Reichstag mit den bürgerlichen Fraktionen intensiv zusammengearbeitet und sind im Oktober in die Regierung des Prinzen Max eingetreten. Insbesondere Ebert schätzt die Zusammenarbeit mit den bisherigen Staatssekretären und führenden Militärs sehr. Sie sind in seinen Augen nicht nur erwiesenermaßen fachlich qualifiziert, sondern er glaubt sie auch so gut zu kennen, dass er von ihnen keine negativen Überraschungen befürchtet. Ohne zu zögern, beschließt das Kabinett am 15. November auch, den Staatsrechtler Hugo Preuß zum Staatssekretär des Reichsamtes des Inneren zu berufen. Das ist eine Entscheidung von ganz besonderer Tragweite, weil Preuß' Hauptaufgabe ausdrücklich darin bestehen soll, die Verfassung der neuen Republik auszuarbeiten. Selbst diese zentrale Aufgabe wird keinem Sozialdemokraten anvertraut, sondern einem liberalen Bürgerlichen.

Die bürgerlichen Staatssekretäre verstehen es in den folgenden Wochen geschickt, die ihnen zugewiesenen Beigeordneten aus SPD und USPD von jeder Einflussnahme auszuschließen. Sie führen ihre Ressorts weitgehend selbstständig, und diese Tendenz wird noch dadurch verstärkt, dass sie an den Kabinettssitzungen der Volksbeauftragten nicht teilnehmen. Aber auch die Volksbeauftragten geraten dadurch in eine fatale Selbstisolierung. Für sie ist es schwierig zu erkennen, ob und wie weit von den Staatssekretären vorgeschlagene Maßnahmen sachlich begründet sind; oft durchschauen sie nicht die damit verbundenen politischen Absichten. Ministerien und zentrale

Behörden lassen sich nicht unpolitisch führen, aber genau dies unterstellt die Revolutionsregierung. Im Ergebnis bekommen die Chefs der obersten Reichsämter so die Möglichkeit, die Revolution in die Richtung zu drängen, die ihnen am wenigsten schädlich erscheint.

Vielen Beamten fällt der Gedanke zunächst nicht leicht, ihren Dienst weiter zu versehen. Sie sind überzeugte Anhänger der Monarchie und fühlen sich dem Staatswesen verpflichtet, auf das sie ihren Amtseid abgelegt haben. Als dann aber der Chef der Obersten Heeresleitung Generalfeldmarschall von Hindenburg noch am Abend des 10. November erklärt, er werde auf seinem Posten bleiben, klärt sich alles. Diese Nachricht ist eine Sensation ersten Ranges, denn der Generalfeldmarschall gilt als der Inbegriff des Preußentums, als Verkörperung des monarchischen und militärischen Gedankens, als Symbolfigur des alten Regimes. Wenn selbst Hindenburg sich der neuen Regierung zur Verfügung stellt, wer sollte dann einen Grund haben, das nicht zu tun? Mehr als 80 Prozent der Beamten bleiben im Dienst. Kaum irgendwo regt sich offener Widerstand gegen die revolutionären Veränderungen, aber nicht selten arbeiten die alten Amtsträger in demselben Geist weiter wie zuvor.

Der Regierungspräsident von Düsseldorf beispielsweise fordert seine Beamten am 13. November auf, möglichst lange im Amt zu bleiben, und beendet seine Ansprache mit einem Hoch auf Kaiser und König. Der Regierungspräsident in Oppeln erklärt, er werde sein Amt »nicht im Interesse der neuen Gewalthaber, sondern im Interesse des Vaterlandes« weiterführen, und auch der junge Sebastian Haffner erlebt, dass zunächst alles beim Alten bleibt. Als er am Montag, dem 11. November 1918, in die Schule kommt, erklärt »der gefürchtetste unter unseren Lehrern, ein cholerischer Tyrann mit böse rollenden Äuglein, ›hier‹, in der Schule nämlich, habe jedenfalls keine Revolution stattgefunden, hier herrsche weiterhin Ordnung, und zur Bekräftigung dessen legte er ein paar von uns, die sich in der Pause beim Revolution-Spielen besonders hervorgetan hatten, über die Bank und verabreichte ihnen eine demonstrative Tracht Prügel. Wir alle, die wir der Exekution beiwohnten, empfanden dunkel, dass sie ein Symbol von böser und umfassender Vorbedeutung war.«

Schon nach wenigen Tagen gehen beim Vollzugsrat Beschwerden darüber ein, dass »die reaktionären Regierungsgewalten« vielerorts bestrebt seien, »ihre Tätigkeit nach dem alten System fortzusetzen«. Der Vollzugsrat erklärt deshalb in einer Bekanntmachung am 16. November, die Amtsführung erfolge »unter schärfster Kontrolle durch die örtlichen Arbeiter- und Soldatenräte«. Alle Landräte und sonstigen Beamten, die ihre Amtstätigkeit nach dem alten System fortsetzten oder gegenrevolutionäre Bestrebungen unterstützten, seien durch den zuständigen Arbeiter- und Soldatenrat unverzüglich abzusetzen. »Offener Widerstand ist gegebenenfalls mit Waffengewalt zu brechen.«

Mit dieser Position kann sich der Vollzugsrat allerdings nicht durchsetzen. Nach heftigen Protesten der Ämter und Interventionen des Rates der Volksbeauftragten muss er seine Bekanntmachung bereits nach fünf Tagen widerrufen. Von Absetzung ist jetzt keine Rede mehr, sondern nur noch von der Einstellung der Amtstätigkeit, und auch die kann nur in ganz besonders zwingenden Fällen mit der Zustimmung des Ministeriums des Inneren verlangt werden. Das stärkt die Position der überkommenen Verwaltung ungemein. Arbeiter- und Soldatenräte versuchen zwar, auf lokaler und regionaler Ebene immer wieder in Sach- und Personalentscheidungen einzugreifen, aber sie scheitern in aller Regel. Beim Rat der Volksbeauftragten finden sie keine Unterstützung, er stellt sich im Konfliktfall fast ausnahmslos auf die Seite der Verwaltung. Die alten Amtsträger bekommen schnell Oberwasser und sind außerordentlich streitbar. In vielen Behörden und öffentlichen

Unternehmen entstehen Beamtenräte, die mit großem Erfolg Eingriffe der Arbeiter- und Soldatenräte abwehren und insbesondere den personellen Status quo absichern.

Auch außerhalb von Ämtern und Behörden entstehen schon in der zweiten Novemberhälfte bürgerliche Räteorganisationen. Angestellte organisieren sich ebenso wie Ärzte, Industrielle, Künstler oder Lehrer. Diese Interessenvertretungen pochen entschieden auf politische Mitsprache und übernehmen auch Aktionsformen, die zuvor ausschließlich zum Repertoire der Arbeiterbewegung gehört haben: Kundgebungen, Demonstrationen, Streiks, Boykotte. Diese Entwicklung spielt sich mehr auf der lokalen Ebene ab und nicht auf der zentralen Bühne der Reichshauptstadt – und sie ist außerordentlich wirksam.

In Baden, Hessen und Württemberg regieren schon seit dem Regimewechsel ganz offiziell Koalitionen aus Sozialdemokraten, Liberalen und katholischer Zentrumspartei. Das engt den Spielraum der beiden sozialdemokratischen Parteien auch in Berlin schon nach wenigen Wochen merklich ein.

Parteien des deutschen Bürgertums entstehenden nach einer revolutionären Schrecksekunde sehr schnell wieder. Allen politischen Kräften des Bürgertums ist allerdings klar, dass es ein schlichtes »Weiter wie bisher!« nach der Novemberrevolution nicht geben kann. Lediglich die Deutsche Zentrumspartei bleibt unter ihrem alten Namen aus dem Kaiserreich erhalten. Die Linksliberalen nehmen unter der Führung von Theodor Wolff, dem Chefredakteur des *Berliner Tageblatts*, die Gründung einer großen demokratischen Bürgerpartei in die Hand. Am 20. November wird die Deutsche Demokratische Partei (DDP) formell gegründet. Sie bekennt sich klar und eindeutig zu einer demokratischen und sozialen Republik. Daran scheitert letztlich auch die Vereinigung der deutschen Links- und Rechts-Liberalen. Im Dezember entsteht neben der DDP die Deutsche Volkspartei (DVP), in der von Anfang an Gustav Stresemann eine bedeutsame Rolle spielt. Die DVP legt kein ausdrückliches Bekenntnis zur Republik ab, betont sehr stark nationale Ideen und hat eine kritisch-distanzierte Haltung gegenüber der Mehrheitssozialdemokratie. Da deutet sich schon an, dass die Republik es im national-konservativen Lager schwer haben wird. Auf dem rechten Flügel des politischen Spektrums entsteht die Deutschnationale Volkspartei (DNVP). In ihr organisieren sich vor allem die ehemaligen Mitglieder der Deutschkonservativen Partei, aber auch Angehörige der früheren Reichspartei, der Christlich-Sozialen, der Deutschvölkischen und einiger kleinerer Gruppen. Im Gründungsaufruf vom 24. November bekennt sich auch die DNVP »zu der nach den letzten Ereignissen allein möglichen parlamentarischen Regierungsform«.

Im November 1918 ist in den Augen aller Parteien und Gruppen des Bürgertums die revolutionäre Umwälzung eine unabänderliche Tatsache. Keine der Parteien wagt es, offen die Wiederherstellung der Monarchie zu fordern; keine hält es für ratsam, sich der Republik erkennbar feindselig entgegenzustellen. So fügen sich auch Bürokratie, Militärs und politische Gruppen der Rechten für den Augenblick stillschweigend der Regierung der Volksbeauftragten, die eine gewisse Kontinuität zu wahren verspricht. Einen Monat später wünscht sich die DNVP allerdings bereits wieder eine monarchische Spitze des Staates.

Bürgerliche Interessenpolitik steckt am Ende auch hinter separatistischen Bestrebungen, die sich in verschiedenen Teilen des Reiches bemerkbar machen. In Bayern sehen Teile des Bürgertums jetzt die große Chance, auf Distanz zu Berlin zu gehen, vielleicht sogar zu einer grundsätzlichen territorialen Neuordnung zu kommen. Den Separatisten schwebt vor, West- und Süddeutschland in einem erweiterten Rheinbund zusammenzufassen, ganz aus dem Deutschen Reich herauszulösen und mit Deutschösterreich zu vereinen. Sie sind davon überzeugt, dass der Norden Deutschlands durch die Radikalität seiner Industriearbeiterschaft ohnehin bald in den wirtschaftlichen Ruin getrieben werden wird.

Auch im Rheinland gibt es Tendenzen, sich von Preußen zu lösen und eine selbstständige rheinisch-westfälische Republik zu errichten, nachdem Berlin offenbar nicht in der Lage sei, »eine geordnete Regierung zu schaffen« – so eine Resolution, die bei zwei Großveranstaltungen in Köln am 4. Dezember beschlossen wird. Der Kölner Oberbürgermeister Konrad Adenauer unterstützt dieses Vorhaben. Zunächst soll die selbstständige Republik innerhalb des Deutschen Reiches verbleiben.

In Oberschlesien treten besonders Teile der Zentrumspartei für die Bildung eines völlig vom Reich losgelösten Freistaates Oberschlesien ein. Am 20. Dezember erscheint im »Oberschlesischen Kurier« ein entsprechender Aufruf: »Oberschlesier, gründet einen selbstständigen Freistaat! In einem eigenen, selbstständigen Freistaat werden die Reichtümer Oberschlesiens zuerst uns zugutekommen. Dann können wir uns selbst Häuschen bauen, dann können wir uns Schulen errichten, in denen das Kind in seiner Muttersprache unterrichtet wird, Schulen, in denen das Kreuz weiter die Wand schmücken darf, in denen die Jugend im Geiste der Kirche, im Glauben und christliche Sitte erzogen wird, damit sie nicht noch mehr verdirbt.«

Der Aufruf richtet sich gegen die Kultur- und Schulpolitik der preußischen Regierung, die eine völlige Trennung von Staat und Kirche zum Ziel hat und hohe Wellen im tief katholischen Oberschlesien schlägt. Auch die preußische Regierung wird von sechs Volksbeauftragten der SPD und der USPD paritätisch geleitet. Für das Preußische Ministerium für Wissenschaft, Kunst und Volksbildung sind Konrad Haenisch (SPD) und Adolph Hoffmann (USPD) verantwortlich. Hoffmann gehört zu den Mitbegründern der USPD, zählt zu deren linkem Flügel und hat als Atheist schon in der Kirchenaustrittsbewegung vor

1914 eine wichtige Rolle gespielt. In seinen Augen ist jetzt der Zeitpunkt gekommen, um die uralten Forderungen der Sozialdemokratie nach Trennung der Kirche vom Staat und Trennung der Schule von der Kirche umzusetzen. Am 29. November 1918 ergeht ein Erlass des Preußischen Kultusministeriums, der das Schulgebet vor und nach dem Unterricht abschafft und den Schulen alle religiös geprägten Feiern verbietet. Schüler dürfen nicht mehr zur Teilnahme an Gottesdiensten oder am Religionsunterricht verpflichtet werden. Religionslehre ist kein Prüfungsfach mehr.

Adolph Hoffmann (USPD), preußischer Kultusminister

Das löst in breiten Bevölkerungskreisen einen Sturm der Empörung aus – vor allem in den Reihen der Katholiken. In Köln protestieren Anfang Dezember Tausende von Bürgern gegen die Verletzung »unverzichtbarer Elternrechte« sowie gegen die »äußerste Gefährdung des sittlichen Wohles der Schüler und Schädigung des Staates selbst«. Am 20. Dezember wenden sich die Erzbischöfe und Bischöfe Preußens in einem Hirtenschreiben an die Gläubigen ihrer Diözesen. Von einem »heraufziehenden Ungewitter« und von »frevelhaftem Unrecht« ist da die Rede. Der Hirtenbrief beschwört geradezu den Untergang des Abendlandes, falls die Feinde der Religion sich durchsetzten. »Erhebt Protest über Protest gegen das Unrecht, das man euch antun will. Und lasst nicht nach in eurem Widerstande, bis man davon absteht, die Hand an euer Heiligtum zu legen!«

Innerhalb kürzester Zeit entwickelt sich aus den Maßnahmen des Preußischen Kultusministeriums ein Konflikt, der weit über das eigentliche Thema hinausreicht. »Die ganze Separatistenbewegung im Rheinlande wie in Posen und Oberschlesien wird *fast ausschließlich* mit unserer Schul- und Kirchenpolitik geschürt«, stellt Hoffmanns SPD-Kollege Haenisch fest und nimmt den Erlass vom 29. November nach einigen Wochen im Wesentlichen zurück. Die Auseinandersetzung über die preußische Schul- und Kirchenpolitik ist wohl das spektakulärste Beispiel für die kämpferische Kraft und die Durchsetzungsfähigkeit, die bürgerliche Kreise bereits in den ersten Revolutionswochen an den Tag legen. Sie ist aber beileibe kein Einzelfall.

Der Handlungsspielraum der Revolutionsregierungen in Berlin ist ohne Zweifel begrenzt, und die preußische Regierung testet die Grenzen ausgerechnet auf einem Feld, bei dem es um hoch emotional aufgeladene Persönlichkeitsrechte geht. Weit weniger Engagement legen die Regierungen in anderen, weitaus zentraleren Bereichen ihrer eigenen Programmatik an den Tag, bei denen mit deutlich weniger Widerstand zu rechnen wäre. Auch unter den republikanisch gesinnten Bürgerlichen herrscht die Überzeugung vor, dass die kommende deutsche Demokratie »ein beginnender Umbau der sozialen Ordnung sein muss«, so beispielsweise der Theologe Ernst Troeltsch, der wie der Historiker Friedrich Meinecke zu den Mitbegründern der DDP gehört. Meinecke schreibt, die wirtschaftliche Soziali-

sierung, die jetzt kommen müsse und kommen werde,»muss
denen, die sich bisher als Sklaven des Kapitals, als bloße Räder
eines ihnen gleichgültigen Mechanismus fühlten, die Rechte
und Früchte genossenschaftlicher Arbeit sichern«.

Sozialisierungsmaßnahmen werden von großen Teilen des
Bürgertums mindestens in den Wirtschaftsbereichen erwartet,
in denen seit Langem monopolähnliche Strukturen herrschen,
im Bergbau und in der Schwerindustrie. Der »Aufruf des Rates
der Volksbeauftragten an das Deutsche Volk« vom 12. November spricht zwar von der Verwirklichung des sozialistischen
Programms, klammert aber die Frage der Sozialisierung vollkommen aus und gibt zugleich eine umfassende Eigentumsga-
rantie ab. Beim linken Flügel der USPD stößt die Abstinenz der
Regierung in der Sozialisierungsfrage auf völliges Unverständnis. Er macht Druck, und so verlangt Haase am 18. November
im Kabinett, dass Betriebe, die zur Sozialisierung reif seien, sozialisiert werden müssten. Der Rat der Volksbeauftragen beschließt:»Die Industriezweige, die nach ihrer Entwicklung zur
Sozialisierung reif sind, sollen sofort sozialisiert werden. Eine
Kommission namhafter Nationalökonomen soll alsbald zu-
sammenberufen werden, um unter Hinzuziehung der Praktiker
aus den Reihen der Arbeiter und Unternehmer die Einzelheiten
festzulegen«. Die Volksbeauftragten haben kein Sozialisie-
rungskonzept und erhoffen von der Kommission praktikable
Vorschläge.

Dieser Beschluss gerät in die Mühlen der Beratung mit den
Staatssekretären, und nach einigen Tagen ist von Sozialisierung
nicht mehr die Rede, sondern nur noch von einer Kommission.
Diese wird schließlich am 4. Dezember berufen. Vorsitzende
werden Karl Kautsky (USPD) und Ernst Francke, der General-
sekretär der Gesellschaft für soziale Reform, Sekretär der Kommission wird der Nationalökonom Eduard Heimann (SPD).
Aus Sicht der SPD-Spitze hat die Kommission den großen Vorteil, dass sie schon aufgrund ihrer Zusammensetzung aus Wis-

senschaftlern sowie Vertretern der Gewerkschaften und der Unternehmer wohl kaum schnelle und umstrittene Aktivitäten empfehlen wird. Sie wirkt zunächst vor allem beruhigend in alle Richtungen.

Als sie ihren Arbeitsplan beschließt, erklärt die Kommission, dass nach ihrer Überzeugung »die Vergesellschaftung der Produktionsmittel nur in einem länger währenden organischen Aufbau erfolgen kann. Erste Voraussetzung aller wirtschaftlichen Reorganisation bildet die Wiederbelebung der Produktion. Vor allem erfordert die wirtschaftliche Lage Deutschlands gebieterisch die Wiederaufnahme der Exportindustrie und des auswärtigen Handels. Die Kommission ist der Ansicht, dass für diese Wirtschaftszweige die bisherige Organisation gegenwärtig noch beibehalten werden muss.« So schnell, das ist Anfang Dezember klar, wird in Sachen Sozialisierung kaum etwas passieren – wenn es nach dem Willen der Regierung geht.

»Keine Experimente« ist geradezu das Leitmotiv der Regierung der Volksbeauftragten, und die Erfahrungen der preußischen Regierung mit ihrer Schulpolitik scheinen auf den ersten Blick die Richtigkeit dieser Linie zu bestätigen. Die Regierungspolitik ist schon in der zweiten Novemberhälfte durch einen geradezu konservierenden, auf Kontinuität ausgerichteten Grundton geprägt. Natürlich verfügen beide sozialdemokratischen Parteien nicht über das nötige Personal, um flächendeckend die Spitzen des Verwaltungs- und Justizapparates neu zu besetzen – vielmehr sind sie auf die Zusammenarbeit mit den Fachleuten, das heißt mit den Amtsträgern angewiesen. Daraus aber ergibt sich nicht die Notwendigkeit, fast vollständig auf Gestaltung im Sinne der neuen Ordnung zu verzichten. Selbst diejenigen Amtsinhaber werden nicht ausgetauscht, die aus ihrer Ablehnung der Republik kein Hehl machen. Das muss über kurz oder lang zum Konflikt mit der Revolutionsbewegung führen.

Zuerst wird dieser Konflikt in Auseinandersetzungen mit dem Vollzugsrat sichtbar, der sich anfangs gelegentlich wie eine

Konkurrenzregierung gebärdet. Das war ja durchaus auch das Ziel, das die Revolutionären Obleute mit seiner Einrichtung verfolgt haben. Dass es zwischen beiden Organen, dem Rat der Volksbeauftragten und dem Vollzugsrat, gewisse Probleme gibt, ist schon aufgrund der staatsrechtlichen Unklarheiten kaum zu vermeiden. Aber die Schwierigkeiten sind auch Folge der Tatsache, dass sich der Vollzugsrat über Parteigrenzen hinweg sehr viel stärker als Organ der Rätebewegung versteht als der Rat der Volksbeauftragten. Er sieht sich als Exekutivorgan der Groß-Berliner Arbeiter- und Soldatenräte und nimmt zunächst sowohl gegenüber dem Rat der Volksbeauftragten als auch gegenüber der preußischen Regierung übergeordnete Kompetenz für sich in Anspruch.

Die Volksbeauftragten sind aber keineswegs bereit, eine so weitgehende Rolle des Vollzugsrats zu akzeptieren, sondern sehen ihn lediglich als eine Art Kontrollorgan und sich selbst als Reichsregierung mit allen Funktionen der bisherigen Regierung. Alle exekutive Gewalt liege demzufolge beim Rat der Volksbeauftragten und nicht beim Vollzugsrat. Auch die legislative Gewalt nimmt der Rat der Volksbeauftragten ganz selbstverständlich für sich in Anspruch.

Es knirscht gewaltig zwischen den beiden Gremien. Am 16. und am 18. November sind die Kompetenzfragen Thema einer gemeinsamen Sitzung. Für die SPD-Vertreter im Vollzugsrat erklärt Hermann Müller, dass es auf Dauer nicht gehe, »dass zwei Körperschaften da sind, die Verfügungen und Verordnungen hinausgehen lassen, die einander widersprechen«. Es wird ein Ausschuss aus drei Mitgliedern des Vollzugsrats und zwei Volksbeauftragten eingesetzt, der »möglichst schnell, womöglich noch heute Nachmittag« eine Regelung ausarbeiten soll. Aufgrund der Verhandlungen dieses Ausschusses kommt am 22. November eine Vereinbarung zustande, die am folgenden Tag veröffentlicht wird.

Beide Organe bekräftigen darin zunächst, dass die Revolution neues Staatsrecht geschaffen habe und dass die politische Gewalt in den Händen der Arbeiter- und Soldatenräte der deutschen sozialistischen Republik liege. Dann bestätigen sie, dass dem Rat der Volksbeauftragten die Exekutive der Republik übertragen worden sei. Für Kontrolle sowie Berufung und Abberufung der Volksbeauftragten soll der Vollzugsrat zuständig sein, im Hinblick auf die Berufung der Fachminister wird er lediglich gehört, hat aber kein Vetorecht. Am Ende setzt sich also der Rat der Volksbeauftragten mit seinem Machtanspruch weitestgehend durch. Beide Organe vereinbaren allerdings, so bald wie möglich eine Reichsversammlung von Delegierten der Arbeiter- und Soldatenräte einzuberufen – diese wird Mitte Dezember in Berlin zusammentreten.

Die zwischen dem Rat der Volksbeauftragten und dem Vollzugsrat festgelegte Aufgaben-Abgrenzung wird am folgenden Tag auf die gesamten Arbeiter- und Soldatenräte übertragen – und nicht etwa von der Regierung, sondern vom Vollzugsrat verkündet. Der Vollzugsrat erlässt Richtlinien für die Arbeiter- und Soldatenräte, mit denen die Exekutive ganz der Regierung und ihren Verwaltungsbehörden zugeordnet wird: »Die Regierung kann ihre Verwaltungsaufgaben nur dann erfüllen, wenn ihre Maßnahmen nicht durch Eingriffe lokaler Arbeiter- und Soldatenräte durchkreuzt werden.« Die Räte bekommen das »volle Kontrollrecht« übertragen. »Sie haben dafür zu sorgen, dass die revolutionären Errungenschaften gesichert und ausgebaut werden. Sie haben sich im Allgemeinen jedes direkten Eingriffs in die Verwaltung zu enthalten.« Im Hinblick auf Personalangelegenheiten halten die Richtlinien des Vollzugsrats ausdrücklich fest, dass nur »die für den Geist des Ganzen entscheidenden Stellen« neu zu besetzen sind, »wenn eine scharfe Kontrolle nicht ausreichend erscheint«, und das auch nur »im Einverständnis mit der revolutionären Regierung«. Verhaftungen und Beschlagnahmungen dürfen nur in dringenden Fällen unter Verständigung mit den dafür maßgebenden Stellen erfolgen. In der Praxis führen diese Regelungen sehr schnell dazu, dass sich die Arbeiter- und Soldatenräte auch an solchen Beamten und Behörden die Zähne ausbeißen, die so weitermachen, als hätte es eine Revolution nicht gegeben. Trotz der Vereinbarung vom 22. November kommt es weiterhin laufend zu Auseinandersetzungen. In den Augen Eberts führt der Dualismus von Rat der Volksbeauftragten und Vollzugsrat zu völlig unnötigen Konflikten, die den Rat der Volksbeauftragten in seinen Handlungsmöglichkeiten einschränken oder schnelles Handeln unmöglich machen, das aber aufgrund der schwierigen Lage dringend notwendig sei. Immer wieder erklärt Ebert in Kabinettsitzungen, sie könnten nicht »Puppen« in der Hand des Vollzugsrates sein. Im Ringen um die tatsächliche Macht ist allerdings die Regierung, die über den eingespielten Behördenapparat verfügt, von vornherein im Vorteil. Schon Ende November bekommt der Vollzugsrat überdeutlich demonstriert, dass er politisch keine Bedeutung mehr hat, nicht nur von den SPD-Volksbeauftragten, sondern auch von den Beamten der Reichsämter und anderer Behörden. Das geht bis zur völligen Missachtung und Ignorierung seiner Anordnungen.

Ganz ähnlich ergeht es den lokalen Arbeiter- und Soldatenräten. Je sicherer die überkommene Verwaltung wieder im Sattel sitzt, desto entschiedener wehrt sie sich gegen jede Mitsprache der Räte. Die Regierung betrachtet die Verwaltung als ihren verlängerten Arm, die Arbeiter- und Soldatenräte dagegen als bloßen Störfaktor. Als – wieder einmal – in einer Kabinettssitzung über die Rolle der Räte geredet wird, erklärt der Volksbeauftragte Landsberg (SPD) knapp und bündig: »Bei den Arbeiter- und Soldatenräten handelt es sich um die Organisierung der Unordnung.« Bei anderer Gelegenheit sprechen Ebert und Dittmann (USPD) von den Arbeiter- und Soldatenräten als »Störungen im wirtschaftlichen oder staatlichen Getriebe«. Am 13. Dezember platzt Ebert schließlich in einer Kabinettssitzung vollends der Kragen: »So kann es nicht weitergehen, wir blamieren uns vor der Geschichte und der ganzen Welt. (...) Das Herum- und Hineinregieren der Arbeiter- und Soldatenräte im Lande muss aufhören.«

Das starke demokratische Potenzial in den Räten, das über die Anhängerschaft der alten sozialdemokratischen Parteien hinausgreift, erkennen die Volksbeauftragten – mit Ausnahme von Barth – nicht und können es folglich nicht nutzen. In der Rätebewegung bieten sich engagierte Männer – Frauen sind in den Räten fast gar nicht vertreten – im Sinne einer volkstümlichen Demokratie zur Mitarbeit an und brennen darauf, sich für die neue Republik einzusetzen. Aber sie werden nicht gerufen – im Gegenteil, sie werden behindert wo und wie es nur geht, und so schwindet schon im Lauf der ersten Wochen dieses demokratische Potenzial. Größtes Misstrauen gegenüber den Arbeiter- und Soldatenräten paart sich besonders bei den Volksbeauftragten der SPD mit einem geradezu mystischen Glauben an die Unverzichtbarkeit des Fachmanns und mit fast naiver Vertrauensseligkeit gegenüber der überkommenen Bürokratie und Militärführung.

In den ersten Wochen nach dem Regimewechsel gelingt es der Regierung der Volksbeauftragten, schlimmste Notsituationen für die Bevölkerung zu vermeiden. Sie führt mit bemerkenswertem Erfolg die Demobilisierung des Millionenheeres durch und leitet die Umstellung der Wirtschaft von Kriegs- auf Friedensproduktion in die Wege, ohne dass es zu katastrophaler Massenarbeitslosigkeit kommt. Durch geschicktes Lavieren versteht sie es, alle separatistischen Bestrebungen einzudämmen und die Einheit des Deutschen Reiches zu bewahren. Das alles ist keineswegs selbstverständlich, sondern ein großer Erfolg.

Zugleich verzichtet sie allerdings weitgehend darauf, die Demokratisierung der Gesellschaft in Angriff zu nehmen, die von der Revolutions- und Rätebewegung gefordert wird. Sie nutzt ihre Spielräume für strukturelle und personelle Veränderungen kaum – in einer Zeit, in der diese Spielräume am größten sind.

»Schon nach wenigen Tagen« verkündet ein farbiges großformatiges Plakat, das die Regierung in Berlin kleben lässt, sei schon »so viel« erreicht worden. Es listet neben der »Volksrepublik«, dem allgemeinen Wahlrecht, der »sozialistischen Reichsregierung«, der »Versammlungsfreiheit«, den »Arbeiter- und Soldatenräten« und dem »Achtstundentag« auch die »Zerschmetterung des Militarismus« auf. Die führenden Sozialdemokraten sind tatsächlich davon überzeugt, dass die tragenden Säulen des alten Regimes erledigt sind, dass von ihnen keine Gefahr mehr droht. Gründlicher kann man sich nicht irren.

11
WIE PHOENIX AUS DER ASCHE – DIE OBERSTE HEERES-LEITUNG ALS MACHTFAKTOR

Die Angst vor russischem Chaos und Bürgerkrieg ist zweifellos eine der Hauptursachen für die Politik der Volksbeauftragten. Doch die Spitzenpolitiker der Sozialdemokratie haben unter den Bedingungen des Kaiserreichs auch kein realistisches Verhältnis zum Umgang mit staatlicher Macht gelernt. Sie haben keinen Zweifel an der Kompetenz und der Unentbehrlichkeit von Fachleuten, misstrauen dafür aber umso mehr den eigenen Fähigkeiten, das Staatsschiff zu steuern. Genau das unterscheidet sie fundamental vom Spitzenpersonal des alten Regimes, insbesondere von der Obersten Heeresleitung um Generalfeldmarschall Hindenburg und General Groener.

Fragen der Strategie und Taktik gehören zum elementaren Handwerkszeug der Generale, und während des Krieges haben sie nicht nur den Umgang mit der militärischen Macht alltäglich geübt, sondern auch den mit der politischen. Der Anruf Groeners bei Ebert in der Reichskanzlei am Abend des 10. November ist Bestandteil einer durchdachten Strategie, mit der die Oberste Heeresleitung entscheidenden politischen Einfluss zurückgewinnen will – während Ebert vermutlich zunächst schlichtweg erleichtert ist, die Demobilisierung in den Händen bewährter Fachleute zu sehen.

Unmittelbar nach dem Telefonat Groeners mit Ebert teilt die OHL ihre Sicht des Gesprächs allen »Heeresgruppen und

Armeeoberkommandos und selbstständigen Stellen des Großen Hauptquartiers« in einem Befehl mit. Noch mit Datum vom 10. November fordert dieser Befehl Hindenburgs alle Offiziere und Mannschaften auf, angesichts des drohenden Bolschewismus »unvermindert ihre Pflicht zu tun zur Rettung der deutschen Lande aus größter Gefahr«. Er selbst habe sich entschlossen, auf seinem Posten zu verharren, und habe – wie vom Kaiser mündlich befohlen – den Oberbefehl über das deutsche Feldheer übernommen. Weiter teilt Hindenburg in diesem Befehl mit, die OHL wolle »mit dem Reichskanzler Ebert« zusammengehen, »um die Ausbreitung des terroristischen Bolschewismus in Deutschland zu verhindern«.

Von Anfang an, das zeigt der Befehl Hindenburgs deutlich, gehört es zur Strategie der OHL, den »terroristischen Bolschewismus« als akut drohende Gefahr an die Wand zu malen. Deutlich ist auch, dass sie bereits am Abend des 10. November für sich in Anspruch nimmt, auf Augenhöhe mit der Regierung zu verkehren und den Primat der Politik nicht anerkennt. Das hat System, ist Bestandteil einer Strategie. General Groener hat diese Strategie entwickelt und beschreibt sie in seinen Erinnerungen in bemerkenswerter Offenheit. »Die Aufgabe der Heeresleitung musste es jetzt sein, den Rest des Heeres rechtzeitig und in Ordnung, aber vor allem innerlich gesund in die Heimat zu bringen und dem Offizierskorps als dem Träger des Wehrgedankens einen Weg in die neuen Verhältnisse zu ermöglichen. Die seit Jahrhunderten im preußisch-deutschen Offizierskorps angesammelte moralisch-geistige Kraft musste in ihrem Kern für die Wehrmacht der Zukunft erhalten werden.« Um dies zu erreichen, scheint es Groener sinnvoll, mit Ebert zusammenzugehen, den er »als anständigen, zuverlässigen Charakter und unter der Schar seiner Parteigenossen als den staatspolitisch weitsichtigsten Kopf« kennengelernt habe. Indem sie Ebert die Zusammenarbeit anbieten, hoffen die Offiziere der OHL, »einen Teil der Macht im neuen Staat an Heer und Offizierskorps zu bringen«. Auf diese Weise würde vielleicht, so der Stratege Groener, »der Revolution zum Trotz das beste und stärkste Element des alten Preußentums in das neue Deutschland hinübergerettet. Zunächst galt es freilich, Zugeständnisse zu machen, denn die Entwicklung im Heer und in der Heimat war solche Wege gegangen, dass es sich vorerst nicht um rücksichtsloses Befehlen von Seiten der OHL handeln konnte, sondern um Auffangen und Unschädlichmachen der revolutionären Strömungen. (...) Es auf Kraftproben ankommen zu lassen war nicht die Zeit.«

Noch nicht. Groener ist sich vermutlich durchaus darüber im Klaren, dass er bei seinem Telefonat mit Ebert am 10. November kein sonderlich gutes Blatt in der Hand hat, aber er pokert geschickt. Schnell gelingt es ihm, den Eindruck zu erwecken, dass die neue Regierung bei der Demobilisierung zwingend auf die OHL angewiesen ist. Dabei ist es in Wahrheit um die Position der OHL bei der Truppe nicht gut bestellt. Die Soldaten wollen in erster Linie nach Hause, und sie würden den Marsch in die Heimat vermutlich lieber unter dem Kommando ihrer selbst gewählten Soldatenräte antreten als unter dem ihrer bisherigen Offiziere. Im Krieg haben die Soldaten ungeheure Leiden und Entbehrungen auf sich nehmen müssen, und die gesamte Situation der höherrangigen Offiziere unterschied sich in aller Regel sehr deutlich von derjenigen der Mannschaften. Das Ende des Krieges erleben viele einfache Soldaten auch als Befreiung aus dem Joch des preußischen Militarismus. Der Prozess der Demobilmachung in der Heimat findet dann ohnehin meist ohne Zutun des Generalstabs und der OHL statt. Die Armee demobilisiert sich zum großen Teil selbst, wenn die Truppen ihre Garnisonen erreicht haben. Für die rasche Demobilisierung, die der Waffenstillstandsvertrag vorschreibt, ist also das Funktionieren der Eisenbahnen viel wichtiger als das des Generalstabs.

Noch weiter wagt sich Groener vor, als er Ebert die Unterstützung der OHL im Kampf gegen den Bolschewismus anbietet, denn Groener hat für einen solchen Kampf am 10. November nichts zu bieten. Die Soldaten des Feldheeres sind nicht bereit, im Auftrag der OHL gegen die Revolution in der Heimat zu marschieren. Das hat Groener am Tag zuvor dem Kaiser unmissverständlich klargemacht. Ebert gegenüber erweckt er nun den gegenteiligen Eindruck. Wie wenig er tatsächlich in der Hand hat, wird sich in den folgenden Wochen zeigen, ist dann aber nicht mehr von entscheidender Bedeutung. Sein Bluff gelingt, und er schafft es, die alte Oberste Heeresleitung des Kaiserreichs, die am 9. November ihre politische und militärische Macht eingebüßt hat, schon einen Tag später wieder zurück ins politische Spiel zu bringen.

Groener profitiert dabei sicherlich von der Tatsache, dass er als bürgerlicher Württemberger mit dem sozialdemokratischen Badener Ebert schon in der Vergangenheit immer wieder ins Gespräch gekommen ist. Zwischen den beiden Süddeutschen stimmt die Chemie, während Groener als Sohn eines Berufsunteroffiziers in der adlig-preußischen Umgebung des Kaisers immer wie ein Fremdkörper gewirkt hat. In einem Brief an seine Frau schreibt Groener am 17. November: »Der Feldmarschall und ich wollen Ebert, den ich als geraden, ehrlichen und anständigen Charakter persönlich schätze, stützen, solange es irgend geht, damit der Karren nicht noch weiter nach links rutscht.« Groener ist die Idealbesetzung für die Aufgabe, die er erkannt und übernommen hat. Die klassischen adligen Generale der preußischen Armee würden an ihr scheitern. Täglich telefonieren Groener und Ebert nach dem 10. November über eine besondere Telefonleitung zwischen der OHL und der Reichskanzlei, um sich abzustimmen. Allerdings nicht im Geheimen, wie das Groeners Eindruck ist. Ebert agiert keineswegs hinter dem Rücken seiner Kollegen. Die anderen Volksbeauftragten wissen von diesen Telefonaten, wie Eberts Kollege Dittmann (USPD) in seinen Erinnerungen berichtet. Dittmann unterstreicht zugleich den starken Einfluss, den Groener auf Ebert vor allem in militärpolitischen Fragen ausübt. Ebert begegnet Groener zweifellos mit allem Respekt, den er vor dem Fachmann hat, aber auch mit großer Vertrauensseligkeit. Unmittelbar nach dem 10. November ermächtigt der Rat der Volksbeauftragten die OHL, Anordnungen zu treffen, mit denen die notwendige Disziplin aufrechterhalten werden soll. Selbstverständlich nutzt die militärische Führung diese Gelegenheit, um möglichst viel von der alten militärischen Ordnung zu konservieren oder wiederherzustellen. Gegen solche Anordnungen gibt es heftige Proteste von Soldatenräten. Daraufhin präzisiert die Regierung, dass die Ermächtigung nur für die Durchführung der Waffenstillstandsbedingungen gelte und dass diese Maßnahmen für die »künftige Regelung der Befehlsgewalt nicht bindend« seien.

Parallel zu dieser Entwicklung ruft der Vollzugsrat am 12. November zur Bildung einer Roten Garde von 2.000 Mann auf, die den »Schutz der Revolution« übernehmen und ständig dem Vollzugsrat zur Verfügung stehen soll. Bereits am folgenden Tag wird nach heftigen Auseinandersetzungen mit dem Rat der Volksbeauftragten die Bildung dieser Roten Garde vorläufig eingestellt, weil der Vollzugsrat mit dieser Anordnung seine Befugnisse weit überschritten hat – jedenfalls aus der Perspektive des Rates der Volksbeauftragten. Auch die vom Vollzugsrat verkündete Unterstellung der OHL unter das Kriegsministerium und unter die Kontrolle des Vollzugsrats wird nie Wirklichkeit, obwohl sie dringend notwendig und sachlich geboten wäre.

Die Spartakusgruppe wiederum scheitert mit der Gründung eines »Roten Soldatenbundes«. Mit seiner Hilfe sollen die Soldatenräte zu Instrumenten einer revolutionären Politik im Sinn der Spartakusgruppe gemacht werden, aber die weitaus überwiegende Mehrheit der Soldatenräte erweist sich als zuverlässige Stütze der Regierung der Volksbeauftragten.

Groener macht sich unmittelbar nach der Verständigung mit Ebert daran, Schritt für Schritt die Position der Arbeiter- und Soldatenräte zu schwächen und die der alten Führung zu stärken. Weil die Landesbehörden ihre Macht an mehr oder weniger radikale Arbeiter- und Soldatenräte abgegeben hätten, diese Räte aber ihren Aufgaben nicht gewachsen seien, beantragt die OHL bei der Regierung, »dass für das Feldheer nur die alten Behörden Geltung haben, den A.- u. S.-Räten nur eine beratende Stelle hierbei einzuräumen ist«. Der Chef des Generalstabes des Feldheeres teilt das den Kommandeuren am 16. November mit. Die OHL hält es für fraglich, ob die Regierung in der Lage sein wird, die alten Behörden wieder einzusetzen, weil sie zunächst keinen Machtfaktor hinter sich habe. »Das zurückkehrende Feldheer wird deshalb vielfach über, neben oder an Stelle der alten Behörden arbeitende A.- u. S.-Räte finden. Es ist trotzdem grundsätzlich mit der alten Behörde zu verhandeln, es ist deren Sache, sich mit ihrem eigenen A.- u. S.-Rat sodann abzufinden. Wo die alte Behörde nicht mehr vorgefunden wird und die Art der Arbeit des A.- u. S.-Rates das

Die Oberste Heeresleitung auf der Kasseler Wilhelmshöhe

geordnete Zurückführen des Heeres gefährdet, ist es geboten, die Tätigkeit der betreffenden Behörde selbst in die Hand zu nehmen.« Das ist eine klare Kampfansage gegen die Revolutionsbewegung, die kaum verhüllte Aufforderung zu kleinen lokalen Putschen, mit denen die Repräsentanten der Revolutionsbewegung entmachtet und wo möglich die alten Behörden wieder installiert werden sollen.

Ausführlich werden die Kommandeure in diesen Richtlinien vom 16. November mit strategischen Überlegungen der OHL vertraut gemacht. Das soll aufgekommene Irritationen beseitigen und die Kommandeure zu klugem Handeln im Sinne der Strategie befähigen. Das Feldheer werde sich immer mehr dem Einfluss von radikalen Elementen aus der Heimat ausgesetzt sehen, »von Hetzern, die erneute Unruhe ins Land tragen wollen, um die gegenwärtige Regierung zu stürzen und das Land in einen Zustand von Raub, Mord und Plünderungen zu bringen«. Als »Schutzimpfung« sei es deshalb erforderlich, Soldatenräte als Beschwerdeinstanz und als beratendes Organ zu bilden, um das Heer »gegen die radikalen Strömungen widerstandsfähig zu machen. Der Verkehr mit heimischen S.-Räten, das schroffe Abweisen von entsandten radikalen Elementen aus der Heimat wird reibungsloser durch den S.-Rat der Truppe vollzogen als durch den Offizier.«

Ein weiterer Vorteil dieser von den Kommandeuren eingerichteten Soldatenräte sei es, dass sie dort wirksam werden können, wo der Offizier nicht mehr die »restlose Befehlsgewalt« über den Mann habe. »Verständige, wohlgesinnte Leute des S.-Rates der Truppe (...) haben es erreicht, den Mann zur Pflichterfüllung zu bekehren. Der S.-Rat der Truppe ist somit vielfach eine Vertrauensstelle geworden, die durch Beeinflussung des Mannes dem Offizier seine volle Befehlsgewalt zurückgewonnen hat.« Die Soldatenräte der Truppe seien unentbehrlich, weil allein durch sie »ein weitgehender Einfluss auf die Truppe« zurückgewonnen werden kann. »So gewinnt das geschlossene Zurückführen des Feldheeres eine Bedeutung, die weit über das Militärische hinausgeht«, heißt es recht deutlich in den Richtlinien vom 16. November. Die politische Strategie selbst soll von den Kommandeuren natürlich nicht kommuniziert werden. Deshalb endet die Richtlinie mit dem Hinweis:»In der Beeinflussung der S.-Räte und der Truppe ist vom politischen Gesichtspunkt nicht zu sprechen. Das Ziel muss unmittelbar durch Betonung der Notwendigkeit des Aufrechterhaltens der Ordnung betont werden.«

Allerdings funktioniert beileibe nicht alles so, wie Groener sich das vorstellt. Mitte November verbietet er beispielsweise den Gebrauch von roten Fahnen in der Truppe. Das führt zu Beschwerden zahlreicher Arbeiter- und Soldatenräte, die auch Übergriffe der Offiziere beklagen. Sie wenden sich an den Vollzugsrat und den Rat der Volksbeauftragten. Ebert erklärt auf der Kabinettssitzung am 20. November, man müsse in allererster Linie jede unnötige »Erschütterung des Zusammenhangs des Heeres« vermeiden, um nicht die Demobilisierung zu gefährden. Schließlich aber reagiert die Regierung auf die Beschwerden der Arbeiter- und Soldatenräte mit der Forderung an die OHL, den Befehl abzuändern. Dem kommt die OHL nach einigem Zögern und mehreren Aufforderungen nach, aber auf eine Weise, die keineswegs zufriedenstellend ist und nicht zur Beruhigung der Gemüter beiträgt. Wieder gibt es Proteste von Arbeiter- und Soldatenräten. Die Regierung reagiert auf erneute Proteste abermals mit der Aufforderung an die OHL, den Befehl zu ändern. Diese zweite Anweisung der Regierung ignoriert die OHL jedoch. Der Vorgang zeigt, dass sich innerhalb sehr kurzer Zeit die Machtverhältnisse bereits deutlich verschoben haben. Die Volksbeauftragten unternehmen keinen ernsthaften Versuch mehr, die OHL zu zähmen und ihren eigenen politischen Gestaltungswillen durchzusetzen. Die OHL tritt schon nach wenigen Wochen mit dem Anspruch einer »Nebenregierung« auf. Das spätere Selbstverständnis der

Reichswehr als »Staat im Staate« ist bereits im Selbstverständnis der militärischen Führung in der Revolutionszeit deutlich erkennbar.

Sehr schnell rächt sich, dass Ebert die OHL als Partner der Regierung akzeptiert und nicht von Anfang an auf dem Primat der Politik besteht. An einer übergangsweisen Zusammenarbeit mit der alten militärischen Führung hat zwar kein Weg vorbeigeführt, sie hätte aber niemals auf Augenhöhe stattfinden dürfen, sondern immer die übergeordnete Position der Regierung spiegeln müssen. Von Seiten der OHL war eine Selbstbeschränkung sicher nicht zu erwarten. Sie hat in den Jahren der Militärdiktatur Hindenburg/Ludendorff grenzenlose Macht ausgeübt und war es durchaus gewohnt, sich der Politik überzuordnen. Ein Politiker mit der Erfahrung Eberts, vermute ich, hat sich auf eine solche Zusammenarbeit auf Augenhöhe mit diesem Partner sicher nicht aufgrund von politischer Naivität eingelassen. Was als strategischer Schachzug gedacht war, um seinen politischen Spielraum zu erweitern, bringt Ebert freilich innerhalb kürzester Zeit vom Regen in die Traufe. Bereits nach drei bis vier Wochen ist die OHL ein ernst zu nehmender innenpolitischer Machtfaktor, und sie beginnt, Ebert unter Druck zu setzen. Wo die Chefs der Zivilbehörden mehr oder weniger subtil ihren Einfluss geltend machen, beginnen Groener und Hindenburg auf den großen Schlag gegen alles zu drängen, was links von Ebert steht und in ihren Augen »bolschewistisch« ist. Das sind nicht nur die Spartakusgruppe und die Revolutionären Obleute, sondern insbesondere auch die Arbeiter- und Soldatenräte.

12
VERWIRRENDE TAGE - BERLIN,
6. /7. DEZEMBER 1918

Es sind verwirrende und unübersichtliche Zeiten, und für die Zeitgenossen ist es fast unmöglich, sich ein einigermaßen angemessenes Bild der Lage zu machen. Der 6. Dezember 1918 zeigt das besonders anschaulich. Am späten Nachmittag dieses »schwarzen Freitags« versammeln sich vor der Reichskanzlei mehrere Kolonnen Matrosen und Soldaten, »die Gewehre fest in der Hand«. Auf einem primitiven Holzblock stehend, hält ein Feldwebel namens Spiro eine Ansprache – er ist Vorsitzender des Soldatenrates des Ersatz-Bataillons des Kaiser Franz Garde-Grenadier-Regiments Nr. 2: »Deutschland steht in dem unermesslichen Unglück einer vollen Katastrophe, die nur durch bewusste Zusammenfassung aller Kräfte und durch freiwillige Unterordnung jedes Einzelnen unter das gemeinsame Wohl überwunden werden kann. Deshalb verlangen wir, dass in kürzester Zeit die Vertretung des deutschen Volkes zusammentreten soll, dass die Nationalversammlung für den 20. Dezember einberufen wird.« Spiro wendet sich dann gegen den Vollzugsrat, der nicht mehr »mit linkischen Händen« in die Regierungsmaschine eingreifen und die Regierung unter Druck setzen dürfe. Schließlich ruft er »gestützt auf die bewaffnete Macht, und im Bewusstsein für die ganze Nation zu sprechen«, Friedrich Ebert zum Präsidenten Deutschlands aus. »Die deutsche soziale Republik und ihr erster Präsident Fritz Ebert Hurra, Hurra, Hurra!« Der Bericht des *Berliner Tageblatts* vermerkt: »Brausender Beifall, Trommelwirbel.«

Ebert wird von den Matrosen und Soldaten jubelnd begrüßt, als er das Wort ergreift. Er spricht über die ungeheuren Schwierigkeiten, die der Krieg und die Waffenstillstandbedingungen dem Volk auferlegen, und er warnt vor eigenmächtigen Experimenten. Im Hinblick auf die Einberufung der Nationalversammlung bittet er um Geduld »bis zur Tagung aller deutschen Arbeiter- und Soldatenräte am 16. Dezember, die sich über den technisch frühesten Termin der Nationalversammlung schlüssig werden soll«.

Nach einigen anderen Rednern ergreift wieder Spiro das Wort und bleibt hartnäckig: »Jetzt habe ich an Herrn Ebert die klare Frage zu richten: Herr Ebert ist jetzt zum Präsidenten der deutschen Republik ausgerufen worden. – Folgt er diesem Rufe oder nicht! Ja oder nein?« Mit »ruhiger, fester, durchdringender Stimme« antwortet Ebert: »Kameraden und Genossen! Den Ruf, der an mich ergangen ist, kann und will ich nicht annehmen, ohne vorher mit meinen Freunden in der Regierung gesprochen zu haben. Das ist eine hoch wichtige Angelegenheit, deren Entscheidung allein in den Händen des Rates der Volksbeauftragten liegt.« Spiro fordert daraufhin die Matrosen und Soldaten auf, in geschlossenem Zug abzumarschieren. »In dem düsteren Grau des Dezemberabends verklingen die schweren Schritte der marschierenden Truppen«, liest man im *Berliner Tageblatt*.

Die bürgerliche Presse berichtet durchaus wohlwollend über den Versuch, Ebert zum Präsidenten auszurufen. Der *Vorwärts* unterstreicht, dass Ebert mit seinem Verhalten bewiesen habe, »dass die sozialdemokratische Partei es ablehnt, sich auf dem Wege eines Handstreichs die alleinige Macht zu verschaffen«. Das Berliner Organ der USPD, *Die Freiheit*, sieht das ganz anders: »Das Verhalten Eberts bei der Demonstration des Spiro war nicht das, das man erwarten und verlangen musste. Ebert hatte die Pflicht, der ebenso frechen wie dummen Ausrufung zum Präsidenten der Republik ganz anders entgegenzutreten. Die gegenwärtige Regierung beruht einmal auf einer Vereinbarung der Parteien, dann auf der Sanktion des Arbeiter- und Soldatenrates, in dessen Händen gegenwärtig die politische Macht ruht. Ebert wäre verpflichtet gewesen, das Ansinnen aufs schärfste zurückzuweisen, er hatte kein Recht, eine Beratung darüber anzukündigen. Sein Verhalten war geschmacklos und nicht loyal.«

Nicht nur der merkwürdige Versuch, Ebert zum Präsidenten auszurufen, beschäftigt an diesem 6. Dezember die Berliner. Für große Erregung sorgt, dass etwa zur selben Zeit ein äußerst ernsthafter Versuch unternommen wird, den Vollzugsrat zu verhaften, der neben dem Rat der Volksbeauftragten das wichtigste Organ der Revolution ist. Kurz nach Beginn der Sitzung des Vollzugsrates um 16.30 Uhr besetzen Soldaten und Matrosen sämtliche Ausgänge des Berliner Abgeordnetenhauses, in dem das Gremium tagt. »Kurz darauf dringt ein Feldwebel der Gardepioniere mit etwa 30 Mann (Pioniere und Marine, meist sehr junge Leute) ein und erklärt den Vollzugsrat für verhaftet, und zwar im Namen der Reichsregierung. Auf das Ersuchen des Vorsitzenden, einen schriftlichen Befehl vorzulegen, erklärt er, dass er einen solchen nicht habe und dass er nur dem Befehl seines Vorgesetzten folge. Auf die Frage, wer dieser Vorgesetzte sei, lehnt er die Antwort ab.« So die offizielle Verlautbarung des Vollzugsrats. Der Feldwebel befiehlt, die Mitglieder des Vollzugsrats gruppenweise abzuführen. Weil die Betroffenen aber energisch protestieren und die Soldaten unentschlossen sind, zieht sich die Ausführung des Befehls einige Zeit hin. Inzwischen kommt der Berliner Polizeipräsident Emil Eichhorn mit einigen Männern seiner Sicherheitswehr dem Vollzugsrat zu Hilfe, wird aber zunächst selbst von den Truppen festgesetzt. Eichhorn ist Mitte 50, wurde mit 30 hauptamtlicher SPD-Parteifunktionär und war vor dem Krieg neun Jahre Mit-

201

glied des Reichstags. Ein erfahrener Politiker, der sich 1917 der USPD angeschlossen hat und am 9. November 1918 zum Berliner Polizeipräsident ernannt wurde. Er gehört dem linken Flügel der USPD an, vertritt ähnliche politische Positionen wie die Revolutionären Obleute.

Blitzschnell verbreitet sich die Nachricht von der drohenden Verhaftung des Vollzugsrats. Matrosen der im Marstall untergebrachten Volksmarinedivision rücken an, um ihn zu befreien. Auch Arbeiter aus den Fabriken kommen in großen Scharen. Erst als der Volksbeauftragte Emil Barth erscheint und im Namen des Rates der Volksbeauftragten dem Feldwebel den Befehl erteilt, mit den Mannschaften sofort den Saal zu räumen, wendet sich das Blatt.»Nach anfänglichem Sträuben« zieht der Feldwebel mit seinen Männern ab. Die Verhaftung des Vollzugsrats scheitert schließlich.

In Berlin machen schon seit Tagen Putschgerüchte die Runde. Einerseits wird kolportiert, in der Hauptstadt stünden über 100.000 gut bewaffnete Liebknecht-Anhänger zum Gewaltstreich bereit. Wegen der»herrschenden Nervosität« werden solche Phantastereien allenthalben geglaubt. Andererseits hat die radikale Linke keinerlei Zweifel daran, dass Friedrich Ebert und seine Genossen wild entschlossen sind, zur Not auch mit militärischer Gewalt gegen die Anhänger der Spartakusgruppe vorzugehen. Verschiedentlich kommen Anfang Dezember Gerüchte auf, Ebert lasse Truppen um Berlin zusammenziehen, die gegen revolutionäre Verbände vorgehen sollten.

In der aufgeladenen Stimmung liegt es nahe, hinter den beiden zeitgleich stattfindenden Ereignissen – der Ausrufung Eberts zum Präsidenten der Republik einerseits und der versuchten Verhaftung des Vollzugsrates andererseits – einen geplanten Putschversuch zu sehen. Der Berliner Polizeipräsident berichtet davon, dass die gegenrevolutionäre Bewegung immer intensiver geworden sei und auch an Umfang zugenommen habe. In Gaststätten, die vornehmlich von Offizieren besucht würden, werde offen monarchistische Propaganda getrieben, Offiziere hielten Sitzungen im geschlossenen Kreise ab und diskutierten dort die Möglichkeit eines Vorstoßes gegen die »neue Ordnung«.

Der Vollzugsrat selbst spricht im Hinblick auf seine versuchte Verhaftung von einem Putsch. Er geht allerdings davon aus, dass die Soldaten und Matrosen lediglich missbraucht worden sind und vermutet, dass hinter ihnen »wirkliche Gegenrevolutionäre« stecken. »Jedenfalls muss eine genaue Untersuchung verlangt werden, welche die Einzelheiten dieses Putschversuches aufdeckt.« Er ordnet die Verhaftung einer Reihe von Verdächtigen »wegen dringenden Verdachtes gegenrevolutionärer Umtriebe« an. Einer der Beschuldigten gesteht, »an der Spitze eines Trupps Soldaten in die Redaktion der *Roten Fahne* eingedrungen zu sein und eigenmächtig den Betrieb aufgehoben zu haben« – ein weiterer Vorfall an diesem 6. Dezember, der in das Putsch-Szenario passt.

Aber das ist beileibe nicht das Schlimmste, was an diesem Tag der radikalen Linken zustößt. Die Spartakusgruppe hat für den 6. Dezember drei Versammlungen mit anschließenden Demonstrationszügen angemeldet, die vom Berliner Polizeipräsidenten mit der Auflage genehmigt worden sind, dass keine Waffen mitgeführt werden. Die Versammlungen finden am späteren Nachmittag in den Germania-, Sophien- und Andreas-Sälen statt. Die Redner greifen in allen drei Versammlungen die Regierung scharf an, erheben Protest gegen die Einberufung einer Nationalversammlung und sprechen sich für die Diktatur des Proletariats aus. Noch während die Versammlungen im Gang sind, verbreitet sich die Nachricht von der mutmaßlichen Verhaftung des Vollzugsrats und von Eberts Ausrufung zum Präsidenten. In den Augen vieler ist das der seit Längerem erwartete Putschversuch. Entsprechend erregt beginnen die geplanten Demonstrationszüge.

»Nachmittags gegen 5 1/2 Uhr, verließen die Teilnehmer ei-

ner in den Germaniasälen stattgehabten Versammlung von Ur-
laubern, Frontsoldaten und Deserteuren das Versammlungslo-
kal, um sich in einem von dem Herrn Polizeipräsidenten
genehmigten Demonstrationszuge zum Abgeordnetenhaus zu
begeben«, heißt es im offiziellen Bericht des zuständigen Poli-
zeihauptmanns an den Polizeipräsidenten, das Preußische
Staatsministerium und die Reichsregierung.»Es mögen ca.
1.500 Personen gewesen sein. Etwa 1/2 Stunde vorher hatte
eine Abteilung der Gardefüseliere Ecke Invaliden- und Chausseestraße Aufstellung genommen. Die Soldaten waren mit Gewehren und Maschinengewehren versehen. Beim Erscheinen
der Versammlungsteilnehmer wurden die M.-G. geladen und
die Gewehre entsichert. Ein Unteroffizier forderte den Demonstrationszug auf, in die Invalidenstraße einzubiegen, welchem
Ersuchen nachgekommen wurde. In diesem Augenblick nahte
vom Oranienburger Tor kommend ein zweiter Demonstrationszug, der sich aus Teilnehmern einer Parallelversammlung in
den Sophiensälen zusammensetzte, heran. Nach Zeugenaussa-
gen soll von dieser Seite ein Schuss gefallen sein.«

Daraufhin eröffnen die Soldaten sofort das Feuer, berichtet
die *Vossische Zeitung* am folgenden Tag.»Das Maschinengewehr knatterte eine halbe Minute lang gegen die Spartakusgruppe, die Soldaten schossen mit ihren Gewehren gegen die
Demonstranten in der Chaussee- und in der Invalidenstraße.
Die Wirkung des Gewehr- und Maschinengewehrfeuers war
sehr schwer. Die Chausseestraße war in ihrer ganzen Breite
dicht mit Menschen gefüllt, Demonstranten und auch zufälli-
ge Passanten; ein Straßenbahnwagen fuhr gerade durch die
Invalidenstraße, mehrere Lastfuhrwerke durch die Chausseestraße. Gleich nach den ersten Schüssen brachen in der Chausseestraße zahlreiche Personen zusammen. Mehrere Kugeln
schlugen in den Straßenbahnwagen ein, andere in die Schau-
fenster der Banken und Läden auf der linken Seite der Chausseestraße.«

In der Straßenbahn wird ein junges Mädchen tödlich getroffen. Eine unbeschreibliche Panik entsteht unter der Menge. Wer nicht getroffen ist, rettet sich in Hausflure und Geschäfte. Nach einigen Sekunden ist die Straße wie leergefegt, auf dem Pflaster des Bürgersteiges und auf dem Asphalt der Straße liegen die tödlich Getroffenen und die Schwerverwundeten.

»Die Soldaten machten sich alsbald daran, die Toten zu bergen und den Schwerverwundeten zu helfen«, berichtet die *Vossische Zeitung* weiter. »Telefonisch wurden Krankenwagen herbeigerufen, die Sanitätsautomobile reichten aber nicht aus, um alle Schwerverwundeten aufzunehmen; viele von ihnen wurden in die Hausflure, in Privatwohnungen getragen, eine größere Zahl, siebzehn, nach der Rettungswache in der Eichendorffstraße. Nach einer Weile kamen dann Rollwagen, auf welche die Toten geladen und fortgebracht wurden.« Der Polizeibericht spricht später von 14 Toten und über 30 mehr oder weniger schwer verletzten Demonstranten.

Etwa um 18.30 Uhr erscheint der Polizeipräsident vor Ort und versucht zu ermitteln. Dabei hört er vom Kommandanten der Gardefüsiliere, dass er seine Mannschaften »auf Weisung des Generalkommandos des Gardekorps« habe ausrücken lassen. Die Soldaten haben »mindestens 500 Schuss« abgegeben. Polizeipräsident Eichhorn protestiert bei der Reichsregierung und beim Ministerium des Innern und spricht dabei von einem »Überfall friedlicher Demonstranten durch bewaffnetes Militär«.

Eichhorn führt die schrecklichen Ereignisse auch darauf zurück, dass in Berlin diverse Sicherheitswehren und Truppenteile aktiv sind, die sich nicht an die mit der Berliner Polizei vereinbarten Regeln halten. »Die militärischen Behörden müssen nachdrücklich angewiesen werden«, verlangt er, »sich jeder Eingriffe in die Rechte der Polizei zu enthalten. Die Aufrechterhaltung der Ordnung auf den Straßen ist ausschließlich Sache der Polizei; auch in die Aufsicht über das Vereins- und Versammlungswesen haben sich die Militärbehörden nicht einzumischen. Das ist leider am 6. Dezember wieder geschehen.« Das Blutvergießen, so Eichhorn weiter, hätte vermieden werden können, wenn nicht das Generalkommando des Gardekorps und die Kommandantur Berlin ihre Kompetenzen maßlos überschritten hätten. Der Befehl, Demonstrationszüge zu zerstreuen,»war ein unerhörter Übergriff. Dieser Befehl geht über den Rahmen der militärischen Berechtigung hinaus: ich erhebe schärfsten Protest dagegen.«

Es sind Anfang Dezember 1918 in der Tat die verschiedensten militärischen und polizeilichen Sicherheitsdienste und Truppen in Berlin im Einsatz, und ihre Absprache lässt sehr zu wünschen übrig. Dabei handelt es sich nicht nur um ein organisatorisches Problem, es geht auch um politische Loyalitäten und Macht.

So gibt es die»Sicherheitstruppe Groß-Berlin«, die dem Berliner Polizeipräsidenten Eichhorn untersteht und 3.600 Mann umfasst. Sie ist für die Aufrechterhaltung der Ordnung in Berlin zuständig, soweit die regulären Polizeieinheiten dafür nicht ausreichen. Neben der Polizei-Verwaltungsstruktur gibt es nach wie vor die aus dem Kaiserreich überkommene Militärstruktur mit einer Kommandantur an der Spitze. Der Stadtkommandant befehligt nicht nur die gesamten in Berlin stationierten Ersatztruppen, sondern herrschte während des Krieges wie ein regionaler Militärdiktator. Vier Wochen nach Kriegsende ist die damit einhergehende Denkweise in der Kommandantur noch weit verbreitet, auch wenn inzwischen Otto Wels (SPD) das Amt des Stadtkommandanten übernommen hat. Wels beginnt am 14. November mit dem Aufbau einer»Republikanischen Soldatenwehr«, die zeitweise eine Stärke von 16.000 Mann erreicht. Die Republikanische Soldatenwehr stellt Wachen auf den Bahnhöfen, in den öffentlichen Gebäuden, Reichsämtern, staatlichen Druckereien und Banken. Daneben gibt es die»Volksmarinedivision«, die im November aus der Marinewache der Reichskanzlei hervorgegangen ist. Anfang Dezember beträgt ihre Stärke knapp 2.000 Mann. Die Volksmarinedivision stellt außer für die Reichskanzlei und das Schloss auch Wachen für die Reichsbank, das Abgeordnetenhaus und das Polizeipräsidium. Anfang Dezember betritt mit der Obersten Heeresleitung ein weiterer Akteur die Berliner Bühne. Zur Vorbereitung des Truppeneinzugs in Berlin, der für den 10. Dezember geplant ist, schickt sie Generalleutnant Arnold Lequis in die Reichshauptstadt. Er kommt mit seinem Generalkommando am 5. Dezember an.

Es ist am Abend des 6. Dezember zunächst völlig unklar, wer den Gardefüsilieren den Befehl erteilt hat, die genehmigten Demonstrationszüge aufzulösen, und warum es so schnell zum massiven Einsatz von Maschinengewehren kommen konnte. Aber auch viele andere Fragen sind offen: Von wem ging die Initiative aus, Ebert durch Truppen zum Präsidenten ausrufen zu lassen? Wie kam es dazu, dass sich daran auch Teile der Volksmarinedivision beteiligt haben, die als ausgesprochen revolutionstreu gilt? Wer hat veranlasst, den Vollzugsrat zu verhaften? Sind die drei Ereignisse Teile eines Gesamtplans? Handelt es sich um einen gegenrevolutionären Putsch? Und, falls ja: Wer sind die Drahtzieher dieses Putschversuchs?

Die Brisanz dieser Fragen ist den politisch Verantwortlichen sehr bewusst. Die Nerven liegen blank. Es ist nicht auszuschließen, dass die Ereignisse des 6. Dezember der Auftakt zu einem blutigen Bürgerkrieg werden. Der Rat der Volksbeauftragten erklärt, er habe keinerlei Auftrag erteilt, irgendein Mitglied des Vollzugsrates zu verhaften, und verspricht lückenlose Aufklärung.

Die Spartakuszentrale berät am Abend über die Lage und ruft die Arbeiter für den nächsten Morgen zum »Massenstreik« auf. Für die radikale Linke ist nicht nur klar, dass am 6. Dezember ein Putschversuch stattgefunden hat, sondern für sie ist auch klar, wer dabei die Drahtzieher sind. Der Leitartikel der

Roten Fahne endet mit dem Appell: »Das blutige Verbrechen muss geahndet, die Verschwörung der Wels, Ebert, Scheidemann muss mit eiserner Faust niedergemacht, die Revolution gerettet werden. Nieder mit den Wels-Ebert-Scheidemann und Genossen! Die ganze Macht an die Arbeiter- und Soldatenräte! Ans Werk! Auf die Schanzen! Zum Kampf! Nieder mit den blutbesudelten feigen Veranstaltern des Putsches! Hoch die Revolution!«

Der Rat der Volksbeauftragten lässt noch in der Nacht zum 7. Dezember Plakate in der ganzen Stadt anschlagen, um die Lage zu beruhigen. Er teilt mit, »dass der Auftrag zur Festnahme des Vollzugsrates dem Vizefeldwebel Fischer von einem gewissen Marten und zwei Beamten des Auswärtigen Amtes, Graf Matuschka und von Rheinbaben, erteilt worden ist. Marten ist ebenso wie Fischer verhaftet worden. Die beiden anderen sind flüchtig, ihre Verhaftung ist angeordnet. Die Truppen, die in der Chausseestraße gegen den Demonstrationszug das

Demonstration des Spartakusbundes vor dem Berliner Zeughaus am 7.12.1918

208

Maschinengewehrfeuer gerichtet haben, waren von einem Mitgliede des Soldatenrats beim Generalkommando namens Krebs, aufgeboten worden. Auch gegen Krebs ist eingeschritten worden.«

Die Volksbeauftragten sind gemeinsam daran interessiert, die Lage zu beruhigen. Aber das undurchsichtige Geschehen am 6. Dezember steigert zugleich das Misstrauen zwischen den Partnern und trägt sehr dazu bei, Sozialdemokraten und Unabhängige einander zu entfremden. Das Blutbad lässt viele Unabhängige näher an die Spartakusgruppe heranrücken, deren Mitglieder ja nach wie vor auch Mitglieder der USPD sind. *Die Freiheit*, das Berliner Parteiorgan der USPD, erklärt sich am 7. Dezember solidarisch mit dem Streik, zu dem Spartakus aufruft: »Wir verstehen die Empörung und teilen die Gefühle unserer Genossen. Wir begrüßen ihre Initiative. Der Streik soll ein Protest sein gegen das ruchlose Vorgehen in der Chausseestraße, gegen gegenrevolutionäre Umtriebe und eine Sympathiebezeigung für die armen Opfer!«

Der Aufruf der Spartakusgruppe zum Massenstreik findet am 7. Dezember keine große Resonanz, aber die Demonstration am Nachmittag droht in einer blutigen Eskalation zu enden. Schon am späten Vormittag versammeln sich Anhänger der Spartakusgruppe in der Siegesallee. Der Berliner Polizeipräsident hat gehört, dass nach den Erfahrungen des Vortages im Demonstrationszug ein Lkw mit Maschinengewehren mitgeführt werden soll. Er fährt persönlich in die Siegesallee, um dies zu verhindern, aber es gelingt ihm nicht. Eichhorn begleitet deshalb den Demonstrationszug – immer in der Nähe dieses Lkw.

Der Vollzugsrat hat im Vorfeld angeordnet, dass Truppen möglichst von der Straße ferngehalten werden sollen. Für den Notfall steht die Republikanische Soldatenwehr mit über 10.000 Mann zur Verfügung, um Ruhe, Ordnung und Sicherheit in Berlin aufrechtzuerhalten.

Vor zwei- bis dreitausend Anhängern beschuldigt Karl Liebknecht bei der Demonstration die Regierung, hinter dem Putschversuch vom Vortag zu stecken: »Es ist gar nicht mehr zu leugnen, dass der Putsch des gestrigen Tages von der Regierung inszeniert worden ist, denn es muss doch auch dem Harmlosesten auffallen, dass die Ereignisse des blutigen Freitags alle miteinander in Zusammenhang stehen.« Zu den »Arbeitermördern« in der Regierung könne man keinerlei Vertrauen mehr haben.

Unter den Linden, in der Nähe der Universität droht die Demonstration in eine blutige Auseinandersetzung verwickelt zu werden. Eichhorn sieht überall in den Anlagen zwischen Opernhaus und Kronprinzenpalais schussbereite Maschinengewehre. »Unteroffiziere standen zur Bedienung an den Maschinengewehren. Wir, ich und einige Genossen, mussten jedem Einzelnen in die Arme fallen und sie von den Maschinengewehren wegdrängen; mit allergrößter Anstrengung und eigener Le-

Karl Liebknecht spricht am 21.12.1918 auf der Beisetzung der Opfer des Putschversuches vom 6. 12. 1918.

bensgefahr gelang es so, die Truppen zum Abzug zu bewegen und die Maschinengewehre im Opernhaus zu bergen. Ein Zusammenstoß in dieser erregten Situation hätte ein entsetzliches Blutbad gegeben. Ich holte dann Herrn Wels herbei; der angesichts der Gefahr noch selbst mithalf, seine Truppen von der Straße zu bringen.« Offenbar geschehen in der Kommandantur entscheidende Dinge, über die selbst der Kommandant vorher nicht in Kenntnis gesetzt wird.

mandantur eine »heftige Rede« und fordert, »dass die jetzige Regierung und Wels hinweggefegt werden«, so der Bericht des *Berliner Tageblatts*. »Solange nicht diese Bluthunde gestürzt sind, ist die Revolution in Gefahr. Das deutsche Volk muss seinen Willen durchsetzen und eine neue Regierung des Proletariats schaffen. Nieder mit der heutigen Regierung! Hoch der Arbeiter- und Soldaten-Rat!«

Belege für eine Beteiligung oder auch nur Mitwisserschaft von Ebert oder anderen Spitzenfunktionären der SPD sind nie gefunden worden. Trotz umfangreicher Untersuchungen sind die Hintergründe des Putschversuchs nie vollständig aufgeklärt worden.

Für die bürgerlichen Zeitungen Berlins sind die wahren Schuldigen aber schnell gefunden. In der *Vossischen Zeitung* liest man am 7. Dezember, »die Arrangeure der Spartakus-Gruppe« hätten am Vortag versucht, einen Putsch in Szene zu setzen. »Ihr Ziel ist ein Gewaltstreich, der sie in den Besitz der uneingeschränkten Macht zunächst in Berlin bringen soll.« Auch das *Berliner Tageblatt* hat recht klare Vorstellungen, wer die Verantwortlichen sind: »Die blutigen Krawalle sind anscheinend durch Pläne und Unternehmungen der Spartacus-Leute und der mit ihnen verbündeten Elemente verursacht worden, deren Ziel der Sturz der Regierung Ebert-Haase war.« Am 8. Dezember berichtet das *Berliner Tageblatt* von Gerüchten, dass wieder ein Spartakusputsch im Gange sei. »Unseres Erachtens drängen die Verhältnisse zur Entscheidung. Nein, so kann es nicht weitergehen. Die innere Zerrissenheit der Regierung, die keinen einheitlichen Willen aufkommen lässt, und das Gewährenlassen einer anarchischen Bewegung müssen zur blutigen Katastrophe führen, aus der in der Tat unabsehbares Elend erwachsen wird.«

Mit den Fakten lassen sich solche Darstellungen allerdings nicht in Einklang bringen. Von einem »Spartakusputsch« kann im Zusammenhang mit dem 6. Dezember absolut keine Rede sein. Nichts deutet andererseits darauf hin, dass die Spitze der SPD in einen Putschversuch verwickelt sein könnte. Aber das stört weder die Propagandisten der bürgerlichen Tageszeitungen noch die der Spartakusgruppe. In der politisch aufgeheizten Atmosphäre der Revolutionsmonate bleibt die Wahrheit schnell auf der Strecke.

Nicht wenige Berliner werden all diese Meldungen erlebt haben wie der knapp elfjährige Sebastian Haffner, der nicht versteht, was in dieser Revolution eigentlich geschieht. »Alle ihre Krisen, Streiks, Schießereien, Putsche, Demonstrationszüge blieben widerspruchsvoll und verwirrend. Nie wurde recht klar, um was es eigentlich ging. Man konnte sich nicht begeistern. Man konnte nicht einmal verstehen. (...) Den einen Tag gab es keine Elektrizität, am anderen fuhren die Straßenbahnen nicht, aber es blieb undeutlich, ob man gerade den Spartakisten oder der Regierung zuliebe Petroleum brennen oder zu Fuß gehen musste. Man bekam Flugzettel in die Hand gedrückt oder las Plakate mit der Überschrift ›Die Abrechnung naht!‹, und man musste sich erst durch lange Absätze voller Beschimpfungen und unentwirrbarer Vorwürfe hindurchlesen, bis man merkte, ob mit den ›Verrätern‹, ›Arbeitermördern‹, ›gewissenlosen Volksverführern‹ usw. jeweils Ebert und Scheidemann oder Liebknecht und Eichhorn gemeint sein sollten.«

Der Putschversuch am 6. Dezember wirkt lange und stark nach. Das Misstrauen der oppositionellen Arbeiter gegen die SPD-Volksbeauftragten und gegen den Stadtkommandanten

Otto Wels steigert sich außerordentlich. Man wirft ihnen vor, dass sie offenbar im Bund mit der militärischen Gegenrevolution die radikalen Arbeiter zusammenschießen wollen. Nicht nur Anhänger der Spartakusgruppe, sondern auch immer mehr Arbeiter, die bis dahin dem gemäßigten Teil der USPD zugeneigt waren, vertrauen jetzt der Regierung nicht mehr und wenden sich von ihr ab. Am 6. Dezember beginnt in Berlin eine Polarisierung mit schließlich katastrophalen Folgen.

13
DER PUTSCH WIRD
VERTAGT – TRUPPENEINZUG
IN BERLIN

Unmittelbare Folgen hat der dilettantische Berliner Putschversuch vom 6. Dezember für die Kasseler Wilhelmshöhe, wo die Oberste Heeresleitung nach Kriegsende Quartier bezogen hat. Hier droht er eine generalstabsmäßig ausgearbeitete Planung heftig durcheinanderzuwirbeln.

Schon kaum eine Woche nach dem 9. November hat Groener vorfühlen lassen, ob mit Ebert vielleicht der große Schlag einer Gegenrevolution zu machen wäre. Oberst Hans von Haeften, der Vertreter der OHL bei der Reichskanzlei, unterbreitet dem Chef der Reichskanzlei, Ministerialdirektor Walter Simons, den Vorschlag, »fünfzehn gut disziplinierte Divisionen« in Berlin einmarschieren zu lassen, die Arbeiter- und Soldatenräte aufzulösen, Ebert zum vorläufigen Reichspräsidenten mit diktatorischer Gewalt zu proklamieren, sofort den Reichstag einzuberufen und eine provisorische Reichsverfassung zu schaffen. Haeften selbst nennt sein Vorhaben den »Versuch einer Gegenrevolution«. Simons berichtet Ebert am 18. November von diesem Vorschlag. Ebert hält sich bedeckt, was Haeften zu der Deutung veranlasst, Ebert werde bei einem Erfolg der Aktion mitmachen, aber nicht die Initiative ergreifen.

Für Anfang Dezember plant die OHL nun einen Truppeneinmarsch in Berlin, als dessen Ziel sie die Stabilisierung der Regierung bezeichnet. Die Aktionsfähigkeit der Regierung, heißt es, solle gesichert werden. Man habe die Absicht, »dem Reichskanzler für die bevorstehende Auseinandersetzung eine Grundlage zu schaffen und ihm den Entschluss zur Tat zu erleichtern«. Verbunden ist der Einmarsch der Truppen mit der Erwartung, »dass der Reichskanzler mit diesen die Einberufung einer Nationalversammlung und die Bildung einer bürgerlich-sozialistischen Regierung durchsetzen werde«. Es geht also – der bemerkenswert freundlichen Umschreibung zum Trotz – um nicht weniger als einen Putsch – zunächst mit dem Ziel, alle politischen Kräfte links von Ebert auszuschalten.

Im Herbst 1925 hat Groener im Rahmen einer Zeugenaussage im sogenannten »Dolchstoß-Prozess« unter Eid Klartext gesprochen: »Zunächst hat es sich darum gehandelt – und das war mein Gedanke und das nächste Ziel –, in Berlin die Gewalt den Arbeiter- und Soldatenräten zu entreißen. Zu diesem Zwecke wurde eine Unternehmung geplant, der militärische Einzug von zehn Divisionen in Berlin. Der Volksbeauftragte Ebert war durchaus damit einverstanden.« Ebert ist zum Zeitpunkt dieser Zeugenaussage bereits verstorben und kann sie weder bestätigen noch dementieren.

Ende November 1918 trägt Major Bodo von Harbou von der Operationsabteilung der OHL Ebert die auf Schloss Wilhelmshöhe entworfenen Pläne vor. Konkret will man nach eigenen Angaben Zivilisten zur Abgabe von Waffen zwingen, die Befehlsgewalt und des Ansehen der Offiziere sowie Ordnung und Autorität im Heer wiederherstellen, die Volksmarinedivision auflösen und die Kasernen von »unzuverlässigen Elementen« säubern. Die OHL habe dafür »zuverlässige Divisionen« mit etwa 150.000 Mann zusammengezogen. Es sei vorgesehen, dass diese Divisionen nacheinander in Zwischenräumen von drei bis vier Tagen in Berlin einziehen. Harbou hebt nach eigenen Angaben ausdrücklich hervor, dass Eile geboten sei, weil die einzelnen, an Zahl schwachen Divisionen sich nur kurze Zeit in der Hand ihre Führer würden halten lassen.

Man weiß in der OHL inzwischen nur zu gut, dass reguläre Einheiten auf Dauer sehr empfänglich sind für Forderungen der Revolutionsbewegung. Fragen der militärischen Befehlsgewalt spielen von Anfang an innerhalb der Revolutionsbewegung eine herausragende Rolle. Schon bei der Meuterei in der Flotte vor Wilhelmshaven und beim Aufstand in Kiel geht es auch um die Verhältnisse in der Armee, die nach Auffassung vieler Matrosen und Soldaten des Heeres schleunigst und von Grund auf geändert werden müssen. Das gilt nach dem Sieg der Novemberrevolution umso dringlicher.

Anfang Dezember tagen in Bad Ems die Vertreter der Soldatenräte des Feldheeres. Die 326 Delegierten bekennen sich ausdrücklich zur Republik und fordern eine baldige Nationalversammlung. Sie erheben aber auch einige Forderungen zu Fragen der militärischen Befehlsgewalt: »Aufhebung des Grußes außer Dienst, Ansetzen des Dienstes im Benehmen mit dem Soldatenrat, Abschaffung der Offizierkasinos, Tragen roter Abzeichen zur Uniform, Neuwahl der Soldatenräte im Feldheer und Hergabe von Kraftwagen für diese.«

Das sind im Kontext der Revolution ausgesprochen moderate Forderungen ohne alle umstürzlerische Tendenzen. Dennoch schreibt Groener an Ebert: »Diese Forderungen untergraben völlig die Autorität der Offiziere und machen die Rückführung des Feldheeres unmöglich. Infolge dieser Beschlüsse herrscht im Offizierkorps große Unruhe.« Für die politischen Pläne der Obersten Heeresleitung ist von entscheidender Bedeutung, dass das Heer ein Instrument in ihren Händen bleibt. Der Offizier muss ohne alle Beschränkungen Vorgesetzter mit umfassender Befehlsgewalt sein, damit die Putschpläne der OHL einigermaßen zuverlässig umgesetzt werden können.

Zu diesem Zeitpunkt sind die Pläne für den Einmarsch der Divisionen in Berlin längst ausgearbeitet. Sie sehen eine vollständige Machtergreifung des Militärs in der Reichshauptstadt vor:

»10.12. Einzug der Garde-Kavallerie-Schützen-Division. Besetzung der Hauptgebäude, Anschlagen der Begrüßungsproklamation der Regierung. (...)

11.12. Einzug der Deutschen Jäger-Division in Berlin und der 1. Garde-Division in Potsdam. Waffen und Kriegsmaterial abgeben. Bekanntmachung: Wer ohne Waffenschein noch Waffen im Besitz hat, wird erschossen(...) Wer sich unberechtigt eine Beamteneigenschaft zugelegt, wird erschossen. Durchsuchung unsicherer Stadtteile.

12.12. Einzug der 4. Garde-Division. Bestimmungen über Arbeitslose und Notstandsarbeiten.

13.12. Einzug der 5. Garde-Division. Erlass für das ganze Reich: Die Autorität der Offiziere gilt wieder in vollem Umfang (Abzeichen, Grußpflicht, Orden, Waffentragen, Abzeichen für Feldheer). (...)

14.12. Einzug des 2. und 4. Garde-Regiments zu Fuß mit ihrer Kavallerie und Artillerie (1. Garde-Division) in Berlin. (...)

ab 15.12. Einzug der 3. Garde-Division in Berlin, der 4. Garde-Division in Spandau, der 5. und 37. Infanterie-Division eventuell auch in Berlin. Besitzergreifung der Kasernen. (...) Übernahme der Sicherheit Berlins durch die Nationalgarde.«

Harbou bespricht diese Pläne im Detail mit Ebert und gewinnt den Eindruck, dass Ebert und die gemäßigten Volksbeauftragten »im Großen und Ganzen mit dem Plan einverstanden waren und geneigt schienen, den ihnen zufallenden Teil des Programms auszuführen«. Groener schildert das im Herbst 1925 vor Gericht unter Eid so: »Wir haben für diesen Einmarsch, der zugleich die Gelegenheit bringen sollte, wieder eine feste Regierung in Berlin aufzustellen – ich muss jetzt unter meinem Eid aussagen, die Herren haben mich gefragt, infolgedessen muss ich in Gottes Namen reden, was ich bisher immer aus guten Gründen nicht getan habe –, ein militärisches Programm ausgearbeitet für die Einzugstage. In diesem Programm war tageweise enthalten, was zu geschehen hätte: die Entwaffnung Berlins, die Säuberung Berlins von Spartakiden usw. Das war alles vorgesehen, tageweise für die einzelnen Divisionen. Das war auch durch den Offizier, den ich nach Berlin geschickt hatte, mit Herrn Ebert besprochen worden. Ich bin Herrn Ebert dafür besonders dankbar und habe ihn auch wegen seiner absoluten Vaterlandsliebe und restlosen Hingebung an die Sache überall verteidigt, wo er angegriffen wurde. Dieses Programm war durchaus im Einvernehmen und Einverständnis mit Herrn Ebert abgeschlossen.«

Wie ernst es die OHL mit dem Truppeneinmarsch meint, zeigt die Zusammenstellung der vorgesehenen Divisionen. Besonders zu nennen ist in diesem Zusammenhang die Garde-Kavallerie-Schützen-Division mit ihrem Ersten Generalstabsoffizier Waldemar Pabst.

Pabst hat sich an der Front im Westen einen guten Ruf als Stabsoffizier erworben. Im April 1918 erhielt er den Auftrag, die aus Russland kommende Garde-Kavallerie-Division zu einer Schützendivision umzuformen und sie für das Angriffsgefecht zu schulen. Der Kommandeur der Division, Generalleutnant Heinrich von Hofmann, räumt seinem ersten Generalstabsoffizier sehr bald große Selbstständigkeit ein. Pabst formt die Truppe zu einer Elitedivision, die sich in den Schlachten der letzten Kriegsmonate so glanzvoll schlägt, dass ihr Kommandeur stellvertretend für die Division mit dem Eichenlaub zum Orden »Pour le Mérite« ausgezeichnet wird – eine selten verliehene Auszeichnung. Die Garde-Kavallerie-Schützen-Division ist eine außergewöhnliche Truppe, der ein besonderer Ruf vorauseilt. Am 4. November 1918 hört Pabst bei einer Einladung des Kronprinzen zum Tee erstmals davon, dass mit der Möglichkeit einer Revolution in Deutschland zu rechnen sei. Pabst bittet den Kronprinzen: »Schickt uns nach Berlin, Kaiserliche Hoheit, dann werden wir die Geschichte in Ordnung bringen.«

Am 9. November ist es in Spa allein der Vertreter der Garde-Kavallerie-Schützen-Division, der erklärt, die Division sei bereit, mit dem Kaiser an der Spitze gegen die Revolution in der Heimat zu marschieren.

Den Befehl der OHL, Vertrauensleute bei der Truppe wählen zu lassen, missachtet Pabst im Einverständnis mit seinem Kommandeur. Pabst nennt das später »unsere Emanzipation von der soldatischen Bürokratie, wenn man so sagen will, vom blinden Gehorsam, von dem sich die Division allerdings schon seit Monaten befreit hatte, wenn ›von oben‹ nur unsinnige Befehle gekommen waren, die unnütz Blut gekostet hätten.« Beim Rückmarsch der Division nach Kriegsende bildet Pabst eine kleine taktische Einheit aus alten Unteroffizieren und Gefreiten und gewinnt sie für den Gedanken, die Division müsse auf dem Rückweg »Ordnung machen«, wo sie könne. »Na, kaum hatten wir die deutsche Grenze überschritten«, erzählt Pabst später, »da lösten wir auf dem ganzen Rückmarsch selbstverständlich zunächst mal jeden Soldatenrat auf, was auch ganz glatt, ohne jegliche Schwierigkeiten, vor sich ging.«

In Westerburg im Westerwald bekommt die Division den Befehl für den Abtransport nach Berlin zur Verfügung des Generals Lequis. Mehr erfährt sie nicht. Pabst sorgt dafür, dass die Division bereits in den Bahnhöfen Wildpark und Gentin ausgeladen wird, so weit von Berlin entfernt, dass sie möglichst nicht von den Berliner Räten erreicht werden kann und nicht deren Propaganda ausgesetzt ist. Am frühen Morgen des 26. November trifft die Division in ihrem Zielbahnhof ein, es ist »ein richtig nebliger, scheußlicher Novembertag«, es regnet und ist düster. Pabst und der Divisionsstab sitzen im ersten Wagen, bei sich hat er die Garde-Kürassiere, die sich im Krieg ganz besonders bewährt haben. »Die hatte ich unterwegs alle mit Gummiknüppeln ausrüsten können oder mit sonstigen Dingen, jedenfalls mit Instrumenten, die Leute nicht unbedingt totschlugen, aber sie doch windelweich schlagen konnten. Die hatten sie alle am Gürtel hängen, und machten damit auch einen ganz schönen Eindruck«.

Die Szene, die sich dann abspielt, wirft ein sehr bezeichnendes Licht auf Pabst, selbst dann, wenn man von einer gewissen Übertreibung ausgeht, die sich in Pabsts Erinnerung gemischt haben dürfte. »Wir stiegen aus. Und beim Aussteigen sahen wir eine Horde auf dem Bahnhof stehen. Eine Horde in grauen Mänteln, roten Armbinden, roten Kokarden, Gewehre umgehängt, Mündung in den Dreck und eine Fülle von Zivilisten. Da trat einer der Zivilisten vor und sagte zu meinem Kommandeur, der leider sehr herzkrank war und sich von allem sehr zurückhalten musste, ein prachtvoller Mann, General von Hofmann: ›Sie, kommen Se mal her!‹

Exzellenz war diese freundliche Anrede natürlich nicht gewöhnt, weder im Kriege noch im Frieden, guckte mich an, ich sagte: ›Exzellenz, stehen bleiben.‹

Er blieb also stehen. Da kam dann dieser Herr in Zivil mit noch zwei anderen Zivilisten, dahinter drängten sich dann diese komisch angezogenen Soldaten nach, und er sagte: ›Ich hab doch gesagt, sie sollen herkommen!‹

Da sage ich: ›Exzellenz, darf ich mit dem Mann mal berlinerisch reden?‹ Er stimmte zu. Ich sage: ›Wer sind Sie eigentlich?‹ ›Ich bin der Volksbeauftragte Barth!‹ ›Ach so‹, sage ich, ›was ist denn ein Volksbeauftragter?‹ ›Das wissen Sie nicht?‹ ›Woher soll ich das wissen. Das blöde Wort habe ich noch nie gehört.‹ ›Ich bin Ihr Vorgesetzter!‹ ›Sie mein Vorgesetzter? Waren Sie überhaupt jemals Soldat?‹ ›Das geht Sie gar nichts an.‹ ›Das geht mich verdammt viel an, ob Sie Soldat waren. Jedenfalls erkenne ich Sie nicht als Vorgesetzten an. (…) Wenn ihr Schweine, die ihr euch erdreistet, hier auf dem Bahnhof zu stehen, wenn eine anständige Felddivision ankommt, nicht binnen 5 Minuten vom Bahnhof verschwunden seid, dann werdet ihr windelweich geschlagen und ich nehme euch fest und gleich mit.‹«

Der Divisionsstab nimmt Quartier in Nikolassee, zwischen Potsdam und dem Stadtzentrum von Berlin gelegen. Pabst lässt das Quartier sehr schnell mit Drahthindernissen abriegeln, führt Ausweise ein, ohne die keiner das Quartier betreten darf, lässt eine regelrechte Feldstellung gegen Berlin aufbauen, die nachts mit Posten gesichert ist, die sehr scharfen Schießbefehl haben.»Kaum waren wir in Nikolassee angekommen, erschien wieder der Volksbeauftragte Barth. Selbstverständlich im dicken Auto sitzend, das hatten sie wahrscheinlich irgendeinem gestohlen. Jetzt kam er nach Nikolassee und erklärte mir, er hätte gehört, dass wir uns hier feindselig aufgebaut hätten gegen Berlin. Pabst: ›Gegen Berlin? Nein, gegen euch Brüder, denen wir nicht über den Weg trauen, von denen wir nicht wissen, was sie vorhaben.‹« All das lässt keinen Zweifel: Mit der Garde-Kavallerie-Schützen-Division unter Waldemar Pabst kommt die Gegenrevolution.

Generalleutnant Lequis, dem die Leitung des Einmarsches übertragen ist, hat bei seiner Ankunft in Berlin den Eindruck, dass die Regierung zögerlich sei – zu Recht. Offiziell wird der Truppeneinzug als »Rückkehr der Truppen von der Front« bezeichnet, die in feierlichem Rahmen stattfinden soll. Die Volksbeauftragten haben in ihrer Sitzung am 3. Dezember dem von der OHL vorgelegten Plan für diesen Truppeneinzug bereits zugestimmt. Der offizielle Plan sagt freilich nichts über die eigentlichen Ziele des Einmarsches aus und enthält auch nicht den Aktionsplan, nach dem die Divisionen in Berlin vorgehen sollen. Die Regierung hat also einem Bühnenschauspiel zugestimmt, das dazu dienen soll, den eigentlich geplanten Putsch möglichst lange zu vertuschen. Eventuell kennt und billigt Ebert die wahren Zusammenhänge, es sei denn Harbou hat ihn Ende November missverstanden oder Groener hat im Herbst 1925 unter Eid eine Falschaussage abgegeben.

Möglicherweise aber schwankt Ebert auch noch, was seine Haltung zu Sicherheits- und Militärfragen angeht. Immer wieder ist in diesen Wochen davon die Rede, dass die Republik eine zuverlässige Schutztruppe brauche. Die Beispiele Badens, Württembergs und einiger Städte zeigen, dass es nicht unrealistisch ist, republikanische Volkswehren zu bilden, die diszipliniert sind und überzeugt hinter Regierung und Republik stehen. Während Ebert zunächst entschieden dafür eintritt, alles zu vermeiden, was Unruhe ins Heer tragen könnte, regt er am 3. Dezember im Kabinett an, eine etwa 11.000 Mann starke freiwillige Volkswehr auf demokratischer Grundlage zu bilden. Es soll eine Truppe sein, die ganz zur Verfügung der Regierung steht, sie soll bei freiwilliger Meldung »auf demokratisch organisierter Wahl der Gruppenführer beruhen«, für die Aufrechterhaltung von Sicherheit und Ordnung sorgen und eine »Sicherheitswache gegen jede Konterrevolution« sein. Haase erklärt in derselben Sitzung, ohne eine solche Schutztruppe könne die Regierung »Böses erleben«.

Rückt Ebert mit diesem Vorschlag von der engen Zusammenarbeit mit der OHL ab? Entwickelt die militärische Führung mit ihren Putschangeboten auch in seinen Augen zu große politische Ambitionen? Fühlt er sich inzwischen bereits wieder als Getriebener wie am 9. und 10. November – jetzt aber nicht durch die Revolutionsbewegung, sondern durch die OHL? Manches deutet zwar darauf hin, aber die geringe Stärke der geplanten Volkswehr spricht wiederum nicht für eine ernsthafte Distanzierung von der OHL, sondern allenfalls für eine symbolische. In dieselbe Richtung deutet die Tatsache, dass das Kabinett am 6. Dezember ausgerechnet die OHL mit dem Aufbau dieser Volkswehr beauftragt. Die OHL setzt natürlich diesem Volkswehr-Projekt zähen Widerstand entgegen, und die Regierung unternimmt wenig, um dessen Realisierung zu erzwingen. Nicht einmal die erforderlichen Ausführungsbestimmungen werden erlassen.

Im Großen Generalstab wird angesichts der zögerlichen Haltung der Regierung die Frage erörtert, »ob es nicht besser sei, den revolutionären Kräften vorerst das Feld allein zu überlassen«. Wenn der Druck der radikalen Linken weiter zunehme, werde die Regierung schon noch zur Besinnung kommen. Generalleutnant Lequis spricht sich jedoch gegen jede Verschiebung des geplanten Putsches aus.

Der dilettantische Putschversuch am 6. Dezember ändert schlagartig die politischen Rahmenbedingungen und kommt den Generalen massiv in die Quere. Ebert wird von der radikalen Linken heftig angegriffen, das ohnehin vorhandene Misstrauen der oppositionellen Arbeiterschaft gegen die SPD-Volksbeauftragten steigert sich sprunghaft. Zum geplanten Truppeneinzug gibt es nun viele kritische Fragen. Warum will man auswärtige Truppen auf großen Umwegen durch Berlin führen? Warum sollen die Truppen in voller Kriegsausrüstung mit schweren Waffen und Munition einziehen? Im Vollzugsrat werden Befürchtungen laut, hinter dem feierlichen Einzug der Fronttruppen in die Hauptstadt könnte in Wahrheit ein weiterer Putschversuch stecken. Er drängt den Rat der Volksbeauftragten, seine Zustimmung zum Einzug der Truppen zurückzuziehen, und der kommt tatsächlich den Forderungen des Vollzugsrats nach.

Auf der Kasseler Wilhelmshöhe sieht man diese Entscheidung als Kniefall einer offenbar schwächelnden Regierung vor dem Vollzugsrat. In der OHL schwankt man zwischen Tobsuchtsanfällen, Resignation und der trotzigen Entscheidung, die Geschichte auf eigene Faust durchzuziehen. Hindenburg schickt Ebert am 8. Dezember einen von Groener formulierten Brief, der inhaltlich und im Tonfall Zeichen setzt. Der Chef der Obersten Heeresleitung fordert darin ultimativ die Stärkung der Macht der »Reichsleitung«, die sofortige Einberufung der Nationalversammlung noch im Dezember, die Beseitigung der Soldatenräte und ganz generell die Ausschaltung der Arbeiterräte sowie aller Revolutionsorgane mit Ausnahme der »Reichsleitung«. Ein Erlass der Regierung müsse das Vorgesetztenverhältnis und alle damit zusammenhängenden Bestimmungen »restlos« wiederherstellen und die Soldatenräte aus der Truppe entfernen.

Mit militärischen Fragen hat eine solche Intervention nichts mehr zu tun, hier geht es eindeutig um Politik. Das wissen Groener und Hindenburg sehr genau und begründen diese Grenzüberschreitung damit, dass die vorgetragenen Anliegen Hindenburg eine »Herzenssache« seien – ohne Rücksicht darauf, »dass ich von radikaler Seite angefeindet werde, weil ich mich angeblich in die Politik mische«. Offenbar fühlt sich die OHL inzwischen so sicher im Sattel, dass sie ganz unverhohlen ein politisches Mandat für sich in Anspruch nimmt. Bereits vier Wochen nach dem Sturz der Monarchie beginnt die OHL, der Regierung Anweisungen zu erteilen.

Ebert aber gibt dem Druck nicht nach. Am 8. Dezember beraten Ebert, der Preußische Kriegsminister Scheüch und der Vollzugsrat über die Modalitäten des Truppeneinzugs. Einzelne Mitglieder des Vollzugsrats wollen den Einzug ganz absagen. Der Kriegsminister ist offenbar gar nicht oder zu spät über die Absichten der OHL unterrichtet worden. So stimmt er einem Kompromiss zu, der mit den Putschplänen der Heeresleitung nicht zu vereinbaren ist. Es sollen nur Berliner Truppenteile in die Hauptstadt einziehen, sie sollen nur Taschenmunition in begrenzter Menge mitführen, und sie sollen von Arbeiterabordnungen eskortiert werden. Der Einzug wird einen Tag verschoben, um die Truppe durch den Vollzugsrat aufzuklären.

Noch am selben Tag lehnt die OHL diesen Kompromiss ab. Am Vormittag des 9. Dezembers wendet sich Groener ultimativ an Ebert: »Aus diesen Forderungen ist ersichtlich, dass nicht die Regierung und der Kriegsminister führen, sondern der Terror. Der Generalfeldmarschall hat zugesagt, die Regierung zu stützen, und stellt die Frage, ob der Reichskanzler Ebert bereit ist, die Forderungen des Vollzugsrates abzulehnen und den Einzug durchzusetzen. Wird dem Vollzugsrat nachgegeben, dann sieht der Generalfeldmarschall im Vollzugsrat eine Tyrannei der Spartakus- und Liebknecht-Anhänger und der schlimmsten Feinde des deutschen Volkes. Er hält es für seine Pflicht, den Vollzugsrat mit allen Mitteln, die ihm zur Verfügung stehen, zu bekämpfen. Er fordert den Reichskanzler Ebert und die Regierungsmitglieder auf, sich zu den Truppen zu begeben zu gemeinsamem Kampf.«

Nachdem klar ist, dass die OHL auf Ebert bei ihrem Putschversuch nicht zählen kann, erteilt sie General Lequis am 9. Dezember um 10.20 Uhr die Anweisung, im Sinne Hindenburgs und der OHL »selbstständig zu handeln, nötigenfalls alle entgegenstehenden Anweisungen von Regierungsorganen oder militärischen Stellen, auch des Kriegsministers, abzulehnen«. Ebert wird davon in Kenntnis gesetzt und aufgefordert, sich gegebenenfalls zu den Truppen zu begeben. Die Oberste Heeresleitung ist zu diesem Zeitpunkt entschieden, den geplanten Putsch durchzuführen – am liebsten mit Ebert als Gallionsfigur, notfalls aber auch ohne ihn. Sie bietet Ebert an, sich auf die Seite der in Marsch gesetzten Truppen zu schlagen, wenn er nicht unter die Räder kommen will.

In der Kabinettssitzung am 9. Dezember wird noch einmal zwischen den Volksbeauftragten und dem Vollzugsrat verhandelt. Der Vollzugsrat macht Zugeständnisse, und die Regierung fordert nun, dass sich die zum Einzug bestimmten Truppen verpflichten müssen, »ihre ganze Kraft in den Dienst der jetzigen provisorischen Regierung zu stellen«. Den Fronttruppen soll zwar gestattet werden, Munition mitzuführen, aber keine Maschinengewehre, keine schweren Waffen und keine Panzerfahrzeuge. Im Verlauf des Tages vereidigt Ebert im Hauptquartier des Generalkommandos einige dieser Einheiten – symbolisch für das gesamte Offizierskorps – auf die Republik und die provisorische Regierung.

Noch in der Nacht zum 10. Dezember herrscht große Unsicherheit. Der Berliner Polizeipräsident Eichhorn wird von erregten Matrosen ins Schloss gebeten, das Quartier der Volksmarinedivision. Er erfährt dort, dass Abordnungen von Soldatenräten der Fronttruppen ins Schloss gekommen seien und von einer ausgesprochen konterrevolutionären Stimmung berichtet hätten, die von den Offizieren künstlich erzeugt und aufgepeitscht werde. Eine Deputation von den in Grunewald lagernden Truppen ist noch im Schloss. Von ihr hört Eichhorn, »dass man den Soldaten gesagt habe, sie würden nach Berlin geführt, um hier Ordnung zu schaffen, in Berlin herrsche Spartakus, überall sei Anarchie und Zügellosigkeit, deshalb sollten die Soldaten auch bewaffnet und mit reichlicher Munition versehen einziehen. Sie sollten sich auf Kämpfe gefasst machen.« Eichhorn schickt die Deputation mit dem Auftrag zu ihrer Einheit zurück, »die Truppen aufzuklären, dass in Berlin alles ruhig sei, dass es hier keine Ordnung zu schaffen gäbe«.

Im Umkreis von Berlin stehen »kampfbereit neun gute Divisionen« mit etwa 150.000 Mann, die willens sind »scharf zu schießen, um die Ordnung im Lande wieder herzustellen«, notiert Oberst Albrecht von Thaer, einer der wichtigsten Offiziere der OHL, am 10. Dezember in sein Tagebuch. Er bedauert, dass man Ebert offenbar ins Vertrauen gezogen hat. »Natürlich will Ebert sich auf die Hilfe der Armee stützen. Dazu ist sie ihm gut. Er will so von der Herrschaft der Spartakisten sich frei machen, aber ihm ist dabei offenbar Angst vor dem eigenen Mut und vor seiner Entscheidung«. Groener sitze ganz zusammengesunken im Klubsessel: »Ja, da ist nun leider eben wieder kein Mann da, der den Kopf hinhalten und den Befehl zum gleichzeitigen konzentrischen Einmarsch in Berlin geben will.« Vor einer militärischen Besetzung Berlins ohne Zustimmung oder gar gegen den Willen Eberts schreckt die OHL in letzter Minute doch zurück. Das würde offenen Bürgerkrieg bedeuten, und den will sie im Moment nicht riskieren.

Friedrich Ebert beim Einmarsch der Truppen in Berlin

Am 10. Dezember und den folgenden Tagen ziehen die Front-
truppen in die Hauptstadt ein. Den Auftakt machen am 10.
Dezember die Garde-Kavallerie-Schützen-Division und das
Bundesbataillon. Am ersten Tag spricht, wie noch mehrfach,
Generalleutnant Lequis. Es folgen Ebert als Vertreter der Regierung, dann der Berliner Oberbürgermeister Adolf Wermuth
als Vertreter der Reichshauptstadt. Bei dieser Gelegenheit ruft
Ebert den Soldaten die später kritisierten Sätze zu: »Kein Feind
hat euch überwunden. Erst als die Übermacht der Gegner an
Menschen und Material immer drückender wurde, haben wir
den Kampf aufgegeben.« Ebert will gewiss nicht bewusst der
Dolchstoßthese Vorschub leisten. Denn vor allem spricht er
von den unsagbaren Opfern des Krieges und fordert die Soldaten auf, sich in den Dienst der neuen Sache zu stellen. »Ihr sollt
mitschaffen an dem großen Werk einer neuen deutschen Zukunft.«

Zumindest die Einheiten der Garde-Kavallerie-Schützen-Division bekommen von dieser Rede vermutlich wenig mit, wie ihr Stabschef Waldemar Pabst berichtet: »Nach ungeheuren Marschleistungen zogen wir durchs Brandenburger Tor. An der rechten Ecke des Platzes, neben dem Hotel Adlon, stand Herr Ebert, um uns eine schöne Rede zu halten. Exzellenz (gemeint ist der Kommandeur der Division Generalleutnant Heinrich von Hofmann – Anm. des Verf.) und ich ließen am Brandenburger Tor halten, sodass von der Division überhaupt kein Mensch etwas hörte, was der da redete, noch nicht mal wir beide ganz vorne. Nach einem Vorbeimarsch an Herrn Ebert und dem Divisionskommandeur rückten alle Teile wieder in ihre Quartiere ab.« Auf dem Rückmarsch nach Nikolassee gibt es »ein paar kleinere Reibereien«, mit denen Pabst gerechnet hat. Er hat seinen Leuten Befehl erteilt, »ohne weiteres von der Waffe Gebrauch zu machen, auch von der Schusswaffe, wenn sich diese Sache ernster gestalten sollte. Es ist dann aber nur an zwei Stellen geschossen worden.«

Einzug der Garde-Kavallerie-Schützen-Division, rechts Stabschef Waldemar Pabst

An den folgenden Tagen sprechen der Kriegsminister, der Kommandierende General des Gardekorps, der Berliner Stadtkommandant, einzelne Volksbeauftragte und der Oberbürgermeister. Ein Hoch auf das Vaterland beschließt in aller Regel die Feierlichkeiten. Manche Truppen haben ihre Fahrzeuge mit schwarz-weiß-roten Fahnen – den Farben des Kaiserreichs – geschmückt und führen ihre alten Truppenfahnen mit. Mit der Zeit und bei immer schlechterem Wetter lässt die Anteilnahme der Bevölkerung nach. Sie ist im bürgerlichen Berliner Westen herzlich, zurückhaltend in den nördlichen Stadtteilen, in denen viele Arbeiter leben. Zu größeren Zwischenfällen kommt es nicht.

General Lequis versucht immer wieder, die jetzt vorhandenen Truppen einzusetzen, unter anderem gegen die Volksmarinedivision und die Ersatztruppen. Die Garde-Kavallerie-Schützen-Division drängt zum selbstständigen Handeln. Aber ohne Einwilligung Eberts, des Kriegsministers und des Kommandanten erscheint Lequis das Risiko letztlich zu groß. Das Aktionsprogramm wird nicht ausgeführt, die OHL erreicht mit dem Truppeneinzug keines der angestrebten Ziele. Der Putsch wird vertagt ...

14
DER SOUVERÄN TAGT – DER ERSTE REICHSRÄTEKONGRESS

Am 22. November haben sich der Rat der Volksbeauftragten und der Vollzugsrat der Groß-Berliner Arbeiter- und Soldatenräte darauf verständigt,»sobald als möglich« eine Reichsversammlung von Delegierten der Arbeiter- und Soldatenräte einzuberufen. Der Termin für den Beginn dieses ersten gesamtdeutschen Rätekongresses wird auf den 16. Dezember festgelegt. Der Vollzugsrat legt kein einheitliches, allgemein gültiges Wahlverfahren fest, sondern empfiehlt den bestehenden Arbeiter- und Soldatenräten, aus ihrer Mitte Delegierte zu wählen. Die Anzahl der Delegierten wird nach dem Volkszählungsergebnis des Jahres 1910 bestimmt: Auf rund 200.000 erwachsene Einwohner kommt ein Delegierter. Bei den noch bestehenden Heeresverbänden wird auf je 100.000 Mann ein Delegierter gewählt. Innerhalb von 22 Tagen sollen die Wahlen durchgeführt werden.

Bei der Prüfung der Mandate für den Kongress werden 406 Arbeiterräte und 84 Soldatenräte als stimmberechtigt anerkannt – insgesamt 490 Delegierte. Laut dem Bericht von Richard Müller sind 298 dieser Delegierten Mitglieder der SPD, 101 Mitglieder der USPD, 25 bezeichnen sich als Demokraten. 26 Delegierte von Soldatenräten und 49 von Arbeiterräten machen keine Angaben über ihre politische Orientierung. Leichte Ungereimtheiten bei den Zahlen sind heute nicht mehr zu klären. In jedem Fall aber verfügt die SPD über eine klare absolute Mehrheit. Unter den USPD-Delegierten sind auch Mitglieder der Revolutionären Obleute und eine größere Zahl radikaler Arbeiterräte aus dem Reich, zur Spartakusrichtung bekennen sich lediglich zehn der USPD-Delegierten. Karl Liebknecht und Rosa Luxemburg ist es nicht gelungen, ein Mandat für den Kongress zu bekommen. Lediglich zwei der 490 Delegierten sind Frauen. Das ist durchaus typisch. Das Frauenwahlrecht haben die Volksbeauftragten zwar am 12. November verkündet, aber innerhalb der Rätebewegung spielt es keine große Rolle. Der Erste Allgemeine Kongress der Arbeiter- und Soldatenräte Deutschlands, der am 16. Dezember 1918 im Preußischen Abgeordnetenhaus in Berlin zusammentritt, ist ein »Männerkongress«.

Schon zu Beginn bilden sich Fraktionen: jeweils eine von SPD, USPD und Demokraten sowie eine Soldatenfraktion, in der die SPD jedoch tonangebend ist. Die SPD-Fraktion wird

Reichskongress der Arbeiter- und Soldatenräte im preußischen Abgeordnetenhaus in Berlin, 16.–20.12.1918

straff geführt, Entscheidungen werden vor der Abstimmung im Kongress festgelegt, es herrscht Fraktionsdisziplin. Die Fraktion der USPD ist das glatte Gegenteil. In ihr kommt es laufend zu heftigen Auseinandersetzungen zwischen dem Parteizentrum um Haase und Dittmann und dem linken Flügel der Partei, insbesondere den Revolutionären Obleuten. Von strategisch durchdachtem Vorgehen ist bei den Unabhängigen keine Rede, Fraktionsdisziplin ist undenkbar. Sowohl die Mehrheitsverhältnisse als auch die unterschiedlichen Fraktionsstrukturen sprechen zunächst sehr dafür, dass die SPD-Spitze den Kongress nach Belieben wird steuern können. Es kommt anders.

Die Delegierten des Kongresses gehen ihre Aufgabe wahrhaft mit großem Ernst an – auch wenn der Verlauf des Kongresses bisweilen etwas anderes zu signalisieren scheint. Sie sehen sich nicht in der Rolle eines reinen Akklamationsorgans für ihre Parteiführer in der Regierung. Sie handeln im Bewusstsein, dass die Revolution ein neues Staatsrecht, eine neue Verfassung geschaffen hat. Der Räte-Kongress hat darin die Funktion einer revolutionären Konstituante. Er ist dem Rat der Volksbeauftragten und dem bisherigen Vollzugsrat übergeordnet und in seiner Entscheidungsfreiheit durch keine Instanz, keine Verfassung und keine Formalie begrenzt. Für die Delegierten des Rätekongresses steht völlig außer Frage, dass der Kongress legitimiert ist, von den unbegrenzten Rechten des revolutionären Souveräns Gebrauch zu machen.

Aufgrund der Bedeutung des Rätekongresses und auch wegen der zahlreichen politisch verkürzten Darstellungen seiner Ergebnisse lohnt es sich, dem Verlauf etwas detaillierter zu folgen.

Bei der Festsetzung der Tagesordnung wird ein Antrag gestellt, Liebknecht und Luxemburg als Gäste mit beratender Stimme zum Kongress zuzulassen. Er wird gegen die Stimmen der Unabhängigen abgelehnt. Richard Müller erstattet in der ersten Sitzung am 16. Dezember zunächst den Bericht des Vollzugsrats. Er ist einer seiner Vorsitzenden und gehört zu den Revolutionären Obleuten. Aufgabe des Kongresses sei es, so Müller, die Fundamente für eine deutsche sozialistische Republik zu legen und die Errungenschaften der Revolution zu sichern. Man müsse die »von den Arbeitern und Soldaten eroberte politische Macht für alle Zeiten fest verankern und dem deutschen werktätigen Volke den Weg zur Freiheit, zum Glück und Wohlergehen zeigen.« In deutlichen Worten kritisiert Müller die Politik der Volksbeauftragten, gerade so, als spreche hier ein Vertreter der politischen Opposition.

Noch während Müller seinen Bericht vorträgt, drängt eine Delegation von zehn Arbeitern in den Saal. Die Spartakusgruppe hat in der *Roten Fahne* zu einer Massendemonstration vor dem Abgeordnetenhaus aufgerufen, und Tausende ihrer Anhänger sind gekommen. Gegen den Willen der Kongressleitung verschafft sich ihre Abordnung Zugang zum Plenarsaal, legt dem Rätekongress eine Liste mit sechs Forderungen vor und verlangt, dass darüber abgestimmt wird. Darunter sind Forderungen wie: »Die ganze Macht den Arbeiter- und Soldatenräten« und »Beseitigung des Ebertschen Rates der Volksbeauftragten«. Nachdem nur ein Bruchteil der Delegierten die politische Richtung der Spartakusgruppe vertritt, versucht diese durch Massenaktionen und Störungen ihre Position zur Geltung zu bringen. Der Kongress lehnt es jedoch ab, über die Forderungen abzustimmen.

Den Tätigkeitsbericht des Rates der Volksbeauftragten erstattet Wilhelm Dittmann (USPD). Er begründet und rechtfertigt die Politik der Volksbeauftragten und weist alle Vorwürfe zurück, die der Bericht Müllers gegen sie enthalten hat. Schon dieser Beginn zeichnet ein charakteristisches Bild vom politischen Verhältnis der beiden Revolutionsgremien zueinander. Der Vollzugsrat erscheint als weitgehend ohnmächtige Opposition zum Rat der Volksbeauftragten, auch wenn das staatsrechtliche Verhältnis der beiden Organe ein anderes ist.

233

Die Aussprache wird ganz vom politischen Gegensatz zwischen dem linken Flügel der USPD und der Mehrheitslinie der SPD beherrscht. Mit gegenseitigen Vorwürfen wird nicht gespart, es kommt zu tumultartigen Auftritten und erregten Geschäftsordnungsdebatten. Erneut wird ein Antrag gestellt, Luxemburg und Liebknecht als Gäste zuzulassen, weil der erste Antrag nicht gemäß der Geschäftsordnung behandelt worden sei. Auch dieser Antrag wird abgelehnt. Damit endet die erste Sitzung des Kongresses am 16. Dezember.

Reichskongress der Arbeiter- und Soldatenräte, Ministerbank mit den Volksbeauftragten Barth, Ebert, Landsberg, Scheidemann (v.re.n.li.)

In der zweiten Sitzung am 17. Dezember setzt der Kongress die Debatte über die beiden Berichte fort. Wieder dominieren gegenseitige Vorwürfe – bis der Vorsitzende des Arbeiter- und Soldatenrates Remscheid Otto Brass zu Wort kommt. Er berichtet detailliert über gegenrevolutionäre Maßnahmen von Heeresverbänden im Rheinland, hinter denen offenbar die OHL und das Kriegsministerium stecken. Es werden Arbeiter- und Soldatenräte mit Gewalt aufgelöst, rote Fahnen heruntergeholt und verbrannt, Flugblattverteiler verprügelt, Flugblätter vernichtet. Brass zeigt auf, dass die Maßnahmen inzwischen aber noch sehr viel weiter reichen: Es würden Divisionen zusammengestellt, die zuverlässig im Sinne der Konterrevolution seien, Divisionen mit vielen aktiven Offizieren, Divisionen, aus denen man alle »unzuverlässigen Elemente unauffällig entfernt« habe. Diese Divisionen würden reichlich mit militärischem Gerät und Munition ausgestattet. Die Truppen an der Grenze im Westen würden beileibe nicht nur Grenzschutz ausüben, wofür sie eigentlich zuständig seien, sondern nach und nach die ganze Macht an sich ziehen und die Arbeiter- und Soldatenräte ausmanövrieren. Brass vermutet, es gebe geheime Absprachen zwischen »rheinisch-westfälischen Gegenrevolutionären im Bürgerrock« und der OHL und fragt sehr konkret: »Wer regiert hier eigentlich in der sozialistischen Republik? Die Volksbeauftragten oder die Oberste Heeresleitung?«

Die detaillierten und sachlich untermauerten Enthüllungen von Otto Brass beeindrucken die Delegierten sehr – und zwar parteiübergreifend. Als seine Redezeit zu Ende ist, wird ihm ohne jeden Widerspruch eine Verlängerung eingeräumt. Zum Schluss fordert er »die unverzügliche Festsetzung der Generale, die Auflösung des stehenden Heeres, die Entwaffnung der Offiziere, die Errichtung einer Roten Garde zum Schutz der Revolution« und erntet stürmischen Beifall.

In einem weiteren Bericht kommen auch die gegenrevolutionären Aktivitäten in Berlin zur Sprache, insbesondere der Putschversuch am 6. Dezember. Auch das bleibt nicht ohne Wirkung. Später tritt dann Georg Ledebour vom linken Flügel der USPD auf und macht die Volksbeauftragten der SPD für diese konterrevolutionären Aktivitäten mitverantwortlich. Seine Rede wird »wiederholt durch stürmischen Widerspruch der Sozialdemokraten und lebhaften Beifall der Unabhängigen unterbrochen«, notiert Richard Müller.

Georg Ledebour, Vorsitzender der USPD (neben Hugo Haase) und Mitglied der Revolutionären Obleute

Als Ledebour dann noch in den Saal ruft: »Ebert ist ein Schandmal für diese Revolution!«, droht es zu Handgreiflichkeiten zu kommen. Es folgen weitere heftige Auseinandersetzungen, in die auch die Volksbeauftragten Barth und Ebert eingreifen. Ebert erklärt schließlich, er und seine Parteifreunde im Kabinett müssten überlegen, ob sie unter diesen Umständen ihr Amt überhaupt weiterführen könnten.

An eine sachlich geführte Debatte ist nicht mehr zu denken, als plötzlich Abordnungen von Berliner Regimentern hinter dem Präsidium erscheinen. »Auf hochgehaltenen Schildern«, so das offizielle Protokoll, »liest man die Regimentsbezeichnungen und Aufschriften wie: ›Die Befehlsgewalt liegt in den Händen der Soldaten!‹ – ›Nur die von uns gewählten Kameraden sollen uns führen!‹ – ›Sofortige Entwaffnung aller Offiziere!‹«

Die Delegation trägt ihre Forderungen vor und verlangt, der Kongress möge jetzt sofort in ihrem Beisein darüber abstimmen – was selbstverständlich nicht geschieht. Der Kongress gerät erneut in eine heftige Debatte über konterrevolutionäre Aktivitäten von Offizieren und Oberster Heeresleitung und in Streit darüber, ob die Volksbeauftragten der SPD in diese »konterrevolutionären Machenschaften« einbezogen sind. Schließlich gelingt es dem Volksbeauftragen Haase, die Situation zu retten. Auf seinen Vorschlag hin beschließt der Kongress, dass über die Forderungen der Soldatendeputation in der nächsten Sitzung als erster Punkt gesprochen werden soll und vertagt sich anschließend.

Vor der dritten Sitzung am 18. Dezember verständigt sich die Fraktion der USPD darauf, die Forderungen der Berliner Truppen mit allen Mitteln zu unterstützen. Innerhalb der SPD-Fraktion kommt es zu scharfen Diskussionen. Die sozialdemokratischen Soldatenräte, besonders die Hamburger Delegierten, verlangen Zustimmung zu den Forderungen der Berliner Truppen. Vergleichbare Maßnahmen, wie sie die Berliner fordern, seien in Hamburg bereits mit Erfolg verwirklicht worden. Ebert will dagegen eine Beschlussfassung unter allen Umständen verhindern. Als aber nach einiger Zeit deutlich wird, dass ihm dies nicht gelingt, verabredet sich die SPD-Fraktion mit Eberts Zustimmung, einen eigenen Antrag einzubringen, die sogenannten »Sieben Hamburger Punkte«.

Der erste dieser Punkte lautet: »Die Kommandogewalt über Heer und Marine und Schutztruppen üben die Volksbeauftragten unter Kontrolle des Vollzugsrats aus.« Natürlich muss die Kommandogewalt über die Armee in einem demokratischen Staatswesen bei der Regierung liegen. Dann folgen Bestimmungen, die zeigen, wie sehr die Soldaten jahrelang unter den Zuständen in der preußisch-deutschen Armee gelitten haben: »Als Symbol der Zertrümmerung des Militarismus und der Abschaffung des Kadavergehorsams wird die Entfernung aller Rangabzeichen und des außerdienstlichen Waffentragens angeordnet. (...) Vorgesetzte außer Dienst gibt es nicht mehr.« Den Soldatenräten wird die Verantwortung für die Zuverlässigkeit der Truppenteile und die Aufrechterhaltung der Disziplin zuerkannt. Punkt fünf bestimmt, dass die Soldaten ihre Führer selbst wählen. »Frühere Offiziere, die das Vertrauen der Mehrheit ihres Truppenteils genießen, dürfen wiedergewählt werden.« Punkt sieben, schließlich, hält fest: »Die Abschaffung des stehenden Heeres und die Errichtung der Volkswehr sind zu beschleunigen.«

Beschließt der Kongress die »Sieben Hamburger Punkte«, bedeutet das die völlige Entmachtung der bisherigen Armeeführung. Ebert versucht bis zuletzt alles, um das zu verhindern. Auf sein massives Drängen hin werden die sieben Punkte daher um einen achten ergänzt, der die sieben vorausgegangenen zu »Richtlinien« erklärt. Dieser achte Punkt würde dem Rat der Volksbeauftragten alle Spielräume eröffnen und dem Kongressbeschluss jede Verbindlichkeit nehmen.

In der dritten Sitzung des Kongresses am 18. Dezember zeigt sich dann schnell, dass die Punkte eins bis sieben auf breite Zustimmung stoßen, gegen Punkt acht aber massiver Widerspruch erhoben wird – sowohl von den Berliner Truppen als auch aus den Reihen der USPD. Selbst die Mehrheit der SPD-Delegierten besteht darauf, die »Sieben Hamburger Punkte« als ernst und wörtlich gemeinte Vorgabe für die Regierung zu beschließen. Weder sollen sie durch Ausführungsbestimmungen verwässert noch durch Untätigkeit des Rats der Volksbeauftragten auf die lange Bank geschoben werden. Als Ebert erkennt, dass er sich in dieser Frage eine Niederlage einhandeln würde, lässt er den Punkt acht wieder zurückziehen und nicht zur Abstimmung stellen. So beschließt der Kongress einstimmig die »Sieben Hamburger Punkte«. Angenommen wird darüber hinaus ein Antrag: »Der Rätekongress wolle beschließen, sofort alle Maßnahmen zur Entwaffnung der Gegenrevolution zu ergreifen.«

Ganz offensichtlich liegen speziell die Forderungen zur militärischen Kommandogewalt und die Maßnahmen zur Entwaffnung der Gegenrevolution den Arbeiter- und Soldatenräten sehr am Herzen – auch den sozialdemokratisch orientierten. Die Macht des preußischen Militarismus soll durch die Revolution dauerhaft gebrochen werden. Die neue republikanische Ordnung soll nach den Vorstellungen der Soldatenräte insbesondere auch dafür sorgen, dass mit der Entwürdigung des einfachen Mannes endgültig Schluss ist. Deshalb lassen sich die Räte in dieser zentralen Frage nicht beirren und schon gar nicht unter Druck setzen – auch nicht von Ebert.

In seiner vierten Sitzung am 19. Dezember behandelt der Kongress das Thema, das im Allgemeinen als das alles entscheidende dargestellt wird: »Nationalversammlung oder Rätesystem«. Referenten sind der Mehrheitssozialdemokrat Max Cohen und Ernst Däumig vom linken Flügel der USPD. Das Ergebnis steht längst fest. Der Kongress lehnt zunächst in namentlicher Abstimmung mit 344 gegen 98 Stimmen den Antrag Däumigs ab, »unter allen Umständen an dem Rätesystem als Grundlage der Verfassung der sozialistischen Republik« festzuhalten. Dann beschließt er mit überwältigender Mehrheit, etwa 400 gegen 50 Stimmen, die Wahlen zu einer Verfassunggebenden Nationalversammlung bereits am 19. Januar 1919 stattfinden zu lassen.

Mitten in der Debatte über Nationalversammlung oder Rätesystem kommt aber noch einmal ein Antrag zur Sprache, der am Vortag auf Antrag der SPD-Fraktionsführung ohne jede Diskussion und gegen Proteste aus den Reihen der Unabhängigen verabschiedet worden ist. Dieser Beschluss regelt das Verhältnis zwischen dem Rat der Volksbeauftragten und dem »Zentralrat«, den der Kongress noch zu wählen hat. Er knüpft an die Vereinbarung zwischen dem Rat der Volksbeauftragten und dem Vollzugsrat vom 22. November an. Dem Rat der Volksbeauftragten werden die gesetzgebende und die vollziehende Gewalt übertragen. Dem Zentralrat wird das Recht zur Berufung und Abberufung der Volksbeauftragten des Reiches und der Volksbeauftragten Preußens eingeräumt. Daneben muss er bei der Berufung von Fachministern und Beigeordneten »gehört« werden. Schließlich soll er das Kabinett »parlamentarisch überwachen«.

Zu diesem Punkt verlangt nun am 19. Dezember die Fraktion der USPD eine Klarstellung. Was genau ist mit der Formulierung »parlamentarische Überwachung« gemeint? Der Volksbeauftragte Haase gibt daraufhin eine Erklärung ab: »Der Rat der Volksbeauftragten versteht unter parlamentarischer Überwachung, dass alle Gesetzentwürfe dem Zentralrat vorgelegt und alle wichtigen Gesetzesvorhaben mit ihm beraten werden.« Er gehe davon aus, dass es in jedem Fall möglich sein werde, eine Verständigung zwischen beiden Körperschaften herbeizuführen. In revolutionären Zeiten müsse schnell gearbeitet werden, man könne nicht »irgendwelche gleichgültigen Dinge, die aber nur in Form eines Gesetzes Geltung erlangen können«, vorab auch noch jedes Mal mit dem Zentralrat beraten. »Der Zentralrat muss aber die Gesetzentwürfe erhalten, damit er, falls er eine Vorlage für wichtig hält, sofort Einspruch erheben und eine Änderung herbeiführen kann.« Auch Ebert trägt diese Stellungnahme mit und ist bereit, dem Zentralrat mehr Befugnisse einzuräumen, als sie der Vollzugsrat je hatte. Daraus könnte sich durchaus eine wirksame Kontrolle der Regierung entwickeln.

Die Unabhängigen beantragen eine Unterbrechung der Sitzung, um in ihrer Fraktion über diese Erklärung Haases beraten zu können. Die Mehrheit des Kongresses lehnt dies ab, die Unabhängigen verlassen daraufhin den Kongress und halten dennoch eine Fraktionssitzung ab. In dieser Sitzung zeigt sich, dass die Mehrheit sich nicht mit der Erklärung Haases zufrieden geben will. Gegen den schärfsten Widerspruch der Volksbeauftragten Haase, Dittmann und Barth sowie des Chefredakteurs der *Freiheit* Rudolf Hilferding beschließt man, dem Kongress eine eigene Deutung von »parlamentarische Überwachung« zur Abstimmung vorzulegen: »Der Zentralrat hat das Recht der Zustimmung oder Ablehnung von Gesetzen vor ihrer Verkündung.« Falls der Kongress diese Auslegung nicht akzeptieren sollte, so beschließt die USPD-Fraktion weiter, werde sie eine Beteiligung an der Wahl des Zentralrats ablehnen. Wie der Kongress reagieren wird, ist absehbar. Denn mit »parlamentarischer Überwachung« hat die Formulierung der USPD-Fraktion nichts mehr zu tun, durch sie würde vielmehr dem Zentralrat ein Vetorecht gegen alle Gesetze eingeräumt werden, die der Rat der Volksbeauftragten auf den Weg bringen will. Es läge völlig in der Hand des Zentralrats, die Volksbeauftragten vollständig handlungsunfähig zu machen. Das ist für den Kongress nicht akzeptabel, und so lehnt er zunächst den Antrag der USPD-Fraktion ab und beschließt dann in namentlicher Abstimmung mit 290 gegen 115 Stimmen, es bei der Erklärung des Volksbeauftragten Haase zu belassen. Darauf entscheidet die USPD-Fraktion, sich nicht am Zentralrat zu beteiligen.

So fällt – scheinbar fast nebenbei – eine der folgenreichsten Entscheidungen während des ersten Rätekongresses. Ob die Mehrheit der Fraktion ahnt, was sie mit dieser Entscheidung anrichtet, darf bezweifelt werden. Doch die führenden Köpfe des linken Flügels sind sich gewiss darüber im Klaren, welche Konsequenzen dieser Beschluss nach sich ziehen wird. Natürlich ist auch Männern wie Haase und Hilferding bewusst, welche Bedeutung dieser Entscheidung der USPD-Fraktion zukommt. Sie belassen es dennoch bei reinem Widerspruch, keiner der führenden Unabhängigen droht mit Rücktritt oder gar mit der Spaltung der Partei.

Vorgesehen war ursprünglich, dass der Zentralrat zu je einem Drittel aus Vertretern der SPD, der USPD und der Soldaten bestehen soll. Angesichts des Kräfteverhältnisses zwischen den beiden Parteien wäre dies ganz sicher keine Benachteiligung der USPD gewesen. Führt man sich dies vor Augen, wird die Entscheidung der USPD umso unverständlicher, ganz auf jeden Einfluss im Zentralrat und damit auf die Kontrolle der Regierung zu verzichten. Die USPD-Delegierten nehmen in Kauf, dass der Zentralrat zum gefügigen Instrument der SPD-Volksbeauftragten wird. Sie nehmen auch in Kauf, dass der Zentralrat vermutlich wenig unternehmen wird, um die Regierung zur Umsetzung von Beschlüssen zu zwingen, die der Rätekongress gegen den erklärten Willen der SPD-Spitze gefasst hat. Sie entziehen den USPD-Volksbeauftragten den Rückhalt durch eigene Vertreter im Zentralrat und schwächen damit deren Position innerhalb der Regierung massiv.

Es stellt sich schon jetzt die Frage, wie lange Haase, Dittmann und Barth sich noch in der Regierung halten können – aber ihr Ausscheiden ist, bei Lichte betrachtet, genau das Ziel des linken Flügels der USPD. Ihm ist die Beteiligung an einer Regierung mit Sozialdemokraten wie Ebert und Scheidemann von Anfang an ein Dorn im Auge gewesen. Er hält die Zusammenarbeit mit der SPD für einen Fehler, sieht sich durch die bisherige Politik der Regierung in seiner Position bestätigt und will den Bruch der Koalition. Beim Rätekongress gelingt es ihm, den ersten großen und wichtigen Schritt in diese Richtung zu machen. Wenn aber die USPD aus der Regierung ausscheiden sollte, wird dies zwangsläufig einen deutlichen Ruck nach rechts für die Politik der Regierung zur Folge haben. Noch am 19. Dezember wird der Zentralrat gewählt und besteht in Folge der vorausgegangenen Ereignisse nur aus Vertretern der SPD und der Soldaten.

Auf der Tagesordnung des Kongresses steht nun als wichtiger Punkt die Frage der Sozialisierung, über die Hilferding (USPD) referieren soll. Aus den Reihen der Sozialdemokratie kommt dann aber überraschend der Antrag, den Kongress schon vor diesem Tagesordnungspunkt zu beenden. Aus Sicht der SPD-Spitze hat der Kongress alle wichtigen Entscheidungen getroffen. Positives hat sie beim Tagesordnungspunkt Sozialisierung nicht zu erwarten, muss vielmehr wie im Fall der »Sieben Hamburger Punkte« durchaus mit unliebsamen Überraschungen rechnen. Sie kann sich mit ihrem Antrag allerdings nicht durchsetzen.

Der Kongress tritt am 20. Dezember zu seiner fünften Sitzung zusammen, in der die Unabhängigen zunächst den Antrag stellen, die Wahlen zu Landesparlamenten nicht mehr stattfinden zu lassen, sondern zu einer einheitlichen Lösung für ganz Deutschland zu kommen. Der Kongress lehnt das ab und beschließt, die Regelung der kleinstaatlichen Verhältnisse der Nationalversammlung zu überlassen.

Dann referiert Hilferding über die Sozialisierungsfrage und betont, dass es um die *allmähliche* Überführung der gesamten Produktion in die Verfügungsgewalt der Gemeinschaft gehe. Man müsse beginnen mit den dazu reifen Betriebszweigen, das seien der Kohlebergbau, der Eisenbergbau, die ersten Stufen der Eisenverarbeitung sowie andere Gebiete im Bergbau. Die USPD stellt den Antrag: »Die Regierung wird beauftragt, mit der Vergesellschaftung des Bergbaus sofort zu beginnen.« Dieser Antrag stößt auch in der SPD-Fraktion auf breite Zustimmung, und die Mehrheit lässt sich von der Parteispitze nicht davon abbringen, ihn zu unterstützen. Schließlich geht es auch hier um eine sozialdemokratische Kernforderung. Als er die Erfolglosigkeit seiner Bemühungen erkennt, entscheidet sich Ebert, den Antrag von eigenen Vertrauensleuten einbringen zu lassen, um das Spiel in der Hand zu behalten. Der Kongress beauftragt die Regierung mit sehr großer Mehrheit, »mit der Sozialisierung aller hierzu reifen Industrien, insbesondere des Bergbaues, unverzüglich zu beginnen«. Der Form nach stellt dieser Beschluss eine verbindliche Richtlinie für die weitere Politik der Regierung dar, und die Formulierung »unverzüglich« drückt mit aller Deutlichkeit aus, dass der revolutionäre Souverän in dieser Frage noch vor dem Zusammentreten der Nationalversammlung Taten sehen will.

Der Kongress endet mit einer Resolution der Soldatenräte, die fordern, angesichts der bevorstehenden Nationalversammlung sollten die sozialistischen Parteiorganisationen alte Differenzen zurückstellen und sich zu einer einheitlichen Kampffront zusammenschließen. Georg Ledebour vom linken Flügel der USPD lehnt das mit Blick auf die Spitze der SPD ab. Scheidemanns Versuch einer Antwort geht »in einem allgemeinen Tumult verloren«, schreibt Richard Müller in seinem Kongressbericht.

Allen Tumulten, Streitereien und Demonstrationen zum Trotz: Betrachtet man die Beschlüsse des Rätekongresses zur Wahl der Nationalversammlung, zum unverzüglichen Beginn der Sozialisierung und zur militärischen Kommandogewalt in ihrer Gesamtheit, so ergibt sich ein recht schlüssiges Bild vom politischen Willen der großen Mehrheit des Kongresses und der durch ihn repräsentierten Revolutionsbewegung: Die deutsche sozialistische Republik soll eine parlamentarische Demokratie sein, und zwar eine Demokratie, in der der Militarismus keine Chance hat und zumindest die Macht der Kohle- und Stahlbarone gebrochen ist. Ziel der revolutionären Bewegung ist eine Demokratisierung nicht nur der Politik, sondern auch der Gesellschaft. Eine solche demokratisch-sozialistische Gesellschaftsordnung hat die breite Unterstützung der Revolutionsbewegung, aber sie hat auch starke Gegner, deren Macht von Tag zu Tag zunimmt. Sie melden sich bereits massiv zu Wort, während der Kongress noch tagt.

15
AM RUBIKON – DIE VOLKSBEAUFTRAGTEN UND DIE BESCHLÜSSE DES RÄTEKONGRESSES

Mit seiner Entscheidung, die Wahlen zur Nationalversammlung bereits am 19. Januar 1919 durchzuführen, ist der Reichsrätekongress ganz den Vorstellungen der SPD-Spitze gefolgt, hat sogar einen Termin gesetzt, der deutlich vor demjenigen liegt, auf den SPD und USPD sich bereits verständigt hatten. Dieser Beschluss des Kongresses wird von der Regierung ohne jede Verzögerung oder gar Veränderung umgesetzt.

Völlig anders sieht das Regierungshandeln bei den beiden weiteren zentralen Entscheidungen des Kongresses aus. Durch seinen Beschluss vom 20. Dezember hat der Reichsrätekongress sehr deutlich zum Ausdruck gebracht, dass ihm die bisherige Politik der Volksbeauftragten in Sachen Sozialisierung nicht ausreicht. Die Volksbeauftragten haben am 4. Dezember eine freie wissenschaftliche Kommission zur »Vorbereitung von Fragen der Sozialisierung« berufen und warten seither ab. Das ist der großen Mehrheit der Delegierten entschieden zu wenig. Die Stimmung in den Arbeiterräten der Industrieregionen ist eindeutig: Man will erste Taten sehen. Vor allem in den Bergbauregionen gärt es gewaltig, immer wieder kommt es zu Arbeitsniederlegungen für höhere Löhne und bessere Arbeitsbedingungen.

Es geht dem Rätekongress dabei nicht um die Vollsozialisierung der Wirtschaft. Es geht um ein Zeichen, dass die Regierung es ernst meint. Und es gibt einen Sektor der deutschen Wirtschaft, in dem dieses Signal gegeben werden könnte. Im Kohlebergbau ist der Wettbewerb bereits so sehr zur Fiktion geworden, dass eine Übernahme der Betriebe durch den Staat wirtschaftlich zumindest keinen Schaden stiften würde. Es deutet auch nichts darauf hin, dass eine Änderung der Eigentumsverhältnisse in diesem Bereich auf Widerstand breiter Schichten stoßen würde. Es ist zwar recht wahrscheinlich, dass eine bloße Verstaatlichung der Gruben die Erwartungen der Arbeiter nicht vollständig befriedigen könnte. Aber mittelbar könnte die Entmachtung der reaktionären Speerspitze des Unternehmerlagers den Arbeitern signalisieren, dass der neue Staat auch ihr Staat sein soll.

Die Mehrheit der Volksbeauftragten allerdings versteht die Bedeutung nicht, die diese Entscheidung für die Delegierten des Rätekongresses hat – jedenfalls nicht in ihrer ganzen symbolhaften Tragweite. Das zeigt der Umgang mit dem Sozialisierungsbeschluss sehr deutlich. Bei der gemeinsamen Sitzung von Kabinett und Zentralrat am Abend des 20. Dezember wird zwar auch über die Sozialisierung gesprochen, aber es werden keine Beschlüsse gefasst. In den Kabinettssitzungen am folgenden Tag kommt es zwischen den Volksbeauftragten Barth und Ebert zu einem Disput, weil Barth darauf drängt, sich mit dem Sozialisierungsbeschluss des Rätekongresses zu beschäftigen. Ebert dagegen will den 22. Dezember sitzungsfrei halten, um an diesem Sonntag liegengebliebene Tagesgeschäfte zu erledigen. Vor den Feiertagen werde man es nicht mehr schaffen, sich mit der Sozialisierungsfrage zu beschäftigen – und auch nicht mit dem Beschluss des Kongresses zur militärischen Kommandogewalt, der schon in den vorangegangenen Tagen für gewaltigen Wirbel gesorgt hat.

Die Oberste Heeresleitung auf Schloss Wilhelmshöhe ist bereits in Alarmstimmung, als der Vorsitzende des Arbeiter- und Soldatenrates Remscheid Otto Brass in der zweiten Sitzung des

Reichsrätekongresses am 17. Dezember über gegenrevolutionäre Aktivitäten im Westen des Landes berichtet, die vom zurückkehrenden Heer ausgehen. Dass Brass pointiert die Frage aufwirft, »Wer regiert hier eigentlich in der sozialistischen Republik? Die Volksbeauftragten oder die Oberste Heeresleitung?«, kommt Groener und Hindenburg völlig ungelegen. Als dann am selben Tag auch noch Abordnungen von Berliner Regimentern eine Resolution zur Kommandogewalt im Heer in den Kongress einbringen, sieht die Oberste Heeresleitung nicht nur ihre eigenen politischen Pläne, sondern ihre gesamte Machtposition in Gefahr.

Noch am selben Tag erklären Hindenburg und Groener gegenüber der Regierung der Volksbeauftragten, dass sie ihren Rücktritt erklären müssten, wenn diese Resolution angenommen würde. Die Annahme »würde von der Obersten Heeresleitung mit allen Offizieren als eine entehrende Forderung betrachtet werden. Sollte sie angenommen werden, so ist zu erwarten, dass kein ehrliebender Offizier, in erster Linie keine Kommandostelle des Feldheeres, (...) ihre Tätigkeit zur Rückführung des Heeres weiterhin ausüben würde. Für alle daraus entstehenden Folgen für die Demobilmachung, die Durchführung des Waffenstillstandes und die Gesamtlage unseres Vaterlandes lehnt die Oberste Heeresleitung die Verantwortung ab. Die Verantwortung für alle Folgen würde vor dem deutschen Volke und der gesamten Welt sowie vor der Geschichte denjenigen zufallen, die diese Resolution durchsetzen würden. Im Übrigen wird es erst Sache der Nationalversammlung des ganzen deutschen Volkes sein, der Zeit entsprechende Änderungen im Heereswesen durch gesetzliche Maßnahmen durchzuführen.«

Auch wenn hier in pathetisch-verschleiernder Sprache viel von Ehre die Rede ist: Es geht um die Demonstration von Macht und um Einschüchterung. Und ganz nebenbei macht die OHL deutlich, dass sie nicht daran denkt, den Rätekongress als Vertretung des revolutionären Souveräns anzuerkennen. Immer noch gilt allerdings: Die Oberste Heeresleitung pokert hoch. Sie hat zwar 150.000 Mann um Berlin zusammengezogen, aber diese Truppen sind nur bedingt einsatzbereit. Die Soldaten wollen nach Hause und sind nicht bereit, gegen die eigene Regierung, gegen eigene Reservetruppen, gegen demonstrierende Arbeiter, gegen Frauen und Kinder zu kämpfen. Die militärische Macht der OHL ist Mitte Dezember beileibe nicht so groß, wie es scheint, und ihre politischen Druckmittel sind es auch nicht. Die Demobilisierung des Heeres ist zum größten Teil abgeschlossen. Und weder für den Grenzschutz im Osten noch für andere Aufgaben ist die Oberste Heeresleitung unentbehrlich.

Als der Kongress dann gegen alle Widerstände Eberts die »Sieben Hamburger Punkte« beschließt, treten die Generale allerdings nicht zurück, sondern bleiben im Amt. Es geht eben doch nicht um Ehre, es geht um die Macht. In einem Telefongespräch mit Ebert verlangt Groener noch am Abend des 18. November die Abschwächung der Resolution durch einschränkende Ausführungsbestimmungen. Ebert macht der Obersten Heeresleitung in dieser Hinsicht wenig Hoffnung: Es gebe kaum Spielraum, an eine Revision des Beschlusses sei nicht zu denken. Er bittet Groener, den Rücktritt nach allen Seiten hin noch einmal zu bedenken. Vielleicht könnten der Generalfeldmarschall und er doch noch die Demobilisation zu Ende führen.

Groener und Hindenburg bleiben im Amt und handeln auf eigene Faust. Ohne jede Rücksprache und Verständigung mit der Regierung geht am folgenden Tag, dem 19. Dezember, im Namen Hindenburgs ein Telegramm der OHL an die Armeeoberkommandos. Darin teilt er ihnen mit, dass er den Beschluss des Rätekongresses nicht anerkenne. Eine »solch tief in das Leben der Nation einschneidende Veränderung« könne nicht »von einer einseitigen Ständevertretung, sondern nur von der durch das ganze Volk berufenen Nationalversammlung getroffen werden«.

Nach dem Fernschreiben macht Groener sich auf den Weg nach Berlin, um in persönlichen Verhandlungen die Position der OHL deutlich zu machen und durchzusetzen. Er ist sich der Bedeutung dieser Gespräche, die am 20. Dezember stattfinden, sehr bewusst. In seinen Erinnerungen schreibt er:»Ich ging zusammen mit Major v. Schleicher ostentativ in voller Uniform mit allen Orden vom Generalstab in die Reichskanzlei; es rührte uns niemand an. Ich hatte zunächst eine Unterredung mit Ebert und Landsberg, in der ich den Standpunkt der Offiziere noch einmal klipp und klar darlegte und Ebert auf die Unfertigkeit seiner Regierung hinwies, die unserer Stütze bedürfe.« Was immer im Einzelnen Groener mit der »Unfertigkeit« von Eberts Regierung meint – ich vermute, er hat Ebert drastisch vor Augen geführt, die Regierung sei ohne die Unterstützung der OHL dem Bolschewismus hilflos ausgeliefert –, Groener scheint mit seinen Orden und Argumenten Eindruck zu hinterlassen. Nach dem Gespräch der vier Herren folgt eine Unterredung mit dem Zentralrat, und die Sache geht »dank Eberts geschickter Unterstützung, der wie wenige die Kunst des Abbiegens verstand, aus wie das Hornberger Schießen« – so Groeners Resümee.

Tatsächlich verständigen sich die Offiziere – auch der Chef des Marineamtes ist inzwischen dabei – mit der Regierung und dem gerade neu gewählten Zentralrat darauf, dass der Beschluss des Rätekongresses vom 18. Dezember zunächst nicht in Kraft treten und auf das Feldheer überhaupt keine Anwendung finden soll. Ebert schlägt vor, Ausführungsbestimmungen zu erlassen. Exakt dies hat der Rätekongress zwei Tage zuvor mit überwältigender Mehrheit abgelehnt. Nun aber findet Ebert dafür eine Mehrheit in Regierung und Zentralrat. Der Volksbeauftragte Dittmann erklärt in der Sitzung, es sei politischer Selbstmord von Regierung und Zentralrat, wenn sie den wichtigsten Beschluss des Kongresses für »null und nichtig« erklärten, aber er kann sich nicht durchsetzen. Ebert meint dazu lediglich, die Ausführungsbestimmungen müssten so schnell wie möglich kommen, wenn nicht vor Weihnachten, dann unmittelbar danach. Schon bei dieser Entscheidung rächt sich, dass die USPD die Wahl zum Zentralrat boykottiert hat. Die USPD-Volksbeauftragten haben nun keinerlei Unterstützung durch den Zentralrat.

In der Sache ist diese Entscheidung eine grobe Missachtung und Brüskierung des revolutionären Souveräns mit weitreichenden Folgen. Auch die gemäßigten, der SPD nahestehenden Arbeiter- und Soldatenräte machen die bittere Erfahrung, dass sich weder die von ihnen eingesetzte Regierung noch der von ihnen als Kontrollorgan gewählte Zentralrat ernstlich darum bemüht, ihrem politischen Willen gerecht zu werden. Die Enttäuschung über das Ausbleiben militärpolitischer Reformen ist schon vor dem Rätekongress groß gewesen, jetzt steigert sie sich massiv. Der Zusammenhang von unterlassenen Reformen und politischer Radikalisierung ist mit Händen zu greifen. So entsteht eine ohnmächtige Wut, die sich in den folgenden Wochen in Berlin entladen wird.

Die Vereinbarung vom 20. Dezember lässt der OHL alle Freiheiten, ihre Macht auszubauen und ihre Pläne weiter zu verfolgen. Ebert aber gerät durch sein Lavieren immer mehr in die Falle, die von der Obersten Heeresleitung seit Wochen für ihn aufgebaut wird. Am 9./10. Dezember hat er sich dem Putschversuch der OHL noch verweigern können. Nach der klaren Missachtung des Rätekongresses bliebe ihm nun in einer vergleichbaren Situation kaum mehr eine Wahl. Jetzt – erst – begibt sich Ebert in wirkliche Abhängigkeit von der Obersten Heeresleitung. Die Machtbasis der Regierung verlagert sich von der Rätebewegung hin zu den Militärs. Nun kann es zum »Bündnis« zwischen Ebert und Groener kommen.

Groener hat bereits jetzt die erste Etappe auf seinem Weg erreicht: Er hat es geschafft, den Kern der preußisch-deutschen Armee, das Offizierskorps, in die neue Zeit hinüberzuretten. Er muss allerdings erkennen, dass die meisten regulären Verbände des Feldheeres in jenem Moment dem Einfluss ihrer Offiziere entgleiten, in dem sie in ihren Kasernen ankommen. Selbst bei einer Eliteeinheit wie der Garde-Kavallerie-Schützen-Division fürchtet deren Erster Stabsoffizier Waldemar Pabst solche Entwicklungen. Er schottet die Division systematisch gegenüber möglichem Einfluss revolutionärer Kräfte ab, bereitet sie psychologisch durchdacht auf den Kampf gegen die »eigene« Bevölkerung vor und verschweigt ihr bewusst, dass er längst den Befehl hat, die Division zu demobilisieren, also die Soldaten nach Hause zu entlassen.

Unabhängig von der speziellen Situation bei der Garde-Kavallerie-Schützen-Division kommt Groener zu dem Ergebnis, es bleibe »nur die Aufstellung einer Freiwilligen-Armee, die allein den Kampf gegen die städtischen Arbeitermassen aufnehmen konnte«. Diesen Gedanken hat er bereits in Spa erwogen, sich damals aber nicht »an ihn gewöhnen können«. Auf Schloss Wilhelmshöhe wird nun der Plan wieder aufgegriffen »und im Einverständnis mit Ebert unter der Decke weiterentwickelt« – so Groener in seinen Erinnerungen.

Ist Ebert tatsächlich eingeweiht und einverstanden? Es ist kaum zu durchschauen, welches Spiel Ebert in diesen entscheidenden Tagen und Wochen wirklich spielt. Der Volksbeauftragte Dittmann meint in seinen Erinnerungen, »Eberts Sabotage unseres Beschlusses, ein demokratisches Heer (...) aufzustellen«, sei »der Kardinalfehler« in der Regierungsarbeit gewesen, »der sich am verhängnisvollsten ausgewirkt hat«. Die Oberste Heeresleitung arbeitet jedenfalls ab Mitte Dezember fieberhaft am Aufbau sogenannter Freikorps, die keine Hemmungen haben sollen, ihre Waffen gegen alles einzusetzen, was sich ihnen in den Weg stellt. Aber noch sind diese Freikorps nicht einsatzbereit, wie Groener in seinen Erinnerungen berichtet: »Ehe diese Freiwilligentruppen in Erscheinung traten, hatten wir erst eine schwere Schlappe einzustecken, die die Untauglichkeit der noch bestehenden Feldheerteile erwies.«

16
»SCHWERE SCHLAPPE«
FÜR DIE OHL – DIE BERLINER
STOPPEN DEN
WEIHNACHTSPUTSCH

Die »schwere Schlappe«, von der General Groener in seinen Erinnerungen schreibt, muss die Oberste Heeresleitung am 24. Dezember einstecken. Auslöser ist eine Auseinandersetzung zwischen dem Berliner Stadtkommandanten Otto Wels (SPD) sowie den Volksbeauftragten auf der einen und der Volksmarinedivision auf der anderen Seite. Die Volksmarinedivision ist schon seit November zum Schutz der Revolution im Berliner Schloss und im Marstall einquartiert. Sie ist nach und nach verstärkt worden und im Lauf der Wochen auf mehr als 2.000 Mann angewachsen, zeitweise sogar auf fast 3.000 Mann.

Die Matrosen in ihren blauen Jacken unterscheiden sich deutlich von allen anderen Berliner Truppen und werden allgemein mit einer gewissen Scheu respektiert. Von ihnen ging der Aufstand aus, der zur Revolution geworden ist. Sie tragen auch in Berlin ihre Waffen mit einem gewissen herausfordernden Stolz. Für den Bürger und den Beamten sind sie im November 1918 die Verkörperung der allgewaltig erscheinenden neuen Macht. Sie sind keine unterwürfigen Befehlsempfänger, sondern ein durchaus selbstständig handelnder Verband. Das hat schon in der Vergangenheit immer wieder zu Spannungen zwischen der Volksmarinedivision und der Regierung geführt.

Nachdem Wels inzwischen erfolgreich die Republikanische Soldatenwehr mit mehr als 10.000 Mann aufgebaut hat, will die Regierung die Volksmarinedivision zum 1. Januar 1919 auf 600 Mann reduzieren. Für die Matrosen ist das durchaus ein Problem. Wer gehen muss, steht auch vor der Frage, wie er von nun an seinen Lebensunterhalt verdienen soll. Neben der massiven Reduzierung will die Regierung aber auch erreichen, dass die Volksmarinedivision das Schloss und den Marstall räumt, wo sie bislang untergebracht ist. Begründet wird dies mit Plünderungen, zu denen es im Schloss gekommen sei, aber es geht in der Sache wohl vor allem darum, die Matrosen aus den prominenten und symbolträchtigen Gebäuden mitten in der Stadt zu entfernen

Die Regierung beauftragt daher den Berliner Stadtkommandanten, der Volksmarinedivision entsprechende Anweisungen zu erteilen. Mit Anweisungen kommt Wels bei den Matrosen allerdings nicht weit. Am 13. Dezember ist die Führung der Volksmarinedivision jedoch bereit, mit der Stadtkommandantur eine schriftliche Vereinbarung zu treffen, die sowohl die Reduzierung der Mannschaftsstärke als auch die Räumung von Schloss und Marstall regelt. Die 600 verbleibenden Matrosen, »möglichst organisierte Sozialdemokraten«, sollen als besondere Einheit in die Republikanische Soldatenwehr eingegliedert werden, alle übrigen sollen an die regulären Ersatztruppen überstellt und dann demobilisiert werden.

Diese Vereinbarung wird allerdings von den Matrosen zunächst nicht umgesetzt. Wie sich später herausstellt, gibt es unter ihnen erhebliche Widerstände gegen die Reduzierung der Mannschaftsstärke, und es gelingt der Führung nicht, die Räumung von Schloss und Marstall im eigenen Lager durchzusetzen. Die Matrosen wollen offenbar Zusagen, dass auch die aus der Division Entlassenen in die Republikanische Soldatenwehr übernommen werden.

Aus Sicht der Regierung hält die Volksmarinedivision hingegen eine getroffene Vereinbarung nicht ein. Die Volksbeauftragten verfügen daraufhin am 21. Dezember, die nächste Löhnung in Höhe von insgesamt 80.000 Mark, die am selben Tag fällig ist, an die Division »erst nach Räumung des Schlosses und Herausgabe aller Schlüssel an die Stadtkommandantur« zu zahlen. Zugleich wird noch einmal festgehalten, dass ab dem 1. Januar 1919 Zahlungen nur noch für 600 Mann geleistet werden – so wie das am 13. Dezember mit dem Stadtkommandanten verabredet wurde.

Soweit die Vorgeschichte, die sich bislang eher nach Posse anhört – und nicht wie der Auftakt zu einem der ganz entscheiden Kapitel der Revolution von 1918/19. Wie in einer Posse geht es allerdings zunächst noch weiter.

Am Mittag des 23. Dezember kommt eine Abordnung der Matrosen in die Reichskanzlei und klagt im Sitzungszimmer der Volksbeauftragten, der Division werde die Löhnung vorenthalten. Es kommt zu einem längeren Disput, in dem einige Unklarheiten und Missverständnisse ausgeräumt werden. Die Matrosen verpflichten sich, sofort die Auflagen der Regierung zu erfüllen. Ihnen wird zugesagt, dass auch diejenigen Matrosen, deren Entlassung geplant war, möglichst in die Republikanische Soldatenwehr eingegliedert werden sollen.

Etwa um 14.45 Uhr erhält der Volksbeauftragte Haase, als er gerade die Reichskanzlei verlassen will, einen Anruf. »Sehr erregt« erklärt ihm Heinrich Dorrenbach, einer der Führer der Marinedivision: »Das gibt ein Unglück! Wir sind bei Wels gewesen, wir bekommen unser Geld nicht!« Haase besänftigt ihn: »Seien Sie vernünftig! Wir wollen die Sache erledigen. Sie bekommen das Geld sofort, wenn Sie sämtliche Schlüssel abliefern und das Schloss geräumt haben. (...) Da sagt er: Zu Wels kann ich nicht gehen. Da kommen Leute mit, und das gibt ein Unglück. Darauf sage ich: Bringen Sie sämtliche Schlüssel hierher. Dann werden wir die Dinge entgegennehmen.«

Um 16 Uhr stehen etwa 20 Matrosen »mit einer riesigen Kiste mit Schlüsseln« im Zimmer des Volksbeauftragten

Barth. Barth ruft im Beisein der Matrosen den Stadtkommandanten Wels an und teilt ihm mit, die Schlüssel seien bei ihm
abgeliefert worden, Wels könne die 80.000 Mark für die Löhnung auszahlen. Aber der reagiert ablehnend. »Nein! Das
geht nicht! Die müssen mir die Schlüssel selbst bringen, sonst
gibt's keinen Pfennig. Jetzt habe ich sie in der Hand.« Barth
schildert in seinen Erinnerungen ausführlich den sich jetzt
zwischen ihm und Wels entspinnenden Dialog. Es ist ein Dialog, der Bände spricht. Barth: »Menschenskind, mach doch
keinen Unsinn und rede kein Blech. Die Schlüssel sind hier,
und du kannst sie ja, wenn wir entschieden haben, wer sie
aufbewahrt, abholen(...)«»Das ist mir ganz gleich! Ich muss
die Schlüssel haben, ehe ich das Geld herausgebe! Ich habe die
Verantwortung.«»Aber nun erlaube einmal, wenn ich dir
sage, ich übernehme die Verantwortung, dann muss dir das
doch genügen. Also zahle. Ja?«»Nein! Deine Verantwortung
genügt mir nicht. Wenn es Ebert sagt, dann ja!«»Zum Don-
nerwetter noch mal! Jetzt kann ich wirklich verstehen, dass
kein Mensch mit dir verhandeln kann, ohne sich mit dir in den
Haaren zu liegen! Du sprichst mir nolens volens die Vertrau-
enswürdigkeit ab. Wenn die Matrosen nicht hierständen, würde ich dir etwas anderes sagen. Doch das eine merke dir. Ebert
ist kein Jota mehr und kein Jota weniger als ich. Wir sind die
sechs Volksbeauftragten mit völlig gleichen Rechten. Ich habe
mir wahrlich noch keine Sekunde etwas darauf eingebildet,
Volksbeauftragter zu sein. Aber hier hört es denn doch auf.
Also ich übernehme die Verantwortung, und du gibst das
Geld.«»Ich wollte dich nicht beleidigen. Aber Ebert hat das
Militärische. Wenn er mir also sagt: Zahle! Dann kann ich
zahlen, aber wenn du es sagst, dann bleibt mir immer die Verantwortung.«»Na gut! Ich schicke jetzt die Matrosen zu
Ebert, dann mag doch er, wenn es mir nicht möglich ist, die
Sache zu regeln, weil du mir die Berechtigung absprichst, sie
regeln.«

Was sich am Nachmittag des 23. Dezember zwischen Barth und Wels abspielt, zeigt einerseits, wie zerrüttet das Verhältnis zwischen Sozialdemokraten und Unabhängigen zu diesem Zeitpunkt bereits ist, es macht andererseits aber auch deutlich, dass Wels an einer gütlichen Einigung wenig gelegen ist. Manche Anzeichen sprechen dafür, dass er mit den Nerven völlig am Ende und kaum mehr in der Lage ist, sachbezogen und vernünftig zu entscheiden. Schließlich muss Barth die Matrosen zu seinem Kollegen Ebert schicken. »Die Matrosen waren nun begreiflicherweise ärgerlich, schimpften und fluchten und zogen mit ihrer Bundeslade ab«, schreibt Barth in seinen schon 1919 erschienenen Erinnerungen.

Die Matrosen treffen Ebert allerdings nicht an und verlassen wütend die Reichskanzlei. Kurz darauf fallen vor der Universität, wo Truppen des Generalkommandos Lequis einquartiert sind, Schüsse, durch die zwei Matrosen getötet werden. Danach marschieren Matrosen in spontaner Demonstration zur Kommandantur und werden dort von einem Panzerauto beschossen – so schildert der Berliner Polizeipräsident das Geschehen. Ein Toter bleibt auf dem Platz. Die Matrosen sind außer sich. Wels händigt ihnen zwar jetzt die 80.000 Mark für die Löhnung aus, aber einigen Matrosen genügt das nicht mehr. Es gehe nicht um schnöden Mammon, sondern um die Ehre, »und jetzt wollen wir Rechenschaft für die unschuldig gefallenen Kameraden«. Schließlich nehmen sie den Stadtkommandanten und zwei seiner Mitarbeiter fest und bringen sie als Gefangene in den Marstall.

Etwa zur selben Zeit erhalten die Matrosen, die als Wachpersonal am Reichskanzlerpalais Dienst tun, von ihren Vorgesetzten in der Volksmarinedivision den Befehl, die Fernsprechzentrale der Reichskanzlei zu besetzen, die Ausgänge des Reichskanzlerpalais abzuriegeln und die Volksbeauftragten festzusetzen. Ebert erfährt davon um 16.30 Uhr. Gemeinsam mit seinem Kollegen Landsberg spricht er mit den Matrosen und versucht, ihnen klarzumachen, welche Konsequenzen ihr Verhalten haben kann. Nach einiger Zeit kommen die Matrosen zur Besinnung. Das Tor wird wieder aufgemacht, es können Leute heraus und hinein. Gegen 19.30 Uhr hebt der Kommandant der Wache die gesamte Sperrung wieder auf und erklärt sich bereit, das Haus zu räumen.

Der Kriegsminister erfährt von der Absperrung des Reichskanzlerpalais um 17 Uhr und setzt sich mit dem Generalkommando Lequis in Verbindung. Vom Generalkommando hört er, »dass es die Regierung entsetzen werde«. Der Kriegsminister erklärt sich einverstanden und unterstellt auch die Kommandantur und die Republikanische Soldatenwehr dem Generalkommando Lequis. Das Generalkommando hat allerdings gewisse Schwierigkeiten, weil in der Universität statt der vermuteten 700 Mann mit acht schweren Maschinengewehren nur noch 60 Mann verfügbar sind. Die übrigen sind bereits gegen Mittag in ihre Quartiere abgerückt.

Zwischen 18 und 19 Uhr erfährt Ebert, dass Truppen aus Potsdam im Anmarsch seien. Er ordnet an, »alles in Bewegung zu setzen, damit diese Truppen Potsdam nicht verließen, oder wenn sie Potsdam schon verlassen hätten, dorthin zurückkehrten«. Die Anordnung Eberts ist im Generalkommando Lequis bei Major von Harbou angekommen, dem Verbindungsmann der OHL zur Regierung. Er lässt viel Zeit verstreichen. Erst nach 22 Uhr ruft er in der Reichskanzlei an und teilt mit, »die Potsdamer Regimenter können nicht zurückgehalten werden, weil man ihnen nicht zumuten kann, dass sie in der Nacht umkehren«. So schafft man Fakten.

Der Kommandeur der Universitätswache setzt seine Männer nicht sofort, also um 17 oder 18 Uhr, zur Reichskanzlei in Marsch. Er hat Bedenken, Minenwerfer, Maschinengewehre und Feldküchen ohne Wache zurückzulassen. Erst gegen 21 Uhr am Abend bricht die Universitätswache schließlich auf. Auf dem Weg zur Wilhelmstraße stoßen weitere Einheiten dazu, sodass schließlich 300 Mann mit zwei Geschützen und einigen Maschinengewehren vor dem Reichskanzlerpalais aufmarschieren. Im Hof des Palais stehen zwar noch etwa 100 Matrosen, aber in Gesprächen und Verhandlungen zwischen Ebert, Landsberg und Matrosenvertretern sind inzwischen die letzten Missverständnisse ausgeräumt und Lösungen gefunden worden. Auch die Freilassung von Wels und seinen Mitgefangenen ist besprochen. Es herrscht bereits völlige Einigkeit, als die Truppen des Generalkommandos anrücken.

Angesichts der aufmarschierten Truppen erscheint zunächst der Volksbeauftragte Barth und versucht, die Truppenführer gleich wieder zum Abmarsch zu bewegen. Auf deren Drängen zeigt sich auch Ebert und erklärt mit allem Nachdruck, die Truppen des Generalkommandos sollen zur Vermeidung von Blutvergießen zur Universität abrücken. Die Matrosen sollen auf anderem Weg zum Marstall kommen, damit beide Einheiten möglichst nicht aneinandergeraten. Es ist inzwischen 22.20 Uhr. Die Truppen des Generalkommandos suchen hingegen den Kampf, wollen die günstige Situation nutzen. Sie sehen in der Vermittlung Eberts ein Zeichen der Schwäche und bringen ihre Meinung auch deutlich zum Ausdruck. Es kommt aber nicht zu Zusammenstößen, und um 22.30 Uhr scheint der Zwischenfall völlig beigelegt.

In einem späteren Bericht hält Harbou fest: »Die Regierung scheute sich vor jedem gewaltsamen Zugriff. Sie stellte sich auf den Standpunkt, dass von den Waffen nur im Falle der Notwehr Gebrauch zu machen sei. Sie hoffte auf eine Provokation vonseiten der Spartakusleute. Sie trat nicht ein. Selbst aber, als am 23.12. die Matrosen die Regierung festsetzten, in die Kommandantur eindrangen und den Kommandanten, Wels, festsetzten, baten Ebert und Wels die vom Generalkommando zu ihrem Entsatz entsandten Truppen, von jedem Blutvergießen abzustehen.«

Ähnlich ist wohl auch der Eindruck Groeners, dem an diesem Abend offenbar der Kragen platzt. Ebert spricht mit ihm am 23. Dezember gegen 21 Uhr über die direkte Leitung zwischen Reichskanzlei und OHL über die ganze Angelegenheit.

Als Groener später erfährt, dass Ebert durch Verhandlungen zu einer gütlichen Einigung gekommen sei, tobt er. Nach eigener Aussage ruft er Ebert erneut an und erklärt ihm, so gehe das nicht. »Wenn Sie gefangengesetzt sind und von der Truppe befreit werden, muss die Truppe auch die Möglichkeit haben, die Gegner (...) nach Kriegs- und Standrecht zu behandeln. Wenn so etwas noch einmal vorkommt, kann ich mit Ihnen nicht weiter zusammengehen; denn dann verderben Sie uns die Truppe.« Groener verlangt gleichzeitig von Ebert, er möge sein Einverständnis dazu geben, »dass am 24. Dezember die Matrosen im Schloss und im Marstall angegriffen würden von den Truppen, die wir noch in Berlin zur Verfügung hatten«. Ebert stimmt zu diesem Zeitpunkt offenbar noch nicht zu.

Etwa um 23 Uhr trifft der Kriegsminister in der Reichskanzlei ein und bespricht mit den SPD-Volksbeauftragten die Lage. Deren USPD-Kollegen Haase, Dittmann und Barth sind nicht dabei. Scheüch hofft, »die Verhaftung von Wels könnte vielleicht der Anstoß für die Regierung werden, der sie aus ihrem lethargischen Verhalten gegenüber den Kräften des Umsturzes löste«. Immer wieder setzt man sich mit der Führung der Volksmarinedivision in Verbindung, um zu hören, ob Wels und die beiden Mitgefangenen inzwischen freigelassen sind. Nach Groeners Aussage gibt Ebert um 0.30 oder 1 Uhr telefonisch sein Einverständnis zum Angriff auf Schloss und Marstall. Erst gegen 2 Uhr in der Nacht bekommt allerdings die Runde in der Reichskanzlei die Nachricht, die Führung der Volksmarinedivision könne nicht mehr für das Leben von Wels garantieren. Ebert später wörtlich: »Die Situation war sehr ernst, und wir haben dann den Kriegsminister gebeten, das Erforderliche zu veranlassen, um Wels zu befreien. Mittlerweile war es ½ 3 Uhr geworden, als wir drei das Amt verließen und nach Hause gingen. Als ich am anderen Morgen zurückkehrte, habe ich mich sofort beim Kriegsminister über den Stand der Dinge erkundigt.« Eberts Kollegen Scheidemann und Landsberg bestätigen seine Darstellung. Kriegsminister Schëuch dagegen beharrt darauf, Ebert habe ihn auch angewiesen, die Matrosen aus dem Schloss und dem Marstall zu entfernen. Diesen Befehl habe er daraufhin General Lequis »gegen 1 Uhr nachts« erteilt.

Georg Ledebour unternimmt nach 3 Uhr nachts einen letzten Vermittlungsversuch und schafft es, dass die Matrosen mit der sofortigen Freilassung von Wels einverstanden sind. Er kommt mit einer Abordnung der Matrosen in die Reichskanzlei, erreicht aber dort nichts mehr. Die Würfel sind gefallen.

Über die Frage, wie genau der Auftrag lautet, den der Kriegsminister von Ebert erhalten hat, wird in den folgenden Tagen noch intensiv gestritten werden. Zweifelsfrei ist sie nicht zu klären. Ebenso wenig die Frage, was in diesen entscheidenden Stunden zwischen Groener und Ebert am Telefon besprochen worden ist. In seinen Erinnerungen schreibt Groener, er habe sich nur zweimal gezwungen gesehen, »Ebert scharf auf die Bedingungen unseres Bündnisses hinzuweisen«: im Fall der vom Reichsrätekongress beschlossenen »Sieben Hamburger Punkte« sowie beim Vorgehen gegen die Volksmarinedivision an Weihnachten. Aufgrund seiner, Groeners, Intervention am 23. Dezember habe Ebert seine Zustimmung zum Vorgehen am 24. Dezember gegeben, »dem dann der ersehnte Erfolg nicht beschieden war«. Ebert spricht über dieses Telefonat später nie. Es wird erst Jahre danach durch Aussagen Groeners überhaupt bekannt.

Ich stelle mir vor, dass Groener in diesen Stunden Ebert massiv unter Druck setzt, möglicherweise in den schlimmsten Bildern ausmalt, was die Matrosen mit seinem Freund Wels anstellen könnten, um ihm die Zustimmung zu einer militärischen Befreiungsaktion abzuringen, dass er ihm auch die zwingende Notwendigkeit vor Augen hält, die Autorität der Regierung wiederherzustellen. Ich stelle mir auch vor, dass Groener Ebert im Unklaren darüber lässt, was die Oberste Heeresleitung wirklich plant. Vor dem Truppeneinzug in Berlin am 10. Dezember hat er ja alles daran gesetzt, Ebert für einen Militäreinsatz zur »Säuberung von Berlin« zu gewinnen – ohne Erfolg. Nichts spricht dafür, dass Ebert vierzehn Tage später ohne Druck und aus völlig freien Stücken zu einer ganz anderen Entscheidung kommt. Aber Eberts »Zustimmung«, das weiß Groener sehr genau, ist von elementarer Bedeutung, wenn eine solche Aktion erfolgreich sein soll. Vielleicht lässt sich ja die Sache zurechtbiegen, so Groeners mutmaßliche Überlegung, wenn man Ebert so weit bekommt, dass er dem Kriegsminister Anweisung erteilt, Wels befreien zu lassen. Vielleicht erscheint es Groener nach den bisherigen Erfahrungen mit Ebert besser, wenn dieser nicht über alles Bescheid weiß. Die Militäraktion des folgenden Tages ist jedenfalls von der OHL bereits in die Wege geleitet, noch bevor Ebert ein irgendwie geartetes Einverständnis abgerungen wird. Hauptmann Pabst erhält nach eigenen Aussagen »sehr spät am Abend des 23. den Befehl, dass wir am 24. morgens Schloss und Marstall erobern, die Volksmarinedivision entwaffnen und den Stadtkommandanten Wels befreien sollen«.

Die konkret nötigen Maßnahmen werden nachts im Reichskanzlerpalais Generalleutnant Lequis überlassen, nachdem der erklärt hat, seine Truppen reichten aus, um diese Aufgabe zu bewältigen. Lequis hat damit endlich so etwas wie einen Blankoscheck von Ebert, auf den er seit dem Einzug seiner Truppen in die Reichshauptstadt gewartet hat – jedenfalls etwas, worauf er sich bei seinem Vorgehen gegen die Volksmarinedivision berufen kann.

Am »sehr späten Abend« des 23. Dezember befiehlt Lequis seinen außerhalb Berlins liegenden Divisionen, so schnell wie möglich nach Berlin einzurücken und nicht nur Schloss und Marstall zu besetzen, sondern auch Universität und Kommandantur, Kriegsministerium und Reichskanzlei, das Reichstags- und das Generalstabsgebäude, das *Wolffsche Telegraphenbüro*, das Haupttelegraphenamt und das Fernsprechamt Zentrum, die Reichsbank, die Notendruckanstalt und die Reichsdruckerei, Gas- und Elektrizitätswerke. Der Berliner Polizeipräsident Eichhorn soll verhaftet werden. Oberst Oskar Schwerk wird anstelle von Wels, der sich nach wie vor in der Hand der Matrosen befindet, zum Kommandanten von Berlin ernannt.

Schon die Liste der zu besetzenden Gebäude zeigt, dass es um weit mehr geht als die Entwaffnung einiger hundert Matrosen. Am 24. Dezember findet der lange geplante Putsch der OHL statt. Generalleutnant Lequis ist entschlossen, jetzt endlich das Aktionsprogramm durchzuführen, das ursprünglich bereits am 10. Dezember ablaufen sollte. Ebert und die anderen SPD-Volksbeauftragten sind endlich in der Ecke, in der die Oberste Heeresleitung sie schon vor dem Truppeneinzug gern gehabt hätte. Unter dem unmittelbaren Eindruck der Gefahr für Leib und Leben des Stadtkommandanten Wels erklärt Ebert sich einverstanden mit einer Befreiungsaktion des Generalkommandos – und er bezieht in diese Entscheidung seine USPD-Kollegen nicht ein. Warum nicht? Auch diese Frage wird in den folgenden Tagen noch intensiv diskutiert werden. Ebert ist sich als Vollblutpolitiker und gewiefter Taktiker gewiss darüber im Klaren, dass er seine Verwicklung in die Militäraktionen nicht dauerhaft vor seinen Koalitionspartnern geheim halten kann. Seine Entscheidung, ohne Rücksprache mit seinen USPD-Kollegen Truppen in Marsch setzen zu lassen, nimmt zumindest in Kauf, dass die Unabhängigen ihre Zusammenarbeit mit der SPD aufkündigen. Ebert begibt sich damit nicht nur unter den Schutz der OHL, sondern gerät auch in vollständige Abhängigkeit von ihr.

Lequis muss sich bei der Durchführung der großen Militäraktion darauf einstellen, dass sie in Zielsetzung und Umfang von keinem der Volksbeauftragten ausdrücklich genehmigt worden ist und dass die drei USPD-Volksbeauftragten gar nicht in die Entscheidung einbezogen sind. Weiter muss er davon ausgehen, dass Berliner Arbeiter der Volksmarinedivision zu Hilfe kommen werden. Das Kampfgebiet muss also einerseits abgesperrt werden, um die Angreifer vor Arbeitern und anderen Teilen der Bevölkerung zu schützen. Lequis kann jedoch die Truppen, die am 24. Dezember die Absperrung vornehmen, zum größten Teil nicht davon unterrichten, in wessen Auftrag die kämpfenden Einheiten handeln. Die Kampfhandlungen im eigentlichen Sinn werden der Garde-Kavallerie-Schützen-Division übertragen, die den Ruf hat, »das Rückgrat aller eingesetzten Truppen« zu sein. Deren erster Stabsoffizier Hauptmann Pabst ist allerdings alles andere als begeistert: »Das war eine unmögliche Aufgabe, dieser Befehl. Gott sei Dank habe ich sofort, bei Herrn Lequis und seinem Stabschef Harbou, erklärt: ›Der Befehl ist unausführbar!‹ Bis morgens um 8 Uhr am 24., dem Heiligen Abend, kriege ich ja, bei den weiten Entfer-

Waldemar Pabst, Erster Stabsoffizier der Garde-Kavallerie-Schützen-Division

nungen, überhaupt die Division gar nicht zusammen. Wir hatten ja kaum Lastwagen. (...) Aber dann kam der Befehl und die Division musste gehorchen.«

In der Nacht und am Morgen werden die vorgesehenen Gebäude von den einrückenden Truppen größtenteils besetzt. Vor Schloss und Marstall bezieht die Garde-Kavallerie-Schützen-Division mit insgesamt etwa 900 Mann, mit sechs Geschützen und Maschinengewehren Position. Um 7.30 Uhr werden die Matrosen aufgefordert, innerhalb von zehn Minuten den Stadtkommandanten Wels auszuliefern, die Waffen niederzulegen und die Gebäude zu räumen.

Für Pabst ist dies ein entscheidender Moment. »Wir wussten nicht, schießen unsere Leute auf unsere Deutschen oder schießen sie nicht? Haben unsere Instruktionen gefruchtet?« Pabst hat sofort nach der Ankunft der Division in Berlin damit begonnen, die Truppe auf genau diese Situation vorzubereiten. »Ihr habt jetzt länger als vier Jahre im Felde gegen Engländer und Franzosen gestanden und ihr habt euch gefreut, wenn ihr

Volksmarine im Schloss

dem Corporal Jean-Jacques Meunier vom 1. französischen Infanterieregiment eine Kugel durch den Schädel geschossen habt. Der Mann hat euch nichts getan, der Mann hat sein Vaterland verteidigt, genau wie ihr. Jetzt sollt ihr aber Leute, wenn sie auch deutsch sprechen, unter Umständen genauso übern Haufen schießen, wie ihr das bisher getan habt gegen brave Vaterlandsverteidiger, während das hier Elemente sind, die unser Vaterland immer mehr und mehr in den Bolschewismus hineinsteuern wollen.« Pabst ist davon überzeugt, dass seine Männer diese simple Erklärung verstanden haben. Trotzdem bleibt Unsicherheit.

Um 7.40 Uhr beginnen die Truppen, Schloss und Marstall zu beschießen.»Als nun die ersten Schüsse über die Schlossinsel hallten,« erinnert sich Pabst,»da sagte ich zu meinem Kommandeur: ›Exzellenz, ich glaube, die Revolution ist erledigt. Wenn die heute schießen, dann werden sie auch beim nächsten Mal schießen.‹«

Der Berliner Polizeipräsident Eichhorn wird von dem Artilleriefeuer überrascht, das morgens plötzlich einsetzt.»Ich begab mich sofort nach dem Schlossviertel, woher der Kanonendonner kam, und sah dort, wie vom Lustgarten her das Schloss und der Marstall, die Quartiere der Matrosen, beschossen wurden. Einige Straßen waren vom Militär gesperrt, die Sicherheitswehr des Polizeipräsidiums kam, ohne Anweisung abzuwarten, im Laufschritt an, um weiterhin das ganze Schlossviertel abzusperren, damit die zu ihren Arbeitsstätten eilende Zivilbevölkerung nicht unversehens in den Feuerbereich gerate.«

Nach zehn Minuten Beschuss mit den Feldkanonen beginnt der Sturm auf das Schloss, und nach weiteren zwanzig Minuten ist das Gebäude in der Hand der angreifenden Truppen. Beim Marstall dauert das Ganze etwas länger. Erst als die sechs Kanonen auf kleinem Raum konzentriert werden, um Breschen in das Gebäude zu schießen, geben die Verteidiger auf. Um 9.10

Uhr zeigen die Matrosen die weiße Fahne und schicken Unterhändler. Sie erhalten 20 Minuten Zeit, um die Forderungen zu erfüllen. Wels wird sofort freigelassen, die Waffen sollen von einer Infanterie-Abteilung im Marstall abgeholt werden – doch daraus wird nichts, denn sehr schnell hat sich die Lage vor dem Marstall und in seinem Umfeld völlig verändert.

Zu den Einheiten, die als Absperrung und Rückendeckung für die angreifenden Truppen eingesetzt werden, gehört auch die Republikanische Soldatenwehr der Stadtkommandantur. Sie hat in weitem Umkreis die Spree-Insel umstellt, ist aber nicht über Ziel und Auftraggeber des Angriffs informiert worden. Als klar wird, worum es geht, kommen der Truppe Zweifel. Als teilweise bewaffnete Arbeiter in großer Zahl aus den Fabriken in Richtung Schloss ziehen, verstärken sich diese Zweifel noch. Einzelne wollen einen schriftlichen Auftrag für den Angriff gegen die Volksmarinedivision sehen, andere verhalten sich passiv oder solidarisieren sich mit den Arbeitern. Das Gerücht macht die Runde, es handele sich um einen gegenrevolutionären Putsch. Nahezu 100.000 Menschen, darunter viele Frauen und Kinder, auch bewaffnete Angehörige der Sicherheitstruppe des Polizeipräsidenten sammeln sich jetzt unmittelbar hinter den kämpfenden Truppen.

Rittmeister von Saldern gehört mit seinem 1. Garde-Ulanen-Regiment zu den Truppen vor Ort. Er hat in der Nacht den Befehl erhalten, sich mit seinen Männern an der Befreiung von Schloss und Marstall zu beteiligen. Nach der Beschießung der Gebäude mit Artillerie geht er mit seinen Männern zum Schloss. Einem Matrosen, der im Schlosshof unbewaffnet zu ihm kommt, erklärt er, sie sollten ohne Waffen herauskommen und sich ergeben. »Wir beabsichtigen keinerlei reaktionären Putsch. Wir wollen lediglich der jetzigen Regierung zur Verfügung stehen.« Es kommen nach und nach etwa 30 Mann, die sich ergeben. »Auf Befehl musste ich diese nach der Universität schicken, sie wurden unterwegs von der immer drohender werdenden Menge befreit. Welcher Ansicht diese Menge war, für oder gegen die Regierung Ebert-Haase, darüber kann ich selbst keine Angaben machen. Verhandlungen mit einer Menge zu uns gekommenen Matrosen und Zivilisten überzeugten meinen unmittelbaren Vorgesetzten und mich, dass es am besten wäre, die Waffen niederzulegen. Dieses tat das Regiment auf meinen Befehl.«

Seit 8.20 Uhr heulen die Fabriksirenen, und immer mehr Arbeiter rücken an. Die Menge drängt und drängt, behindert die Soldaten beim Gebrauch ihrer Waffen und versucht, sie von rückwärts zu entwaffnen. Der Divisionskommandeur setzt seine letzten Reserven zur Absperrung statt zum Kampf ein, aber auch sie können sich gegen die demonstrierenden Berliner nicht durchsetzen. Die Truppen werden von der Menschenmenge einfach überschwemmt, vollständig eingeschlossen und einzelne Soldaten durch die Republikanische Soldatenwehr, die Sicherheitstruppe Groß-Berlin und die Menge entwaffnet.

Die gesamte Militäraktion beginnt zu einem Fiasko für die Truppe und die Oberste Heeresleitung zu werden. Eine Wiederaufnahme des Angriffs muss zwangsläufig zu Handgemenge und Nahkampf nach allen Seiten führen – auch gegen Frauen, Kinder und unbewaffnete Männer. Die Garde-Kavallerie-Schützen-Division ist trotzdem entschlossen, die Kämpfe wieder aufzunehmen. In diesem Augenblick erscheint eine Abordnung der Regierung mit schriftlicher Vollmacht von Ebert und fordert die sofortige Einstellung der Kämpfe sowie Verhandlungen mit den Matrosen. Die Garde-Kavallerie-Schützen-Division zieht sich daraufhin in die Universität Unter den Linden zurück. Pabst erinnert sich: »Nun wälzten sich unabsehbare Massen, rund 100.000 Menschen, darunter zahlreiche Frauen und Kinder, auf die Linden zu und auf den Schlossplatz. Ich kann versichern, ich hatte sympathischere Situationen in meinem bisherigen Leben gehabt als diese. Ich fragte mich: Was machen wir nun? Zunächst wurden die Gitter der Universität runtergelassen, die Tore geschlossen und Maschinengewehre in Stellung gebracht. Und dann kam, wieder einmal, der Volksbeauftragte Barth. (...) Er fuhr wie ein Wilder auf mich los: ›Gegenrevolution!‹, ›Schweinerei!‹, ›Unerhört!‹ und ›Das werden Sie büßen, Sie werden alle erschossen!‹« Pabst droht damit, bis zum letzten Offizier und Mann zu kämpfen, er habe noch mindestens 100.000 Schuss Munition. »Stellen Sie sich mal vor, was das für Tote gibt! Wenn Sie das verantworten wollen, bitte. Dann greifen Sie uns hier in der Universität an.«

Für die hochgelobte und kampferprobte Garde-Kavallerie-Schützen-Division ist es eine geradezu traumatische Erfahrung, die sie trotzig reagieren lässt. Nach dem Ende der Kämpfe weigert sich die Division, förmlich mit den Matrosen zu verhandeln. Ihr Gefechtsstab nimmt aber an einer Besprechung teil, die die Bevollmächtigten der Regierung unter Führung von Ledebour mit der Volksmarinedivision in der Universität anberaumen. Es wird vereinbart, dass die Truppen des Generalkommandos Lequis mit allen militärischen Ehren aus Berlin abziehen. Die Matrosen behalten ihre Waffen. Die Volksmarinedivision wird, wie vorgesehen, auf 600 Mann verringert und räumt das Schloss. Die entlassenen Matrosen werden in die Republikanische Soldatenwehr übergeführt. Nichts Neues also gegenüber den Vereinbarungen vom Vortag.

Gegen 14 Uhr sammelt das Generalkommando seine zerstreuten Truppen und lässt sie aus der Stadt in ihre Quartiere abrücken. Nicht dabei sind 27 Offiziere, die im Lauf des Tages entwaffnet und gefangen genommen worden sind. Sie sind ins Polizeipräsidium gebracht worden und meist froh darüber, dort in Sicherheit zu sein. Eichhorn entlässt sie abends nach Eintritt der Dunkelheit, und viele wollen das Polizeipräsidium erst verlassen, »nachdem sie Zivilkleider erhalten hatten oder sonst eine Verkleidung anlegen konnten«. Eichhorn nimmt ihnen nach eigener Aussage das Versprechen ab, »in den inneren Wirren nicht wieder zu den Waffen zu greifen«.

Groener spricht im Nachhinein von einer »schweren Schlappe« für die Oberste Heeresleitung und verharmlost mit dieser saloppen Formulierung das Geschehen stark. Die OHL hat am 24. Dezember ihre besten und ihre letzten Fronttruppen in die Schlacht geführt und ist grandios gescheitert. Gescheitert vor allem am entschlossenen Widerstand der revolutionären Arbeiterschaft Berlins. Ein Unternehmen, das den Eindruck eines konterrevolutionären Putsches macht, kann gegen die sozialistischen Arbeiter der Hauptstadt nicht erfolgreich sein. Gescheitert ist die OHL aber auch, weil Fronttruppen, in denen wehrpflichtige Arbeiter oder Bauern Dienst tun, hinter der Revolution stehen und offensichtlich kaum bereit sind, ihre Waffen gegen Frauen, Kinder und unbewaffnete Männer zu richten – trotz des jahrelangen Krieges, der zu einer Verrohung vieler Soldaten geführt hat. Major von Harbou hält in seinem Bericht ausdrücklich fest: »Bei allen Maßnahmen des Generalkommandos muss bedacht werden, dass die Truppen bereit waren, alles zu tun, was die Regierung befahl. Sie wären zu Maßnahmen gegen den Willen der Regierung nicht zu haben gewesen. Die Autorität der Offiziere reichte hierzu nicht mehr aus.« Groener notiert lapidar, aber sehr vielsagend, was seine Absichten angeht: »Damit ist der ›Einzug‹ erledigt.« Die Heeresleitung arbeitet in den folgenden Tagen fieberhaft daran, aus diesen Erfahrungen Konsequenzen zu ziehen.

Am Ende des Tages haben die angreifenden Truppen der OHL 56 Tote zu beklagen, aufseiten der Volksmarinedivision sind es 11 Tote. Die unmittelbaren Folgen der Kämpfe sind am Heiligabend 1918 noch nicht abzusehen. Nach seinem Vortrag bei den Volksbeauftragten ordnet der Kriegsminister an, Vorkehrungen zur Verlegung der Regierung »nach auswärts« zu treffen. Ebert bezeichnet noch Jahre später den 24. Dezember als den »krisenhaftesten Tag der Revolution, neben dem 10. November.« Der 24. Dezember hat in der Tat die seit Längerem schwelende Krise der Regierung heftig zum Ausbruch gebracht.

Danach kann man nicht einfach weitermachen, als sei nichts geschehen. Das undurchsichtige Verhalten Eberts ist bereits in dem Disput zwischen Pabst und Barth vor der Universität zur Sprache gekommen. Warum er sich denn so aufrege, hat Pabst Barth gefragt, die Division sei schließlich auf Wunsch der Volksbeauftragten hier, die bei der Obersten Heeresleitung in Kassel die Truppen angefordert hätten. Barth daraufhin: »Davon weiß ich nichts.« Pabst: »Dann scheint bei Ihnen sechs Volksbeauftragten nicht alles in Ordnung zu sein.« Damit hat Pabst ins Schwarze getroffen. Das Verhalten der SPD-Volksbeauftragten gegenüber ihren USPD-Kollegen wird aufgeklärt werden müssen. Aber am 24. Dezember ist noch keineswegs klar, was sich aus dieser Aufklärung ergeben wird.

Groener jedoch hält in seinen Erinnerungen fest: »Die Sache hatte nur das eine Gute, dass Ebert gezwungen war, sein Herz über die Barriere zu werfen, und sich der Säuberung Berlins mit der Waffe nicht mehr widersetzte.« Es ist ein Satz, der mehr Fragen aufwirft, als er beantwortet: Wer oder was hat Ebert »gezwungen«? Hat er tatsächlich »sein Herz« über die Barriere geworfen, also jeden emotionalen Widerstand gegen Militäraktionen aufgegeben? Ging es am 24. Dezember in den Augen Eberts wirklich um »die Säuberung Berlins mit der Waffe«? Zweifel sind angebracht, ob Ebert all das bereits in der Nacht zum 24. Dezember für sich entschieden hat. Doch er hat sich zumindest in eine Situation manövriert, die seinen Handlungsspielraum extrem einschränkt.

17
DIE ENTSCHEIDUNG –
DIE USPD SCHEIDET AUS DER
REGIERUNG AUS

Nach der Militäraktion gegen die Volksmarinedivision ist Aufklärung angesagt. Vieles von dem, was wir heute wissen, ist damals nicht bekannt – jedenfalls nicht allen Beteiligten. Manches kommt erst Jahre später ans Tageslicht. Die USPD-Volksbeauftragten werden am Morgen des 24. Dezember von der Kanonade völlig überrascht und wissen nicht, was im Gange ist. Barth fährt gleich um 8.30 Uhr, noch vor der Sitzung des Kabinetts, zur Kommandantur, um sich zu informieren und für das Ende des Beschusses zu sorgen. Dort hört er, dass der Stab der Garde-Kavallerie-Schützen-Division in der Universität sei, wo er dann Pabst trifft, der ihn an Harbou im Kriegsministerium verweist. Harbou verlangt einen Kabinettsbeschluss, um die Kampfhandlungen zu beenden, weil sie im Auftrag der Regierung stattfänden. Ein schriftlicher Befehl des gesamten Kabinetts sei nötig.

Barth fährt in die Reichskanzlei, wo ihm seine SPD-Kollegen Ebert, Scheidemann und Landsberg übereinstimmend erklären, sie wüssten von nichts. Als Haase dazukommt, vermutet der einen Übergriff des Militärs. Ebert ruft im Beisein seiner Kollegen den Kriegsminister an und fragt, was es mit der Schießerei am Schloss auf sich habe. Das Kabinett ersuche ihn dringend, sofort nach dem Rechten zu sehen und die sofortige Einstellung der Schießerei zu veranlassen. Der Volksbeauftragte

Dittmann erinnert sich, dass Ebert, offenbar auf Frage des Kriegsministers erklärt, »ja, es sei ein einstimmiger Beschluss des ganzen Kabinetts«.

Das Kabinett beschäftigt sich am Vormittag noch mit anderen Fragen, aber in der Sitzung am Nachmittag fragt Dittmann, »ob festgestellt ist, wer den Truppen den Befehl gegeben hat, gegen das Schloss vorzurücken?« Keiner der Anwesenden kann jedoch Auskunft geben. In den nächsten Tagen wiederholt sich das Spiel. Die Sitzungen des Kabinetts beschäftigen sich mit zahlreichen anderen Themen.

Am Nachmittag des 27. Dezember bekommen die USPD-Volksbeauftragten dann eine lange Erklärung ihrer drei SPD-Kollegen über die Vorgänge vom 23. und 24. Dezember zu Gesicht, »in welcher wir zu unserer Überraschung lasen, dass entgegen den feierlichen Versicherungen, die Ebert, Scheidemann und Landsberg uns seit drei Tagen immer wieder abgegeben hatten, der Befehl, mit Waffengewalt gegen die Matrosen vorzugehen, in der Nacht auf den 24. Dezember doch von ihnen gegeben worden sei«, schreibt Dittmann in seinen Erinnerungen. »Wir waren drei Tage lang belogen worden, belogen von Männern, mit denen wir gemeinsam die Regierungsgeschäfte führen sollten, was trotz aller gegensätzlichen Auffassungen möglich gewesen war, solange das Vertrauen in die persönliche Aufrichtigkeit und Ehrlichkeit nicht erschüttert war. Jetzt war dieses Vertrauen mit einem Schlage vernichtet.«

Was sich auch immer im Einzelnen in der Nacht vom 23. auf den 24. Dezember zwischen Ebert und General Groener bzw. zwischen den SPD-Volksbeauftragten und dem Kriegsminister abgespielt hat: Im Binnenverhältnis zwischen den Volksbeauftragten der SPD und der USPD liegen die Dinge klar. Die SPD-Volksbeauftragen haben in der Nacht eine sehr weitreichende Entscheidung allein getroffen und sich nicht darum bemüht, ihre USPD-Kollegen einzubeziehen. Und sie haben ihre eigene Rolle in dieser Geschichte tagelang falsch dargestellt, ihre Kollegen belogen.

Am 28. Dezember soll nun in einer gemeinsamen Sitzung von Kabinett und Zentralrat über die Angelegenheit gesprochen werden – und über alle anderen Fragen, die sich im Laufe der Wochen angesammelt haben und die Regierungsarbeit belasten. Am Tag davor findet bereits ein Treffen zwischen den SPD-Volksbeauftragten und Robert Leinert statt, dem Vorsitzenden des Zentralrats, der als Eberts Vertrauensmann im Gremium gilt. Über Themen und Verlauf dieses Treffens ist nichts Detailliertes bekannt, aber Leinert berichtet seinen Zentralrats-Kollegen am Abend des 27. Dezember, die SPD-Volksbeauftragten seien der Ansicht, »dass so nicht weiter regiert werden kann infolge der Parteistreitigkeiten innerhalb der Volksbeauftragten«; sie rechneten sehr konkret »mit der Möglichkeit einer rein mehrheitssozialistischen Regierung«. Am Schluss der Sitzung beschwört Leinert seine Kollegen, »dass wir unseren Leuten das Vertrauen nicht entziehen können, es würde dann keiner mehr dieses Amt übernehmen«.

Am folgenden Tag um 12 Uhr eröffnet Ebert die gemeinsame Sitzung von Kabinett und Zentralrat und schildert zu Beginn ausführlich den Verlauf der Ereignisse aus seiner Sicht. Dabei erklärt er erstmals, die drei SPD-Volksbeauftragte hätten in der Nacht »gegen 2 Uhr« erfahren, dass für Wels' Leben nicht mehr garantiert werden könne und dann den Kriegsminister gebeten, das Erforderliche zu veranlassen, um Wels zu befreien. Dittmann interessiert, von wem das Ultimatum gestellt worden sei, aber er bekommt keine Antwort. Die Debatte springt von einem Thema zum anderen, es ist viel Misstrauen von beiden Seiten im Spiel. Dittmann wieder: »Wir müssen wissen, wer den Befehl zur Kanonade gegeben hat und für dieses Ultimatum von zehn Minuten.« Die Frist sei viel zu kurz gewesen, damit die Matrosen sich hätten beraten können, und die Kanonade habe Wels' Leben doch erst recht gefährdet. »Ich kann mir wirklich kein verfehlteres Vorgehen vorstellen, um den Zweck zu erreichen, Wels des Lebens zu sichern, als das, das hier eingeschlagen worden ist. (...) Wir müssen wissen, wer das Ultimatum verschuldet hat.«

Landsberg erklärt:»Keiner von uns hat vom Ultimatum etwas gewusst. Ich selbst habe auch nicht daran gedacht, dass man in der Stadt mit Granaten vorgehen würde.« Scheidemann hatte sich alles ganz anders vorgestellt:»Ich hatte mir gedacht, dass es möglich ist, innerhalb einer ganz kurzen Frist, vielleicht einer halben Stunde, die Sache zu machen. Ich hatte mir gedacht, der Mann würde ans Telefon gehen und dafür sorgen, dass unmittelbar eingegriffen würde.« Barth kritisiert, dass bei einer so weitgehenden Maßnahme nicht alle Volksbeauftragten einbezogen worden sind.»Wir sind doch auch sonst schon geholt worden. Es wäre eine Kleinigkeit gewesen, wären wir in der Zeit von 1 bis 2 Uhr zusammengeholt worden.« Ähnlich Haase, der fassungslos ist, dass»der Kriegsminister um 1 Uhr nachts hier mit einer Blankovollmacht versehen worden ist.« Ebert direkt dazu:»Es war nach 1 Uhr. Eine Blankovollmacht war es nicht.« Haase:»Es war doch eine Blankovollmacht. Das ist eben das Verhängnisvolle.«

Dittmann versucht erkennbar zu vermitteln und äußert Verständnis dafür, dass die drei SPD-Kollegen Maßnahmen ergriffen haben, um das Leben von Wels zu sichern, aber»ganz unmöglich« war in seinen Augen die Blankovollmacht.»Ich kann mir das nur erklären aus der Stimmung der Kollegen Ebert, Scheidemann und Landsberg, die ich schon öfter beobachtet habe. So geht es nicht weiter, wir müssen zeigen, dass wir Macht haben.« Scheidemann bestätigt solche Gedanken indirekt:»In der *Roten Fahne* steht jeden Tag von Ebert, Landsberg und mir – von mir selbstverständlich an allererster Stelle – ›Mörder, Bluthunde‹, ›Schufte‹, ›Weg mit dieser Schandregierung!‹ In der *Freiheit* vermeidet man den Ausdruck ›Bluthund‹ usw., aber wir werden dort in so madiger Weise heruntergemacht, dass Sie sich ein Bild davon machen können, wie sich die Stimmung in den dafür zugänglichen Arbeiterkreisen allmählich entwickeln muss.« Die radikale Linke ist in Scheidemanns Augen die eigentliche Gefahr für die Revolution. »Gewiss gibt es ein Dutzend Offiziere, die zu verrückten Streichen fähig sind. Die spielen aber keine Rolle. Aber auf der anderen Seite, da stehen diejenigen, die alles in Grund und Boden zertrümmern, die die Revolution gefährden. Denen gegenüber müssen wir uns schützen.«

Am Samstagnachmittag geht es in einer zweiten gemeinsamen Sitzung von Kabinett und Zentralrat um den Umgang mit dem Beschluss des Reichsrätekongresses zur Kommandogewalt und um die Gründung einer Volkswehr. Haase erklärt, das alte Militärsystem, das der Rätekongress einstimmig verurteilt habe, müsse beseitigt werden. Ebert klagt, es gebe zwischen den Volksbeauftragten ständig politische Auseinandersetzungen und Streit. Das mache Beschlüsse unmöglich. »Alle unsere Besprechungen münden in eine politische Debatte und die dringenden anderen Geschäfte bleiben liegen.« Auch die Verlegung der Regierung an einen anderen Ort, an dem man in Ruhe regieren könne, spricht er an. Immer deutlicher kristallisiert sich im Lauf der Debatte heraus, dass die SPD-Volksbeauftragten in Politik und Propaganda der radikalen Linken die größte Gefahr für Regierung und Revolution sehen, ihre USPD-Kollegen dagegen in der alten kaiserlichen Militärführung, die nach wie vor im Amt ist.

Landsberg meint, die Tendenzen der Obersten Heeresleitung, Politik zu üben, seien nicht besonders gefährlich. Die Oberste Heeresleitung drohe doch nicht mit einem Putsch, sondern mit ihrem Rücktritt. »Diese Revolution unterscheidet sich von allen früheren ganz wesentlich dadurch, dass jede Herrschaftsorganisation der gestürzten Klasse erschüttert und beseitigt ist (Das Protokoll vermerkt: Zustimmung). Im Jahre 1848 war ein wirklicher Volkssieg in den Straßen von Berlin nicht errungen; denn das Heer war im Wesentlichen intakt, und infolgedessen hatte die Reaktion etwas in der Hand, womit sie die Errungenschaften der Revolution beseitigen konnte. Jetzt ist jedes Herrschaftsinstrument von innen und von außen so restlos beseitigt, dass die Gefahr einer Gegenrevolution nur akut werden kann, wenn es den Leuten von der äußersten Linken gelingt, die Massen derart zur Verzweiflung zu bringen, dass sie sich dem ersten besten Usurpator an den Hals werfen«.

Das sehen die Unabhängigen ganz anders. Dittmann erklärt: »Wir sind der Überzeugung: Das Wesentlichste, was wir vor dem Zusammentreten der Nationalversammlung tun können, muss darin bestehen, den alten verderblichen Geist des Militarismus so gut wie restlos zu beseitigen, denn der Militarismus ist das Element, von dem am ehesten eine Bedrohung der Errungenschaften der Revolution ausgehen kann.« Haase ergänzt, man müsse auch bedenken, dass noch fast überall die alten Oberpräsidenten, Regierungspräsidenten und Landräte im Amt seien.

Die Mitglieder des Zentralrats haben sich bislang sehr zurückgehalten, doch Leinert, der Vorsitzende, positioniert sich dann sehr deutlich. Er wolle von den Volksbeauftragen im Wesentlichen wissen, »wie sie zu den Übergriffen des Spartakusbundes stehen, die das ganze Werk der Revolution in Misskredit bringen. Diese Frage beschäftigt uns draußen in ungeheurem Maße.« Den USPD-Volksbeauftragten wirft er vor, »dass ein Abrücken von den Spartakusleuten von Ihrer Seite nicht erfolgt ist, am allerwenigsten vom Genossen Barth. Immer sind Entschuldigungen vorgebracht worden. Wir müssen aber wissen, wie Sie dazu stehen.«

Barth betont, es komme darauf an, wirtschaftliche Bedingungen zu schaffen, die der Agitation der Spartakusgruppe die Grundlage entziehen. Haase mahnt ernsthafte Reformen an: »Wenn wir sozialpolitische, wirtschaftliche Maßnahmen ernster Natur schon jetzt vor der Nationalversammlung durchsetzen und nicht nur die laufenden Geschäfte erledigen, sondern die großen Fragen zu einem Abschluss führen, dann ist die Spartakusgruppe geliefert.« Auch durch die Nachgiebigkeit gegenüber den Militärs sei der Nährboden für die Agitation der Spartakusgruppe geschaffen worden.» Wenn jetzt beschlossen werden wird, dass die Beschlüsse des Arbeiter- und Soldatenkongresses durchgeführt werden und wenn mit den hohen Militärs ein ernstes Wort geredet wird, dann entziehen Sie der Agitation der Spartakusleute den Boden.«

Die Mehrheit in der USPD distanziert sich in diesen Tagen mehr als je zuvor von der Spartakusgruppe, aber das reicht Leinert bei weitem nicht. Er will wissen, ob die USPD-Volksbeauftragten bereit sind,»Maßnahmen zu ergreifen, um diesen Mob, der hier mit Maschinengewehren usw. die öffentliche Sicherheit bedroht, niederzuhalten.« Landsberg ergänzt:»Sie haben neulich das Recht der Revolution aufgestellt, Gegenrevolutionäre von rechts in Schutzhaft zu nehmen. Würden sie auch Liebknecht und Rosa Luxemburg in Schutzhaft nehmen?« Haase:»Einen Akt der Gewalt gegen die Regierung würde ich abwenden, auch wenn er von Spartakusleuten kommt. Ich will mich dabei aber stützen auf Truppen, die ich aus dem Proletariat heranziehe. Das ist das, was wir können und müssen: eine Schutzwehr aus dem Proletariat, die wir uns sofort schaffen können.«

Damit endet nach 20 Uhr und fast vier Stunden Dauer die Nachmittagssitzung, bereits am Mittag hat man zweieinhalb Stunden getagt. Zu Beginn der Sitzung standen die SPD-Volksbeauftragten wegen ihres Verhaltens am 23./24. Dezember unter Druck, am Ende sind es die USPD-Volksbeauftragten, weil der Zentralrat sich eindeutig auf die Seite der SPD-Volksbeauftragten stellt. Für die sozialdemokratische Seite stehen sehr konkret militärische Aktionen gegen die Spartakusgruppe im Raum. Seit dem gescheiterten Putschversuch vom 6. Dezember lässt die Spartakusgruppe keine Gelegenheit aus, die»Scheidemänner« als Konterrevolutionäre, Mörder und Bluthunde zu beschimpfen.

Der große Trauerzug am 21. Dezember, mit dem die 14 Toten des 6. Dezember zu Grabe getragen werden, ist eine einzige Anklage gegen Ebert und seine Parteifreunde. Ebenso eine Demonstration am ersten Weihnachtstag, die mit der Besetzung des *Vorwärts* endet, weil das SPD-Parteiorgan am Morgen Kritik am Verhalten der Matrosen geübt hat. Die Besetzer richten einen vorläufigen Redaktionsstab ein und drucken ein Flugblatt, das ankündigt, das »lügnerische Reptil« *Vorwärts* werde von nun an als *Roter Vorwärts* erscheinen und dem Volk »die heiß ersehnte Wahrheit verkünden«. Der Berliner Polizeipräsident Eichhorn schreitet ein, und es bedarf langwieriger Verhandlungen, bevor die Besetzer nach zwei Tagen die Zeitung wieder freigeben. Der *Vorwärts* muss zusagen, in der Morgenausgabe des 27. Dezember, der ersten Ausgabe nach der Besetzung, eine Erklärung der Revolutionären Obleute zu veröffentlichen, in der sie »volles Verständnis« für den Groll äußern, der zur Besetzung des Vorwärts geführt habe. Der *Vorwärts* habe »in der letzten Zeit in der schamlosesten Weise alle ehrlichen und entschieden revolutionären Kreise sowie die Volksmarinedivision beschimpft«. Die Redaktion des *Vorwärts* bezieht dagegen in einem eigenen Beitrag klar Position und lässt sich nicht mundtot machen.

Vielleicht ist die Besetzung des *Vorwärts* der berühmte Tropfen, der das Fass zum Überlaufen bringt. Der in Kiel so erfolgreiche Gustav Noske wird von Ebert gebeten, schon am 27. Dezember von Kiel zu einer Krisensitzung nach Berlin zu kommen, in der über das weitere Procedere beraten wird. Hauptmann Gustav Böhm, damals Adjutant im Preußischen Kriegsministerium, notiert, dass Noske energisch dafür eintritt »zu schießen, wenn sich dies zur Wiederherstellung der Ordnung als notwendig erweisen sollte, und zwar auf jeden, der der Truppe vor die Flinte läuft«. Ohne Blut sei die Sache nicht zu machen. Bereits am 27. Dezember, am Tag vor der gemeinsamen Sitzung von Kabinett und Zentralrat, sind Ebert und seine Freunde entschieden, die radikale Linke auszuschalten. Gemeinsam mit den USPD-Volksbeauftragten ist das freilich nicht zu machen. Deshalb müssen die Unabhängigen aus der Regierung gedrängt werden – am besten so geschickt, dass sie aus eigenem Antrieb gehen. Ebert, Scheidemann und Landsberg sind sicher, dass ihnen das gelingt. Sie bitten Noske am 27. Dezember, er möge in Berlin bleiben.

General Groener bestätigt dies 1925 unter Eid: »Das politische Ziel, das Ebert im Auge hatte in diesen Tagen und worüber er mit mir gesprochen hat, war einmal das Hinausdrängen der Unabhängigen aus der vorläufigen Regierung und zweitens die Sicherung der Nationalversammlung. Man muss vor Eberts politischem Empfinden die größte Hochachtung haben; die Ziele wurden erreicht.«

Die USPD-Volksbeauftragten durchschauen offenbar bis zum Schluss nicht, welches Spiel hier gespielt wird. Zum Abschluss der gemeinsamen Sitzung legen sie dem Zentralrat acht Fragen zur Beantwortung vor, die den Zentralrat in eine Schiedsrichterrolle bringen. Das Ergebnis kann kaum überraschen, wenn man sich vor Augen hält, dass im Zentralrat kein einziges Mitglied der USPD sitzt: Der Zentralrat stützt die SPD-Volksbeauftragten. Um Mitternacht findet eine weitere Sitzung von Kabinett und Zentralrat statt, bei der die USPD-Volksbeauftragten tun, was ihre SPD-Kollegen sehnlichst erhoffen: Sie erklären ihren Austritt aus der Regierung.

Anschließend verlassen Haase, Dittmann und Barth den Sitzungsraum. Ebert und seine SPD-Kollegen teilen der Presse den Austritt der Unabhängigen unmittelbar am 29. Dezember um 0.15 Uhr mit. Noch in derselben Sitzung wird über die Nachfolge beraten, aber nicht endgültig entschieden. Man vertagt sich auf 9 Uhr, weil man schon am Nachmittag Flugblätter mit den Namen der neuen Regierungsmitglieder verbreiten will.

Einstimmig wählt der Zentralrat dann am 29. Dezember die beiden Sozialdemokraten Gustav Noske und Rudolf Wissell zu Nachfolgern der drei USPD-Volksbeauftragten.

Rat der Volksbeauftragten nach Ausscheiden des USPD-Mitglieder: Otto Landsberg, Philipp Scheidemann, Gustav Noske, Friedrich Ebert, Rudolf Wissell (v.li.n.re.)

Der Rücktritt von Haase, Dittmann und Barth ist keineswegs alternativlos gewesen. Sie haben zwar im Zentralrat erkennbar keine Rückendeckung, aber der Zentralrat ist Kontrollorgan, die Regierungsgeschäfte werden gemeinsam von den Volksbeauftragten geführt. Formal hätte der Zentralrat zwar die Kompetenz, die drei USPD-Volksbeauftragten zu entlassen, aber politisch wäre das für Ebert und seine politischen Freunde nicht durchsetzbar gewesen. Die gemeinsame Regierung von SPD und USPD ist elementarer Basiskonsens der Revolutionsbewegung. Eine formelle Entlassung hätte die SPD-Spitze in kaum mehr beherrschbare Konflikte mit der Rätebewegung und einem Großteil ihrer eigenen Parteimitglieder gestürzt.

Haase, Dittmann und Barth hätten also durchaus im Amt bleiben, auf gleichberechtigter weiterer Regierungsarbeit bestehen und wenigstens versuchen können, das aus ihrer Sicht Schlimmste zu verhindern. Welche Ziele verfolgen sie mit ihrem Austritt aus der Regierung? Er ist gewiss ein starkes Signal an die Öffentlichkeit, dass sie die Politik der SPD-Volksbeauftragten nicht mehr mittragen können. In einer öffentlichen Erklärung am 30. Dezember heißt es, die Unabhängigen hätten in dem Moment austreten müssen, »wo sie nicht mehr in der Lage waren, die Gefährdung der Revolution durch die Politik der Mehrheitssozialisten zu verhindern«.

Der Austritt soll aber auch innerhalb der USPD die Fronten klären und dem linken Flügel den Wind aus den Segeln nehmen. In einem Grundsatzartikel, der am 1. Januar 1919 in der *Freiheit* erscheint und auch von anderen Parteiblättern der Unabhängigen übernommen wird, rechnet Haase mit den einflussreichen Kritikern vom linken Flügel ab, die »von Anfang an einen heftigen Kampf gegen ihre Genossen in der Regierung« geführt hätten. »Dadurch erschwerten sie deren Tätigkeit und trugen eine unheilvolle Verwirrung in die Reihen der Partei.« Haase macht diese Kritiker für die aktuelle Situation verantwortlich: »Ein Teil der Partei jagte gekünstelten Theoremen nach und verzettelte so seine Kraft (...) Hätte sie auf dem Kongress der Arbeiter- und Soldatenräte nicht trotz aller Warnungen den schweren taktischen Fehler begangen, den Zentralrat allein den Mehrheitssozialisten zu überlassen, so wäre heute eine andere politische Situation. Es steht fest, dass dann die Mehrheitssozialisten aus der Regierung hätten ausscheiden müssen, da selbst ihre eigenen Anhänger im Zentralrat keineswegs durchweg auf ihrer Seite standen. Dann hätte die USPD allein die Regierung bilden können. Sie hätte sofort die alte Kommandogewalt beseitigt, die Demobilisierung des alten Heeres vollständig durchgeführt und entschlossen die Sozialisierung der dafür reifen Betriebe eingeleitet.« Noch aber, so Haase zum Schluss seines Artikels, habe die USPD »trotz der Fehler keinen Grund zum Verzagen. Führt sie jetzt eine klare, entschlossene Politik ohne alle Verlegenheiten, aber auch ohne schwächliche Halbheit, so wird sie sich durchsetzen. Die Revolution ist nicht abgeschlossen, und der USPD harren in nächster Zukunft noch große Aufgaben!«

Natürlich wenden sich auch Zentralrat und Regierung unmittelbar nach dem Austritt der Unabhängigen an die Öffentlichkeit: »Die Regierungskrise hat die Lösung gefunden, die das deutsche Volk erwartet hat. Die Unabhängigen sind ausgeschieden, die Reichsregierung wird aus den Reihen der Mehrheitssozialisten ergänzt und, von inneren Hemmungen frei, an die Lösung ihrer großen Aufgaben gehen: die Wahlen zur Nationalversammlung und den Frieden vorzubereiten und bis dahin die Aufrechterhaltung einer freiheitlichen Ordnung sicherzustellen.« Von den Beschlüssen des Rätekongresses ist keine Rede mehr, aber von der »festesten Absicht, jedem unerbittlich entgegenzutreten, der aus der Revolution des Volkes den Terror einer Minderheit machen will.«

Im Lauf der folgenden Jahre kommen immer neue Details über die Vorgänge in der Nacht vom 23. auf den 24. Dezember an die Öffentlichkeit, die in klarem Widerspruch zu den Aussagen der SPD-Volksbeauftragten stehen. Die unter Eid gemachte Zeugenaussage General Groeners im sogenannten Dolchstoßprozess 1925 bestätigt dann vieles, was die USPD-Volksbeauftragten seit Längerem vermutet hatten. »Wir ahnten manches davon«, schreibt Dittmann in seinen Erinnerungen, »positive Beweise, die uns Gewissheit verschafft hätten, fehlten uns jedoch darüber. Aber was wir damals bereits positiv über die Rolle von Ebert und seiner ihm hörigen Freunde wussten und im Zentralrat am 28. Dezember 1918 gegen sie vorgebracht hatten, hätte ihren Austritt oder ihre Abberufung aus der Regierung zufolge haben müssen, wenn der Zentralrat eben nicht aus lauter Mehrheitssozialisten zusammengesetzt gewesen wäre.« Die ganze Revolution hätte dann einen völlig anderen Verlauf genommen. Davon ist Dittmann überzeugt, als er in den Dreißigerjahren seine Erinnerungen niederschreibt.»Ein demokratisches Heer, wie es von uns gefordert wurde, das vom letzten Soldaten bis hinauf zum obersten Führer bewusst und fest zu Republik gestanden hätte, wäre der unerschütterliche Rückhalt aller Bestrebungen zur Demokratisierung des Staates und zur Durchdringung der Wirtschaft mit sozialem Geist gewesen. (...) Für die alte Offizierskaste und das alte Militärsystem herrschte damals auch in den Kreisen des Bürgertums bis in die Mittelschichten hinein keine große Sympathie. Jedenfalls hätte eine einige und geschlossene Sozialdemokratie damals alle Widerstände niederwerfen und überwinden können, die sich der völligen Auflösung des alten Heeres und des Offizierkorps in die Wege gestellt hätten. Dann wäre die Bahn frei gewesen für den allmählichen Übergang der Wirtschaft und der Gesellschaft zu sozialistischen Einrichtungen und Formen ohne Bürgerkrieg.«

18
WENIG KLARHEIT –
DIE GRÜNDUNG DER KPD

Zum Jahresende 1918 stehen in Berlin die Zeichen auf Sturm. Nach dem Austritt der Unabhängigen aus der Regierung fallen sie als vermittelnder oder bremsender Faktor weg, und die Polarisierung innerhalb der sozialistischen Arbeiterbewegung steigert sich noch. Bereits am 29. Dezember ist das auf den Straßen Berlins unübersehbar. An diesem Sonntag werden die Opfer des 24. Dezember beerdigt. Die Spartakusgruppe und die Revolutionären Obleute verbinden mit dem Trauerzug eine Protestkundgebung gegen »das Verbrechen vom 24. Dezember«, gegen die »blutbefleckte« Ebert-Regierung und gegen die Konterrevolution. Schon am Vormittag strömen aus allen Teilen Berlins gewaltige Züge in die Innenstadt. Um die Mittagszeit stehen die Arbeiter dicht an dicht auf dem breiten Boulevard Unter den Linden, in sämtlichen Querstraßen, auf dem Schlossplatz und im Lustgarten. Es sind Hunderttausende, die den Toten auf dem Weg zum Friedrichshain die letzte Ehre erweisen.

Auch an der am selben Tag stattfindenden Demonstration der SPD »gegen die Blutdiktatur des Spartakusbundes« nehmen Hunderttausende teil. Sie steht unter der Parole: »Wir wollen Frieden, Freiheit, Brot! Wir wollen nicht Chaos, Anarchie, Straßenschlachten, Gewaltakte feindlicher Haufen und feindliche Besetzung!« Auch die Deutsche Demokratische Partei hat die Bürger zur Beteiligung an dieser Demonstration »für die Republik gegen Spartakus und den Terror der Minderheit, für Schutz der Wahlen und der Nationalversammlung« aufgerufen. Immer wieder stoßen die Demonstrationszüge der beiden Lager aufeinander oder ziehen aneinander vorbei – man schreit sich gegenseitig die Parolen um die Ohren, aber es bleibt friedlich.

Am diesem Sonntag findet in Berlin auch eine nicht öffentliche Reichskonferenz der Spartakusgruppe statt. Im Festsaal des Preußischen Abgeordnetenhauses versammeln sich 83 Vertreter aus 46 Orten, drei Vertreter des Roten Soldatenbundes, ein Vertreter der Jugend und sechzehn auswärtige Gäste. Nach kurzer Debatte beschließen sie gegen drei Stimmen die Trennung von der USPD und die Gründung einer eigenen Partei.

Vor allem Rosa Luxemburg hat bis dahin den Platz der Spartakusgruppe stets in der USPD gesehen, wo sie mit möglichst großem Effekt für ihre Ziele werben und Anhänger gewinnen soll. Nach dem Rätekongress, bei dem eine Mehrheit der USPD-Delegierten nach allem Anschein Positionen des linken Parteiflügels vertreten hat, fordern Revolutionäre Obleute und Spartakusgruppe ultimativ die Einberufung eines Parteitages. Als die USPD-Führung dies ablehnt, gibt Luxemburg ihren Widerstand gegen die Gründung einer eigenständigen Partei auf. Auch Anhänger Lenins in Bremen, die »Internationalen Kommunisten Deutschlands«, drängen auf die Gründung einer neuen Partei der radikalen Linken.

Über deren Namen gibt es jedoch Differenzen. Eine Gruppe, die dem Leninismus recht nahesteht, plädiert für den Namen »Kommunistische Partei«. Sie will schon mit dem Parteinamen die Bindung an den Bolschewismus demonstrieren. Auch Liebknecht tritt für diesen Namen ein, um die neue Partei deutlich von SPD und USPD abzugrenzen. Rosa Luxemburg dagegen ist für den Namen »Sozialistische Partei«. Sie ist der Meinung, die Partei habe die Aufgabe, »die Verbindung zwischen den Revolutionären des Ostens und den Sozialisten Westeuropas« herzustellen. Der Name »Kommunistische Partei« würde diese Aufgabe erschweren. Es wird eine Kommission eingesetzt, die sich mit vier gegen drei Stimmen für »Kommunistische Partei Deutschlands« mit dem Zusatz »(Spartakusgruppe)« entscheidet.

Am 30. Dezember tritt dann am selben Ort der Gründungsparteitag der KPD zusammen. Die KPD entsteht durch die Vereinigung der Internationalen Kommunisten Deutschlands mit der Spartakusgruppe. Insgesamt 116 Delegierte vertreten beim Parteitag 56 Orte. Mit großer Mehrheit wird der Name »KPD (Spartakusgruppe)« angenommen. Es ist eine der wenigen Entscheidungen, die fast einvernehmlich erfolgen. Vor allem bei den strategisch wichtigen Fragen zeigen sich grundlegende Differenzen, und die führenden Köpfe der Spartakusgruppe können sich nicht durchsetzen.

Das gilt insbesondere für die zentrale Frage, ob sich die KPD an den Wahlen zur Nationalversammlung beteiligen soll. Die prominentesten Köpfe der Spartakusgruppe sprechen sich für eine Beteiligung aus, auch um dadurch die Möglichkeit zu haben, gegen die Regierung und gegen die Nationalversammlung zu mobilisieren. Aber die Mehrzahl der Parteitagsteilnehmer ist der Meinung, es sei nicht die Zeit zum Wählen, man müsse vielmehr den Kampf gegen die Nationalversammlung mit Massenstreiks und Maschinengewehren führen. Die Mehrheit vertritt einen radikalen Anti-Parlamentarismus. »Ihr wollt Euch Euren Radikalismus ein bisschen bequem und rasch machen«, merkt Rosa Luxemburg an, »entweder Maschinengewehre oder Parlamentarismus. Wir wollen etwas verfeinerten Radikalismus. Nicht bloß dieses grobkörnige Entweder–Oder.« Die Abstimmung ergibt 23 Stimmen für und 62 gegen die Wahlbeteiligung. Luxemburg und Liebknecht sind außerordentlich enttäuscht und sehen die Partei schon bei ihrer Gründung auf dem falschen Weg.

Liebknecht berichtet dem Gründungsparteitag von den laufenden Verhandlungen mit den Revolutionären Obleuten über deren Beteiligung am Parteiprojekt. Die Revolutionären Obleute stellen fünf Bedingungen für eine Verschmelzung, u.a. die Zurücknahme des Anti-Wahl-Beschlusses, das Beenden der fortgesetzten Putschisten-Taktik und deutlichen Einfluss der Revolutionären Obleute auf Pressearbeit und Programm der Partei. Die Spartakusgruppe jedoch denkt nicht daran, diese Bedingungen zu akzeptieren, und verzichtet auf diese in Berlin sehr einflussreiche Gruppe.

Das Programm für die neue Partei stammt von Rosa Luxemburg. Es ist unter dem Titel »Was will der Spartakusbund?« bereits am 14. Dezember in der *Roten Fahne* abgedruckt worden. Neben einem klaren Bekenntnis zum Sozialismus als einzigem Ausweg aus Krieg und Chaos enthält es auch deutliche Aussagen gegen alle terroristischen Strategien: »Der Spartakusbund wird nie anders die Regierungsgewalt übernehmen als durch den klaren, unzweideutigen Willen der großen Mehrheit der proletarischen Masse in ganz Deutschland, nie anders als kraft ihrer bewussten Zustimmung zu den Aussichten, Zielen und Kampfmethoden des Spartakusbundes.«

Das Parteiprogramm enthält eine klare Absage an allen Utopismus und an jede putschistische Taktik. Entschieden lehnt es die Diktatur einer Partei in der Art des Bolschewismus ab. Auch dieses Programm wird nicht völlig unwidersprochen angenommen. Vor allem der Passus, der sich klar gegen Terror ausspricht, stößt auf den Widerstand einiger Delegierter. Aber die Mehrheit der Delegierten nimmt alles in allem das Programm an, ohne über dessen Zielsetzungen und strategische Festlegungen intensiver nachzudenken. In klarem Gegensatz zum Programm herrscht beim Parteitag leidenschaftlicher, manchmal auch fanatischer Utopismus vor.

Rosa Luxemburg dagegen erklärt in ihrer Rede auf dem Parteitag, es müsse nach der ersten Phase einer politischen Revolution jetzt zunächst eine Phase des verstärkten ökonomischen Kampfes kommen. Nicht der Sturz der Ebert-Scheidemann-Regierung sei das nächste Ziel, sie könne nicht einfach durch eine ausgesprochen sozialistisch-proletarisch-revolutionäre Regierung ersetzt werden. Man dürfe das Augenmerk jetzt nicht auf die Spitze des Staates richten, sondern müsse nach unten schauen. Es gehe nun um einen sozialen, revolutionären Massenkampf des Proletariats, der die Regierungen unterminiere. Die Revolution müsse auch auf das flache Land getragen werden, wo man bisher leider noch nicht einmal beim Anfang des Anfanges sei.

Die Organisationsstruktur der jungen KPD ist durch ein Höchstmaß an lokaler Autonomie und durch offene Mitgliedschaft geprägt. Die Partei hat nur eine verschwindend geringe Zahl von besoldeten Funktionären, sie ist eine vollkommen nicht-leninistische Partei, die überhaupt nicht in der Lage wäre, einen Staatsstreich zu organisieren.

In allen Phasen zeigt der Gründungsparteitag, dass die äußerste Linke alles andere als einheitlich ist. Dem kleineren Kreis der marxistischen Führer und ihrer Anhänger steht ein deutlich größerer ultralinker Flügel von radikalen Utopisten gegenüber. Über die Mitgliederzahl der KPD zum Zeitpunkt ihrer Gründung ist nichts bekannt. Erst für den Herbst 1919 liegen die ersten Zahlen vor: Die KPD hat in Berlin 12.000 Mitglieder, in ganz Deutschland 106.000. Der SPD gehören zu diesem Zeitpunkt mehr als 1 Million Männer und Frauen an, der USPD 750.000.

19
»DIE STUNDE DER ABRECHNUNG NAHT« – DIE BERLINER JANUARKÄMPFE

Nachdem die Vertreter der USPD am 29. Dezember ausgeschieden sind, besteht der Rat der Volksbeauftragten nun aus fünf Sozialdemokraten. Ebert und Scheidemann sind Vorsitzende mit gleichen Rechten, Ebert wird von beiden zum geschäftsführenden Vorsitzenden bestimmt. Nach der neuen Geschäftsverteilung ist Ebert weiterhin für Inneres zuständig, gibt aber die Zuständigkeit für Militär und Marine an Noske ab. Noske hat sich nicht nur als Marinefachmann der SPD-Reichstagsfraktion einen Namen gemacht, sondern innerhalb der Partei auch viel Anerkennung gefunden, weil er Anfang November die Lage in Kiel so souverän beruhigt hat. Scheidemann erhält neben seiner Zuständigkeit für Finanzen den Zuständigkeitsbereich von Haase: Äußeres und Kolonien. Landsberg behält seine Verantwortung für Presse und Nachrichtendienst. Wissell übernimmt Sozialpolitik, Wirtschaftspolitik und wirtschaftliche Demobilisation; er ist ein herausragender und anerkannter Sozial- und Wirtschaftspolitiker der Partei.

Selbstverständlich erklären nach dem Austritt der Unabhängigen aus der Reichsregierung auch sämtliche USPD-Beigeordneten ihren Rücktritt, und am 3. Januar ebenso die USPD-Mitglieder der preußischen Regierung. Bis auf den Berliner Polizeipräsidenten Emil Eichhorn folgen alle Unabhängigen, die wichtige Ämter im Reich oder in Preußen bekleiden, diesem

Beispiel. Emanuel Wurm (Reichsernährungsamt), Eduard Bernstein (Reichsschatzamt) und Karl Kautsky (Auswärtiges Amt) werden jedoch von den SPD-Volksbeauftragten gebeten, zunächst weiter im Amt zu bleiben, und kommen dieser Bitte nach.

Dass ausgerechnet Eichhorn an seinem Amt festhalten will, entbehrt jeder inneren Logik. Eichhorn gehört dem linken Flügel der USPD an, vertritt politische Positionen wie die Revolutionären Obleute. Gerade die Revolutionären Obleute fordern schon seit Wochen immer entschiedener die Aufkündigung jeder Zusammenarbeit mit der SPD. Es liegt in der Logik dieser Haltung, dass alle USPD-Mitglieder aus Regierungs- und Verwaltungsfunktionen ausscheiden, ganz so, wie das Anfang Januar mit großer Selbstverständlichkeit geschieht. Politisch sind die Dinge eigentlich klar, aber Eichhorn entschließt sich, im Amt bleiben zu wollen. Einem Berichterstatter des Berliner Lokalanzeigers erklärt er, er denke nicht daran zurückzutreten, für ihn als Verwaltungsbeamten kämen die Gründe, die seine Parteifreunde zum Rücktritt veranlasst hätten, nicht infrage. Er sehe in seiner Tätigkeit im Berliner Polizeipräsidium eine Machtposition des revolutionären Proletariats, die nicht zerstört werden dürfe. So gesehen waren allerdings die Positionen der USPD im Rat der Volksbeauftragten erst recht Machtpositionen der revolutionären Arbeiterschaft, die auf keinen Fall hätten aufgegeben werden dürfen.

Nach Eichhorns Erklärung drängen SPD und bürgerliche Presse jedoch intensiv auf seinen Rücktritt. Eichhorn hat vor der Revolution einige Zeit in der russischen Telegrafenagentur in Berlin gearbeitet. Allein deshalb begegnen ihm viele Sozialdemokraten mit Misstrauen. Nun wird er sogar verdächtigt, Bolschewist zu sein und enge Verbindungen zur russischen Botschaft zu unterhalten. Es wird ihm auch unterstellt, sich sein Amt widerrechtlich angeeignet zu haben. Außerdem habe er sein Amt parteiisch im Sinne der radikalen Linken geführt. So-

bald die Unabhängigen am 3. Januar die preußische Regierung
verlassen haben, wird Eichhorn vom Innenminister vorgeladen
und mit einer Fülle von Verfehlungen konfrontiert, die er angeblich begangen haben soll. Er soll und will dazu schriftlich
Stellung nehmen, aber schon am 4. Januar erhält er dann seine
sehr förmlich und distanziert formulierte Entlassungsurkunde.
Eichhorn sieht darin einen Schlag gegen die revolutionäre Bewegung.

Emil Eichhorn (USPD), Berliner Polizeipräsident, mit Gattin

Derselben Überzeugung ist auch eine Versammlung des Zentralvorstandes der Berliner USPD und der Revolutionären Obleute, die eigentlich wegen ganz anderer Fragen am Abend des
4. Januar zusammengekommen ist. Schnell ist man ist sich einig, dass der »Schlag gegen Eichhorn« abgewehrt werden müsse. Gegen wenige Stimmen wird beschlossen, die Arbeiter für
den folgenden Tag – es ist Sonntag, der 5. Januar – zu Protest-
Demonstrationen aufzurufen.

Parallel dazu beschäftigt sich die Zentrale der KPD mit dem »Schlag gegen Eichhorn«. Auch dort herrscht Empörung. Allerdings sind die führenden Köpfe der KPD am Abend des 4. Januar übereinstimmend der Meinung, es sei sinnlos, zu diesem Zeitpunkt die Regierung anzustreben. Nach ihrer Meinung würde eine auf die radikale Arbeiterschaft gestützte Regierung nicht länger als vierzehn Tage überleben. Es sollen deshalb bei der Protestdemonstration alle Forderungen vermieden werden, die man als Aufruf zum Sturz der Regierung verstehen könnte. Im gemeinsamen Aufruf der Berliner USPD, der Revolutionären Obleute und der Zentrale der KPD für den 5. Januar heißt es: »Arbeiter, Parteigenossen! (...) Mit Hilfe der Bajonette will die Ebert-Regierung mit ihren Helfershelfern im preußischen Ministerium ihre Macht stützen und sich die Gunst des kapitalistischen Bürgertums sichern, dessen verkappte Interessenvertreter sie von Anfang an waren. Mit dem Schlage, der gegen das Berliner Polizeipräsidium geführt wird, soll das ganze deutsche Proletariat, soll die ganze deutsche Revolution getroffen werden. Arbeiter, Parteigenossen! Das könnt, das dürft ihr nicht dulden! Heraus darum zur wuchtigen Massendemonstration! Zeigt den Gewalthabern von heute Eure Macht, zeigt, dass der revolutionäre Geist der Novembertage in Euch noch nicht erloschen ist! (...) Es gilt Eure Freiheit. Es gilt Eure Zukunft. Es gilt das Schicksal der Revolution! Nieder mit der Gewaltherrschaft der Ebert-Scheidemann-Hirsch und Ernst.«

Am Morgen des 5. Januar bekräftigt Eichhorn, dass er im Amt bleiben will. In der *Roten Fahne*, der *Republik* und der *Freiheit* erscheinen Aufrufe zur Demonstration am Nachmittag. Die preußische Regierung erklärt dagegen, dass sie bereits mittags den neuen Polizeipräsidenten Eugen Ernst in sein Amt einführen wird.

Die Demonstration am Sonntagnachmittag entwickelt sich zur größten und eindrucksvollsten, die Berlin seit dem 9. November gesehen hat. Kurz nach Mittag versammeln sich die Arbeiter in Massen in der Siegesallee im Tiergarten, unter ihnen viele Bewaffnete. Ein gewaltiger Zug bewegt sich von hier durch die Wilhelmstraße, die fast einen Kilometer lange Prachtstraße Unter den Linden und weiter bis zum Alexanderplatz. Die revolutionären Demonstranten beherrschen vollständig die Straße. Man hat an diesem 5. Januar in Berlin das Gefühl, dass jetzt die zweite Revolution begonnen hat. Der riesige Alexanderplatz, auf dem sich Hunderttausende versammeln können, ist schon überfüllt, noch bevor die letzten Demonstranten in der Siegesallee aufgebrochen sind. »Unabsehbar drängten sich die ungeheuren Menschenmassen um das Polizeipräsidium, über den ganzen Alexanderplatz«, erinnert sich Eichhorn. Vom Balkon des Polizeipräsidiums halten er, Ledebour, Liebknecht und Däumig Ansprachen, in denen sie heftig und drastisch mit der Regierung abrechnen, aber nicht zur Gewaltanwendung aufrufen.

»Ich fuhr nachmittags um fünf zum Alexanderplatz, um zu sehen, wie die Sache steht«, notiert der Diplomat, Freigeist und Garde-Kavallerie-Offizier Harry Graf Kessler in seinem Tagebuch. »Um diese Zeit war jedenfalls Spartakus im Besitz des Polizeipräsidiums. Davor staute sich eine dichte Menschenmenge, alle Elektrischen standen, und vom Balkon redete Liebknecht. Ich hörte ihn zum ersten Male; er redet wie ein Pastor, mit salbungsvollem Pathos, langsam und gefühlvoll die Worte singend. Man sah ihn nicht, weil er aus einem verdunkelten Zimmer sprach, man verstand nur einzelne von seinen Worten, aber der Singsang seiner Stimme tönte über die lautlos lauschende Menge bis weit hinten in den Platz. Am Schluss brüllte alles im Chore ›Hoch‹, rote Fahnen bewegten sich, Tausende von Händen und Hüten flogen auf. Er war wie ein unsichtbarer Priester der Revolution, ein geheimnisvolles, tönendes Symbol, zu dem diese Leute aufblickten.«

Die Demonstration am 5. Januar ist ein unübersehbares Signal. Große Teile der Berliner Arbeiterschaft, das zeigt sich in aller Deutlichkeit, sind mit der Entwicklung nicht einverstanden, welche die Revolution nimmt. Eichhorn genießt insbesondere beim radikaleren Teil der Arbeiter großes Ansehen, in seiner Entlassung sehen viele einen Angriff auf all das, was man am 9. November erkämpft hat. Es geht an diesem 5. Januar beileibe nicht nur um einen Polizeipräsidenten, sondern um ein erneutes Bekenntnis zur sozialistischen Republik. Rosa Luxemburgs Vertrauter Paul Levi nennt die Berliner Demonstration »vielleicht die größte proletarische Massentat, die die Geschichte je gesehen hat«.

Die Übergabe des Polizeipräsidiums an den von der Regierung ernannten Präsidenten Ernst findet am 5. Januar nicht statt. Allerdings geschieht auch sonst zunächst nicht viel. »Vor dem Polizeipräsidium, auf dem Alexanderplatz, in den Straßen bis zur Siegesallee standen die Massen bis in die Abendstunden und warteten der Dinge, die nun kommen sollten«, berichtet Richard Müller von den Revolutionären Obleuten über die Demonstration. Schließlich gehen sie »bis auf einen Bruchteil wieder nach Hause«. Einige Hundert Demonstranten aber ziehen im Lauf des Abends ins Zeitungsviertel und besetzen die Druckereien des *Vorwärts*, die Verlagsgebäude von Mosse, Scherl und Ullstein, die Druckerei Büxenstein und das *Wolffsche Telegraphenbüro*. Richard Müller ist im Nachhinein sicher, dass dabei auch Spitzel und agents provocateurs am Werk waren, die der neue Stadtkommandant Anton Fischer beauftragt hat – Wels ist an Weihnachten zurückgetreten.

Die gewaltige Demonstration am 5. Januar übertrifft alle Erwartungen der Initiatoren bei weitem. Am Abend beraten etwa 70 Mitglieder der Revolutionären Obleute, die Mitglieder des Zentralvorstandes der Groß-Berliner USPD sowie Liebknecht und Wilhelm Pieck von der KPD-Zentrale im Polizeipräsidium über das weitere Vorgehen. Die Stimmung ist euphorisch. Als man von den Besetzungen im Zeitungsviertel hört, sieht der größere Teil der Versammelten darin ein klares Zeichen, dass die Arbeiterschaft zu Aktionen dränge. Der Ton wird im Verlauf des Abends zusehends militanter. Dazu trägt insbesondere bei, dass Dorrenbach, einer der Führer der Volksmarinedivision, erklärt, die gesamten Berliner Regimenter einschließlich der Volksmarinedivision stünden hinter den Revolutionären Obleuten und seien bereit, mit Waffengewalt die Regierung Ebert-Scheidemann zu stürzen. Auch in Spandau hielten sich Truppen mit 2.000 Maschinengewehren und zwanzig Geschützen zum Kampf gegen die Regierung bereit. Die Garnison in Frankfurt/Oder, so berichten andere, sei mit allen Waffen bereit, nach Berlin zu marschieren. Diese Nachrichten versetzen besonders Liebknecht in geradezu enthusiastische Stimmung. Wenn die Dinge so stünden, erklärt er, dann müsse nicht nur der Schlag gegen Eichhorn abgewehrt werden, dann sei jetzt vielmehr der Sturz der Regierung Ebert-Scheidemann möglich und unbedingt notwendig.

Däumig und Richard Müller von den Revolutionären Obleuten hingegen sind entsetzt, weil sie beide der Überzeugung sind, es sei völlig verfrüht, zu diesem Zeitpunkt bereits den Kampf um die politische Macht zu beginnen. Ein verfrühtes isoliertes Vorgehen in Berlin könne die weitere Entwicklung der Revolution gefährden, beschwört Müller seine Mitstreiter, aber Däumig und er dringen mit ihren Bedenken nicht durch. Pieck verlangt sofortige Abstimmung, und so wird mehrheitlich gegen sechs Stimmen beschlossen, »den Kampf gegen die Regierung aufzunehmen und bis zu ihrem Sturz durchzuführen«. Müller führt diesen Beschluss auf die Rivalität zwischen den Berliner Unabhängigen und den Spartakusleuten zurück, die seit Monaten bestehe und die sich in dieser Sitzung bis zum »politischen Fieberwahnsinn« gesteigert habe.

Nach der Abstimmung wird ein 53 Personen umfassender Revolutionsausschuss gebildet; Ledebour (USPD), Liebknecht (KPD) und Paul Scholze von den Revolutionären Obleuten werden zu gleichberechtigten Vorsitzenden bestimmt. Dieser Ausschuss soll den Kampf leiten und nach dem Sturz der Regierung provisorisch die Regierungsgeschäfte übernehmen. Der Revolutionsausschuss will sein Hauptquartier im Marstall aufschlagen, dem Sitz der Volksmarinedivision, und dort in Permanenz tagen. Beschlossen wird auch, am nächsten Tag die wichtigen militärischen Gebäude zu besetzen und im Marstall die Arbeiter zu bewaffnen.

Der Aufruf für die Aktionen des 6. Januar ist eine klare Aufforderung zum Kampf um die Macht: »Um Größeres handelt es sich nunmehr! Es muss allen gegenrevolutionären Machenschaften ein Riegel vorgeschoben werden! Deshalb heraus aus den Betrieben! Erscheint in Massen heute 11 Uhr vormittags in der Siegesallee! Es gilt die Revolution zu befestigen und durchzuführen! Auf zum Kampfe für den Sozialismus! Auf zum Kampf für die Macht des revolutionären Proletariats! Nieder mit der Regierung Ebert-Scheidemann!«

Der neue Volksbeauftragte Noske ist am Morgen des 6. Januar schon gegen 8 Uhr in der Reichskanzlei. »Namhafte Berliner Sozialdemokraten äußerten sich zu mir in den heftigsten Ausdrücken darüber, dass meine Kollegen viel zu lange gezögert hätten, dem Treiben der Liebknecht und Genossen entschlossenen Widerstand zu leisten.« Regierung, Zentralrat, der Kriegsminister und auch die Spitze der Berliner SPD sind in der Reichskanzlei versammelt und beraten die Lage. »Meiner Meinung, dass nun versucht werden müsse, mit Waffengewalt Ordnung zu schaffen, wurde nicht widersprochen«, schreibt Noske in seinen Erinnerungen. Der Kriegsminister schlägt vor, Generalleutnant von Hofmann, den Kommandeur der Garde-Kavallerie-Schützen-Division, zum Oberbefehlshaber zu ernennen und mit der Niederschlagung des Aufstandes zu beauftragen. Dagegen wird eingewendet, dass die Arbeiter gegen einen General gewiss die größten Bedenken haben. »In ziemlicher Aufregung, denn die Zeit drängte, auf der Straße riefen unsere Leute nach Waffen, steht man im Arbeitszimmer Eberts umher. Ich forderte, dass ein Entschluss gefasst werde. Darauf sagte je-

Morgen-Ausgabe.

Nr. 9. 36. Jahrg.

10 Pfennig

Vorwärts

Berliner Volksblatt.

Organ der revolutionären Arbeiterschaft Groß-Berlin.

Redaktion und Expedition: SW. 68, Lindenstr. 3. Fernsprecher: Amt Moritzplatz, Nr. 15196–15197.

Montag, den 6. Januar 1919.

Vorwärts-Verlag G. m. b. H., SW. 68, Lindenstr. 3. Fernsprecher: Amt Moritzplatz, Nr. 117 53–54.

Arbeiter! Parteigenossen!

Heraus aus den Betrieben! Erscheint in Massen!

Um 11 Uhr in der Sieges-Allee.

Die Revolution ist in Gefahr!

Die revolutionären Obleute und Vertrauensmänner der Großbetriebe von Groß-Berlin!

Der Zentral-Vorstand der sozialdemokratischen Wahlvereine Groß-Berlins der U. S. P. D.

Die Zentrale der kommunistischen Partei Deutschlands (Spartakusbund).

Arbeiter! Parteigenossen!

Schon einmal war es uns geglückt, unseren Vorwärts zurückzuerobern.

Die Toleranz unserer Führer, unsere eigene Disziplin bewogen uns damals am ersten Weihnachtsfeiertage, nach Verhandlungen mit den in Betracht kommenden Parteigenossen den Vorwärts nochmals freizugeben.

Wie Euch allen bekannt, erschien am nächsten Tage eine Bekanntmachung an der Spitze des Blattes, in der wir gegen die Schreibweise der alten, verbürgerlichten Redaktion schärfsten Protest einlegten.

Gleichzeitig gaben wir der Hoffnung Ausdruck, durch unser Vorgehen endlich eine anständigere Haltung des Vorwärts zu erzielen.

Aber wie schon so oft, so auch diesmal, mußten wir einsehen, daß von dieser korrumpierten Gesellschaft keine anständige, den proletarischen Interessen entsprechende Schreibweise zu erwarten ist.

Ihr alle kennt die Ereignisse der letzten Zeit, die Hetze, die von diesem Blatte ausging gegen alle wahrhaft revolutionären Elemente.

Ihr alle habt in ehrlicher Entrüstung dagegen protestiert.

Zu Tausenden folgtet Ihr dem Rufe, der an Euch erging, als es galt, die Opfer der machthungrigen Ebert-Scheidemann zu Grabe zu tragen.

Wie wurde da in der bürgerlichen Presse, mit dem „Vorwärts" an der Spitze, gegen Euch gehetzt, Euer Ehrgefühl in den Schmutz getreten mit Ausdrücken, die jeden anständigen Menschen anekeln mußten.

Wie wenig der Vorwärts revolutionären Gedankengängen zugänglich war, zeigt allein schon seine Schreibweise über die Auslandspolitik, bei der jede noch so hanebüchene Lüge gut genug war, um seiner verbrecherischen Taktik den Schein der Wahrhaftigkeit zu geben.

Denkt nur daran, wie unsere russischen Genossen, die Bolschewiki, in der gemeinsten Art und Weise täglich beschimpft und verhöhnt wurden, trotzdem auch der „Vorwärts" wußte, daß die Menschewiki und Sozialrevolutionäre sich den Bolschewiki angeschlossen haben, weil sie einsehen mußten, daß die von den Bolschewiki vertretene Politik die einzig richtige und zum Ziel führende ist.

Bis jetzt endlich das Maß voll wurde.

Vorwärts vom 6. Januar 1919

mand: ›Dann mach du doch die Sache!‹ Worauf ich kurzentschlossen erwiderte: ›Meinetwegen! Einer muss der Bluthund werden. Ich scheue die Verantwortung nicht!‹« Regierung und Zentralrat übertragen Noske noch an diesem Morgen umfassende Vollmachten zur Wiederherstellung geordneter Verhältnisse in Berlin.

Während im Reichskanzlerpalais beraten wird, versammeln sich vor dem Palais bereits sozialdemokratische Arbeiter, denn die SPD hat für diesen Montagmorgen ihre Anhänger auf die Straße gerufen: »Jetzt ist unsere Geduld zu Ende! Wir wollen uns nicht länger von Irrsinnigen und Verbrechern terrorisieren lassen. (...) Wir fordern euch auf, zum Protest gegen die Gewalttaten der Spartacusbanden die Arbeit einzustellen und sofort unter Führung eurer Vertrauensleute vor dem Hause der Reichsregierung, Wilhelmstr. 77, zu erscheinen.« Die sozialdemokratischen Arbeiter sollen einen lebenden Schutzschild für die Regierung bilden – zusätzlich zum Unteroffiziers-Bataillon Suppe, das inzwischen anstelle der Volksmarinedivision die Wachmannschaft der Reichskanzlei stellt. Die Idee kommt von der Berliner SPD-Parteiorganisation – und sie funktioniert perfekt.

Am Vormittag des 6. Januar stoßen die Demonstranten, die den Sturz der Regierung verlangen, in der Wilhelmstraße auf eine gewaltige Menschenmenge, die zum Schutz dieser Regierung aufmarschiert ist. »Die Wilhelmstraße ist schwarz von Menschenmassen«, schreibt Harry Graf Kessler. »Alles Regierungstreue. Immer neue kleine und große Demonstrationszüge münden in die große Masse ein, die vor dem Reichskanzler Palais gestaut steht.« Es kommt zunächst nicht zu Blutvergießen. Noch bleibt es auch dort friedlich, wo sich Demonstrationszüge beider Lager begegnen. »Beide bestehen aus den gleichen, genau gleich gekleideten grauen Kleinbürgern und Fabrikmädchen, schwingen dieselben roten Fahnen, marschieren den gleichen Familien-Marschtritt. Nur tragen sie verschiedene

Inschriften, höhnen einander im Vorbeiziehen und werden heute noch vielleicht aufeinander schießen«, notiert Kessler.

Die Stimmung ist aufgeladen und angespannt, aber nicht mehr. Selbst Noske kann sich am 6. Januar offenbar ungehindert und ungefährdet in Berlin bewegen. »Mit einem jungen Hauptmann in Zivil sollte ich nach dem Generalstabsgebäude gehen, um dort mit einigen Offizieren die erforderlichen Maßnahmen zu besprechen. Auf der Straße wurde ich stürmisch begrüßt. Man hob mich hoch, und ich teilte kurz mit, dass ich zum Befehlshaber ernannt sei. Wie es gemacht werden sollte, wusste ich noch nicht, doch erklärte ich voller Zutrauen: ›Verlasst euch darauf, ich bringe euch Berlin in Ordnung.‹« Auf seinem Weg stößt Noske auch auf den Demonstrationszug der Regierungsgegner. »Am Brandenburger Tor, im Tiergarten und vor dem Generalstabsgebäude musste ich den Zug durchschreiten. Zahlreiche Bewaffnete marschierten mit. Einige Lastautomobile mit Maschinengewehren standen an der Siegessäule. Höflich bat ich wiederholt darum, mich durchzulassen, denn ich hätte eine dringende Besorgung. Es wurde mir bereitwillig der Weg freigegeben.«

Um die Mittagszeit droht dann aber doch die bewaffnete Konfrontation, jedenfalls dort, wo Kessler das Geschehen beobachtet. »Mittlerweile werden von Vertrauensleuten aus den Regierungssozialisten die mitdemonstrierenden Soldaten herausgezogen gegen die Linden zu und bewaffnet. (Kommando: ›Alles, was gedient hat, heraus: Waffen holen!‹) Eine Front gegen die Linden wird gebildet. Man sieht dort eine ungeheure Menschenmenge aufgereiht stehen: Spartacus und die Unabhängigen. Zwischen beiden Fronten, vor der englischen Botschaft, entsteht ein leerer Platz. Von der Rampe des Palais des Prinzen August Wilhelm halten Regierungssozialisten Ansprachen, lassen die Menge ›Hoch Ebert und Scheidemann‹, ›Nieder mit Liebknecht‹ rufen. Plötzlich, kurz nach 1 Uhr, ein großer Tumult: ›Liebknecht, Liebknecht! Liebknecht ist hier‹. Ich sehe einen zarten blonden Jungen laufen, verfolgt von einer Menschenmenge; sie umringen ihn, er bekommt den ersten Faustschlag, noch immer läuft der blonde Kopf, das atemlose, rote Knabengesicht zwischen Fäusten und Stöcken; man schreit überall: ›Der junge Liebknecht, Liebknechts Sohn!‹ Jetzt stolpert er, verschwindet unter einer siedenden Menschenmasse. Ich habe den klaren Eindruck, jetzt schlagen sie ihn tot. (...) Plötzlich tauchte er wieder auf, blutig, mit zerfetztem Gesicht, aufgedunsen, gestützt und gehalten von Spartacus Leuten, die blitzschnell herangelaufen sind und ihn herausholen.«

Dramatische Situationen und alltägliche Gewohnheit stehen in Kesslers Tagebuch am 6. Januar unvermittelt nebeneinander. Er entscheidet sich, zum Mittagessen nach Hause zu gehen, und trifft bei Wertheim auf eine Schar bewaffneter Zivilisten, Gewehr bei Fuß, von denen man nicht weiß, zu welchem der beiden Lager sie gehören. »Auf dem Potsdamer Platz ungeheure Menschenmengen; ein gewaltiger Regierungszug bewegt sich, meistens im Laufschritt, um aufzuschließen, in der Richtung nach dem Belle Alliance Platz. Fortwährend wird geschrien. Ganz Berlin ist ein brodelnder Hexenkessel, in dem Gewalten und Ideen durcheinanderquirlen. In der Tat handelt es sich heute um Weltgeschichtliches; nicht nur um den Fortbestand des Deutschen Reiches oder des demokratisch-republikanischen Staates; sondern um die Entscheidung zwischen West und Ost, zwischen Krieg und Frieden, zwischen einer berauschenden Utopie und dem grauen Alltag. Nie seit den großen Tagen der Französischen Revolution hat so viel bei den Straßenkämpfen in Einer Stadt für die Menschheit auf dem Spiel gestanden.«

Dieses Empfinden des Grafen Kessler steht in merkwürdigem Gegensatz zur Situation, wie sie sich für den Revolutionsausschuss darstellt, der am Abend zuvor gebildet worden ist. Er muss schon am Morgen feststellen, dass die in Aussicht gestellten Truppen aus den Berliner Kasernen und aus Spandau ein Wunschtraum sind, selbst im Marstall ergeben sich große Komplikationen. Die Matrosen dulden den Revolutionsausschuss nur widerwillig und geben keine Waffen aus ihren Beständen heraus. Andere Führer der Volksmarinedivision beschließen dann sogar, Dorrenbach zu verhaften, weil der sich am Vortag ohne Rücksprache und gegen ihren Willen dem Aufstand angeschlossen habe. Die Volksmarinedivision erklärt sich in diesem Konflikt für »neutral«, am Nachmittag muss der Revolutionsausschuss den Marstall verlassen und zieht ins Polizeipräsidium um.

Auch politisch steht das ganze Vorhaben schon jetzt vor dem Aus. Bei der Sitzung der KPD-Zentrale am 6. Januar stößt der Beschluss vom Vorabend auf heftigen Widerspruch. Rosa Luxemburg übt massiv Kritik am Aufruf zum Sturz der Regierung. Auch Karl Radek, der Vertreter der Bolschewiki in Deutschland, erklärt am 6. Januar, der Aufruf sei ein politischer Fehler. Leo Jogiches, wie Luxemburg ein prinzipieller Gegner putschistischer Aktionen, verlangt, dass die Partei sich öffentlich und eindeutig von Liebknecht distanziert.

So kommt es zwar am 6. Januar zu einer gewaltigen Demonstration radikaler und unzufriedener Arbeiter wie am Vortag, aber von einem organisierten Aufstand im eigentlichen Sinn des Wortes kann keine Rede sein. Die drei Organisationen, die zu den Demonstrationen aufgerufen haben, machen keinerlei Anstalten, gemeinsam eine neue Regierung einzusetzen und den Aufstand bis zum Ende durchzuführen. Es stellt sich vielmehr heraus, dass weder die Zentrale der KPD noch die Berliner USPD oder die Revolutionären Obleute eigentlich den Aufstand wollen.

Die Reichsleitung der USPD hält am Vormittag dieses 6. Januar eine Vorstandssitzung ab und beschäftigt sich mit der politischen Situation. »Wir kamen zu der Überzeugung«, berichtet Wilhelm Dittmann später als Zeuge vor Gericht, »dass es unsere Pflicht sei, zu verhindern, dass in den Straßen Berlins

Blutvergießen erfolgte und die beiden sozialistischen Parteien sich eventuell bekämpften. Aus diesem Grunde erwogen wir eine neutrale Vermittlung zwischen der Regierung (...) und den Vertretern unserer Berliner Parteiorganisation und der Revolutionären Obleute und des Spartakusbundes.« Es werden Unterhändler zu beiden Seiten geschickt, um die Zustimmung zu diesem Vermittlungsverfahren einzuholen. Das gelingt, und man beschließt, um Mitternacht vom 6. auf den 7. Januar zu ersten Gesprächen zusammenzukommen.

Was die Entlassung Eichhorns angeht, stellt sich im Lauf des 6. Januar auch der Vollzugsrat der Groß-Berliner Arbeiter- und Soldatenräte auf die Seite der Regierung. »Mithin haben alle von der Revolution eingesetzten Behörden dieser Entlassung zugestimmt«, heißt es in der offiziellen Erklärung. Der ausschließlich mit Sozialdemokraten besetzte Zentralrat wendet sich mit einer kämpferischen Erklärung »An alle Arbeiter- und Soldatenräte Deutschlands!« Für ihn geht es um eine grundsätzliche Auseinandersetzung, den Fall Eichhorn spricht er gar nicht mehr an. »Wir haben in den ersten Wochen unserer Tätigkeit uns fast ausschließlich mit den zum Himmel schreienden Zuständen in Berlin beschäftigen müssen, wo eine kleine Minderheit gegen den allgemeinen Willen des Volkes, besonders auch der Berliner Bevölkerung, und gegen den ausgesprochenen Willen der Arbeiter- und Soldatenräte ganz Deutschlands eine brutale Gewaltherrschaft zu errichten bestrebt ist. Das verbrecherische, alle Errungenschaften der Revolution gefährdende Treiben bewaffneter Banden hat uns genötigt, der Reichsleitung außerordentliche Vollmachten zu erteilen, damit in Berlin endlich einmal die Ordnung und Rechtssicherheit, die unter dem freiheitlichen Regime erst recht notwendig sind, wiederhergestellt werden können.« Alle Arbeiter- und Soldatenräte Deutschlands werden aufgefordert, den Zentralrat und die Reichsleitung »dabei mit allen Mitteln zu unterstützen. Haltet alles, was dazu erforderlich ist, bereit!«

Der Zentralrat sieht sich in seiner Haltung gewiss durch das Ergebnis der Landtagswahlen in Baden bestätigt, das am 6. Januar bekannt wird. Die katholische Zentrumspartei ist am Vortag im deutschen Südwesten mit 36,6 Prozent der Stimmen stärkste Partei geworden, es folgen die SPD mit 32,1 Prozent und die DDP mit 22,8 Prozent. Kein einziger Kandidat der USPD wurde gewählt. Zwischen Mannheim und Konstanz ist die Welt eine andere als in Berlin.

In Berlin besetzen im Lauf des Tages bewaffnete Demonstranten spontan noch einige Gebäude. In Moabit wird die Kaserne, in der das »Freikorps Reinhard« liegt, von einer Menschenmenge angegriffen, aber dort ist man vorbereitet. Reinhard berichtet in seinen Erinnerungen, ein Geschütz habe das Zeichen »zum freien Waffengebrauch für alle« gegeben. »Eine ungeheure Panik entstand unter den Angreifern. Alles flüchtete, riss Weiber und Kinder um und eilte heulend von dannen. Wenige Maschinengewehrschüsse sprengten einige sich sammelnde Haufen. Als ich den Kasernenhof betrat, standen die Bedienun-

Wilhelm Reinhard, Kommandeur des 4. Garde-Regiments zu Fuß

gen lachend an den Waffen.« Offenbar hat das Freikorps Reinhard schon zu diesem Zeitpunkt alle Hemmungen abgelegt. Reinhard ist stolz darauf, in kurzer Zeit eine Truppe geschaffen zu haben, »die schoss und nicht verhandelte«.

Wilhelm Reinhard ist die zentrale Figur beim schnellen Aufbau von Freiwilligenverbänden im Auftrag der Obersten Heeresleitung. In seinen 1933 veröffentlichten Erinnerungen umschreibt der »Königlich Preußische Oberst, in der alten Armee Kommandeur des 4. Garde-Regiments zu Fuß«, wie er sich selbst nennt, sein Ziel: »das Schaffen einer Truppe, die Vernichtung der republikanischen Banden und damit Wiederherstellung der Ordnung in Berlin, die Wiedereröffnung der Gefängnisse, Mitarbeit an der Wiederaufrichtung der Wehrkraft Deutschlands«.

Demokratie und Republik sind nicht die politischen Leitsterne des Oberst Reinhard. Das zeigt auch sein weiterer Werdegang. Er wird sich 1920 am Kapp-Lüttwitz-Putsch gegen die Republik beteiligen und im Oktober 1927 der NSDAP beitreten. Reinhard wird mit dem Goldenen Parteiabzeichen der NSDAP ausgezeichnet werden und von 1936 bis zum Frühjahr 1945 Mitglied des nationalsozialistischen Reichstags sein. In der SS wird er es bis zum Obergruppenführer bringen und als SS-Ehrenführer ab 1938 dem Stab des Reichsführers SS angehören.

Zu Weihnachten 1918 hat sich Reinhard vom Kriegsminister eine Vollmacht geben lassen, Freiwillige rekrutieren zu dürfen. Auch General Lüttwitz, der inzwischen anstelle von Lequis die Leitung des Generalkommandos übernommen hat, stimmt zu. Damit hat Reinhard auch den Segen der Obersten Heeresleitung. Bereits am 26. Dezember gewinnt er ehemalige Gardeunteroffiziere für sein Freikorps. Sie ziehen schon zwei Tage später – noch sind die USPD-Volksbeauftragten im Amt – in die Kaserne des 4. Garderegiments ein, dessen Kommandeur Oberst Reinhard bis zu dessen Demobilisierung war. »Es gelang in wenigen Tagen, 600 brauchbare Männer zum Kampf gegen die Straße zu vereinen«, schreibt Reinhard. Noch vor dem Jahreswechsel wird dieser Truppe auch das Unteroffiziers-Bataillon Suppe angegliedert. Die Gliederung der Freiwilligenverbände und die Befehlsstrukturen werden mit Blick auf ihren Einsatz optimiert. Auch logistisch trifft Reinhard erste konkrete Vorbereitungen für militärische Auseinandersetzungen. »Um das Freikorps für den Kampf in Berlin zu befähigen, wurde, mit dem 27. Dezember beginnend, für 3.000 Mann Verpflegung für vier Wochen in den Kasernen niedergelegt.« Diese Vorbereitungen sind am 5. Januar beendet, aber der Kern des Freikorps Reinhard wird dann bei den Januarkämpfen gar nicht gebraucht, sondern verteidigt lediglich seine Kaserne.

Am 6. Januar scheitert auch der Versuch der Aufständischen, das Reichskanzlerpalais in ihre Gewalt zu bringen. Das Unteroffiziers-Bataillon Suppe ist mit 300 Mann präsent und hat die Gebäude für einen Abwehrkampf umfassend mit Maschinengewehrstellungen gesichert. Aufseiten der angreifenden Demonstranten gibt es etwa 25 Tote und 50 Verwundete, die Verteidiger dagegen haben keine Verluste zu beklagen. Am Abend ist die Regierung jedenfalls weiterhin im Amt und funktionsfähig.

Noske verhandelt seit Mittag im Generalstabsgebäude mit Offizieren und den Führern der vor Berlin liegenden Freiwilligen-Verbände. Gemeinsam werden die militärischen Maßnahmen besprochen. Noske bindet sich als Oberbefehlshaber eng an das Generalkommando, setzt sich also an die Spitze einer bestehenden und funktionierenden militärischen Struktur, die von der Obersten Heeresleitung eingerichtet worden ist. Generalkommando und Oberbefehlshaber beschlagnahmen das Luisenstift in Dahlem und richten dort ihr Hauptquartier ein.

Pieck und Liebknecht erfahren erst am Abend des 6. Januar von der Vermittlungsinitiative der USPD-Reichsleitung und

General Walter von Lüttwitz und Reichswehrminister Gustav Noske

sind gegen die Verhandlungen; die Revolutionären Obleute haben mit 51:10 Stimmen dafür gestimmt. Es wird eine zwölfköpfige Verhandlungskommission gewählt – sechs USPD, sechs Obleute –, die KPD beteiligt sich nicht. Um 24 Uhr trifft man sich in der Reichskanzlei. Dittmann übernimmt auf Wunsch beider Seiten die Leitung der Verhandlungen, die bis 3 Uhr früh andauern. Er hat schon bei dieser ersten Runde den Eindruck, »dass die ursprüngliche Geneigtheit der vier Volksbeauftragten, die morgens ganz unverkennbar war, auf dem Wege der Verhandlungen die Differenzen zu erledigen, inzwischen stark geschwunden war«. Er will unter diesen veränderten Umständen wenigstens erreichen, dass nicht geschossen wird. Die Volksbeauftragten sind dazu bereit, machen aber zur Bedingung jeder Art von Abmachung, dass zuvor »die am

Abend des 5. und im Laufe des 6. Januar besetzten Gebäude freigegeben sind«. Man vertagt sich auf den nächsten Tag um 11 Uhr.

Noch in der Nacht vom 6. auf den 7. Januar stürmen bewaffnete Aufständische das Proviantamt in der Köpenickerstraße, verhindern mit vorgehaltenem Revolver die Verbreitung von Regierungs-Flugblättern, und um 5.30 Uhr werden die ersatzweise in der Lindendruckerei hergestellten 24.000 Exemplare des *Vorwärts* ins Wasser geworfen.

Am frühen Morgen des 7. Januar gleicht das Hauptquartier des Oberbefehlshabers in Dahlem schon einem Ameisenhaufen, schwärmt Noske in seinem Erinnerungsbuch. »Ein Büro nach dem anderen wurde eingerichtet. Scharen von Freiwilligen kamen, um sich Truppenteilen zuweisen zu lassen; Gewehre brachten eine Anzahl mit. Auf Lastautomobilen wurden Waffen herangefahren, Maschinengewehre bald darauf eingeschossen. Fuhrwerke aller Sorten wurden aus Kasernen und Depots entführt und wuchsen zu einem Park an.«

In der *Roten Fahne* ist am Morgen ein Artikel von Rosa Luxemburg zu lesen, der nichts von der energischen Kritik spüren lässt, die sie am Tag zuvor in der Sitzung der KPD-Zentrale am Aufruf zum Sturz der Regierung formuliert hat. »Die Arbeiterschaft Berlins hat in hohem Maße zu handeln gelernt, sie dürstet nach entschlossenen Taten, nach klaren Situationen, nach durchgreifenden Maßnahmen. Sie ist nicht mehr dieselbe wie am 9. November, sie weiß, was sie will und was sie soll.« Es ist Luxemburgs Glaube an »die Massen« und ihre auf Dauer unbezwingbare Stärke, der sie daran hindert, ihrer eigenen nüchternen und klaren Analyse zu folgen. Konsequenterweise müsste sie zum Abbruch der Kämpfe auffordern. Stattdessen lobt sie »die Massen« und geißelt die Halbherzigkeit der Führer. Es werde viel beraten, aber nicht gehandelt. Sie kritisiert auch »pflaumenweiche Elemente«, die versuchten, Kompromisse herbeizuführen, »um die Revolution zu einem ›Vergleich‹ mit ihren Todfeinden zu verleiten.« Sie dagegen treibt an: »Handeln! Handeln! Mutig, entschlossen, konsequent – das ist die verdammte Pflicht und Schuldigkeit der revolutionären Obleute und der ehrlich sozialistischen Parteiführer. Die Gegenrevolution entwaffnen, die Massen bewaffnen, alle Machtpositionen besetzen. Rasch handeln! Die Revolution verpflichtet.«

Angesichts der bedrohlichen Situation haben engagierte Sozialdemokraten wie der *Vorwärts*-Redakteur Erich Kuttner und der Verleger Albert Baumeister schon am Vortag eilig mit dem Aufbau von Sicherheitsverbänden begonnen. Zuverlässige sozialdemokratische Arbeiter und ehemalige Soldaten werden aus Beständen der Kommandantur bewaffnet und in einem »Freiwilligen Helferdienst der sozialdemokratischen Partei« zusammengefasst. Auch die »Republikanische Schutztruppe« ist ein spontan entstehender Verband aus sozialdemokratischen und demokratischen Arbeitern und Soldaten, die treu zur Regierung stehen.

Schon am 7. Januar besetzt der »Freiwillige Helferdienst der sozialdemokratischen Partei« das Reichstagsgebäude und das Brandenburger Tor sowie deren Umgebung. Am Potsdamer Bahnhof kommt es zu Kämpfen. Auch Harry Graf Kessler wird Augen- und Ohrenzeuge von Gefechten. »Heute Früh um 10 bei mir zuhause Rattern von Maschinengewehren. (...) Ich herunter. Im Hauseingang Hausbewohner und Passanten, die Deckung suchen. Das Gefecht ist fünfzig Meter entfernt am Hafenplatz. Diesen halten Regierungstruppen, die das jenseits des Kanals stehende, von Spartacus besetzte Eisenbahn-Direktions-Gebäude angreifen. Ich gehe bis zum Hafenplatz, wo ein paar Züge Regierungssoldaten hinter Brückenpfeilern und Geräte Häuschen in Deckung stehen. Mitten durch das Feuergefecht fährt oben auf dem Viadukt ein Hochbahnzug.«

Um 10 Uhr beginnt an diesem 7. Januar eine gemeinsame Sitzung von Kabinett und Zentralrat. Ebert berichtet, von den

Verhandlungen und über das Geschehen der Nacht. Schon in dieser Vormittagssitzung macht der Zentralrat Druck, das zeigt das Protokoll der Sitzung sehr deutlich. Man solle nicht nur Truppen vor der Reichskanzlei versammeln, sondern Schluss machen und zum Angriff übergehen, der jetzige Zustand sei unhaltbar, meint ein Mitglied. Ein anderes erklärt: »Was in Berlin die Straßen beherrscht, ist alles Gesindel. Mit 200–300 entschlossenen Soldaten rennen wir die ganze Korona über den Haufen.« Von ernster Besorgnis oder gar Panik ist am Vormittag des 7. Januar nichts zu spüren.

Um 11 Uhr trifft man sich unter Vermittlung der USPD-Parteispitze wieder mit der Verhandlungskommission der Aufständischen. Jetzt ist auch der Zentralrat dabei. Ebert erklärt im Namen der Regierung, man sei nicht bereit, »in sachliche Verhandlungen einzutreten, ehe nicht vorher die besetzten Zeitungsgebäude freigegeben worden wären«. Die Aufständischen dagegen betrachten die Zeitungsgebäude als Pfand, das sie nicht vor Beginn der Verhandlungen aus der Hand geben wol-

Posten der Regierungstruppen in der Großen Frankfurter Straße

len. Kautsky, der zu den Vermittlern der USPD gehört, formuliert einen Kompromissvorschlag: Die Gebäude müssten nicht schon vor Beginn der Verhandlungen geräumt sein, aber: »Der Zentralrat und der Rat der Volksbeauftragten erklären von vornherein, dass sie die Verhandlungen als gescheitert betrachten, wenn sie nicht zur völligen Wiederherstellung der Pressefreiheit führen.« Dann werden die Verhandlungen von Dienstagvormittag auf Mittwochvormittag, 8. Januar 10 Uhr vertagt.

Am Nachmittag des 7. Januar beraten Kabinett und Zentralrat über den Vermittlungsvorschlag Kautskys. Die Stimmung wird dabei immer entschiedener ablehnend. Die Berliner SPD-Parteifunktionäre fordern inzwischen einmütig »schärfste Maßnahmen gegen jeden Putschversuch«. Priorität hat jetzt nicht mehr, einen blutigen Kampf innerhalb der Arbeiterbewegung zu vermeiden. Es geht vor allem darum, Stärke zu zeigen, nachdem die Regierung lange genug für ihre angeblich schwächliche Haltung von der bürgerlichen Presse und auch von den eigenen Leuten kritisiert worden ist. Ebert sitzt zusätzlich die OHL mit ihren Drohungen im Nacken. Der Zentralrat lehnt am 7. Januar Kautskys Kompromisslösung mit nur drei Gegenstimmen ab. Damit sind die Würfel für eine gewaltsame Lösung des Konflikts gefallen.

In der Nacht vom 7. auf den 8. Januar kommt es zu einzelnen Schießereien. Aufständische versuchen ohne Erfolg, den Potsdamer und den Anhalter Bahnhof in ihre Gewalt zu bringen.

In der *Roten Fahne* ist am 8. Januar in einem von Rosa Luxemburg stammenden Artikel zu lesen, die Regierung Ebert-Scheidemann müsse »hinweggeräumt werden«, wenn die Revolution »ihre historischen Aufgaben: die Abschaffung der bürgerlichen Klassenherrschaft und die Verwirklichung des Sozialismus« erfüllen wolle. »Die Massen sind bereit, jede revolutionäre Aktion zu unterstützen, für die Sache des Sozialismus durch Feuer und Wasser zu gehen.« Den Führern ruft sie zu: »Redet nicht! Beratet nicht ewig! Unterhandelt nicht! Handelt!«

Am selben Tag entscheidet die Zentrale der KPD nach heftigem Drängen von Luxemburg und Jogiches, dass Pieck und Liebknecht sich aus dem Revolutionsausschuss zurückziehen sollen – es fällt Liebknecht außerordentlich schwer, diesem Beschluss Folge zu leisten und damit auf Distanz zum Aufstand zu gehen. Zugleich greift die Zentrale der KPD allerdings alle auf einen Kompromiss mit der Regierung zielenden Verhandlungen scharf an, und vor allem Rosa Luxemburg preist die kraftvollen Arbeitermassen. Von einer konsequenten Haltung der KPD während der Januarkämpfe kann keine Rede sein. Klar aber ist: Diese Kämpfe sind zu keinem Zeitpunkt ein »Spartakusaufstand«.

Die neue Verhandlungsrunde über eine gewaltlose Beilegung des Konflikts beginnt am 8. Januar um 10 Uhr nicht im großen Kreis. Zunächst verhandeln die Vermittler des USPD-Parteivorstands allein mit den Vertretern der Aufständischen – also mit ihren eigenen Berliner Parteigenossen und den nach wie vor zur USPD gehörenden Revolutionären Obleuten. Nach fünfstündigen Gesprächen sind diese lediglich bereit, die bürgerlichen Zeitungshäuser zu räumen, wollen aber das *Vorwärts*-Gebäude zunächst behalten.

Nüchtern betrachtet sind die Zeitungsbesetzungen von Anfang an ein sinnloses Unternehmen, weder politisch noch militärisch irgendwie zu rechtfertigen. Jetzt zeigt sich vollends, dass es dabei um Symbolpolitik mit reichlich absurden Zügen geht. Regierung und Zentralrat bestehen weiter auf der Freigabe des *Vorwärts*.

Den ganzen Tag über wird in der Stadt geschossen. Zugleich geht jedoch sogar in Teilen der Innenstadt das Leben seinen ganz gewohnten Gang. Im oberen Teil des Boulevards Unter den Linden sind Cafés und Konditoreien genauso geöffnet und überfüllt wie am Potsdamer Platz. Im Zeitungsviertel kommt es

Barrikadenkämpfer im Zeitungsviertel

zu heftigen Schießereien. Die Republikanische Soldatenwehr greift ergebnislos, aber verlustreich das besetzte Verlagshaus Mosse an. Die Reichsdruckerei jedoch kann sie zurückerobern.

Im Verlauf des Nachmittags lässt die »Reichsregierung«, so nennen sich die fünf Volksbeauftragten inzwischen, einen Aufruf an die Bevölkerung Berlins verbreiten, der die letzten Zweifel am Misserfolg der Vermittlungsaktion beseitigt. »Mitbürger! Spartakus kämpft jetzt um die ganze Macht.« Die Regierung »trifft alle notwendigen Maßnahmen, um die Schreckensherrschaft zu zertrümmern und ihre Wiederkehr ein für alle Mal zu verhindern.« Die Mitbürger werden gebeten, noch »kurze Zeit« Geduld zu haben. Es müsse »gründliche Arbeit« getan werden, und die bedürfe der Vorbereitung. »Die Stunde der Abrechnung naht!«

Um 20 Uhr an diesem 8. Januar stellen die Vermittler ihre Tätigkeit ein und beenden die Verhandlungen ergebnislos. Am

Morgen des 9. Januar ruft der Revolutionsausschuss zum Generalstreik und zu den Waffen gegen die »vom Bruderblut besudelten Ebert-Scheidemann«. Die regierenden Sozialdemokraten werden als »Verräter des Proletariats« bezeichnet, als »Handlanger der kapitalistischen Blutsauger«, als »Verkörperung der Gegenrevolution«, die »ins Zuchthaus, aufs Schafott« gehören. »In Arbeiterblut wollten sie waten, in Arbeiterblut die soziale Revolution ersäufen, mit blauen Bohnen und Granaten das hungernde Volk, die um ihre Befreiung aus den Ketten des Kapitals ringenden Massen traktieren und zu Boden werfen.« Nach dem Aufruf der Regierung seien nun die Dinge klar. »Alle Räder müssen stillstehen! Heraus aus den Betrieben, heraus auf die Straße! Zeigt den Schurken eure Macht! Bewaffnet euch! Gebraucht die Waffen gegen eure Todfeinde, die Ebert-Scheidemann!«

In vielen Berliner Betrieben wollen die Arbeiter allerdings von bewaffnetem Kampf nichts wissen und versuchen in letzter Minute, Blutvergießen zu vermeiden. 100.000 Arbeiter der Spandauer Staatsbetriebe beschließen einen Generalstreik gegen den »Brudermord«. Die Arbeiter aller Betriebe in Lichtenberg fordern, »dass die Straßenkämpfe in Berlin sofort aufhören«. Als Hindernis betrachten sie »die gegenwärtigen kompromittierten Führer aller Parteien und fordern den Rücktritt derselben«. Die Vollversammlung der kommunalen Arbeiter- und Soldatenräte Groß-Berlins protestiert gegen den harten Kurs der Regierung und insbesondere gegen die Bewaffnung von Studenten und Offizieren. Die Arbeiterschaft der Glühlampenwerke AEG verlangt vom Zentralrat, »das gegenseitige Bekämpfen der Arbeiterschaft sofort zu beenden und durch Schaffung eines Kabinetts, in dem alle sozialistischen Parteien vertreten sind, Ruhe und Ordnung wiederherzustellen«. Die Arbeiterschaft der Firma J. C. Freund & Co., Charlottenburg erklärt: »Die Arbeiterschaft hat den festen Willen, sich über die Köpfe ihrer versagenden Führer hinweg die Bruderhand zu reichen (...) Die Arbeiterschaft verlangt, dass sämtliche Führer zurücktreten.«

Es sind auch Teile der sozialdemokratischen Parteibasis Berlins, die solche Resolutionen verabschieden. 40.000 Arbeiter demonstrieren im Humboldthain und fordern eine Einigung der Arbeiter aller Richtungen, um dem Blutvergießen ein Ende zu machen. Arbeiter der Schwartzkopfschen Werke, der AEG und anderer Großbetriebe bilden einen »Verbrüderungsausschuss« aus Mitgliedern von SPD, USPD und KPD und geben die Parole aus: »Proletarier, einigt Euch, wenn nicht mit, dann über die Köpfe eurer Führer hinweg!«

Protestdemonstration Berliner Arbeiter am 9.1.1919 gegen die bewaffneten Kämpfe

Die Einheitsfront von unten hat keine Chance – nicht bei den regierenden Sozialdemokraten, aber auch nicht bei der KPD und bei der Mehrheit der Revolutionären Obleute, die sich inzwischen in ihrem Urteil über die Spitze der Sozialdemokratie völlig verrannt haben. Radek beschwört noch am 9. Januar in einem Brief an die Zentrale der KPD seine deutschen Genossen, den Aufruf zum Kampf zurückzuziehen:»Das erlaubt den Ebert und Scheidemann, der Berliner Bewegung einen Schlag zu versetzen, der die ganze Bewegung auf Monate schwächen kann. Die einzig bremsende Kraft, die dieses Unglück verhindern kann, seid ihr, die Kommunistische Partei. Ihr habt genug Einsicht, um zu wissen, dass der Kampf aussichtslos ist (...) Nichts verbietet einem Schwächeren, sich vor der Übermacht zurückzuziehen«. Auch Radek erreicht nichts.

Derweilen ist die Regierung sicher, die Lage unter Kontrolle zu haben. In der Kabinettssitzung am 10. Januar wird über eine Vielzahl von Punkten gesprochen – aber nicht über die Lage in Berlin! Ebert drängt lediglich zu Beginn der Sitzung darauf, den Termin des von Noske geplanten Truppeneinmarschs vorzuziehen. Vielleicht sei er schon am nächsten Tag, am Samstag, 11. Januar möglich. Dem Protokoll der Kabinettssitzung ist keinerlei Hektik oder größere Besorgnis zu entnehmen. Noske nimmt an der Sitzung nicht teil, sagt aber im Verlauf des Tages den Einmarsch von Truppen am 11. Januar zu – nicht als Kampfeinsatz, sondern als demonstrativen Akt, der die militärische Stärke der Regierung veranschaulichen und abschreckend wirken soll.

Am Abend des 10. Januar findet eine Sitzung der Zentrale der KPD statt. Mit Liebknechts Zustimmung wird jetzt endgültig beschlossen, die gemeinsamen Aktionen mit den Revolutionären Obleuten abzubrechen. Liebknecht und Pieck nehmen von nun an nur noch»zu informatorischen Zwecken« an den Sitzungen des revolutionären Aktionsausschusses teil.

In der Nacht vom 10. auf den 11. Januar werden alle besetzten Zeitungsgebäude mit Ausnahme des *Vorwärts*-Gebäudes geräumt. Die Regierung erteilt die Genehmigung, das *Vorwärts*-Gebäude am 11. Januar zu stürmen. Noske setzt dafür das»Regiment Potsdam« ein. Dieses regierungstreue Regiment hat der Potsdamer Soldatenratsvorsitzende Klawunde ins Leben gerufen. Es ist jedoch keines der Freikorps, die in diesen Tagen von Offizieren der alten Armee im Auftrag der Obersten Heeresleitung aufgestellt werden.

Der 11. Januar ist »ein übler Regentag«. Morgens um 8 Uhr an diesem Samstag beginnt das Regiment Potsdam mit dem Angriff auf das *Vorwärts*-Gebäude. Die Eroberung ist keine einfache Angelegenheit. Das Gebäude ist ein großes Geschäftshaus mit vier Innenhöfen. Die Besatzung wird auf 500 bis 600 Mann geschätzt. Die oberen Stockwerke sind mit Maschinengewehren besetzt, die Fenster und das Dach sind zur Verteidigung hergerichtet. Mehrere Stunden lang wird das Gebäude mit Haubitzen und Artillerie beschossen, vor allem Granaten mit Verzögerung haben innerhalb des Gebäudes verheerende Wirkung. Nach etwa 70 Artillerieschüssen sind die Besetzer am Ende. Als die Regierungstruppen zum Sturm ansetzen, geben sie auf.

Sieben Parlamentäre der *Vorwärts*-Besetzer, die über die Übergabe verhandeln sollen, werden gefangen genommen und erschossen. Gegen den Regimentsführer Major Franz von Stephani wird einige Tage danach eine Untersuchung eingeleitet. Sie dauert dreizehn Monate und endet mit einem Freispruch, weil die Männer ohne Wissen und Befehl des Regimentsführers erschossen worden seien.

Am selben Tag wird auch das Reichspatentamt gestürmt. Diese Aktion verläuft für die Regierungstruppen noch deutlich mühsamer. Sie haben am Ende sieben Tote und elf Verwundete zu beklagen. 60 Verteidiger sterben bei der Eroberung des Gebäudes, etwa 40 werden verletzt. 390 Besetzer geben sich schließlich gefangen, darunter sind auch mehrere Frauen.

Mittags findet der Truppeneinmarsch statt, den Noske am Tag zuvor zugesagt hat. Es sind Freikorps und Angehörige der Garde-Kavallerie-Schützen-Division, insgesamt 3.000 Mann. Die offiziöse Darstellung, die 1940 vom Oberkommando des

Heeres veröffentlicht wird, spricht von einem Demonstrationsmarsch: »Mit Widerstand und Feuer musste gerechnet werden, denn an diesem Tage war erst im Laufe des Vormittags das ›Vorwärts‹-Gebäude erstürmt worden, im Zeitungsviertel wurde noch gekämpft, das Polizeipräsidium mit Umgegend hielten noch die Aufständischen. Dementsprechend wurden gute Haltung und Marschordnung gefordert, die Gewehre und Geschütze waren geladen, die Maschinengewehre feuerbereit. Sobald ein Schuss fiel, sollte rücksichtsloser Waffengebrauch einsetzen. Die Zivilbevölkerung war vor dem Betreten der Straße gewarnt worden. Bewaffnete – abgesehen von Sicherheitsorganen – sollten entwaffnet, Männer der Wehren, die eine feindliche Haltung einnahmen, sofort niedergeschossen werden.«

Als der Zug die Innenstadt erreicht, setzt sich Noske mit dem Kommandeur Oberst Deetjen an die Spitze der Kolonne. Es geht durch die Potsdamer Straße, wo nach Noskes Darstellung »bald lauter Jubel ertönte, als der Charakter der Truppe erkannt wurde« und die Leipziger Straße in die Wilhelmstraße. Vor dem Reichskanzlerpalais hält Noske eine kurze Ansprache und dankt den Freiwilligen im Namen der Regierung. »Das entschlossene Auftreten der ersten Freiwilligen-Truppen erzielte nachhaltige Wirkung«, heißt es im Bericht des Oberkommandos des Heeres. Noske urteilt in seinen Erinnerungen: »Damit war die bolschewistische Gefahr für Deutschland überwunden.«

In der Nacht vom 11. zum 12. Januar beginnt schließlich der Sturm auf das schwer befestigte Polizeipräsidium. Den Angriff führt Feldwebelleutnant Schulze vom Garde-Füsilier-Regiment mit einer Reihe von Kompanien verschiedener Regimenter und Teilen der Sicherheitstruppe Groß-Berlin. Auch hierbei sind keine Freikorps im Einsatz. Mit Artillerie und Minenwerfern wird der Ziegelsteinbau sturmreif geschossen und dann fast ohne Widerstand eingenommen. Aufseiten der Regierungstruppen gibt es zwei Tote und einige Leichtverwundete. Die

Zahl der getöteten Aufständischen ist nicht bekannt. Den zahlreichen Gefangenen sagt die Regierung zu, sie von ordentlichen Gerichten aburteilen zu lassen und keine standrechtlichen Verfahren zuzulassen – sehr zum Ärger der führenden Militärs, die der Auffassung sind, solche Milde müsse »der Regierung und den Truppen schaden«.

Es sind die letzten ernsthaften Kämpfe. Am Sonntag, den 12. Januar endet die dramatische Berliner Woche, die am Sonntag zuvor mit der gewaltigen Demonstration der Arbeiterschaft begonnen hat. Der sich anschließende Putschversuch der radikalen Linken endet in einem Desaster und ist bereits gescheitert, bevor er richtig begonnen hat. Die Führer der radikalen Linken haben seit Mitte Dezember aus Überzeugung, aufgrund intellektueller Überheblichkeit und aus revolutionärer Ungeduld den Weg verlassen, den die Revolutionsbewegung am 9./10. November erzwungen und beim Reichsrätekongress noch einmal bestätigt hat: Die Sozialisten aller Richtungen sollen *gemeinsam* die demokratische und sozialistische Republik verwirklichen.

Diesen Weg hat allerdings auch die SPD-Spitze in einem nahezu parallel verlaufenden Prozess verlassen. Sie hat nach den Weihnachtskämpfen sehr zielorientiert die USPD aus der Regierung gedrängt, um freie Hand für die in ihren Augen längst überfällige Abrechnung mit der radikalen Linken, insbesondere mit der Spartakusgruppe zu bekommen. Der Aufruf zum Sturz der Regierung fügt sich passgenau in ihr Konzept. Er verschafft dem ohnehin geplanten militärischen Vorgehen ein hohes Maß an Legitimität. Auf die Vermittlungsversuche der gemäßigten Unabhängigen will sich die Regierung nicht mehr einlassen, als deutlich wird, dass sie in einer bewaffneten Auseinandersetzung der Sieger sein wird. Leider scheitern auch die fast verzweifelten Anstrengungen großer Teile der Berliner Arbeiterschaft, die Kämpfe am 9. Januar doch noch durch eine Einheitsfront von unten zu verhindern.

Aufseiten der Regierungstruppen sind etwa 100 Tote zu beklagen, bei den Aufständischen gewiss deutlich mehr, auch ist es zu willkürlichen Erschießungen und Misshandlungen gekommen. Aber die von der OHL aufgestellten Freikorps sind bis zu diesem Zeitpunkt nur durch ihren »Demonstrationsmarsch« in die Innenstadt in Erscheinung getreten. Die Regierung hat sich auf republiktreue, zum Teil sozialdemokratische Verbände gestützt, die den Aufstand erfolgreich niedergeschlagen und die besetzten Gebäude freigekämpft haben. Die OHL hat ihre Freiwilligenverbände ganz bewusst in der Hinterhand behalten und nicht für den Häuserkampf zur Verfügung gestellt. Es sollte nach dem Willen Hindenburgs unter allen Umständen vermieden werden, dass diese letzten Reserven eingesetzt werden, »ehe sie einsatzbereit waren«, wie es im Bericht des Oberkommandos des Heeres heißt. Noch am 13. Januar 1919 könnte sich die Regierung dazu entscheiden, die republiktreuen Verbände, denen sie ihren Erfolg verdankt, zur Ausgangsbasis einer republikanischen Reichswehr zu machen. Aber sie geht einen anderen Weg.

20
»DIE MÜSSEN WEG!« –
DIE ERMORDUNG VON
LUXEMBURG UND LIEBKNECHT

Am 13. Januar dankt die Regierung »den braven Truppen der Republik«, denen es gelungen sei, »aus eigener Kraft und durch Unterstützung der Bevölkerung einen Aufstand niederzuwerfen, der alle freiheitlichen Errungenschaften der Revolution zu vernichten drohte.« An diesem Montag ist der Aufstand niedergeschlagen. Das Kapitel, das nun folgt, ist militärisch nicht mehr notwendig und hat mit dem Aufstand nur indirekt zu tun. Es geht der Regierung darum, »die Wiederholung ähnlicher Gräuel mit allen Mitteln zu verhindern« oder, wie es auf Plakaten heißt, die Ordnung »endgültig« wiederherzustellen.

Sie könnte sich auch bei diesen Maßnahmen zur Vorbeugung und zur Entwaffnung auf die republikanischen Verbände stützen, denen sie bislang ihren Erfolg verdankt. Es besteht nach dem 12. Januar durchaus noch die Möglichkeit, ein demokratisches Heer zu schaffen. Genau das aber versucht die Regierung nicht. Gustav Noske hat unmittelbar nach seiner Ernennung zum Oberbefehlshaber am 6. Januar die Weichen anders gestellt – oder besser: Er ist mit Volldampf auf dem Gleis weitergefahren, auf das Ebert in der Nacht vom 23. auf den 24. Dezember geraten ist.

Noske bindet sich als Oberbefehlshaber sofort eng an das Generalkommando, den operativen Arm der Obersten Heeresleitung in der Hauptstadt. Das Generalkommando wird unter der Bezeichnung »Abteilung Lüttwitz« Noskes ausführende Kommandostelle. Lüttwitz ist ein Offizier alter preußischer Schule. Dem revolutionären Umsturz steht er völlig ablehnend gegenüber. Die Truppen, mit denen sich Noske in Dahlem umgibt, fühlen sich als Erben der alten Armee und entwickeln bald einen starken Korpsgeist. In ihnen herrscht keine republikanische Gesinnung, vielmehr hassen die meisten der Offiziere die Revolution, halten sie für die Niederlage im Krieg verantwortlich – die Legende vom »Dolchstoß« in den Rücken des kämpfenden Heeres macht schon die Runde. Mit Begeisterung marschieren diese Männer gegen die radikale Linke, und vermutlich würden die meisten gern auch gleich die SPD-Anhänger mit erledigen. General Lüttwitz wird 1920 einer der Drahtzieher beim Putsch von Teilen der Armee gegen die demokratische Regierung sein.

Die Garde-Kavallerie-Schützen-Division mit Hauptmann Pabst als Erstem Generalstabsoffizier ist als einzige Einheit des kaiserlichen Heeres mobil geblieben. Sie ist am 13. Januar der Kern von Noskes Truppen. Pabst meint, Noske sei anfangs »noch völlig mit marxistischen Ideen durchsetzt« gewesen. »Aber er hat sehr rasch erst mal Gefallen gefunden an der Stellung als Oberbefehlshaber, war sehr aufnahmefähig, lernte sehr rasch militärisch denken und war auch ein Mann mit festen Entschlüssen.« Mit den nationalistischen und weit rechts stehenden Männern in der Division und in den Freikorps hat Noske keinerlei Probleme. Möglicherweise wäre er mit seinen Vorstellungen von »Säuberung« bei republikanischen Verbänden durchaus auf Widerstand gestoßen.

Am 13. Januar erlässt die Regierung eine Verordnung, die regelt, wie Berlin waffenfrei gemacht werden soll. Sie bestimmt, dass die Zivilbevölkerung innerhalb von 24 Stunden alle Schusswaffen abgeben muss. Wer die Anordnung nicht befolgt, muss mit Gefängnis- und Geldstrafen rechnen, wer Waffen gegen Personen oder Gebäude verwendet, mit Zuchthausstrafen.

Nach einem kleinen Probelauf findet der allgemeine Einmarsch der Truppen dann am 15. Januar ohne größere Zwischenfälle statt – zunächst jedenfalls.

Die in Berlin einmarschierenden Truppen durchkämmen systematisch Stadtteil für Stadtteil, Viertel für Viertel, Häuserblock für Häuserblock, um untergetauchte »Spartakisten« aufzuspüren und Waffen zu beschlagnahmen. Unterstützt werden sie von örtlichen Bürgerwehren, die oft sehr viel genauer wissen, wo man zu suchen hat. Liebknecht und Luxemburg sind von vielen ihrer Genossen bedrängt und geradezu angefleht worden, Berlin rechtzeitig zu verlassen und sich in Sicherheit zu bringen, wie das große Revolutionäre in der Vergangenheit oft getan haben. Die beiden bleiben.

Der Leitartikel in der *Roten Fahne* vom 15. Januar hat die Überschrift »Trotz alledem!«. Er stammt von Karl Liebknecht, setzt sich sehr pathetisch mit der Niederlage der Aufständischen auseinander, erklärt sie zum Sieg. »Die Geschlagenen von heute werden die Sieger von morgen sein. (...) Und ob wir dann noch leben werden, wenn es erreicht wird – leben wird unser Programm; es wird die Welt der erlösten Menschheit beherrschen. Trotz alledem!« Es ist Liebknechts letzter Artikel.

Die Garde-Kavallerie-Schützen-Division bezieht am 15. Januar Quartier im Hotel Eden am Zoologischen Garten. Pabst stehen zwei große Räume zur Verfügung. Am Abend sitzt er in seinem Arbeitszimmer, als Angehörige der Einwohnerwehr von Wilmersdorf zuerst Karl Liebknecht, später dann Rosa Luxemburg und Wilhelm Pieck als Gefangene einliefern. Alle drei sind zwischen 20 und 21 Uhr in der Wohnung der Familie Marcussohn in der Mannheimer Straße in Berlin-Wilmersdorf angetroffen und festgenommen worden. Mit Liebknecht fährt die Bürgerwehr zunächst in die Cecilien-Schule. Angeblich ruft sie von dort in der Reichskanzlei an und fragt nach, was man mit ihm machen soll. Ein versprochener Rückruf mit einer konkreten Anweisung sei aber nicht erfolgt. Daraufhin fährt man mit

Liebknecht zurück in die Mannheimer Straße, holt Rosa Luxemburg und bringt beide ins Hotel Eden.

Pabst schildert die Situation in einem späteren Gespräch so: »Erst wurde mir Herr Liebknecht vorgeführt. Von diesem Ereignis benachrichtigte ich sofort telefonisch den Oberbefehlshaber, Herrn Noske, und den General der Infanterie, Freiherr von Lüttwitz. Noske befahl, beide Gefangenen sofort in das Untersuchungsgefängnis Moabit zu transportieren, fügte hinzu: Es ist unbedingt dafür Sorge zu tragen, dass die geistigen Häupter der Gegenrevolution auf dem Wege nach Moabit nicht durch Anhänger befreit werden oder ihnen etwa ein Fluchtversuch gelingt.« Pabst berichtet auch von einem früheren Gespräch mit Noske, in dem der betont habe, er wolle auf keinen Fall mit einer etwaigen Tötung von Luxemburg und Liebknecht in Verbindung gebracht werden. Auch der Generalstabsoffizier bei der OHL Oberst von Thaer schreibt zum Jahreswechsel 1918/19 in sein Tagebuch: »Ebert und Scheidemann (...) zittern vor Liebknecht und Rosa und wünschen ihr Verschwinden (auf kriminelle Art), nur: Sie wollten davon nichts wissen, nicht damit zu tun haben.«

Nach Pabsts eigener Überzeugung sind Luxemburg und Liebknecht keine gewöhnlichen Gegner: »Beide waren überragende politische Führer, Agitatoren und Propagandisten. Ich habe sie beide sprechen hören.« Sollte es je zu ihrer Verhaftung kommen, ist für ihn klar: »Die müssen weg! Die sind so gefährlich, wenn wir die haben, da gibt's nichts zu winseln, dann müssen wir selber Richter sein.« Pabst zieht es erst gar nicht in Erwägung, den offiziellen Befehl Noskes tatsächlich zu befolgen und die beiden nach Moabit bringen zu lassen. Er entschließt sich nach einiger Überlegung, Karl Liebknecht und Rosa Luxemburg töten zu lassen. Pabst stellt »Transportkommandos« aus Freiwilligen zusammen, die sich zum Schein auf den Weg nach Moabit machen sollen, und erteilt ihnen entsprechende Aufträge.»Ich musste mir also, auf einen einfachen

Nenner gebracht, einige Todesarten ausdenken, die ich den Transportführern zur Empfehlung mitgab: Bei Karl Liebknecht war es leicht: Auf der Flucht erschossen!« Rosa Luxemburg soll nach dem Vorschlag Pabsts auf dem Weg ins Gefängnis Moabit von »einem Unbekannten aus der Menge heraus« erschossen werden. Pabst verpflichtet alle Beteiligten zum Stillschweigen bis an ihr Lebensende.

Das Unternehmen beginnt vor dem Hotel jedoch mit einem nicht vorgesehenen Zwischenfall. Als Karl Liebknecht ins Auto steigen will, wird er von dem Wache stehenden Jäger Otto Wilhelm Runge mit dem Gewehrkolben geschlagen. Von einem anderen Soldaten erhält Liebknecht einen Faustschlag ins Gesicht. Dann fährt der Wagen ab. In Tiergarten täuscht der Führer des »Transportkommandos« eine Panne vor, und ein Leutnant Liebmann erschießt Karl Liebknecht aus nächster Nähe. Liebknechts Leiche wird gegen 23.15 Uhr in der Rettungswache Zoo, also direkt gegenüber dem Eden-Hotel in der Budapester Straße, als »unbekannter Toter« eingeliefert.

Etwa eine Stunde nach Abfahrt erstattet der Transportführer Pabst die offiziell erwünschte Meldung: Das Auto habe im Tiergarten eine Motorpanne erlitten, die sich nicht schnell genug beheben ließ. Er habe sich daher entschlossen, mit Liebknecht den noch etwa 20 Minuten langen Weg nach Moabit zu Fuß zurückzulegen. Im nur spärlich beleuchteten Tiergarten habe Liebknecht einen Fluchtversuch unternommen, und da er auf den vorgeschriebenen dreimaligen Anruf »Halt« nicht stehen geblieben sei, hätten er und seine Begleiter von den Schusswaffen Gebrauch gemacht, wobei Herr Liebknecht den Tod gefunden habe.

Auch Rosa Luxemburg wird beim Verlassen des Hotels von Runge massiv mit dem Gewehrkolben geschlagen und schwer am Kopf verletzt. Das »Transportkommando« wirft die ohnmächtige Frau in den wartenden offenen Wagen und schlägt mit den Fäusten auf sie ein. Kaum ist der Wagen angefahren, springt ein »Unbekannter«, Leutnant zur See Hermann Wilhelm Souchon, auf das Trittbrett des langsam fahrenden Autos und tötet Rosa Luxemburg durch einen Pistolenschuss in den Kopf. Kurze Zeit später wirft man die Leiche in den Landwehrkanal. Auch der Führer dieses Transports erstattet nach seiner Rückkehr die zuvor verabredete Meldung: Rosa Luxemburg sei von einem Unbekannten aus der Menge heraus getötet worden.

Pabst unterrichtet dann sofort telefonisch die nachtdiensthabenden Offiziere in den Stäben von Noske und Lüttwitz und befiehlt, die beiden Herren sofort über das Geschehene zu informieren. Zwischen 4 und 5 Uhr morgens weckt Pabst persönlich seinen Divisionskommandeur, Generalleutnant von Hofmann, und schildert ihm wahrheitsgemäß und präzise, was in der Nacht geschehen ist – so jedenfalls berichtet Pabst das Jahrzehnte später. »Lieber Freund«, sagt Hofmann dann angeblich, »ich bin Ihnen dankbar, dass Sie mir den Entschluss abgenommen haben. Ich hätte ihn nicht gefasst.« Darauf Pabst: »Das weiß ich, Euer Exzellenz. Und deswegen, weil ich davon wusste, habe ich Exzellenz die Verantwortung für diesen Befehl abgenommen – nämlich dass beide erschossen werden.«

Als Ebert von der Tötung von Luxemburg und Liebknecht erfährt – noch weiß man nicht, dass es sich um einen politischen Mord handelt –, bittet er seinen Kollegen Landsberg, sofort in die Reichskanzlei zu kommen. Landsberg findet Ebert »in einer Aufregung, wie er sie auch in den schlimmsten Tagen nach der Staatsumwälzung nicht gezeigt hatte«. Auch Friedrich Stampfer, der Chefredakteur des *Vorwärts*, macht sich sofort auf den Weg in die Reichskanzlei, als er von der Tötung der beiden herausragenden Köpfe der KPD erfährt. »Ich fand Ebert und Landsberg in tiefster Bestürzung. Hatten wir mit den beiden auch oft die Klingen gekreuzt, so waren sie doch viele Jahre lang unsere Genossen, ja unsere Freunde gewesen. Wir empfanden die ruchlose Ermordung zweier wehrloser Gefangener, darunter einer Frau, nicht nur als eine namenlose Schandtat, sondern auch als eine furchtbare Schädigung unserer eigenen guten Sache.« In die Abscheu über die Tat mischt sich bald auch die Befürchtung, Rosa Luxemburg und Karl Liebknecht könnten als Märtyrer eine noch größere Gefahr werden, als sie es lebend jemals waren.

Stampfer selbst gerät schnell ins Feuer der Kritik. Am 13. Januar hat er im *Vorwärts* das Gedicht eines Artur Zickler veröffentlicht, das im Nachhinein geradezu als Aufruf zum Mord an Liebknecht und Luxemburg erscheint:

> »*Vielhundert Tote in einer Reih –*
> *Proletarier!*
> *Es fragen nicht Pulver, Eisen und Blei,*
> *ob einer rechts, links oder Spartakus sei,*
> *Proletarier!*
> *Wer hat die Gewalt in die Straßen gesandt,*
> *Proletarier?*
> *Wer nahm die Waffe zuerst in die Hand,*
> *und hat auf ihre Entscheidung gebrannt?*
> *Spartakus!*
> *Vielhundert Tote in einer Reih –*
> *Proletarier.*
> *Karl, Rosa, Radek und Kumpanei –*
> *Es ist keiner dabei, es ist keiner dabei,*
> *Proletarier!*«

Natürlich sei es so niemals gemeint gewesen, meint Stampfer. »Das Gedicht erreichte kaum die Schärfe dessen, was die *Rote Fahne* täglich gegen uns schrieb, und sein Sinn war damals völlig klar als eine Warnung an die Proletarier, nie wieder unter einer verantwortungslosen Führung, die selber sich im Hintergrund hielt, ihr Blut zu verspritzen. Erst durch ein späteres tragisches Ereignis wurde sein Sinn scheinbar verändert – dann aber wäre uns allen lieber gewesen, es wäre nicht erschienen.«

Sehr schnell stellt sich heraus, dass die offizielle Version über den Tod von Karl Liebknecht nicht den Tatsachen entsprechen kann. Die Täuschungsmanöver von Hauptmann Pabst scheitern an der dilettantischen Ausführung. Schon am 16. Januar rufen der Zentralvorstand Groß-Berlin und die Parteileitung der USPD zum Proteststreik auf. »Es ist nicht wahr, dass Karl Liebknecht bei einem Fluchtversuch erschossen worden ist. Einwandfreie Zeugen haben im Leichenschauhaus festgestellt, dass die Erschießung Karl Liebknechts aus nächster Nähe von vorn geschehen ist. An der Stirn ist die kleine Einschussöffnung mit den Brandwunden, am Hinterkopf befindet sich die größere Ausschussöffnung.« Im Hinblick auf Rosa Luxemburg folgt der Aufruf noch ganz der offiziell verbreiteten Version, sie sei von einer Menge geschlagen und verschleppt worden. Den Regierungstruppen wird lediglich vorgeworfen, dass sie Rosa Luxemburg nicht beschützt haben.

Bereits am frühen Morgen des 16. Januar erhält Pabst den Befehl, sich in der Reichskanzlei zu melden. Der Befehl kommt vom Chef der Obersten Heeresleitung Generalfeldmarschall von Hindenburg höchstpersönlich. Pabst bleibt nichts anderes übrig, als ihn zu befolgen, aber er wappnet sich. »Da ich mich auf allerhand gefasst machen musste, wollte ich mich von vornherein den Ereignissen entsprechend rüsten. Durch Fernsprecher wurden die Regimenter der Division in Marsch gesetzt mit den für einen Aufstand ihnen grundsätzlich zugeteilten Befehlen: z.B. Reichskanzlei, Innenministerium, Kriegsministerium usw. Außerdem wurden die nächtlichen Transportkommandos so verstärkt auf Lastwagen verladen, dass etwa 40 ausgesucht gute Leute der Divisionsstabseskadron mit der nötigen Munition usw. mit mir zur Reichskanzlei fuhren.«

Selbst vor einem offenen Militärputsch schreckt Pabst nicht zurück. »Etwa 10 Minuten vor 7 betrat ich die Reichskanzlei, weil ich ganz genau wusste, dass das Schicksal meiner Kameraden und das meinige in guten Händen lag. Denn die ersten

Truppen der Division konnten schon bald nach 8 in Berlin eintreffen und den ausgewählten Angehörigen der Stabs-Eskadron hatte ich, vor Betreten der Reichskanzlei, den klaren Befehl gegeben: Wenn ich nicht bis 8 Uhr 15 wieder heraus bin, wird die Reichskanzlei besetzt und jeder Widerstand mit der Waffe in der Hand gebrochen.«

In der Öffentlichkeit wird bereits die Forderung erhoben, »maßgebliche Leute« des Stabes der Garde-Kavallerie-Schützen-Division müssten verhaftet werden. Deshalb erklärt Pabst – nach eigenem Bericht – den anwesenden Volksbeauftragten in der Reichskanzlei, Mannschaften und Stab der Division seien durch ein enges Vertrauensverhältnis sozusagen auf Gedeih und Verderb verbunden. Aus diesem Grund sei die Division als einzige Feldtruppe in voller Stärke zusammen geblieben, »und wie die Herren Volksbeauftragten wüssten, sei dies die Grundlage, auf welcher zur Zeit ihre ›Regierung‹ beruhe. Wenn man nun den Versuch machen würde, mich, den ersten Generalstabsoffizier der Division, zu verhaften, ohne den Schatten eines Beweises für irgendwelches Verschulden meinerseits an den Ereignissen dieser Nacht, sondern lediglich, um dem sogenannten Volkszorn einen Fraß vorzuwerfen, dann würde die Division zwar nicht zu den Spartakisten überlaufen, wie es die angeblich ›regierungstreue‹ Volksmarinedivision getan habe, aber sie würde mich nicht nur gewaltsam befreien, sondern es sei auch mit der ›Herrlichkeit der Volksbeauftragten‹ aus. ›Vorsichtshalber‹ sei die Division übrigens bereits alarmiert worden.«

Um 8 Uhr kann Pabst die Reichskanzlei verlassen. »Ich kehrte auf den Wilhelmsplatz zurück, zunächst einmal mit einem donnernden Hurra empfangen von unseren Leuten, die aber dann gleich danach ihre Enttäuschung darüber zum Ausdruck gaben, dass sie die Reichskanzlei nicht hatten stürmen dürfen.«

Am folgenden Tag wird eine kriegsgerichtliche Untersuchung der Vorgänge angeordnet. Sie wird durch zwei der Division nicht bekannte Kriegsgerichtsräte durchgeführt und nimmt mehrere Monate in Anspruch. Pabst und die Division setzen alle Hebel in Bewegung, um die wahren Ereignisse so gut wie möglich zu verschleiern. Am 8. Mai 1919 beginnt der Prozess vor dem Kriminalgericht in Berlin-Moabit. Einer der Richter ist Kapitänleutnant Wilhelm Canaris, damals Offizier im Stab der Division. Alle beteiligten Soldaten lügen während des Verfahrens, »dass sich die Balken bogen«, berichtet Pabst Jahrzehnte später, und besonders Canaris zieht die Fäden, um jeden Verdacht von den Betroffenen der Garde-Kavallerie-Schützen-Division abzulenken.

Einige Zeugen der Anklage kommen allerdings mit ihren Aussagen der Wahrheit sehr nahe, und auch ein Artikel von Leo Jogiches in der *Roten Fahne* vom 12. Februar 1919 beschreibt die Fakten recht genau. Jogiches wird dann während der Berliner Märzunruhen festgenommen und im Untersuchungsgefängnis Moabit »auf der Flucht« erschossen. Das verfehlt seine Wirkung auf die späteren Zeugen der Anklage nicht. Niemand zweifelt daran, dass die tatsächliche Macht in Berlin zu dieser Zeit von der Garde-Kavallerie-Schützen-Division ausgeübt wird, und die hätte, so Pabst, nicht zugelassen, dass man ihre Kameraden einsperrt.

Das Kriegsgericht verurteilt am 14. Mai den Jäger Otto Wilhelm Runge wegen versuchten Totschlags zu zwei Jahren Gefängnis, vier Jahren Ehrverlust und Entlassung aus dem Heer. Oberleutnant Kurt Vogel, der Transportführer des Kommandos Luxemburg, wird wegen Beiseiteschaffung einer Leiche und wissentlicher Falschmeldung zu zwei Jahren und vier Monaten verurteilt. Alle anderen Angeklagten werden freigesprochen. Vogel empfindet seine Haftstrafe als ungerecht und will vor Gericht auspacken. Deshalb wird er wenige Tage später mit gefälschten Überstellungspapieren aus Moabit befreit und nach Holland gebracht.

Die Staatsanwaltschaft legt gegen das Urteil keine Berufung ein. Reichswehrminister Noske bestätigt in seiner Eigenschaft als Oberbefehlshaber in den Marken die Urteile – trotz vielfältiger Proteste aus den eigenen Reihen. Auch die Reichsregierung, die im Mai 1919 zu zwei Dritteln aus sozialdemokratischen Ministern besteht, erhebt keinen Einspruch gegen das Urteil. Ebert, inzwischen Reichspräsident, will die milden Urteile zunächst nicht akzeptieren und plädiert bei der Kabinettssitzung am 7. Oktober 1919 dafür, den Prozess neu aufzurollen. Er findet dafür aber keine Mehrheit in der Regierung und lässt die Sache dann auf sich beruhen. Hauptmann Pabst, übrigens, steht zu keiner Zeit unter Anklage, sondern wird lediglich als Zeuge einvernommen.

Beisetzung Rosa Luxemburgs am 13.6.1919

Die Leiche Rosa Luxemburgs, die die Täter in den Landwehrkanal werfen, wird erst mehr als vier Monate später gefunden. Selbstverständlich gibt es unter den Zeitgenossen manche, die den Ermordeten keine Träne nachweinen. Aber viele, die den lebenden Liebknecht genauso verflucht haben wie die »rote

Rosa«, sind entsetzt über ihre Ermordung. Der Politologe Max Weber, beispielsweise, hat Anfang Januar bei einer Rede in Karlsruhe noch erklärt,»Liebknecht gehört ins Irrenhaus und Rosa Luxemburg in den Zoologischen Garten«. Jetzt erklärt er sein Bedauern. Thomas Mann notiert nur ein Wort als Kommentar:»Angewidert.«

Dass die Regierung der Republik nicht die Kraft hat, diesen hoch politischen Fall der Militärjustiz zu entziehen, hinterlässt einen katastrophalen Eindruck bei der Arbeiterschaft und lässt für die Zukunft Schlimmes befürchten. Mitglieder des Vollzugsrats und des Zentralrats haben schon früh eine Sonderkommission zur Untersuchung der Morde gefordert, aber die Regierung hat das abgelehnt. Es sind nicht nur Linksradikale, die sich darüber empören, sondern auch viele sozialdemokratisch orientierte Arbeiter. Ein Großteil der deutschen Arbeiter erkennt jetzt mit Schrecken, was es für Truppen sind, die Ebert und Noske zum Schutz der Republik einsetzen.

21
»VERGESST NICHT, DAS DEUTSCHE VOLK HAT EINE REVOLUTION GEMACHT!« – NATIONALVERSAMMLUNG UND REGIERUNGSBILDUNG

Am 19. Januar 1919 werden knapp 37 Millionen Deutsche an die Wahlurnen gerufen, darunter mehr als 19 Millionen Frauen. Wahlberechtigt sind alle Erwachsenen ab einem Alter von 21 Jahren. Die Frauen haben erstmals in Deutschland das allgemeine Wahlrecht – eine der großen Errungenschaften der Revolution, die danach nie mehr infrage gestellt werden wird. Deutschland gehört mit dem Frauenwahlrecht zu diesem Zeitpunkt im weltweiten Vergleich zu den fortschrittlichen Nationen.

Noch gibt es keine Meinungsforschungsinstitute und keine Umfragen, aber Anhaltspunkte für Spekulationen zum Wahlergebnis gibt es durchaus. Schon vor dem 19. Januar haben in sechs Ländern Wahlen zu verfassunggebenden »Landesversammlungen« stattgefunden. Anhalt und Mecklenburg-Strelitz haben am 15. Dezember den Anfang gemacht. In Anhalt erreicht die SPD mit 22 Mandaten die absolute Mehrheit. Die DDP stellt 12 Abgeordnete, die DNVP 2, andere Parteien sind nicht vertreten. In Mecklenburg-Strelitz gehört die Hälfte der 42 Abgeordneten der SPD an, die DDP ist mit 18 Sitzen vertreten, andere bürgerliche Gruppen stellen 3 Abgeordnete. Braunschweig folgt am 22. Dezember – und endet mit einer großen Enttäuschung für die USPD. Braunschweig ist eine ihrer Hochburgen, und dennoch wird bei den Wahlen die SPD stärkste

Partei. Sie kommt auf 17 Abgeordnete, die USPD auf 14. Die DDP erreicht 13 Sitze, der Bürgerliche Landeswahlverband 16 Sitze. Die Wahlen in den drei süddeutschen Ländern, die am 5. und am 12. Januar 1919 durchgeführt werden, müssen auf alle, die von einer sozialistischen Mehrheit träumen, wie eine kalte Dusche wirken. In Baden liegt am 5. Januar die katholische Zentrumspartei mit 39 Mandaten vor der SPD mit 36 Mandaten. Dann folgen die DDP mit 25 und die DNVP mit 7 Abgeordneten. Die Unabhängigen können kein einziges Abgeordnetenmandat erringen. In Württemberg wird am 12. Januar gewählt. Auch hier ergibt sich eine deutliche bürgerliche Mehrheit in der Landesversammlung. Die SPD stellt zwar mit 52 Abgeordneten die mit Abstand stärkste Fraktion, aber DDP (38), Zentrum (31) und andere Bürgerliche (25) liegen gemeinsam vorn. Die USPD kommt nur auf 4 Sitze. Im größten Teil Bayerns wird ebenfalls am 12. Januar gewählt. Die USPD kommt hier lediglich auf 3 Sitze, obwohl ihr der durchaus populäre und geschickt operierende Regierungschef Kurt Eisner angehört. Die Bayerische Volkspartei (BVP) wird stärkste Fraktion – und bleibt es mit insgesamt 66 Abgeordneten auch nach den Wahlen in der bayerischen Rheinpfalz am 4. Februar. Die SPD kommt insgesamt auf 61 Mandate. Die DDP stellt 25 Abgeordnete, der Bayerische Bauernbund 16 und die DNVP 9 Abgeordnete. Natürlich ticken die Uhren in den Industriegebieten Preußens und Sachsens anders als im Süden, aber eine sozialdemokratische Mehrheit im gesamten Deutschen Reich am 19. Januar 1919 wäre eine faustdicke Überraschung.

Die KPD beteiligt sich nicht an den Wahlen zur Nationalversammlung. Auf das Ergebnis hat das jedoch praktisch keinen Einfluss, die KPD wäre vermutlich kaum über ein Prozent der Stimmen gekommen, wenn sie sich zur Wahl gestellt hätte. Erwartungsgemäß wird die SPD bei den Wahlen zur Verfassunggebenden Nationalversammlung stärkste Partei. Sie kommt auf

37,9 Prozent der Stimmen. Die USPD erreicht 7,6 Prozent, das Zentrum und seine bayerische Schwesterpartei BVP liegen gemeinsam bei 19,7 Prozent, dicht gefolgt von der DDP mit 18,5 Prozent. Mit deutlichem Abstand schließlich die rechtskonservative und nationalistische DNVP mit 10,3 Prozent sowie die rechtsliberale DVP mit 4,4 Prozent. Dass die Verhältnisse in Berlin »besondere« sind, zeigt das Ergebnis, das die USPD hier erzielt: 27,6 Prozent gegenüber 36,4 Prozent der SPD.

Alle Parteien haben sich im Wahlkampf auf die Grundlage der neuen Verhältnisse gestellt, keine einzige hat sich für die Rückkehr zur Monarchie stark gemacht. Selbst die DNVP hat zugesagt, »in jeder durch die Nationalversammlung geschaffenen Staatsform für das Wohl des Vaterlandes« mitzuarbeiten. Weitgehend akzeptiert scheint auch die Notwendigkeit gewisser Sozialisierungsmaßnahmen. Bis hin zur DVP äußern sich die bürgerlichen Parteien entsprechend. Allerdings führen Zentrumspartei und DDP ihren Wahlkampf vornehmlich mit antisozialistischen Parolen. Das Zentrum wendet sich gegen die »gottlose« Kulturpolitik in Preußen, die DDP malt das Schreckgespenst einer Sozialdemokratie an die Wand, die eine totale Vergesellschaftung der Produktionsmittel wolle und prinzipiell mittelstandsfeindlich sei. Je näher der Wahltermin rückt, desto selbstsicherer tritt das Bürgertum auf. Die Angst vor radikalen gesellschaftlichen Umwälzungen geht zurück. Mitte Januar 1919 weiß das Bürgertum längst, dass es gebraucht wird.

Die Stimmenanteile von SPD und USPD bei der Wahl zur Nationalversammlung bleiben deutlich hinter den Erwartungen beider Parteien zurück. Die SPD erreicht zwar 3,1 Prozent mehr als bei den Reichstagswahlen von 1912, aber damals waren sowohl das Wahlsystem als auch die Wahlkreiseinteilung ungünstiger für sie. Dieses enttäuschende Ergebnis fordert aber weder die Führung noch die Mitglieder der SPD zu intensiveren Debatten heraus. Es vergehen mehr als zwei Monate, bevor sich ein Parteigremium überhaupt mit dem Wahlausgang be-

fasst. Auf der am 22. und 23. März in Weimar tagenden Parteikonferenz macht Hermann Müller, der bald darauf gemeinsam
mit Otto Wels zum Parteivorsitzenden gewählt werden wird,
die USPD für das schlechte Abschneiden der SPD verantwortlich. »Gemeinsames Vorgehen der beiden sozialistischen Partei-
en und Ansetzung der Wahlen auf Mitte Dezember hätten eine
sozialistische Mehrheit der Nationalversammlung herbeigeführt. Die Unabhängigen haben das verhindert. Sie sind schuld
daran, wenn wir in der jetzigen Regierung so wenig für den
Sozialismus und nicht genug für die Demokratie tun können.«
Auch die USPD schürft bei der Analyse nicht tief. Sie sieht
die Gründe für das schlechte Wahlresultat vor allem in der
Schwäche der lokalen Parteiorganisationen und der Partei-
Presse sowie in den Auseinandersetzungen der vorangegangen
Wochen. »Die vom Bürgertum betriebene Bolschewistenhetze
und die Zerfleischung im sozialistischen Lager hatten an die-
sem Resultat zweifellos großen Anteil«, schreibt der ehemalige
Volksbeauftragte Wilhelm Dittmann in seinen Erinnerungen.

**Schlange vor Wahllokal in Berlin bei der Wahl zur Nationalversammlung
am 19.1.1919**

Die Zeit bis zum Wahltermin sei einfach zu kurz gewesen, »um die Wähler in unserem Sinne genügend aufzuklären«. Zugleich ist die USPD-Spitze überzeugt, dass die Zeit für ihre Partei arbeitet – und behält damit recht. Bereits bei den Berliner Gemeindewahlen, die wenige Wochen nach der Wahl zur Nationalversammlung stattfinden, überflügelt die USPD die SPD und wird zur stärksten Partei. Auch außerhalb der Hauptstadt zeigt sich ein Umschwung. Die USPD wird jetzt tatsächlich zur sozialistischen Massenpartei. In allen Landesteilen gewinnt sie neue Mitglieder, und die Leserzahl ihrer Zeitungen steigt. In vielen Orten werden neue USPD-Zeitungen gegründet.

Alles in allem ist das Wahlergebnis – auch angesichts einer Beteiligung von 83 Prozent der Wahlberechtigten – ein großer Erfolg für Revolution und Republik, für die sozialistischen und demokratischen Parteien. Es liegt nahe, die Zusammenarbeit zwischen SPD, Linksliberalen und Zentrum fortzusetzen, die schon im Krieg begonnen hat. Zentrum und DDP sind im Wahlkampf zwar energisch gegen die SPD aufgetreten, aber durchaus bereit, mit ihr die Regierung zu bilden. Am 1. Februar finden erste Gespräche zwischen SPD und DDP über die Regierungsbildung statt. Die DDP bringt früh eine Beteiligung des Zentrums ins Spiel, die aber in der SPD-Fraktion nicht unumstritten ist. Als die DDP schließlich erklärt, sich nur dann an einer sozialdemokratisch geführten Regierung zu beteiligen, wenn auch das Zentrum mit im Boot sei, entscheidet sich die SPD-Fraktion mit großer Mehrheit für diese Lösung.

Bevor die SPD-Fraktion am 4. Februar in Weimar zusammentritt, ist eine personelle Vorentscheidung bereits gefallen: Ebert will Reichspräsident werden. Scheidemann soll das Amt des Reichskanzlers übernehmen. Scheidemann berichtet in seinen Memoiren über einen längeren Disput, zu dem es darüber zwischen Ebert und ihm kommt. Allen Einwänden Scheidemanns begegnet Ebert schließlich mit dem Hinweis, er habe das Gefühl, ihm – Ebert – liege »das Repräsentative«.

In der Fraktionssitzung der SPD am 4. Februar wird lange darüber diskutiert, ob man der USPD anbieten soll, »in die Regierungsmehrheit einzutreten«. Schließlich beschließt die Fraktion, bei der USPD-Fraktion anzufragen, ob sie bereit ist, »in die Reichsregierung einzutreten auf der Grundlage des Bekenntnisses zur parlamentarischen Demokratie, d.h. zu einer Staatsform, die in jeder Beziehung durch den Willen der Mehrheit des Volkes bestimmt wird, mithin unter Ausschaltung jeder Putschtaktik«. Die Unabhängigen antworten am 6. Februar, eine Regierungsbeteiligung komme so lange nicht in Frage, bis sämtliche Mitglieder der Regierung den entschlossenen Willen zeigten, »die demokratischen und sozialistischen Errungenschaften der Revolution gegen die Bourgeoisie und gegen die Militärautokratie sicherzustellen«.

Gegenüber der DDP und dem Zentrum macht die SPD zur Bedingung, dass die Koalitionspartner »die rückhaltlose Anerkennung der republikanischen Staatsform, eine Finanzpolitik mit scharfer Heranziehung von Vermögen und Besitz und tiefgreifende Sozialpolitik und Sozialisierung der hierzu geeigneten Betriebe« mittragen. Die Verhandlungen mit der DDP sind schnell erfolgreich beendet. Im Zentrum gibt es dagegen durchaus Abgeordnete, die eine Koalition mit der SPD ablehnen. Am Ende aber stimmt die Zentrumsfraktion mehrheitlich für die Beteiligung an der Regierung. So kommt es schließlich zur Zusammenarbeit von Sozialdemokraten, Demokraten und Zentrum, der so genannten »Weimarer Koalition«. Die USPD ist nicht mit im Boot.

Unmittelbar nach der Wahl ist die Nationalversammlung für den 6. Februar nach Weimar einberufen worden. Das ist keineswegs selbstverständlich, sondern geht vor allem auf das Drängen Eberts zurück. Der hat schon im Dezember 1918 immer wieder dafür plädiert, mit der Regierung Berlin zu verlassen und in eine andere Stadt zu gehen, um dem Druck der starken linksradikalen Arbeiterschaft der Hauptstadt auszuweichen.

Eine ganze Reihe von Städten kommt in Frage, manche bringen sich selbst ins Gespräch. Im Januar bereisen der Reichstagsdirektor und ein Geheimrat im Auftrag der Regierung vier Städte und begutachten mögliche Tagungsorte – Bayreuth, Nürnberg, das Volkshaus Jena und das Nationaltheater Weimar. Die Wahl fällt am 14. Januar auf Weimar.

Und so tritt die Verfassunggebende Deutsche Nationalversammlung am 6. Februar im Deutschen Nationaltheater zu ihrer konstituierenden Sitzung zusammen. Mit der Wahl des Ortes soll auch der »Geist von Weimar« für die junge Republik reklamiert werden. Die Politik will das neue Deutsche Reich bewusst in die Tradition der Dichter und Denker, des deutschen Geisteslebens und des Humanismus stellen. Bis zum 11. August 1919 wird die Nationalversammlung hier tagen, um die Reichsverfassung zu verabschieden, danach bis zum 21. Mai 1920 im Berliner Reichstagsgebäude. Für die Gegner der Republik wird das Weimarer Nationaltheater deshalb in den folgenden Jahren zum Ort symbolischer Politik werden. Die Nationalsozialisten halten hier ab 1924 Parteiversammlungen ab, 1926 findet im Deutschen Nationaltheater der erste Reichsparteitag der NSDAP nach Aufhebung des Parteiverbotes statt – und die konservativen thüringischen Landesregierungen dulden all dies. Aber davon weiß man am 6. Februar 1919 noch nichts.

Nach der Eröffnung wählt die Nationalversammlung den SPD-Politiker Eduard David zu ihrem Präsidenten. Dieser tritt jedoch kurz darauf in die Regierung ein, sein Nachfolger als Parlamentspräsident wird daraufhin der Zentrums-Abgeordnete Konstantin Fehrenbach. Nach der Wahl Davids hätte man sich einen Auftritt des Zentralratsvorsitzenden vorstellen können, der das Mandat des Zentralrats als revolutionärem »Ersatzparlament« in die Hände der Nationalversammlung als seinem Nachfolgeorgan legt. Es ist in erster Linie Ebert, der eine solche Geste verhindert und damit zugleich die revolutionären Wurzeln der Republik aus dem Blickfeld rückt.

Die Eröffnungsansprache in Weimar hält Ebert. Er begrüßt »besonders herzlich« die Frauen, die zum ersten Mal gleichberechtigt im Reichsparlament erscheinen. Ausdrücklich betont er die überragende Bedeutung des Parlaments. »Nur auf der breiten Heerstraße der parlamentarischen Beratung und Beschlussfassung lassen sich die unaufschiebbaren Veränderungen auf wirtschaftlichem und sozialem Gebiete vorwärts bringen, ohne das Reich und seine Wirtschaftslage zugrunde zu richten. Deshalb begrüßt die Regierung in dieser Nationalversammlung den höchsten und einzigen Souverän in Deutschland.« Die Mitglieder der provisorischen Regierung charakterisiert er als »die Konkursverwalter des alten Regimes«. Sie hätten ihre beste Kraft eingesetzt, um »die Gefahren und das Elend der Übergangszeit zu bekämpfen«, hätten auch »wo Zeit und Not drängten«, sich bemüht, »die dringlichsten Forderungen der Arbeiter zu erfüllen«, könnten nun aber doch insgesamt mit Stolz und gutem Gewissen von sich sagen: »Wir haben der Nationalversammlung nicht vorgegriffen.«

Im Nachhinein redet Ebert die Revolution und ihre Errungenschaften klein, entwertet die Revolutionsbewegung, das große Engagement der Räte und die eigene Arbeit im Rat der Volksbeauftragten. Ebert wäre, das wird am 6. Februar 1919 noch einmal überdeutlich, tatsächlich am liebsten der Konkurskanzler des Kaiserreichs gewesen, nicht einer der Vorsitzenden des Rates der Volksbeauftragten, einer Regierung, die durch die Revolutionsbewegung eingesetzt worden ist. Folgt man seiner Darstellung am 6. Februar, begänne das neue Staatswesen nicht mit der Revolution, sondern erst mit der Konstituierung der Nationalversammlung.

In den folgenden Tagen berät die Nationalversammlung das von Hugo Preuß formulierte »Gesetz über die vorläufige Reichsgewalt« und verabschiedet es in dritter Lesung am 10. Februar. Es enthält eine Art vorläufige Verfassung und soll bis zur Verabschiedung der eigentlichen Verfassung die politi-

Eröffnungssitzung der verfassungsgebenden Deutschen Nationalversammlung im Deutschen Nationaltheater in Weimar am 6. Februar 1919

sche Ordnung regeln. Im ersten Paragraph des Gesetzes heißt es, die Nationalversammlung solle eine Verfassung und »dringend nötige« Reichsgesetze beschließen. Sie erfüllt also vorerst auch die klassischen Aufgaben eines Parlaments. Zur Vertretung der Länder dient ein Staatenausschuss. Paragraph 6 bestimmt, dass die »Geschäfte des Reichs« ein Reichspräsident führt. Er setzt nach Paragraph 8 das »Reichsministerium« ein – gemeint ist die Reichsregierung, die aber auch das Vertrauen der Nationalversammlung benötigt.

An diesem 10. Februar 1919 äußert die liberale Frankfurter Zeitung bereits scharfe Kritik an Geist und Stil der Nationalversammlung: »Die deutsche Nationalversammlung in Weimar sollte sofort und dringend den Beschluss fassen, dass in allen Fraktionszimmern und überhaupt überall dort, wo sich die Räder der Parteimaschinen drehen, ein großes Plakat angebracht werde, das in Flammenschrift die Worte trägt: ›Vergesst nicht, das deutsche Volk hat eine Revolution gemacht!‹«

Schon in den ersten Debatten ist deutlich zu spüren, wie sehr sich die politische Landschaft seit dem November 1918 verändert hat. Die Revolution und die Revolutionsregierungen müssen bereits verteidigt werden. Aus den Reihen der Sozialdemokraten hört man statt Anklagen und Forderungen nicht selten Entschuldigungen. Allenthalben beginnt man bereits, sich von der Revolution zu distanzieren.

Georg Bernhard, Chefredakteur der demokratischen *Vossischen Zeitung* in Berlin, hat schon über die Konstituierung der Nationalversammlung geschrieben, dass in ihr viele Gesichter aus dem alten Reichstag wiedergekehrt seien. »Wenn diese Alten das Heft in der Hand behalten, so ist an eine wirkliche Änderung der Zustände in Deutschland nicht zu denken, gleichgültig, welche Verfassung das Reich aufweisen, welche Namen seine Repräsentanten tragen werden.« Ähnlich empfindet auch der Unabhängige Hugo Haase. Er schreibt am 17. Februar in einem Brief an seine Cousine über die Situation in Weimar: »Ich fühle mich hier nicht wohl (...) Sehe ich von der äußeren Umgebung ab, so fühle ich mich ganz in den alten Reichstag versetzt: die alten Gesichter und – was schlimmer ist – die alte Denkweise, als ob eine Revolution gar nicht gewesen wäre.«

Am 11. Februar wird Friedrich Ebert mit 277 von 379 abgegebenen Stimmen zum Reichspräsidenten des Deutschen Reiches gewählt. In seiner Antrittsrede erklärt er: »Ich will und werde als Beauftragter des ganzen deutschen Volkes handeln, nicht als Vormann einer einzigen Partei. Ich bekenne aber auch, dass ich ein Sohn des Arbeiterstandes bin, aufgewachsen in der Gedankenwelt des Sozialismus, und dass ich weder meine Herkunft noch meine Überzeugung jemals zu verleugnen gesonnen bin.«

Thomas Mann notiert in seinem Tagebuch: »Ebert zum Reichspräsidenten gewählt. Seine Ansprache sympathisch, endend in ein stehend und begeistert aufgenommenes Hoch auf Vaterland und Volk. Mutet doch an, wie ein erster Gehversuch nach dem Kollaps, wie Wiederkehr von Würde und Selbstgefühl.« Das *Berliner Tageblatt* kommentiert:»Man kann natürlich sagen, dass Ebert weder die höchste Kulturverfeinerung darstellt, noch ein hervorragender Staatsmann sei. Er hat aber sehr gewinnende und sehr wertvolle Eigenschaften, und vor allem diese volkstümliche Wärme und diese tief wurzelnde Ehrlichkeit. Er ist kein leuchtendes Genie, er hat auch weniger studiert als mancher andere, aber verkörpert den so genannten gesunden Menschenverstand. (...) Die deutsche Gewerkschaftsbewegung hat keine gewaltigen Individualitäten, aber einen tüchtigen, klaren, kritischen Geist hervorgebracht. Ebert ist gutes Gewächs von diesem Boden, der zwischen den überhitzten und den zu kühlen Regionen in der Mitte liegt.« Der *Vorwärts* stellt fest, die bürgerlichen Parteien wüssten ganz genau,»dass nur die Sozialdemokratie Deutschland retten und regieren kann!«. Die *Freiheit* dagegen sieht in Ebert und der SPD die Kulisse,»hinter der sich der Aufmarsch der Reaktion vollzieht«.

Die französische Presse kommentiert die Wahl Eberts zum Reichspräsidenten durchweg negativ. Der *Figaro* meint:»Bei Ebert wird man bald wieder die Zähne Hindenburgs erkennen. Wir dürfen uns nicht täuschen lassen.« Das *Journal des Débats* schreibt:»Statt des Königs gibt es jetzt einen Präsidenten, einen früheren Sattler, doch ist der Übergang nicht so schroff, wie es scheinen könnte. Ebert war während des ganzen Krieges Regierungsmann, nahm alle Kriegskredite an, unterstützte alle Reichskanzler, und seine Eigenschaft als Sozialdemokrat hinderte ihn nicht, den Reichskanzlertitel anzunehmen. In Deutschland herrscht jetzt die Absicht vor, den nationalen Zusammenbruch zu begrenzen, um den Folgen der Verbrechen des monarchischen Deutschlands zu entrinnen. Zu diesem Zwecke wird sich Ebert genauso benehmen, wie es ein Hohenzoller getan hätte.«

Am 12. Februar setzt der Reichspräsident das neue Reichsministerium mit Philipp Scheidemann als Reichsministerpräsidenten ein. Auch die anderen bisherigen Volksbeauftragten gehören der neuen Regierung an. Landsberg wird Justizminister, Noske Reichswehrminister und Wissell Wirtschaftsminister. Die Sozialdemokraten Gustav Bauer, Eduard David und Robert Schmidt kommen zusätzlich ins Kabinett. Das Zentrum stellt drei Reichsminister, darunter Erzberger, die DDP ebenfalls drei, darunter Preuß. Keiner Partei gehört Außenminister Graf Brockdorff-Rantzau an. Die SPD stellt den Vorsitzenden des Reichsministeriums und die wichtigen Ressortchefs für Armee, Wirtschaft, Lebensmittelversorgung und Sozialpolitik. Die sozialistische Führung der Republik scheint auf den ersten Blick gesichert.

Im Arbeitsprogramm der Regierung, das Scheidemann am 13. Februar vorträgt, hat die Herbeiführung eines sofortigen Friedensschlusses oberste Priorität. Innenpolitisch kündigt er unter anderem die Demokratisierung der Verwaltung, die Schaffung eines demokratischen Volksheeres, die öffentliche Kontrolle privatmonopolistischer Wirtschaftszweige, die Sozialisierung der Bergwerke und der Energiebetriebe, die verschärfte Erfassung der Kriegsgewinne sowie soziale Verbesserungen an. Seine Regierung werde die Klassenunterschiede aufheben, erklärt der neue Regierungschef. Das Arbeitsprogramm enthält vollmundige, aber sehr vage Aussagen, und es ist nicht klar, was tatsächlich hinter den Ankündigungen des Regierungschefs steckt.

Die SPD-Fraktion lässt ihren Sprecher Wilhelm Keil erklären, sie habe keinen Grund, das Regierungsprogramm zu feiern, sie vermisse vieles an ihm. »Wenn wir Sozialdemokraten allein ein Regierungsprogramm aufzustellen gehabt hätten, dann würde es erheblich anders ausgefallen sein.« Hugo Haase erklärt für die USPD am 15. Februar, dieses Regierungsprogramm widerspreche nirgends den Klasseninteressen der Bourgeoisie. »Was diesem Programm fehlt, das ist auch der kleinste Tropfen sozialistischen Öles.« Die Revolution sei »in ein bürgerliches Fahrwasser ausgelaufen«. Im Übrigen konzentriert sich die Kritik der USPD ganz auf die »Gewaltpolitik der Regierung«. Haase hält der Regierung vor, niemals in der Geschichte seien die Gesetze in Berlin so missachtet worden wie im Monat zuvor. Es geht ihm dabei um den Mord an Luxemburg und Liebknecht sowie um willkürliche Verhaftungen und Tötungen durch Freikorps. Noch denkt Haase offenbar, der Berliner Januar habe bereits die schlimmsten Formen von Willkür und Gewalt gebracht. Er irrt.

22
DAS ENDE DER GEDULD – DIE ZWEITE PHASE DER REVOLUTION

Während in Weimar die Nationalversammlung zusammentritt, Ebert zum Reichspräsidenten wählt und die Regierungserklärung des Kabinetts Scheidemann debattiert, droht im Ruhrgebiet ganz akut ein Generalstreik der Bergarbeiter. Das ist angesichts der enormen Bedeutung des Steinkohlebergbaus für die gesamte deutsche Wirtschaft ein Alarmsignal. Der Konflikt im rheinisch-westfälischen Bergbaurevier schwelt schon eine Weile und ist immer wieder aufgeflammt.

Ausgangspunkt ist die Erwartung der Arbeiter, dass nach Jahren der Not, des Schuftens und des Hungerns jetzt neue Zeiten anbrechen. Insbesondere diejenigen Teile der Arbeiterschaft, die *nicht* seit vielen Jahren in Tradition und Schulung der sozialistischen Arbeiterbewegung eingebunden sind, warten voller Ungeduld auf eine Wende zum Besseren. Es gibt im westlichen Ruhrgebiet Städte wie Hamborn: schnell gewachsene Industriestädte ohne eigenes Gesicht und ohne kulturellen Mittelpunkt. Hamborn hat im Jahr 1895 11.000 Einwohner, 1914 sind es fast 120.000. Die Bevölkerung besteht zu drei Vierteln aus Arbeitern. Hamborn hat den höchsten Männerüberschuss des Reviers. Die Wohnverhältnisse sind besonders schlecht und beengt. Wirtschaftlich wird Hamborn vom Thyssen-Konzern beherrscht. Seine Zeche »Gewerkschaft Deutscher Kaiser« hat schon vor dem Krieg eine ungewöhnlich stark fluktuierende Belegschaft: In einzelnen Jahren liegt sie über 60 Prozent. Die Mehrheit der Bergarbeiter ist zwar im »Verband der Bergarbeiter Deutschlands« organisiert, der meist als der »Alte Verband« bezeichnet wird und zu den Freien Gewerkschaften gehört. Aber es handelt sich nicht um eine traditionsbewusste Arbeiterschaft, die sich als Teil der sozialdemokratischen Bewegung versteht. Obwohl drei Viertel der Hamborner Einwohner Arbeiter sind, erreicht die SPD bei den Reichstagswahlen von 1912 lediglich 37 Prozent der Stimmen, das Zentrum kommt auf 23 Prozent und die polnische Partei auf 22 Prozent. Der Krieg verstärkt die Probleme der Stadt und ihrer Arbeiterschaft massiv.

Unmittelbar nach dem Novemberumsturz beginnen Verhandlungen zwischen dem Verband der Bergarbeiter und der Zechenleitung über Lohnerhöhungen und eine Verkürzung der Schichtzeit. Als diese nicht rasch zu einem befriedigenden Ergebnis führen, wählen die Arbeiter schon am 20. November eine Kommission, die weitere Lohnerhöhungen und eine Verkürzung der Schichtzeit auf 7 Stunden fordert. Das führt zu einer Eskalation der Auseinandersetzung: Die Arbeiter treten unbefristet in Streik und gehen zugleich auf Konfrontation mit ihrem eigenen Verband, von dem sie sich nicht angemessen vertreten fühlen. Anfang Dezember beschließen sie, dem Alten Verband die Mitgliedsbeiträge zu sperren, bis der wieder das Vertrauen der Arbeiterschaft besitze. Die Dinge geraten zusehends außer Kontrolle. Die Streikbewegung breitet sich über das ganze westliche Ruhrgebiet aus. Mitte Dezember sind fast 30.000 Bergleute im Ausstand.

Zugeständnisse bei den Löhnen bringen keine nachhaltige Beruhigung, weil die Kumpel sehen, dass die Preise oft noch schneller steigen. Bei Zusammenstößen zwischen Militär und demonstrierenden Arbeitern in Gladbeck und Oberhausen gibt es in der zweiten Dezemberhälfte mehrere Tote. Nach dem Berliner Rätekongress fordert eine Versammlung streikender Bergleute in Hamborn am 21. Dezember die sofortige Sozialisierung des Kohlenbergbaus. Es ist zu befürchten, dass die Situation im ganzen rheinisch-westfälischen Industrierevier eskaliert. Das veranlasst die preußische Regierung schließlich zum Eingreifen. Eine Delegation unter der Leitung des Ministerpräsidenten Heinrich Ströbel (USPD) handelt am 28. Dezember in Mülheim mit den Unternehmern einen Kompromiss aus – eine einmalige Zahlung als Streikausgleich.

Nach der Vereinbarung geht die Streikbewegung zunächst zurück. Anfang Januar 1919 sind nur noch 1.500 Bergarbeiter im Ausstand. Als dann aber der Zechenverband eine Teuerungszulage ablehnt, steigt die Zahl der Streikenden bereits wieder spürbar an, und unter dem Eindruck des Berliner Januaraufstandes treten weitere Bergarbeiter in einen Solidaritätsstreik. Am 11. Januar sind 82.000 Bergarbeiter im Ausstand, fast sechzehn Prozent aller Bergleute des rheinisch-westfälischen Reviers.

Auch in anderen Städten und Regionen findet der Berliner Januaraufstand ein gewisses Echo, denn er wird im Wesentlichen aus denselben Quellen gespeist, wie Streiks und Demonstrationen anderenorts: Zwei Monate nach der Novemberrevolution macht sich in großen Teilen der Arbeiterschaft tiefe Unzufriedenheit mit dem bisher Erreichten breit. In Berlin werden am 5. Januar alle Organisationen davon überrascht, wie viele Arbeiter ihrem Aufruf zur Demonstration gegen die Entlassung des Polizeipräsidenten folgen; vermutlich wären sie auch aus vielen anderen Anlässen auf die Straße gegangen. Entscheidend ist die große Unzufriedenheit in breiten Teilen der Arbeiterschaft. Sie führt zu spontanen Aktionen, die weder von politischen Parteien oder Organisationen gelenkt werden noch ein klares Bekenntnis zu einer bestimmten politischen Richtung darstellen.

Auch im Ruhrrevier sind es die Arbeiter selbst, die spontan und ohne organisatorische Führung in den Streik treten. Die

Ausstände sind nicht »spartakistisch gelenkt«, sie werden lediglich in den damaligen Zeitungen so beschrieben, weil hinter allen Streiks und Aufständen stets spartakistische Aufwiegler und Hetzer vermutet werden. Zu Protestkundgebungen gegen die Regierung und zu Sympathiebezeugungen für die revolutionären Arbeiter Berlins kommt es beispielsweise in Stuttgart, Halle, Erfurt und Hagen. In Braunschweig, Dortmund, Düsseldorf, Hamburg und Nürnberg werden Zeitungen von radikalen Arbeitern besetzt. In Delmenhorst besetzen bewaffnete Trupps das Rathaus und die Banken. Blutige Zusammenstöße nach Protestdemonstrationen gibt es in München und Düsseldorf. In Leipzig beschließt der Arbeiter- und Soldatenrat, Truppentransporte der Regierung aufzuhalten; bei einem Feuergefecht gibt es Tote und Verwundete. In Dresden kommt es zu heftigen Auseinandersetzungen mit zwölf Toten und mehr als 50 Verletzten, und in Bremen wird die Räterepublik ausgerufen.

Bremen ist schon während des Krieges eine Hochburg der Linksradikalen, die sich seit dem 23. November 1918 »Internationale Kommunisten Deutschlands« nennen. Am 10. Januar 1919 proklamieren Sie die Räterepublik. Die USPD ist in Bremen zunächst bereit, gemeinsam mit den Kommunisten und unter Ausschluss aller anderen politischen Kräfte die Regierung der Stadt zu übernehmen. Allerdings sperren schon am 16. Januar sämtliche Banken der Räteregierung den Kredit. Aus der Finanzkrise wird schnell eine Regierungskrise. Die Bremer Kommunisten sind mit ihrer Putschtaktik und ihrer geringen Anhängerschaft rasch am Ende und wollen ihre Vertreter aus der Regierung zurückziehen und sich selbst damit aus der Verantwortung stehlen. Dieses Spiel macht die Bremer USPD allerdings nicht mit. Es gelingt ihr in der Sitzung des Arbeiter- und Soldatenrates am 21. Januar mit Zustimmung der Kommunisten, die Ausschreibung von Wahlen in Bremen zu erreichen. Das friedliche Ende der Bremer Räterepublik scheint nur noch eine Frage von Tagen, nicht von Wochen.

Aber am selben Tag trägt Noske dem noch amtierenden Rat der Volksbeauftragten seine Pläne vor. Im Laufe von nur einer Woche habe er eine Truppe von 22.000 Mann bilden können, erklärt er seinen Kollegen, und es bestehe die Hoffnung, in weiteren zwei bis drei Wochen über 50.000 Mann zu verfügen, mit denen »eine gewisse Ordnung« in Deutschland zu schaffen sei. Für den Schutz von Weimar sei das Korps des Generalmajors Georg Ludwig Rudolf Maercker vorgesehen, »das auf dem Wege dorthin in Halle und Braunschweig Ordnung machen« werde. Maercker war zu Beginn des Jahrhunderts bereits an den Kämpfen in Deutsch-Südwestafrika beteiligt, dem heutigen Namibia, die inzwischen als Völkermord an den Herero und Nama eingestuft werden. Im Weltkrieg ist Maercker mit dem Orden Pour le Mérite und auch mit dem Eichenlaub zum Pour le Mérite ausgezeichnet worden. »Auch Bremen«, so Noske weiter, »werden wir im Laufe der Woche noch in Ordnung bringen«, und auch nach dem Rheinland und Westfalen müsse »baldmöglichst« eine Truppe geschickt werden, kündigt er am 21. Januar an.

Am 25. Januar, vier Tage nachdem man sich in Bremen auf die Ausschreibung von Wahlen verständigt hat, beauftragt Noske den Chef des Generalkommandos Lüttwitz mit der Herstellung der »Ordnung« in Bremen, der wiederum Oberst Wilhelm Gerstenberg damit betraut, den Kommandeur der Division Gerstenberg. Diese Pläne lösen unter den Arbeitern an der Küste große Empörung aus. Der Große Arbeiter- und Soldatenrat Hamburgs beschließt sogar, die Bremer Räterepublik militärisch zu unterstützen. In schwierigen Verhandlungen sucht man daraufhin nach einer Lösung, um Blutvergießen zu vermeiden. Am Ende geht es nur noch um die Frage, bei wem die bewaffneten Bremer Arbeiter ihre Waffen abliefern sollen, ob bei der Division Gerstenberg – worauf Noske besteht – oder beim IX. Armeekorps – was die Bremer und Hamburger befürworten.

Genau an dieser Frage lässt Noske die Verhandlungen scheitern und zeigt damit, wie wenig Interesse er an einer friedlichen Lösung hat. Es geht ihm vielmehr darum, Stärke zu demonstrieren und die »eigenen« Truppen bei der Stange zu halten. Eine Verhandlungslösung hätte ihn nach seiner Überzeugung in den Augen der Militärs kompromittiert. Er sieht in seinen Freiwilligenverbänden, wie er am 4. Februar schreibt, »keine weiße Garde, sondern nur Truppen, die treu zur sozialistischen Regierung stehen und uns helfen, Deutschland vor Anarchie und völligem Zusammenbruch zu bewahren«. Für das Misstrauen, mit dem auch Sozialdemokraten den Freikorps begegnen, fehlt ihm jedes Verständnis. Am 4. Februar marschiert die Division Gerstenberg in Bremen ein. Nützlich und nötig ist dies nicht.

Im rheinisch-westfälischen Industrierevier gibt es Mitte Januar vielversprechende Ansätze, eine Lösung à la Noske zu vermeiden. Der Preußische Ministerpräsident Heinrich Ströbel hat in seinem Bericht über die Verhandlungen am 28. Dezember bereits festgehalten, die Arbeiter wollten »endlich etwas Positives von der Sozialisierung sehen«. Die Protestaktionen der Bergarbeiter richten sich zwar zunächst in erster Linie gegen ihre miserablen Lebens- und Arbeitsbedingungen. Aber sie scheinen durchaus bereit, manches noch einige Zeit zu ertragen, wenn ihnen glaubwürdig nachhaltige Verbesserungen und Perspektiven angeboten werden.

Nachdem am 10. Januar der Generalstreik proklamiert worden ist, ergreift der Essener Arbeiter- und Soldatenrat, in dem SPD, USPD und KPD vertreten sind, am Tag darauf die Initiative und erklärt, er nehme nun die Sozialisierung in die eigenen Hände. Er fürchtet nicht zu Unrecht, eine für Sonntag, den 12. Januar, geplante Großdemonstration in Essen könnte in spontane gewalttätige Aktionen einmünden. Noch am 11. Januar ernennt der Essener Arbeiter- und Soldatenrat den allgemein angesehenen Landrichter Ernst Ruben (SPD) zum »Volkskommissar« für die Durchführung der Sozialisierung und stellt ihm jeweils drei Beigeordnete der drei sozialistischen Parteien zur Seite, die sogenannte »Neunerkommission«. Der Arbeiter- und Soldatenrat beschließt, die Büros des Kohlensyndikats und auch das Gebäude des Bergbaulichen Vereins in Essen zu besetzen. Ein Flugblatt, das von Vertretern der drei Parteien unterzeichnet ist, verkündet den »Sieg des Sozialismus!« und erklärt, der erste Schritt zur Sozialisierung sei getan, die »Zentrale der kapitalistischen Ausbeutung und die Zwingburg der zechenherrlichen Gewalt« seien in die Hände des Volkes übergegangen. Am 13. Januar bekräftigt eine Konferenz aller Arbeiter- und Soldatenräte des rheinisch-westfälischen Industriegebiets diese Beschlüsse. Sie kündigt an, die Sozialisierung werde auf dem Rätesystem aufbauen, und verabschiedet eine Wahlordnung, die ein mehrstufiges System von Betriebsräten vorsieht. Die Zechenräte sollen Bergrevierräte wählen, und diese wiederum einen Zentralzechenrat als oberste Instanz. Bereits am folgenden Tag sollen diese Wahlen stattfinden.

Der Beschluss, die Sozialisierung des Bergbaus unverzüglich in Angriff zu nehmen, ist der gemeinsame Versuch der örtlichen sozialistischen Parteien, der spontanen Bewegung der Bergarbeiter ein politisches Ziel zu geben. Die Parteivertreter ergreifen die Initiative wohl auch, weil sie annehmen, dass ihre Reichsleitungen die Stimmung in der Arbeiterschaft nicht genügend kennen oder infolge der Berliner Ereignisse nicht handlungsfähig sind. Es spricht im Übrigen für die Popularität dieses wirtschaftlichen Rätesystems in der Arbeiterschaft, dass alle vier Bergarbeiterverbände ihre Mitglieder aufrufen, sich aktiv an den Wahlen zu beteiligen. Auch der Alte Verband, der bislang der sofortigen Sozialisierung des Kohlebergbaus strikt widersprochen hat, stellt sich am 14. Januar »auf den Boden der Tatsachen« und bittet seine Funktionäre, dafür zu sorgen, das überall die »richtigen« Leute gewählt werden.

Der Erfolg ist überwältigend. Innerhalb weniger Tage brechen die Belegschaften fast vollständig den Streik ab. Die gewaltige Gefahr, die der gesamten deutschen Wirtschaft wegen ihrer extremen Abhängigkeit von der Kohle noch am 11. Januar gedroht hat, ist damit fürs Erste abgewendet. Auch ohne Bewilligung ihrer zum Teil gewaltigen Lohnforderungen nehmen die Streikenden die Arbeit wieder auf. Bis Mitte Februar bleibt das Revier im Großen und Ganzen ruhig.

Das Essener Modell kann freilich nur dann Wirklichkeit werden, wenn es auch von der Reichsregierung akzeptiert wird. Am 17. Januar führt eine Delegation der Essener Neunerkommission entsprechende Verhandlungen in Berlin – jedoch ohne großen Erfolg. Die Essener Sozialisierungsinitiative stößt weder bei der Regierung noch bei der zentralen Gewerkschaftsführung auf positive Resonanz. Die Regierung ernennt lediglich drei Sozialisierungskommissare, die schließlich die Wahl von »Arbeitsausschüssen« im Kohlebergbau anordnen, aber deren Kontrollrechte entsprechen ganz und gar nicht dem Essener Modell. Nach einigem Hin und Her bekräftigt die Neunerkommission zwar ihre Bereitschaft, mit der Regierung zusammenzuarbeiten, fordert sie aber zugleich ultimativ auf, bis zum 15. Februar das wirtschaftliche Rätesystem und die Neunerkommission anzuerkennen.

Inzwischen haben sich auch die mitteldeutschen Arbeiter- und Soldatenräte aus der Bergbauregion um Halle und Merseburg den Essener Forderungen angeschlossen. Am 13./14. Februar finden in Weimar Verhandlungen zwischen Vertretern der Regierung, der Essener Neunerkommission, des Bezirksbetriebsrats Halle, der Gewerkschaften und der Arbeitgeber statt. Dabei werden den Betriebsräten ausschließlich sozialpolitische Rechte, nicht jedoch wirtschaftliche und politische Funktionen zugestanden. Nur übergangsweise will die Regierung die Neunerkommission akzeptieren, langfristig will sie »Arbeitskammern« für den Bergbau errichten, die eine paritätische Mitbestimmung der Arbeitnehmer auf überbetrieblicher Ebene ermöglichen und »ein gedeihliches Verhältnis zwischen Arbeitgebern und Arbeitern fördern« sollen. Der umfassende Kontrollanspruch, wie ihn die Arbeiterräte erheben, wird abgelehnt. Zum enttäuschenden Verlauf der Verhandlungen in Weimar kommt eine Entwicklung im Bereich der Militärpolitik, die das Fass zum Überlaufen bringt. Am 19. Januar hat die Regierung endlich Ausführungsbestimmungen zu den Sieben Hamburger Punkten erlassen, die der Rätekongress beschlossen hat. Sie entsprechen allerdings ganz und gar nicht dem Geist und Sinn des Kongress-Beschlusses zur militärischen Kommandogewalt, sondern kommen den Interessen des alten Offizierskorps weit entgegen. Das sorgt bei den meisten Soldatenräten für heftige Empörung und massiven Widerspruch. Besonders weit geht der Generalsoldatenrat in Münster. Er erkennt die Ausführungsbestimmungen nicht an und nimmt für sich selbst in Anspruch, die Kommandogewalt im Bereich des VII. Armeekorps innezuhaben. Der neu ernannte kommandierende General des VII. Armeekommandos in Münster General Oskar Freiherr von Watter lässt daraufhin am 11. Februar den Generalsoldatenrat auflösen und seine anwesenden Mitglieder verhaften.

Das Vorgehen General Watters ist aber keineswegs nur Reaktion auf die Grenzüberschreitung des Generalsoldatenrats. Watter hatte ohnehin vor, gegen den selbstbewussten Soldatenrat seines Kommandos vorzugehen, und hat sich dafür auch bereits das Einverständnis Noskes eingeholt. Der Beschluss des Generalsoldatenrats zu den Ausführungsbestimmungen kommt ihm sehr gelegen, um seine militärische Macht zu demonstrieren und den Soldatenrat zur Raison zu bringen. Sein Vorgehen wird bis weit hinein ins Lager der sozialdemokratisch gesinnten Arbeiter als gegenrevolutionäre Provokation verstanden. Am 14. Februar fordern die Vertreter der Arbeiter- und Soldatenräte von der Reichsregierung die sofortige Wiedereinsetzung des Generalssoldatenrates. Sie drohen damit, am 18. Februar einen Generalstreik zu beschließen, falls die Regierung nicht innerhalb von drei Tagen antwortet.

Solange diese Frist noch läuft, rückt das Freikorps Lichtschlag am 16. Februar auf Watters Befehl hin zu einer »Befriedungsaktion« gegen Hervest-Dorsten aus. Hier beginnt die Blutspur, die der Formation dann den Namen »Freikorps Totschlag« einbringt. Das brutale Vorgehen der Militärs bringt die Bergarbeiter zur Weißglut. Noch vor Ablauf ihres Ultimatums an die Regierung treten viele in den Streik. Auf seinem Höhepunkt beteiligen sich etwa 180.000 Bergarbeiter, etwa die Hälfte aller Belegschaften. Freikorps rücken an vielen Stellen ins Revier ein, es kommt zu blutigen Gewalttaten. Am 21. Februar brechen die Arbeiter- und Soldatenräte den Streik ab, nach wenigen Tagen ist er im Wesentlichen beendet, es kommt jedoch weiter zu Unruhen und zu erbitterten Auseinandersetzungen.

Fast zeitgleich beginnt im mitteldeutschen Industriegebiet ein Generalstreik. Hintergrund sind hier die ernüchternden Weimarer Verhandlungen vom 13. und 14. Februar. Für zusätzliche Verbitterung sorgt eine offiziöse Meldung des *Wolffschen Telegraphenbüros*, in der es heißt: »Kein Mitglied des Kabinetts denkt daran oder hat je daran gedacht, das Rätesystem in irgendeiner Form, sei es in der Verfassung, sei es in dem Verwaltungsapparat, einzugliedern.« Die Arbeiter fühlen sich von der Regierung hintergangen, die ihnen genau das zugesagt hat. Am 23. Februar beschließt ein Bergarbeiterkongress in Halle den Generalstreik. Am folgenden Tag beginnen in Sachsen, Thüringen und Anhalt Arbeitsniederlegungen. Zentrum ist der Bezirk Halle, eine Hochburg der linken USPD. Es streiken nicht nur Bergarbeiter, sondern auch die Arbeiter der chemischen Großbetriebe in Merseburg und Bitterfeld, die während des Krieges entstanden sind. Auch Arbeiter der Metallindustrie und der Kraftwerke sind im Ausstand sowie die Eisenbahner und die Transportarbeiter. Auf dem Höhepunkt des Streiks beteiligen sich am 27. Februar etwa 75 Prozent der gesamten Arbeiterschaft.

23
BETRIEBSRÄTE –
IDEEN FÜR DEMOKRATIE
IN DER WIRTSCHAFT

Die Streikbewegung im mitteldeutschen Industrierevier ist –
anders als an Rhein und Ruhr – von Anfang an politisch ein-
heitlicher und bewusster. Im Mittelpunkt steht hier die Forderung nach »Demokratie in den Betrieben durch direkt und
gemeinsam gewählte Betriebsräte der Angestellten und Arbeiter«. Man will ein »Mitbestimmungsrecht durch die Betriebsräte als Vorbedingung für den Sozialismus«. Das ist ein kreati-
ver und erfolgversprechender Ansatz. Er eröffnet einerseits
Perspektiven für die Arbeiterräte, die nach wie vor aktiv sind,
und er trägt andererseits der Tatsache Rechnung, dass es bislang mit der Sozialisierung nicht vorangeht.

Die Anfang Dezember vom Rat der Volksbeauftragten eingesetzte Sozialisierungskommission ist zwar Mitte Januar
mehrheitlich zu der Überzeugung gekommen, dass eine Vergesellschaftung des Kohlebergbaus wirtschaftlich und politisch
notwendig ist. Der Kohlebergbau wird längst von großen Kar-
tellen beherrscht, und etwa ein Viertel der Zechen befindet sich
ohnehin in Staatsbesitz. Kohle ist der wichtigste Energieträger
für die gesamte deutsche Wirtschaft, der Rückgang der Förde-
rung um etwa ein Drittel seit Kriegsende muss dringend wieder
ausgeglichen werden. Aber die sozialdemokratischen Volksbeauftragten folgen den Empfehlungen der Kommission nicht,
weil die Sache »so unvorbereitet und so wenig durchdacht« sei.

Am 3. Februar 1919 kündigt die Kommission in einem Schreiben an die Regierung ihren Rücktritt an. Sie fühlt sich von allen Seiten übergangen, findet ihre Arbeitsbedingungen unerträglich und hat den Eindruck, dass inzwischen in der Öffentlichkeit »Zweifel an dem Ernst der Sozialisierungsabsichten der Regierung« und auch an den Leistungen der Kommission aufgekommen sind, die den guten Ruf der Kommissionsmitglieder in Mitleidenschaft ziehen könnten. Die Kommission liegt mit ihrer Einschätzung völlig richtig, aber ihr Rücktritt kommt der noch amtierenden Regierung der Volksbeauftragten denkbar ungelegen. Gleich am folgenden Tag erfüllt sie die dringendsten Forderungen der Kommission, und am 9. Februar bittet der Volksbeauftragte Wissell im Namen der Regierung die Kommission, sie solle doch in Anbetracht der »Rückwirkung auf die Öffentlichkeit, die der Rücktritt der Sozialisierungskommission zur Folge haben wird«, eine Änderung ihres Beschlusses erwägen.

Die SPD-Spitze weiß durchaus um die Bedeutung der Sozialisierung für die Mitglieder der Partei und die Arbeiterschaft im Allgemeinen. Ein halbes Jahrhundert sozialistischer Propaganda hat das Privateigentum an Produktionsmitteln zum Grundübel der bestehenden Gesellschaft gestempelt und ihre Überführung in Gemeineigentum zum entscheidenden Schritt für den Aufbau einer gerechten und menschlichen – einer sozialistischen – Gesellschaft erklärt. Angesichts extremer materieller Not und krasser Gegensätze zwischen Besitzenden und Besitzlosen wollen die Anhänger der Sozialdemokratie nun von ihrer Revolutionsregierung Taten sehen. Viele haben zweifellos überhöhte Vorstellungen von den praktischen und materiellen Konsequenzen einer Sozialisierung, auf die sich jetzt alle Hoffnungen richten. Wofür die Sozialdemokratie Jahrzehnte gestritten hat, scheint nach den schwersten Opfern im Krieg durch die Revolution mit einem Mal ganz nah. Kein sozialdemokratischer Arbeiter versteht, warum nichts geschieht.

Die Argumentation der Regierung, man müsse zunächst die zusammengebrochene Wirtschaft wieder aufbauen, erst dann könne man sozialisieren, kommt bei großen Teilen der Arbeiterschaft nicht an. Der liberale Politiker Ernst Troeltsch berichtet von einem Berliner Chauffeur, der ihm erklärt habe: »Die Leute wollen nicht Ordnung, sondern Sozialisierung; sie erwarten Besserung ihrer Verhältnisse und sehen nur Verschlechterung.« Der Rücktritt der Sozialisierungskommission wäre unter diesen Vorzeichen aus der Sicht der Regierung ein verheerendes Signal. Die Kommission lässt sich noch einmal einbinden und zieht am 15. März ihre Demission zurück.

Bereits Mitte Februar hat sie ihren offiziellen Bericht zur Sozialisierung des Kohlebergbaus vorgelegt. Sie schlägt vor, eine »Deutsche Kohlengemeinschaft« als selbstständige juristische Person und Wirtschaftsunternehmung zu schaffen. Sie soll durch einen Reichskohlenrat aus 100 Mitgliedern kontrolliert werden, je 25 Vertreter der Betriebsleitungen, der Arbeiter, der Konsumenten und des Reiches. Dieser Reichskohlenrat soll, ähnlich dem Aufsichtsrat einer Aktiengesellschaft, das fünfköpfige Reichskohlendirektorium als Unternehmensleitung der Deutschen Kohlengemeinschaft wählen. Der Vorschlag würde im eigentlichen Wortsinn »Vergesellschaftung« bedeuten, nicht Verstaatlichung und auch nicht Übernahme der Zechen durch die Arbeiterschaft. Er unterscheidet sich auch deutlich von den Vorstellungen der Neunerkommission im Ruhrgebiet, die vollständige Kontrollrechte und längerfristig Gleichstellung von Arbeiterräten und Betriebsleitungen anstrebt.

Die maßvollen und ausgewogenen Vorschläge der Sozialisierungskommission scheitern nicht etwa am Widerstand des Zentrums und der DDP, die inzwischen gemeinsam mit der SPD die Regierung bilden. Der zuständige SPD-Wirtschaftsminister Rudolf Wissell bringt den Bericht der Sozialisierungskommission gar nicht erst ins Kabinett ein, sodass er dort auch nicht beraten werden kann. Wissell sperrt sich gegen jede Sozialisierung, unter anderem mit dem Argument, Staatseigentum werde von den Siegermächten als Pfand für Reparationsleistungen in Anspruch genommen werden. Dass genau dies mit der Einrichtung der Deutschen Kohlengemeinschaft als selbstständiger juristischer Person vermieden werden soll, kann oder will er nicht verstehen. Möglicherweise hat das damit zu tun, dass Wissell fasziniert ist von den Gemeinwirtschaftsideen, die sein Unterstaatssekretär Wichard von Moellendorff schon während des Krieges entwickelt hat. Dessen Ziel ist eine »zugunsten der Volksgemeinschaft planmäßig betriebene und gesellschaftlich kontrollierte Volkswirtschaft«. Am Privateigentum will Moellendorff nicht rütteln, lediglich die Verfügungsgewalt mittels öffentlicher Kontrolle und korporativer Selbstverwaltung einschränken. Die Gleichsetzung von Sozialisierung und Enteignung sei »barer Unsinn«, erklärt er. Zu den Moellendorffschen Vorstellungen gehört auch eine ganz erhebliche Einschränkung des Streikrechts, die praktisch auf ein Streikverbot für einen großen Teil der deutschen Wirtschaft hinauslaufen würde.

Mit den bislang in der Arbeiterbewegung entwickelten Vorstellungen von Sozialisierung hat diese »Gemeinwirtschaft« wenig zu tun. In den Gewerkschaften und der Sozialdemokratie wird zunächst aber nicht erkannt, dass die Ideen von Moellendorff auf ein völlig anderes Gleis führen. Auch das zeigt die theoretisch-konzeptionelle Schwäche der sozialistischen Arbeiterbewegung, die zwar seit Jahrzehnten die Sozialisierung der Produktionsmittel geradezu als Wundermittel preist, um eine gerechte Gesellschaft zu erreichen, aber keine praktisch-politischen Vorstellungen entwickelt hat, was unter Sozialisierung genau zu verstehen ist und wie sie realisiert werden kann.

Die Sozialisierungskommission tritt Anfang April endgültig zurück. Ihren Wirtschaftsminister lässt die SPD-Spitze noch Monate gewähren, bevor sie ihm in den Arm fällt. Nach einigem Hin und Her erklärt Wissell am 10. Juli 1919 seinen Rücktritt. In erschreckender Deutlichkeit zeigt die Episode Wissell auch, wie wenig ernst die SPD-Spitze die Sozialisierung nimmt. Auch Monate nach dem Novemberumsturz stehen die regierenden Sozialdemokraten in Sachen Sozialisierung am Nullpunkt. Vor allem deshalb kommt es im Frühjahr 1919 zu großen Streiks der enttäuschten Arbeiter, die nun die Dinge selbst in die Hand nehmen wollen. Die Arbeiterräte verlangen zugleich, dass sie selbst als Einrichtungen im Rahmen der parlamentarischen Demokratie erhalten bleiben. Auch gemäßigte Räte, in denen Sozialdemokraten eine beherrschende Rolle spielen, erheben entsprechende Forderungen. Dabei geht es der Mehrheit um eine Ergänzung der parlamentarischen Demokratie durch Arbeiterräte, nicht aber um ein rätedemokratisches System anstelle der parlamentarischen Demokratie. Nur eine Minderheit unter den Arbeiter- und Soldatenräten folgt den Vorstellungen der Kommunisten und des inzwischen deutlich stärker gewordenen linken Flügels der USPD, die »Alle Macht den Räten« fordern.

Beim außerordentlichen Parteitag der USPD im März 1919 spielt die Rätefrage eine zentrale Rolle. Vertreter des linken Flügels treten für ein Rätesystem ein. Die Mehrheit der führenden Funktionäre der USPD, auch Haase als Vorsitzender, plädiert zwar für eine Verbindung von Räten und Nationalversammlung, aber sie findet dafür keine Mehrheit. Die Delegierten beschließen: »Die Unabhängige Sozialdemokratische Partei stellt sich auf den Boden des Rätesystems. Sie unterstützt die Räte in ihrem Ringen um die wirtschaftliche und politische Macht. Sie erstrebt die Diktatur des Proletariats, des Vertreters der großen Volksmehrheit, als notwendige Vorbedingung für die Verwirklichung des Sozialismus.« Die USPD vollzieht im Frühjahr 1919 einen deutlichen Schwenk nach links.

Sozialdemokraten und bürgerlich-demokratische Parteien lehnen nicht nur ein Rätesystem ab, für sie ist auch eine Integration der Arbeiterräte ins politische System einer parlamentarischen Demokratie schwer vorstellbar. Jede qualifizierte Mitentscheidungsbefugnis der Räte muss fast zwangsläufig zu einer Art Doppelherrschaft führen, die von überzeugten Anhängern des parlamentarischen Systems nicht akzeptiert wird. Zugleich aber sehen die Regierung und die sie tragenden Fraktionen der Nationalversammlung in der aufgewühlten politischen Atmosphäre des Frühjahrs 1919 die Notwendigkeit, den streikenden und aufbegehrenden Arbeitern entgegenzukommen, um eine gewisse Beruhigung zu erreichen. Die Betriebsräte-Ideen der mitteldeutschen Streikbewegung bieten dazu einen konstruktiven Ansatz, weil sie den Arbeiterräten Aufgaben im Bereich der Wirtschaft und der Unternehmen zuweisen.

Dagegen sperren sich zunächst allerdings die Gewerkschaften. Auf der ersten großen Parteikonferenz der SPD nach Kriegsende kommt es am 22. und 23. März in Weimar zu einer sehr kontroversen Debatte. Carl Legien, der Vorsitzende der Generalkommission der Gewerkschaften, warnt davor, den Arbeiterräten das Recht zuzuerkennen, die Lohn- und Arbeitsbedingungen zu regeln, denn »dann haben die Gewerkschaften keine Existenzberechtigung mehr«. Er plädiert deshalb dafür, den Räten politische Aufgaben zuzuweisen. Hermann Müller als Sprecher des Parteivorstands bezieht die Gegenposition und will den Arbeiterräten weitreichende Funktionen im Wirtschaftsbereich zuschreiben – nicht nur auf Betriebsebene, sondern auch auf Bezirks- und Reichsebene. Ein Reichsarbeiterrat könne sogar eine Art Parlament der Arbeit sein, dessen Meinung der Reichstag bei entsprechenden Gesetzesvorhaben einholen könne. An der gesetzlichen Einrichtung von Betriebsräten, so Müller, führe jedenfalls kein Weg vorbei.

Beschlossen wird schließlich: »Zur Mitwirkung an Sozialisierungsmaßnahmen, zur Kontrolle sozialistischer Betriebe, zur Überwachung der Gütererzeugung und Verteilung im gesamten Wirtschaftsleben sind gesetzlich geordnete Arbeitervertretungen zu schaffen. In dem zu diesem Zweck schleunigst zu schaffenden Gesetz sind Bestimmungen zu treffen über die Wahl und Aufgaben von Betriebs-, Arbeiter- und Angestelltenräten, die bei der Regelung der allgemeinen Arbeitsverhältnisse gleichberechtigt mitzuwirken haben. Es sind weiter Bezirksarbeiterräte und ein Reichsarbeiterrat vorzusehen, die vor dem Erlass wirtschaftlicher und sozialpolitischer Gesetze ebenso wie die Vertretungen aller übrigen schaffenden Stände gutachtlich zu hören sind und selbst Anträge auf Erlass solcher Gesetze stellen können. Die entsprechenden Bestimmungen sind in der Verfassung der deutschen Republik festzulegen.«

Stimmung und Debatten dieser Parteikonferenz tragen maßgeblich zu einem Umdenken innerhalb der Gewerkschaften im Hinblick auf Betriebsräte bei. Eine Studienkommission wird eingesetzt, und bereits am 25. April beschließen die Spitzen der Gewerkschaften fast einstimmig eine Resolution, in der sie sich zu einem Mitbestimmungsrecht der Arbeiter bekennen: »bei der gesamten Produktion, vom Einzelbetrieb beginnend bis in die höchsten Spitzen der zentralen Wirtschaftsorganisation«. Zugleich erklären sie, innerhalb der Betriebe seien »freigewählte Arbeitervertretungen (Betriebsräte) zu schaffen, die, im Einvernehmen mit den Gewerkschaften und auf deren Macht gestützt, in Gemeinschaft mit der Betriebsleitung die Betriebsdemokratie durchzuführen haben«. Die Gewerkschaften betrachten die Betriebsräte nicht mehr als gefährliche Konkurrenz, sondern sind entschlossen, sie womöglich zu ihren eigenen Instrumenten zu machen.

Beim zweiten Kongress der Arbeiter-, Bauern- und Soldatenräte zeigt sich, dass sich aus der Entschließung der Weimarer SPD-Parteikonferenz durchaus eine Perspektive in Sachen Wirtschaftsdemokratie ergeben könnte. Der Kongress tagt vom 8. bis 14. April in Berlin. Die Wahlen zu diesem sind vom Zentralrat am 1. März unter dem Eindruck der Streiks im Ruhrrevier und im mitteldeutschen Industriegebiet ausgeschrieben worden, er ist in erster Linie als kleines Zugeständnis an die Streikenden gedacht. Entscheidungsbefugnisse hat er nach der Konstituierung der Nationalversammlung ohnehin nicht. Gewählt werden 146 Sozialdemokraten, 13 Vertreter der DDP, 56 Unabhängige, 1 Kommunist, dazu 26 Soldatenvertreter und 10 Vertreter der Bauern- und Landarbeiterräte.

Wie zu erwarten wird Däumigs Antrag auf Einführung eines reinen Rätesystems als Alternative zur parlamentarischen Demokratie mit großer Mehrheit abgelehnt. Der Kongress nimmt dagegen einen Antrag der SPD-Fraktion an, der neben den Reichstag eine gleichberechtigte »Kammer der Arbeit« stellen will. Für jedes Gewerbe soll von der Gemeinde- bis zur Reichsebene ein Wirtschaftsrat eingesetzt werden, in dem sowohl Arbeitnehmer als auch Arbeitgeber vertreten sind. Aus den Wirtschaftsräten soll eine Reichswirtschaftskammer hervorgehen, der alle Gesetzentwürfe mit wirtschaftlichem Charakter vorzulegen sind. Sie hat auch das Recht, Gesetzesinitiativen zu ergreifen. Jedes Gesetz mit wirtschaftlichen Bezügen muss nach diesem Modell die Zustimmung des Reichstages *und* der Reichswirtschaftskammer erhalten. Nimmt der Reichstag allerdings ein Gesetz in unveränderter Form in drei aufeinanderfolgenden Jahren an, soll das die Zustimmung der Reichswirtschaftskammer ersetzen. Überzeugend ist diese Konzeption nicht, die schier unüberschaubare Zahl von Wirtschaftsräten mit einer Reichswirtschaftskammer an der Spitze wäre ein bürokratisch-politisches Monster mit nur schwach ausgeprägtem Primat des Parlaments.

Schon bei der Verabschiedung ist vermutlich den meisten Delegierten klar, dass dieses Modell einer Integration von Räten in das parlamentarische System nie Wirklichkeit werden wird. Beim ersten Nachkriegsparteitag der SPD in Weimar wird es im Juni 1919 scharf kritisiert. Auch andere rätedemokratische Modelle werden diskutiert, innerhalb der SPD, aber auch außerhalb, insbesondere in der USPD. Die Diskussion dieser Modelle findet allerdings zu einem Zeitpunkt statt, zu dem sie aufgrund der veränderten gesellschaftlichen Machtverhältnisse keinerlei Chance mehr haben, als Ganze verwirklicht zu werden. So bleiben schließlich vom Grundgedanken einer Demokratisierung der Betriebs- und Wirtschaftsverfassung nur die Betriebsräte. Deren Verankerung in der Verfassung sagt die Regierung den streikenden Arbeitern im Frühjahr 1919 fest zu, und sie hält diese Zusage auch ein. Das Betriebsrätegesetz, das die Nationalversammlung am 4. Februar 1920 verabschiedet, erfüllt allerdings nicht die Erwartungen an eine echte wirtschaftliche Mitbestimmung. Betriebe ab einer Größe von zwanzig Beschäftigten werden zwar verpflichtet, Betriebsräte wählen zu lassen, und in die Aufsichtsgremien großer Kapitalgesellschaften rücken Vertreter der Arbeiter und Angestellten ein, aber deren Mitwirkungsrechte sind auf soziale Belange beschränkt. Dagegen protestieren am 13. Januar 1920, während die Nationalversammlung das Betriebsrätegesetz in zweiter Lesung verhandelt, etwa 100.000 Menschen vor dem Reichstagsgebäude. Dabei kommt es auch zu Handgreiflichkeiten. Preußische Sicherheitspolizei feuert daraufhin in die Menge. 42 Demonstranten sterben, 105 werden verletzt. Es wird schnell scharf geschossen – nicht nur im Winter und Frühjahr 1919, sondern auch noch im Januar 1920.

24
DIE BLUTIGSTEN
WOCHEN - KONFLIKTLÖSUNG
À LA NOSKE

Noch ehe der Februar-Streik im mitteldeutschen Industrierevier zu irgendwelchen Unruhen führt, erteilt Reichswehrminister Noske Generalmajor Maercker den Befehl, mit seinem
Landesjägerkorps in Halle einzurücken. Am 2. März 1919 verkündet er den Belagerungszustand, in den folgenden Tagen
kommt es zu Kämpfen, bei denen es aufseiten der Bevölkerung
29 Tote und 67 Verwundete gibt. Parallel zum Truppeneinmarsch sagt die Regierung in Verhandlungen mit den Streikenden zu, Betriebsräte als Mitbestimmungsorgane in der Verfassung zu verankern. Nicht in erster Linie der militärische
Einmarsch, sondern die Bereitschaft der Regierung zu Verhandlungen und zu Konzessionen sorgt für ein rasches Ende
des Generalstreiks.

Das ist – aus der Sicht der Regierung – dringend nötig, denn
auch unter den Berliner Arbeitern herrscht Anfang März große
Unzufriedenheit mit der Politik der Regierung und den bisherigen Ergebnissen der Revolution. In großer Zahl beginnen sie,
sich von der SPD abzuwenden und der USPD anzunähern. Deren Parteispitze trifft sich vom 2. bis 6. März 1919 in Berlin zu
einem außerordentlichen Parteitag, dem ersten nach Kriegsende. Der Parteivorsitzende Haase hält eine flammende Eröff-
nungsrede und macht deutlich, dass nach seiner Überzeugung
die Revolution noch nicht beendet ist. »Wir stehen mitten in

der revolutionären Entwicklung«, ruft er den Delegierten zu, »und es ist kein Zweifel: Sie wird ihre Vollendung finden in dem Triumph des internationalen Sozialismus.« Der SPD spricht er ab, eine ernstlich antikapitalistische Politik betreiben zu wollen und zu können – zumal in einer Koalitionsregierung mit den Demokraten und dem Zentrum. Die Verblendung der SPD Führung gehe so weit, dass sie glaube, »mit der brutalen Faust eines Noske die größte geistige Bewegung, die wir je erlebt haben, niederschlagen zu können«. Das vergossene Proletarierblut entfremde die Arbeitermassen immer mehr der SPD-Führung, die Kluft zwischen ihr und der USPD werde immer tiefer. Ausschlaggebend seien »vor allen Dingen jene Garden, die im Auftrag des ehemaligen Arbeiters und Sozialdemokraten Noske ihr brutales Werk verrichten, sei es in Bremen, sei es in Berlin, in Wilhelmshaven, in Gotha, die in Cottbus einrückten und nach den neuesten Meldungen in Halle eingerückt sind«. Schon die Berliner Stadtverordnetenwahlen am 23. Februar, bei denen die USPD 33 Prozent der Stimmen erreicht hat und vor der SPD lag, hätten doch den Beweis gebracht, »dass die Zukunft der USPD gehört«.

Während der Parteitag der USPD in vollem Gang ist, beschließt die Vollversammlung der Groß-Berliner Arbeiter- und Soldatenräte am 3. März mit Mehrheit einen Generalstreik. Die Sozialdemokraten enthalten sich der Stimme, kündigen aber an, sich anschließend der Mehrheit zu beugen und »den Streik in vernünftige ordnungsgemäße Bahnen zu lenken«. Die Ziele dieses Streiks sind durch und durch politisch. Sie liegen ganz auf der demokratischen Linie, die bereits beim Rätekongress im Dezember zu erkennen war, von »Bolschewismus« keine Spur: Anerkennung der Arbeiter- und Soldatenräte, sofortige Durchführung der Hamburger Punkte zur militärischen Kommandogewalt, Freilassung aller politischen Gefangenen, sofortige Bildung einer revolutionären Arbeiterwehr, sofortige

Auflösung aller Freikorps und Aufnahme politischer und wirtschaftlicher Beziehungen zu Sowjetrussland. Auf wirtschaftlichem Gebiet werden umfassende Kompetenzen für die Arbeiter- und Soldatenräte gefordert.

Allerdings werden an diesem 3. März auch Polizeireviere gestürmt und dabei mehr als 1.000 Gewehre sowie eine Anzahl Maschinengewehre erbeutet. Fünf Polizeibeamte kommen ums Leben. »Dieses könnte der Anfang der zweiten Revolution sein«, notiert Harry Graf Kessler in sein Tagebuch. Noch am Abend des 3. März wird der Belagerungszustand über Groß-Berlin verhängt. Damit geht die vollziehende Gewalt auf Reichswehrminister Noske über, wesentliche Verfassungsgrundsätze wie die Pressefreiheit, das Vereins- und Versammlungsrecht und die Unverletzlichkeit der Wohnung werden außer Kraft gesetzt.

Am Vormittag des 4. März erteilt Noske dem General Lüttwitz den Befehl, Berlin militärisch zu besetzen und »rücksichtslos« die Ordnung wiederherzustellen. Die einmarschierenden Truppen haben eine Gesamtstärke von mehr als 30.000 Mann.

Zu ihnen gehört auch die Garde-Kavallerie-Schützen-Division. Bereits am Nachmittag kommt es zu bewaffneten Auseinandersetzungen zwischen den Regierungstruppen auf der einen und der Republikanischen Soldatenwehr sowie den Resten der Volksmarinedivision auf der anderen Seite. Besonders heftig umkämpft sind die Straßen um den Alexanderplatz sowie die proletarischen Bezirke Lichterfeld und Neukölln. Harry Graf Kessler berichtet von den »ernstesten Kämpfen seit Anfang der Revolution«. Die von der Regierung eingesetzten Freikorps sind ihren Gegnern weit überlegen, was militärische Führung und Ausrüstung angeht. Die meisten Opfer gibt es deshalb aufseiten der Bevölkerung und der Aufständischen.

Am 6. März beschließt die Vollversammlung des Berliner Arbeiterrates, den Generalstreik auch auf die Gas-, Wasser- und Elektrizitätswerke auszudehnen. Die hat man zuvor als lebensnotwendige Versorgungseinrichtungen ausdrücklich vom Streik ausgenommen. Als Reaktion darauf beantragen die Sozialdemokraten am nächsten Tag in der Vollversammlung des Arbeiterrates die sofortige Beendigung des Streiks. Auch die Gewerkschaftskommission empfiehlt am 7. März, den Streik abzubrechen. Dies wird tags darauf beschlossen – auch mit Unterstützung der USPD-Arbeiterräte. Am 8. März deutet sich also eine Beruhigung der Lage an.

Am 9. März verbreiten dann die *B.Z. am Mittag* und das *Wolffsche Telegraphenbüro* die Meldung, »Spartakisten« hätten in Lichtenberg an »wehrlosen Gefangenen« einen »gemeinen Massen- und Meuchelmord« verübt: Sie hätten »sechzig Polizeibeamte und einige Dutzend Regierungssoldaten (...) wie Tiere abgeschlachtet«. Die seriösen bürgerlichen Zeitungen wie das *Berliner Tageblatt* und die *Vossische Zeitung* greifen die Meldung auf. Auch der *Vorwärts* stimmt in den Aufschrei des Entsetzens über den »Lichtenberger Gefangenenmord« ein: »Die Feder sträubt sich, wenn sie die grausenerregenden Handlungen nochmals beschreiben soll, die hier von spartakistischen Haufen an wehrlosen Gefangenen verübt worden sind.« Noske reagiert sofort: »Die zunehmende Grausamkeit und Bestialität der gegen uns kämpfenden Spartakisten zwingen mich zu befehlen: Jede Person, die im Kampf gegen die Regierungstruppen mit der Waffe in der Hand angetroffen wird, ist sofort zu erschießen.«

Bald stellt sich heraus, dass es sich bei der Nachricht über den Lichtenberger Polizistenmord um eine Falschmeldung handelt. Dennoch bleibt der »Schießbefehl« bis zum 16. März in Kraft. Später wird der Urheber der Falschmeldung ermittelt werden. Es ist Waldemar Pabst, der Erste Generalstabsoffizier der Garde-Kavallerie-Schützen-Division, der am 15. Januar die Ermordung von Karl Liebknecht und Rosa Luxemburg befohlen hat. Pabst hat die Meldung durch seine Propagandaabteilung bewusst verbreiten lassen, um Noske so zur Unterzeichnung des Schießbefehls zu bewegen, den Pabst höchstpersönlich vorformuliert hat. Es geht Pabst darum, seinen Truppen völlig freie Hand zu verschaffen – auch für Mordaktionen an politischen Gegnern. Im Vorgehen der Freikorps in Berlin scheint schon auf, was dann charakteristisch für Hitlers SA, SS und die anderen Nazi-Mordbanden werden wird. Selbst Noske räumt später ein, dass sein Befehl zu Willkürakten schlimmster Art missbraucht worden sei.

»Auf den Straßen, in den Höfen und in den Wohnungen wurden Menschen vor den Augen ihre Familien erschlagen und erschossen«, schreibt Karl Retzlaw, ein Funktionär der KPD, über die Einnahme Lichtenbergs durch die Regierungstruppen. »Ein Massenmorden, wie es in Deutschland seit den Bauernkriegen nicht vorgekommen war.« Der Dichter und Arzt Alfred Döblin, der »die grausigen, unerhörten, erschütternden Dinge der Eroberung Lichtenbergs« miterlebt hat, meint, »man muss die Leichen da vor der Schule liegen gesehen haben, die Männer mit den Mützen vor dem Gesicht, um zu wissen, was Klassenhass und Rachegeist ist«. Es kommt bei der »Berliner Märzschlächterei« zu schlimmsten Gewalttaten, die Freikorps wüten mit Erbitterung und Gnadenlosigkeit.

Die schrecklichste aller Mordtaten wird am 11. März in der Französischen Straße 32, der Zahlstelle der inzwischen aufgelösten Volksmarinedivision verübt. Hier lässt Oberleutnant Otto Marloh 29 Angehörige der Volksmarinedivision gefangen nehmen und auf der Stelle erschießen. Ein Augenzeuge berichtet: »Es wurde minutenlang auf sie gefeuert, und das Schreien und Jammern, das zu uns herauf drang, war entsetzlich. Selbst einem Feldwebel der Regierungstruppen (...) traten die Tränen aus den Augen. Er sagte, dass er an allen Frontteilen gekämpft und viel Fürchterliches erlebt habe, aber zu einer derartigen Henkersarbeit würde er sich nicht hergeben.« Marloh wird in dem anschließenden Militärgerichtsverfahren vom Vorwurf des Totschlags freigesprochen, Mord hat das Gericht schon im

Vorfeld als Tatbestand zurückgewiesen. In der Urteilsbegründung heißt es, die Erschießungen seien »objektiv unberechtigt« gewesen, Marloh habe aber glauben können, gemäß Noskes Befehl zu handeln. Otto Marloh wird 1930 in die NSDAP eintreten, gehört jahrelang der SA an und beteiligt sich als bürokratischer Helfer auch am Holocaust.

Die »Kämpfe« gegen die »Aufständischen« dauern bis zum 16. März an. Aufgeschichtet auf Wagen werden mitunter grauenhaft verstümmelte Leichen zu den Sammelstellen gekarrt. Es spielen sich herzzerreißende Szenen ab, wenn Tote dort von Angehörigen nach tagelangem Suchen gefunden werden. Wochenlang spült die Spree Leichen ans Ufer. Nie wird festgestellt, wie viele Menschen in diesen Tagen in Berlin umgekommen sind. Noske spricht von rund 1.200, andere Schätzungen gehen von etwa 1.500 Toten aus. Die Regierungstruppen haben 75 Tote zu beklagen. Kessler notiert schon am 13. März in sein Tagebuch: »Alle geistig und ethisch anständigen Menschen müssen einer so leichtsinnig und frech mit dem Leben ihrer Mitbürger spielenden Regierung den Rücken kehren. Die letzten acht Tage haben durch ihre Schuld, durch ihr leichtfertiges Lügen und Blutvergießen, einen in Jahrzehnten nicht wieder zu heilenden Riss in das deutsche Volk gebracht. Die Stimmung gegen sie heute Abend wechselte zwischen Abscheu und Verachtung.«

Auch unter SPD-Mitgliedern ist die Unzufriedenheit mit der Regierung in diesen Tagen so groß, dass selbst im *Vorwärts* ein Rücktritt der SPD-Regierungsmitglieder gefordert werden kann. Zeitweise versuchen einflussreiche Sozialdemokraten, die USPD zu einem Eintritt in die Regierung zu bewegen. Harry Graf Kessler führt in diesem Sinne Gespräche mit Hilferding und Breitscheid. Der parteilose Außenminister Brockdorff-Rantzau soll den Regierungsumbau einleiten, Hugo Haase (USPD) soll Scheidemann (SPD) als Reichsministerpräsidenten ersetzen. Diese Pläne werden nie Wirklichkeit, zeigen aber doch, wie massiv die Regierung Scheidemann am Pranger steht.

Das brutale militärische Vorgehen der Regierung führt nicht zu einer nachhaltigen Befriedung. Dies zeigt sich ganz besonders deutlich im rheinisch-westfälischen Industrierevier. Dort ist Ende Februar der Generalstreik zusammengebrochen, in dem es um das Sozialisierungsmodell der Essener Neunerkommission ging. Danach drehen sich die alltäglichen Auseinandersetzungen zwischen dem Arbeiter- und dem Unternehmerlager wieder ganz um Lohnfragen und die Länge der Schichtzeit. Die Stimmung der Arbeiter bleibt im Keller. Dann kommt es in Witten am 24. und 25. März zu schweren Zusammenstößen zwischen demonstrierenden Arbeitern und Polizei, die elf Tote und zahlreiche Verwundete fordern. Diese Unruhen lösen sofort eine neue große Streikwelle in der ganzen Region aus.

Von Anfang an geht es in diesem Streik auch um politische Fragen. Die Streikenden fordern insbesondere die Anerkennung der Arbeiter- und Soldatenräte, die sofortige Durchführung der Sieben Hamburger Punkte zur Militärpolitik, die Einführung der Sechs-Stunden-Schicht und die »Entwaffnung der Polizei im Industriegebiet und ganz Deutschland«. Am 30. März beschließt eine Schachtdelegiertenkonferenz in Essen einen unbefristeten Generalstreik für diese Forderungen. Am 1. April streiken fast 160.000 Arbeiter, am 10. April sind es mehr als 307.000, 73 Prozent aller Zechenbelegschaften des Ruhrgebiets.

Die wirtschaftliche Lage in Deutschland wird jetzt ausgesprochen bedrohlich. Der Steinkohlebergbau ist in dieser Zeit der Schlüsselsektor der deutschen Wirtschaft. Die Kohleförderung muss gesteigert werden, um die Produktion in Gang zu bringen, ein Einbruch bei der Kohleförderung würde zwangsläufig zu einem Niedergang der gesamten Wirtschaft führen. Unmittelbar nach dem Streikbeschluss verhängt die Regierung am 31. März den Belagerungszustand. Sie kündigt den Einmarsch von Truppen an und schickt den SPD-Abgeordneten

Carl Severing, früher Redakteur der sozialdemokratischen *Volkswacht* in Bielefeld, als Staatskommissar ins Industriegebiet. Als gelernter Schlosser und späterer Gewerkschaftssekretär weiß Severing, wie er Arbeiter ansprechen muss, kennt zugleich aber auch die wirtschaftliche Notlage des Landes. Severing nutzt seine außerordentlichen Vollmachten rigoros, lässt Streikführer verhaften, Arbeitswillige mit Sonderrationen von Lebensmitteln belohnen. Bei rein ökonomischen Forderungen zeigt er ein gewisses Entgegenkommen, ist aber unnachgiebig bei allen weitergehenden politischen Forderungen. Mit dieser Mischung aus hartem Durchgreifen und Zugeständnissen gelingt es ihm nach und nach, die Zahl der Streikenden zu senken. Doch es ist ein sehr langwieriger Prozess. Am 24. April streikt immer noch ein Drittel der Belegschaften. Erst am 2. Mai verläuft die Kohleförderung im Industrierevier wieder wie zuvor. Die Streikenden erhalten während des Streiks keinerlei finanzielle Unterstützung, nehmen also persönlich massive materielle Einbußen in Kauf. Dennoch ist die Beteiligung am Aprilstreik etwa fünfmal so hoch wie beim Februarstreik. Etwa 3 Millionen Tonnen Kohle werden wegen 5 Millionen ausgefallener Schichten nicht gefördert. Der wirtschaftliche Schaden ist immens.

Die Sozialisierungs- und Rätebewegung an der Ruhr und in Mitteldeutschland ist nicht das Werk einer kleinen radikalen Minderheit, sondern wird getragen von einer breiten, über alle Parteigrenzen reichenden Strömung der Arbeiterschaft. Ihre Streiks richten sich nicht gegen die parlamentarische Demokratie, die gerade in Weimar im Entstehen ist, sondern haben vor allem das Ziel, Kontroll- und Mitbestimmungsrechte der Arbeiter in den Betrieben zu erreichen, demokratische Prinzipien auch auf die Wirtschaft zu übertragen. Vorsichtig und schrittweise soll so der Übergang zum Sozialismus angegangen werden, den Sozialdemokratie und Freie Gewerkschaften seit Jahrzehnten als ihr großes Endziel postulieren.

Diese zweite Phase der Revolution verläuft deutlich blutiger als der Umsturz im November. Die gemeinsame Ursache der Streiks und Erhebungen im Frühjahr 1919 ist die Unzufriedenheit mit dem, was die Revolution den Arbeitern bislang tatsächlich gebracht hat. In den meisten Fällen sind es die Arbeiter- und Soldatenräte, die den Protest gegen die bestehenden Zustände artikulieren. In aller Regel beteiligen sich auch Sozialdemokraten an den Streiks – aus Überzeugung oder um den Kontakt zu den aufbegehrenden Arbeitern nicht zu verlieren. Das zeigt, wie tief und weit verbreitet die Proteststimmung ist. Häufig gelingt es den Organisatoren von Streiks nicht, Plünderungen und Ausschreitungen vollständig zu verhindern. Das bietet meist den Anlass, den Belagerungszustand zu verhängen und Truppen einmarschieren zu lassen. Es gibt allerdings auch zahlreiche Fälle, in denen militärisches Vorgehen nicht die Antwort auf vorausgegangene Ausschreitungen ist. So wird beispielsweise Anfang März die Besetzung von Königsberg in die Wege geleitet, ohne dass es dafür einen konkreten Anlass gibt. Dem verantwortlichen Reichskommissar, dem Sozialdemokraten August Winnig, geht es vielmehr ganz allgemein um die Entmachtung des Arbeiter- und Soldatenrats. Die Militäraktion ist mit einem fürchterlichen Blutbad verbunden. Genaue Zahlen sind nie bekannt geworden, aber allein am 5. März, dem Beginn der Militäraktion, kommen 25 Zivilpersonen ums Leben. Auch in Emden rückt ohne ersichtlichen Grund ein Regiment ein und löst den aus Sozialdemokraten bestehenden Arbeiter- und Soldatenrat auf. Oft provoziert erst die Präsenz der Truppen den Widerstand, das hemmungslose Vorgehen und die Exzesse der »Noskegarden« steigern ihn noch weiter, bis er schließlich durch deren militärische Überlegenheit gebrochen wird – häufig verbunden mit zahlreichen Toten und Verletzten unter den Streikenden und der Zivilbevölkerung.

Die großen Streiks und bürgerkriegsähnlichen Auseinandersetzungen bleiben im Frühjahr 1919 nicht auf das rheinisch-westfälisches Industriegebiet, das mitteldeutsche Revier und

Berlin beschränkt. Auch in Oberschlesien, wo schon seit Januar der Belagerungszustand verhängt ist, kommt es im März und April zu Massenstreiks. In Württemberg gibt es vom 31. März bis zum 7. April einen Generalstreik, auch in Magdeburg, einer Hochburg der SPD, findet ein Generalstreik statt. In Braunschweig wird die Räterepublik proklamiert, die sich allerdings nur einen Tag lang halten kann und dann von Freikorps niedergeschlagen wird. In Mannheim wird am 22. Februar im Anschluss an eine riesige Kundgebung anlässlich der Ermordung des bayerischen Ministerpräsidenten Kurt Eisner die Räterepublik ausgerufen. Auch an vielen weiteren Stellen des Reiches kommt es zu Protestaktionen. Der Mord an Eisner erschüttert die sozialistische Linke in ganz Deutschland, aber natürlich ganz besonders in Bayern.

25
BAYERISCHE PAUKENSCHLÄGE – DIE ERMORDUNG EISNERS UND DIE RÄTEREPUBLIK

Es ist ein gewaltiger Trauerzug, der sich am 26. Februar 1919 auf der Münchner Theresienwiese sammelt und zum Münchner Ostfriedhof in Bewegung setzt. Etwa 100.000 Menschen sind gekommen, um dem Bayerischen Ministerpräsidenten Kurt Eisner das letzte Geleit zu geben. Das ist ein deutlicher politischer Protest gegen die Ermordung Eisners und zugleich ein Zeichen der großen persönlichen Beliebtheit dieses Mannes, der von Anfang an Bayerns ganz besonderen Weg in der Revolution geprägt hat.

Kurt Eisner ist die treibende Kraft beim Sturz der Wittelsbacher. Am 7. November gehört er zu den prägenden Köpfen einer Massenkundgebung auf der Theresienwiese und führt den anschließenden Demonstrationszug an, der auf seinem Weg zu den Garnisonen und ins Stadtzentrum immer gewaltiger wird. Noch in derselben Nacht erklärt Eisner auf der ersten Sitzung des Arbeiter- und Soldatenrates die Dynastie der Wittelsbacher für abgesetzt und ruft den »Freistaat Bayern« aus – frei von der Herrschaft eines Monarchen. Eisner ist ein herausragender politischer Kopf mit sicherem Gespür für die Erfordernisse und Möglichkeiten der Zeit. Er wurde 1867 in Berlin geboren und hat sich schon vor der Jahrhundertwende als kritischer Journalist einen Namen gemacht. Mit 31 Jahren ist er der SPD beigetreten, und noch im selben Jahr holt ihn der damalige

Chefredakteur Wilhelm Liebknecht, einer der beiden Parteivorsitzenden, zum *Vorwärts*. Eisner wächst schnell in eine Führungsrolle hinein und prägt das Zentralorgan der SPD in den ersten Jahren des Jahrhunderts stark. Als Liebknecht 1900 stirbt, schreibt Eisner die erste Biografie dieses legendären Parteivorsitzenden.

Als sich im *Vorwärts* orthodoxe Marxisten durchzusetzen beginnen, verlässt Eisner das Blatt, geht nach Bayern und arbeitet dort als Journalist. Bei Kriegsausbruch ist er zunächst davon überzeugt, dass es sich aus deutscher Sicht um einen Verteidigungskrieg handelt, ändert seine Haltung aber bereits 1915, nachdem er sich intensiver mit der Julikrise 1914 und den Umständen der Kriegserklärungen beschäftigt hat. Eisner wird zum erklärten Gegner der deutschen Kriegspolitik und gehört zu den herausragenden Köpfen der bayerischen USPD, als die Kriegsgegner sich von der SPD abspalten. Seit 1917 führt er die Münchner USPD.

Angesichts dieser Biografie erscheint es fast selbstverständlich, dass Kurt Eisner nicht nur in der Nacht zum 8. November 1918 den Freistaat Bayern ausruft, sondern vom Münchner Arbeiter- und Soldatenrat auch gleich zum ersten Ministerpräsidenten der neuen bayerischen Republik gewählt wird. Er bildet eine Regierung aus Sozialdemokraten und Unabhängigen. Die in Berlin ausgetragenen politischen Konflikte gibt es natürlich auch in München, auch hier ist die Zusammenarbeit der beiden sozialistischen Parteien nicht gerade harmonisch. Aber Eisner gelingt es bis in den Januar 1919 hinein, Zerwürfnisse wie in Berlin zu vermeiden und seine Regierung beisammen zu halten.

Die Wahlen zur Bayerischen Landesversammlung am 12. Januar 1919 bescheren der USPD aber dann mit weniger als drei Prozent der Stimmen eine so dramatische Niederlage, dass Eisners Position als Regierungschef unhaltbar wird. Zugleich ist Eisner aber wohl der Einzige, dem es gelingen könn-

Demonstration in München im Januar 1919

te, eine neue Regierung aus Sozialdemokraten und gemäßigten Unabhängigen zu schmieden. Das wäre eine Koalition, die vielleicht auch positive Rückwirkungen auf Berlin haben könnte. Eisner hat nicht vor, sich aus der Politik zurückzuziehen, als er sich am 21. Februar auf den Weg in den neu gewählten Bayerischen Landtag macht. Eisner will an diesem sonnigen Vorfrühlingstag zwar seinen Rücktritt als Ministerpräsident erklären, der angesichts der Wahlergebnisse unvermeidlich ist, aber keineswegs seinen Rückzug aus der Politik signalisieren.

Eisner hat in den vorangegangenen Tagen und Wochen viele Morddrohungen erhalten. Deshalb begleiten ihn nicht nur zwei Mitarbeiter, sondern auch zwei Leibwächter. Sie alle können nicht verhindern, dass der Ministerpräsident auf dem Weg in den Landtag von Anton Graf von Arco auf Valley erschossen wird, einem völkisch-nationalistischen Studenten, der als Leutnant des Königlich Bayerischen Infanterie-Leib-Regiments gerade beurlaubt ist. Er tötet den Ministerpräsidenten durch zwei

Schüsse in Rücken und Kopf, die er aus nächster Nähe abgibt. Eisners Leibwächter schießen auf den Attentäter und verletzen ihn schwer.

Graf Arco erklärt in einer handschriftlichen Notiz vor dem Attentat: »Eisner ist Bolschewist, er ist Jude, er ist kein Deutscher, er fühlt nicht deutsch, untergräbt jedes vaterländische Denken und Fühlen, ist ein Landesverräter.« Später nennt er insbesondere den »Geheimnisverrat Eisners an die Alliierten« als Motiv für sein Attentat. Eisner ist davon überzeugt gewesen, dass das Deutsche Reich maßgeblich zum Ausbruch des Weltkriegs beigetragen hat und sich zu seiner Verantwortung bekennen müsse. Für ihn ist das Teil des moralischen Erneuerungsprozesses, der die politisch-gesellschaftliche Revolution begleiten müsse. Deshalb hat er Ende November Dokumente zum Kriegsausbruch publiziert, aus denen man den Schluss ziehen kann, dass die kaiserliche Regierung den Weltkrieg sehenden Auges herbeigeführt hat. Das macht Eisner nicht nur in monarchistischen und nationalistischen Kreisen, sondern weit ins bürgerliche Lager hinein verhasst. Dass Eisner Jude ist, passt für diese Kreise ins Bild, alle antisemitischen Ressentiments werden aktiviert, der Judenhass feiert fröhliche Urstände. Seit Monaten schon ist Eisner Zielscheibe heftigster antisemitischer Angriffe. Öffentlich werden Aufrufe zum Mord an Eisner plakatiert.

Die Nachricht von der vollzogenen Ermordung löst folglich keineswegs nur Trauer und Entsetzen aus. Im Bürgertum wird sie begrüßt. An der Münchner Universität herrscht ein derartiger Jubel, dass Prof. Wilhelm Röntgen seine Vorlesung aussetzen muss. Thomas Mann notiert in sein Tagebuch: »Die Schulkameraden unserer Jungen haben bei der Nachricht applaudiert und getanzt.« Zwei Tage nach dem Mord besucht der Schriftsteller den Tatort. »An der Straßenstelle, wo Eisner fiel, liegt ein Kranz mit seinem Bild, und ein Häufchen blutigen Straßenschmutzes ist zusammengekehrt.«

Die Ermordung Eisners löst Chaos und völlige Verwirrung in der bayerischen Politik aus. Eine Stunde nach dem Mord an Eisner stürzt der Schankkellner Alois Lindner, Mitglied des Revolutionären Arbeiterrats, in den Saal des Bayerischen Landtags und feuert zwei Schüsse auf Erhard Auer, den Innenminister und Vorsitzenden der SPD ab, weil er diesen für politisch verantwortlich hält. In dem anschließenden Tumult werden ein Abgeordneter der Bayerischen Volkspartei und ein als Besucher anwesender Major getötet. Auer wird – wie der Attentäter Graf Arco – in die Klinik von Professor Ferdinand Sauerbruch eingeliefert und gerettet.

Nach der Ermordung Eisners ruft die USPD zum Generalstreik auf. Der Bayerische Rätekongress beschließt, den Landtag vorerst nicht zusammentreten zu lassen und selbst eine neue Regierung zu wählen. Der Konflikt zwischen Räten und Landtag bricht nun in aller Schärfe aus. Am 17. März wählen die Landtagsabgeordneten eine neue Regierung unter dem Sozialdemokraten Johannes Hoffmann. Ihr gehören Sozialdemokraten, Unabhängige, ein Mitglied des Bayerischen Bauernbundes und ein Parteiloser an. Es ist eine Minderheitsregierung, die aber angesichts der unsicheren Lage von den bürgerlichen Parteien des Landtags toleriert wird.

In München hat die Regierung Hoffmann einen schweren Stand, weil die Anhänger eines rätedemokratischen Systems stark sind. Als am 21. März in Ungarn eine sozialistische Räterepublik ausgerufen wird, hoffen manche auf eine Verbindung von Bayern mit Österreich, Ungarn und Russland. Die in Bayern seit Langem vorhandene antipreußische Stimmung verbindet sich mit der Räte-Idee. Eine Beruhigung der Lage gelingt der Regierung Hoffmann nicht. Ein neuer Wintereinbruch in den letzten Märztagen verschlimmert die Not der Erwerbslosen und steigert ihren Unmut gegenüber der Regierung. Der unmittelbare Anstoß zur Ausrufung der Räterepublik geht von Augsburg aus, wo Arbeiter am 4. April in einen Generalstreik treten. Am 6. April spricht sich ein außerordentlicher Parteitag der SPD Oberbayerns mit 240 gegen 13 Stimmen für die Räterepublik aus. Als sich auch die Münchner USPD mit ihren etwa 15.000 Mitgliedern für die Räterepublik stark macht, versammeln sich in der Nacht vom 6. auf den 7. April Mitglieder des Zentralrats, des Revolutionären Arbeiterrats und der USPD im Wittelsbacher Palais in München und proklamieren die »Räterepublik Baiern«.

Die Ausrufung dieser Räterepublik ist keineswegs nur die verrückte Idee einer Handvoll Münchner Radikaler. Bis zum 8. April schließen sich mit Ausnahme von Nürnberg alle großen Städte Bayerns der Räterepublik an, südlich der Donau auch zahlreiche kleinere Städte und Gemeinden. Die einflussreichsten Persönlichkeiten der Räterepublik sind Ernst Toller (USPD) als Staatsoberhaupt, Gustav Landauer als Volksbeauftragter für Volksaufklärung und Erich Mühsam. Unter den zwölf Volksbeauftragten sind aber auch exzentrische Männer, die durch ihre mehr oder weniger geistreichen Ankündigungen für helles Entsetzen sorgen. Die Münchner Kommunisten protestieren gegen diese »Schein«-Räterepublik, die nur dazu diene, den Rätegedanken zu diskreditieren. Auch der Arbeiter- und Soldatenrat von Fürth distanziert sich ausdrücklich von der Räterepublik. Die Mitglieder der Münchner SPD sprechen sich am 11. April – allerdings mit sehr knapper Mehrheit – gegen die Entsendung eigener Vertreter in die Gremien der Räterepublik aus.

Für die Zeitgenossen ist äußerst schwer einzuschätzen, was in München und Bayern geschieht und welche Konsequenzen sich daraus ergeben. Thomas Mann beispielsweise notiert am 7. April in sein Tagebuch: »Die erste Seite der Nachrichten mit der Proklamation der Räte-Republik bedeckt. Heute Generalstreik und ›Nationalfeiertag‹. Anschluss an Ungarn und Russland, Bruch mit Berlin. Rote Garde. Sozialisierung der Presse. Expropriierungspläne. Der Ton ist scharf, und doch ist klar, dass es sich um ein vorbeugendes Werk der Mehrheitssozialisten handelt, wie schon bei der ersten Revolution, allerdings soweit gehend, dass die Kommunisten mitthun können. Doch rechne ich mit einer vierten, ganz radikalen Umwälzung, bevor der Rückschlag kommt. Es ist anzunehmen, dass das Reich folgen wird, und wenn der radikale Sozialismus in Deutschland haltbare Formen annimmt, wird auch den Proletariaten der Ententeländer, die dann von kapitalistischer Ausbeutung Deutschlands nichts mehr zu hoffen haben, nichts anderes mehr übrig bleiben. Man muss erkennen, dass der Kapitalismus gerichtet ist.« Die Bayerische Räterepublik als möglicher Auftakt zur Weltrevolution, so analysiert Thomas Mann in München zunächst die Ereignisse.

Die Regierung Hoffmann ist bereits vor der Proklamation von München nach Bamberg ausgewichen, wo keine Unruhen zu befürchten sind, und versucht von dort, die Räterepublik zu beseitigen. Ebert und die Reichsregierung drängen Hoffmann, so rasch wie möglich gegen die Räteregierung vorzugehen. Am 12. April fordert Ebert »die Wiederherstellung des früheren Zustandes in Bayern«. Sollten die wirtschaftlichen Boykottmaßnahmen gegen München »nicht in kürzester Zeit zum Ziel führen«, erscheine ihm »als einzige Lösung militärisches Vorgehen«, erklärt der Reichspräsident.

Die Regierung Hoffmann will aufgrund der bisherigen Erfahrungen mit Noskes Freikorps zunächst versuchen, mit anderen Kräften die Situation zu bereinigen. Sie kann sich allerdings nur auf ihre eigenen Anhänger in München stützen, insbesondere auf die Republikanische Schutztruppe, die loyal zu ihr steht. Deren Versuch, die Räterepublik zu stürzen, scheitert jedoch am 13. April. Die gerade im Aufbau befindliche »Rote Armee« der Räterepublik schlägt diesen »Palmsonntagsputsch« nieder. Noch während der Kämpfe am Münchner Hauptbahnhof rufen die Arbeiter- und Soldatenräte, unter denen die Münchner Kommunisten stark vertreten sind, im Hofbräuhaus sowohl einen Generalstreik als auch eine »echte« Räterepublik aus. Ein Aktionsausschuss unter der Führung von Eugen Leviné (KPD) übernimmt die Macht. Ernst Toller und Gustav Landauer erkennen diesen Aktionsausschuss an und beteiligen sich anfangs selbst an der neuen Führung der Räterepublik.

Die Bamberger Exil-Regierung wendet sich nun doch an Noske und bittet um Hilfe. Der richtet ein »Oberkommando der Reichsaktion gegen München« ein, und in der zweiten Aprilhälfte beginnen etwa 35.000 Mann, die Bayerische Räterepublik niederzuschlagen, vorwiegend bestehend aus Freikorps. Am 20. April wird Augsburg besetzt. Angesichts der aussichtslosen Lage kommt es in den folgenden Tagen zu Auseinandersetzungen unter den Verantwortlichen der Räterepublik. Die Unabhängigen um Ernst Toller machen sich für Verhandlungen mit der Regierung Hoffmann stark, die Kommunisten um Leviné wollen den Kampf fortsetzen, um ein historisches Zeichen zu setzen. Hoffmann allerdings besteht – ganz im Einklang mit Noske und der Reichsregierung – auf der bedingungslosen Kapitulation der Räterepublik.

Schon beim Vormarsch auf München hinterlassen die Freikorps eine Blutspur, wie man sie auch aus dem rheinisch-westfälischen und dem mitteldeutschen Industriegebiet kennt. Am 30. April erschießen dann Angehörige der Roten Armee zehn Gefangene, die sie als Konterrevolutionäre betrachten, darunter sieben Angehörige der völkisch-nationalistischen Thule-Gesellschaft. Auch diese Mordaktion ist durch nichts zu rechtfertigen – es ist die einzige, die in diesen Tagen von Anhängern der Räterepublik verübt wird. Bis heute ist der »Geiselmord im Luitpold-Gymnasium« fester Bestandteil jeder Erzählung über die Münchner Räterepublik. Der »Geiselmord« wird auch von den Anhängern der Räteregierung scharf verurteilt, aber er bietet den Regierungstruppen beim Einmarsch eine brauchbare Legitimation, keinerlei Rücksichten zu nehmen und barbarisch zu wüten.

Einmarsch der Regierungstruppen am Marienplatz in München am 4. Mai 1919

Am 3. Mai ist München in der Hand der Regierungstruppen, die fast eine Woche lang auf alles schießen, was irgendwie spartakusverdächtig ist. 52 ehemalige russische Kriegsgefangene werden erschossen, 12 Einwohner von Perlach, die meisten Sozialdemokraten, 21 Mitglieder eines katholischen Gesellenvereins, die zu Unrecht als Spartakisten denunziert worden sind. Mehr als 600 Menschen kommen in diesen Tagen ums Leben, die meisten völlig unbeteiligte Zivilisten. Erst nach dem 8. Mai hören die willkürlichen Erschießungen auf. 38 Angehörige der Regierungstruppen kommen ums Leben.

Gustav Landauer wird am 2. Mai in der Wohnung von Else Eisner, der Witwe des ermordeten Ministerpräsidenten, gefangen genommen und bei seiner Einlieferung ins Gefängnis Stadelheim von Freikorpssoldaten auf bestialische Weise umgebracht. Eugen Leviné wird am 13. Mai verhaftet, nach kurzem Prozess wegen Hochverrats zum Tode verurteilt und am 5. Juni in Stadelheim hingerichtet. Ernst Toller wird am 4. Juni aufgespürt und zu fünf Jahren Festungshaft verurteilt. Erich Mühsam schreibt am 7. Mai im Zuchthaus Ebrach in sein Tagebuch: »Man blickt im Geiste um sich: lauter Tote, lauter Ermordete – es ist grauenhaft (...) Mit den Münchner Schandtaten hat Noske sogar seine Berliner Blutorgien übertroffen. Das ist die Revolution, der ich entgegengejauchzt habe. Nach einem halben Jahr ein Bluttümpel: mir graut.«

Der Prozess gegen Graf Arco wegen des Mordes an Eisner findet im Januar 1920 statt und entwickelt sich zu einem der empörendsten Justizskandale der Weimarer Republik. Die Richter verurteilen den Angeklagten zwar zum Tode, aber sie bescheinigen ihm zugleich, dass seine Tat »nicht niedriger Gesinnung, sondern der glühendsten Liebe zu seinem Volke und Vaterlande« entsprungen sei. Schon einen Tag nach der Urteilsverkündung wandelt der bayerische Ministerrat die Strafe in lebenslange Festungshaft um. Arco verbüßt sie in der Festung Landsberg – wie später Adolf Hitler – und genießt dort dieselben großzügigen Haftbedingungen. Bereits im April 1924 wird er entlassen.

Die Niederschlagung der Bayerischen Räterepublik ist die letzte große militärische Aktion des Reichswehrministers und seiner Freikorps, aber in kleinerem Maßstab betreiben die Freikorps ihr blutiges Geschäft noch monatelang weiter. Im Juni 1919 setzt Noske in Berlin Truppen gegen streikende Eisenbahner und Telefonarbeiter ein, im Juli wird Hamburg besetzt und »gesäubert«, im Oktober schlagen Truppen Streiks der Metallarbeiter, Zeitungssetzer und Straßenbahnschaffner in Berlin nieder und im November einen Berliner Generalstreik, zu dem KPD und USPD aufgerufen haben.

Vielleicht ist die Anwendung von Gewalt unter den gegebenen Umständen im Frühjahr 1919 nicht zu vermeiden gewesen, aber für Noske ist sie nicht das letzte Mittel, sondern das einzige. Mit eiserner Konsequenz, vielleicht auch mit bornierter Sturheit, verhängt er den Belagerungszustand, führt das Standrecht ein und gibt seinen militärischen Kommandeuren unbeschränkte Vollmacht, um in den Unruhegebieten »Ruhe und Ordnung« zu schaffen. Er setzt dabei Truppen ein, in denen zumeist extrem nationalistisches oder völkisches Gedankengut vorherrscht. Diese Truppen bestehen aus Männern, die an die Dolchstoßthese glauben und jetzt endlich die verhassten Sozialisten und Verräter vor die Flinte bekommen, die sie für die Schuldigen an der deutschen Niederlage halten. Entsprechend enthemmt und bestialisch wüten sie. Der Weg von diesen Verbänden zu Hitlers SA und SS ist kurz.

Die Gewaltexzesse dieser Truppen prägen die ersten Monate der jungen Republik so entscheidend, dass man zu Recht von einer »Ära Noske« spricht. Dieses dunkelste Kapitel in der Geschichte der deutschen Sozialdemokratie wird für immer mit Noskes Namen verbunden sein. Es ist aber nicht nur der Reichswehrminister allein verantwortlich. Noskes blutiger Kurs ist nur möglich, weil seine Kollegen, die im Reich und in den Ländern politische Verantwortung tragen, wegschauen und ihn machen lassen. Unmittelbar nach dem Münchner Blutbad Anfang Mai 1919 zieht dann aber ein ganz anderes Thema massiv alle Aufmerksamkeit auf sich.

26
VERPASSTE CHANCE –
KRIEGSSCHULD
UND FRIEDENSVERTRAG

Am 7. Mai 1919 wird im Trianon-Palast-Hotel zu Versailles den deutschen Bevollmächtigten der Entwurf der Friedensbedingungen überreicht. Der französische Ministerpräsident Clemenceau spricht davon, nun sei »die Stunde der Abrechnung« gekommen. Die deutsche Seite erhält vierzehn Tage Zeit, um in französischer und englischer Sprache ihre »Bemerkungen« schriftlich vorzubringen. Eine mündliche Aussprache soll nicht stattfinden.

Der deutsche Außenminister Graf Brockdorff-Rantzau verliest unmittelbar danach in deutscher Sprache eine Erklärung, in der von der deutschen Ohnmacht die Rede ist und von der »Macht des Hasses«, die Deutschland hier entgegentrete. Er wendet sich vor allem und entschieden dagegen, dass der Friedensvertrag Deutschland die alleinige Schuld am Krieg zuschreibt. Er beklagt den Imperialismus aller europäischen Staaten, der die internationale Lage chronisch vergiftet habe, und verlangt, die Grundsätze des Präsidenten der Vereinigten Staaten müssten die Basis des Friedensvertrages sein – so sei das im Oktober und November 1918 eigentlich bindend verabredet gewesen.

So spricht jemand, der sich im Recht fühlt, aber leider nicht genügend Männer und Kanonen hatte. Von Demut keine Spur, auch nicht vom Anerkennen einer besonderen Schuld Deutschlands. Der Bevollmächtigte einer kaiserlichen Regierung, wenn es eine solche noch gäbe, würde nicht anders argumentieren. Dabei weiß es die Regierung der Republik längst besser.

Gleich nach ihrem Amtsantritt hat die Regierung der Volksbeauftragten im November 1918 Karl Kautsky (USPD) mit der Zusammenstellung einer Dokumentensammlung zur Vorgeschichte des Krieges beauftragt, die Kautsky auf der Grundlage der Archivalien des Auswärtigen Amts erstellen soll. Eisner veröffentlicht die Berichte des königlich-bayerischen Gesandten aus Berlin vom Juli und August 1914 auf eigene Faust und sorgt damit für große Aufregung. Er ahnt, wie schwer sich die SPD damit tut, eine besondere Schuld der kaiserlichen Regierung für die Auslösung des Weltkriegs beim Namen zu nennen. Sie müsste entweder eigene Mitschuld anerkennen oder zugestehen, dass sie sich von der kaiserlichen Regierung hat belügen und an der Nase herumführen lassen.

Als am 27. Januar 1919 in Bern die erste internationale Konferenz sozialistischer Parteien nach dem Krieg zusammentritt, sind die Sozialdemokraten damit konfrontiert, dass die meisten Parteien, insbesondere auch die Sozialisten neutraler Länder, der SPD Verrat an der Sache des internationalen Proletariats vorwerfen. Ein französischer Delegierter fordert, die SPD als Mitschuldige an Kriegsverbrechen aus der Internationale auszuschließen. So weit kommt es nicht, aber nur unter großem Druck gibt die SPD Erklärungen ab, in denen sie sich deutlich von der Politik des Kaiserreichs distanziert und beschwört, sie wolle jetzt, nach der Revolution, ihre ganze Kraft in den Dienst des Sozialismus stellen. Das genügt dem Kongress.

Am 22. März 1919 setzt sich das Kabinett Scheidemann auf Drängen Eberts mit der Kriegsschuldfrage auseinander. Bei den Friedensverhandlungen sei eine klare Stellungnahme erforderlich, hat der Reichspräsident die Regierung wissen lassen. Man müsse »die Sünden der alten Regierung aufs schärfste verurteilen« und die Haltung der neuen Regierung in einer Denkschrift niederlegen. Nachdem eine Untersuchung durch Neutrale von Großbritannien abgelehnt worden sei, regt Ebert einen deutschen Staatsgerichtshof an, der die Schuld der maßgeblichen Personen am Krieg feststellen soll.

Ebert ist selbst nicht dabei, bekommt aber in der Sitzung des Kabinetts viel Zustimmung. Reichsfinanzminister Eugen Schiffer von der DDP allerdings ist gegen eine Veröffentlichung deutscher Dokumente zum Kriegsausbruch, weil das »im Innern und draußen« nur schaden würde. Der Krieg sei ein Präventivkrieg gewesen, um aus der Einkreisung auszubrechen, die dem Reich gedroht habe, darin könne er keine Schuld erkennen. Der SPD-Minister Eduard David ist für die Veröffentlichung der Dokumente, warnt aber davor, einen Präventivkrieg zuzugeben, denn damit gebe man alles zu, was die Entente Deutschland vorwerfe.

Am 18. April liegt Kautskys Dokumentensammlung vor, und das Kabinett befasst sich wieder mit der Kriegsschuldthematik. Die Dokumente des Auswärtigen Amtes belegen: Die Reichsregierung hat Österreich-Ungarn 1914 zum Krieg gegen Serbien gedrängt und trägt damit die Hauptverantwortung für die Auslösung des Weltkriegs. Im Auswärtigen Amt hat man schwere Bedenken gegen die Veröffentlichung der Kautsky-Dokumente. Sie lieferten »trotz ihrer relativen Vollständigkeit kein abgewogenes Bild der Ereignisse«, sodass es für die »voreingenommenen Feinde« leicht sei, einzelne Vorgänge aus dem Zusammenhang zu reißen und zum Nachteil des Reiches zu verwerten. Das Kabinett ist sich nicht einig, Reichsministerpräsident Scheidemann empfiehlt am Ende, von der Veröffentlichung vorerst Abstand zu nehmen.

Schon in den Beratungen des Kabinetts im März und April 1919 setzt sich also das angebliche »nationale Interesse« durch – und das wird so bleiben. Die politisch Verantwortlichen der jungen Republik verpassen die historische Chance, auf deutliche Distanz zur Präventivkriegspolitik des Kaiserreichs zu gehen. Sie verpassen die Chance, die Verantwortung der Eliten des Kaiserreichs für das Auslösen des Krieges klar beim Namen zu nennen und sich davon zu distanzieren. Niemand weiß, ob das zu besseren Friedensbedingungen führen würde – vermutlich eher nicht –, aber für die innere Entwicklung der Republik wäre eine solche Haltung hilfreich und gut.

Massendemonstration gegen den Versailler Vertrag vor dem Reichstag in Berlin am 15. Mai 1919

Als dann am 7. Mai in Versailles die Friedensbedingungen übergeben werden, bricht in Deutschland ein Sturm der Empörung los. Reichspräsident und Reichsregierung sprechen am 8. Mai in einem Aufruf an das deutsche Volk von einem »Friedensvorschlag der Vergewaltigung«. Dem deutschen Volk solle »Gewalt ohne Maß und Grenzen« angetan werden. Aus einem solchen »aufgezwungenen Frieden müsste neuer Hass zwischen den Völkern und im Verlauf der Geschichte neues Morden erwachsen«. In ähnlichen Formulierungen wie schon im August

1914 wird die Einheit des Volkes über Parteigrenzen hinweg beschworen. »Jeder Gedanke, der ganze Wille der Nation gehören jetzt der Arbeit für die Erhaltung und Wiederaufrichtung unseres Vaterlandes.« In einem Telegramm Scheidemanns an die Regierungen der Freistaaten heißt es, »bitterste Enttäuschung und unsägliche Trauer« sei über Deutschland gekommen, eine Woche lang sollten nun alle öffentlichen Lustbarkeiten unterbleiben.

Zu den Friedensbedingungen gehören umfangreiche Gebietsabtretungen. Im Osten vor allem an den neu entstehenden polnischen Staat, im Westen vor allem an Frankreich. Der polnische Korridor zur Ostsee trennt Ostpreußen vom Reichsgebiet ab, Danzig wird Freie Stadt unter dem Mandat des gerade entstehenden Völkerbunds. Es geht den Siegermächten im Osten vor allem darum, ein lebensfähiges und auch industriell starkes Polen zu schaffen, aber nüchtern betrachtet entspricht das auch dem Mehrheitswillen der dort lebenden, vorwiegend polnischen Bevölkerung. Elsass-Lothringen wiederum musste Frankreich nach dem verlorenen Krieg von 1870/71 an Deutschland abtreten, und nur Träumer konnten erwarten, dass Frankreich dies nicht rückgängig machen würde. Auch US-Präsident Wilson hat daran nie einen Zweifel gelassen. Insgesamt verliert Deutschland etwa ein Siebtel seines Territoriums, ein Zehntel seiner Bevölkerung, ein Drittel seiner Kohlevorkommen und drei Viertel seiner Erzvorkommen. Deutschland verliert darüber hinaus sämtliche Kolonien. Das Saarland wird zunächst im Auftrag des Völkerbunds unter französische Verwaltung gestellt. Seine Bevölkerung soll nach 15 Jahren darüber entscheiden, ob der Autonomiestatus unter der Regie des Völkerbunds fortdauern soll oder ob das Saarland sich Frankreich oder dem Deutschen Reich anschließen will. Das linksrheinische Deutschland wird in 3 Zonen geteilt, die für maximal 15 Jahre von Besatzungstruppen der Siegermächte besetzt und dauerhaft entmilitarisiert werden.

Auf militärischem Gebiet werden Deutschland umfangreiche Einschränkungen auferlegt. Die Wehrpflicht wird abgeschafft, das Heer soll aus maximal 100.000 Berufssoldaten bestehen, die Marine aus 15.000. Das Deutschen Reich darf keine Luftwaffe unterhalten, Unterseeboote sind ihm ebenso verboten wie Panzer und Gaswaffen. Umfangreiches militärisches Material ist an die Siegermächte auszuliefern, insbesondere die gesamte Hochseeflotte, die sich der Auslieferung allerdings dadurch entzieht, dass sie sich am 21. Juni bei Scapa Flow selbst versenkt.

Mit Verweis auf die Kriegsschuld des Deutschen Reiches, die in Artikel 231 des Friedensvertrages festgestellt wird, fordern die Alliierten die vollständige Wiedergutmachung von Kriegsschäden und Kriegsverlusten. Sie können zu diesem Zeitpunkt allerdings noch keine abschließende Reparationssumme nennen. Klar ist jedoch, dass es um gewaltige Summen gehen wird, die Deutschland auf Jahrzehnte hinaus schwer belasten werden.

Am 12. Mai tagt die Nationalversammlung erstmals in Berlin. Reichsministerpräsident Scheidemann spricht von einem »Gewaltfrieden«, der das deutsche Volk erdrosseln solle. Die territorialen, wirtschaftlichen und politischen Forderungen würden Deutschland die Luft zum Leben nehmen. »Welche Hand müsste nicht verdorren, die sich und uns in solche Fesseln legte?« Diese Bedingungen stünden in krassem Gegensatz zu den Zusicherungen, die US-Präsident Woodrow Wilson gemacht habe. Dass die französischen Forderungen ursprünglich sehr viel weiter gingen und erst von seinen Verbündeten abgemildert worden sind, kommt Scheidemann gar nicht in den Sinn. »Dieser Vertrag ist nach Auffassung der Reichsregierung unannehmbar.«

Redner aller Parteien sind sich darin einig, dass dies kein Frieden des Rechts und der Gerechtigkeit sei. »Lieber tot, als Sklav!«, ruft der Preußische Ministerpräsident Hirsch (SPD) ins Plenum, Conrad Hausmann von der DDP attestiert den alliierten Mächten »Vernichtungswillen«, und Adolf Groeber (Zentrum) beklagt »Vergewaltigung und Versklavung eines alten Kulturvolks«. Auch Haase lehnt die Friedensbedingungen als imperialistisch ab, weist zugleich jedoch darauf hin, dass Deutschland 1918 Russland den Friedensvertrag von Brest-Litowsk aufgezwungen habe, der einen ähnlich imperialistischen Charakter hatte. Er erklärt auch, dass »die Schuld an der Katastrophe (...) die deutschen und habsburgischen Militaristen« trügen, »die in der imperialistisch erhitzten Atmosphäre des Sommers 1914 den Weltkrieg entzündet haben«. Solche selbstkritischen Töne kommen in der Nationalversammlung allerdings ausschließlich von den Unabhängigen.

Unterzeichnen oder nicht unterzeichnen? Das wird für einige Wochen zur Schicksalsfrage der Deutschen, die überall und meist hoch emotional diskutiert wird. Die einzige Partei, die sich trotz aller Kritik bereits früh für die Unterzeichnung des Vertrages ausspricht, ist die USPD. In den Augen der Unabhängigen bleibt Deutschland keine andere Wahl. Die am rechten Rand stehende DNVP und die DVP lehnen eine Unterzeichnung des Vertrages strikt ab. Auch die DDP, die mit dem Zentrum und der SPD die Regierung stellt, ist einheitlich gegen eine Unterzeichnung. Zentrum und SPD geraten in schwere Zerreißproben.

Unter den Sozialdemokraten melden sich zunächst vehement die ablehnenden Stimmen zu Wort, kaum einer plädiert dafür, die Bedingungen zu akzeptieren. Auch im *Vorwärts* erscheint am 10. Mai ein Leitartikel des Chefredakteurs Friedrich Stampfer mit der klaren Aufforderung: »Unterzeichnet nicht!« Für den 13. Mai ruft die SPD zu einer Massenkundgebung gegen die Friedensbedingungen in Berlin auf – findet damit allerdings nur wenig Resonanz bei ihren Anhängern. Im Anschluss an die Kundgebung vor dem Reichstag formiert sich ein Demonstrationszug, der zum Reichskanzlerpalais zieht. Es

Während um die Unterzeichnung eines Friedensvertrages gerungen wird, bekommen Separatisten wieder Oberwasser.

beteiligen sich etwa 10.000 Menschen, eine in diesen Zeiten erstaunlich geringe Zahl. Es ist nicht die sozialistische Arbeiterschaft, die den Protest gegen den Versailler Vertrag trägt oder gar anführt.

Der evangelische Theologe und DDP-Politiker Ernst Troeltsch hält am 23. Mai fest, beim Bürgertum sei »eine sichtliche Einigung in Schmerz, Grimm und beleidigtem Ehrgefühl« zu bemerken, aber er weist auch darauf hin, dass unter der Oberfläche dieser Einigung die nationalistische Rechte ihr propagandistisches Handwerk betreibe. Schulkinder zögen wieder in großen Demonstrationszügen mit schwarzweißroten Fahnen durch die Straßen und sängen die »Wacht am Rhein«. Auch die ganze Dolchstoß-Legende käme wieder hoch. Unter der Decke dieser neuen Bewegung breite sich ein schwelender Brand aus: »Gedankenloser Trotz gegen den Feind und Rache an der Revolution«.

Während der Wochen, in denen sich die deutschen Bevollmächtigten in Versailles um Verbesserungen und Abmilderungen bemühen, bestimmt die Unterzeichnungsfrage im Inland die öffentlichen Debatten. Alle denkbaren und undenkbaren Szenarien werden durchgespielt. Die Regierung fragt bei der Obersten Heeresleitung an, ob der Kampf gegebenenfalls wieder aufgenommen werden könne. General Groener verneint. Auch in der SPD gehen die Diskussionen weiter und münden auf dem Weimarer Parteitag, der am 10. Juni beginnt, in einen handfesten Skandal. Eine Mehrheit der Delegierten setzt kurz entschlossen den Punkt »Auslandspolitik« auf die Tagesordnung und lädt Eduard Bernstein als Referenten ein. Bernstein ist schon vor Monaten wieder in die SPD eingetreten und hat inzwischen seine USPD-Mitgliedschaft aufgegeben. Er hält eine gründliche Distanzierung vom politischen Kurs des Kaiserreichs für zwingend notwendig, der nach seiner Überzeugung in erster Linie für die Auslösung des Krieges verantwortlich war. Bernstein versucht in Weimar, Verständnis für die harten, aber eben doch nicht durchweg unbegründeten und ungerechten Friedensbedingungen zu wecken. »Neun Zehntel davon sind unabweisbare Notwendigkeiten«, ruft er den Delegierten im Eifer zu – und wird dafür fast gesteinigt.

Je näher die Stunde der Entscheidung rückt, desto größer wird die Zahl derer, die ihre politische Verantwortung erkennen. Scheidemann hat sich allerdings so sehr auf die Ablehnung festgelegt, dass er keine andere Möglichkeit sieht, als am 20. Juni mit seinem Kabinett zurückzutreten. Der Reichspräsident ernennt am folgenden Tag den bisherigen Reichsarbeitsminister Gustav Bauer zum Ministerpräsidenten. Bauer wird dem rechten Flügel der SPD zugerechnet und war zehn Jahre lang bis 1918 zweiter Vorsitzender der Generalkommission der Gewerkschaften Deutschlands. Bauer hat zunächst zu den Kabinettsmitgliedern gehört, die die Regierung auf eine ablehnende Haltung festlegen wollten, jetzt ist er bereit zu unterzeichnen – zunächst mit Vorbehalten gegen zwei Einzelbestimmungen. Deutschland will nicht seine alleinige Kriegsschuld anerkennen, und es will sich auch nicht verpflichten, Kriegsverbrecher an die Sieger auszuliefern. Bauers Kabinett gehören nur Sozialdemokraten und Zentrumspolitiker an, die DDP ist wegen ihrer ablehnenden Haltung zur Unterschrift aus der Regierung ausgeschieden.

Bis zuletzt ist unklar, ob sich eine Mehrheit in der Nationalversammlung für die Unterzeichnung finden wird. Auch in der katholischen Zentrumspartei gibt es sowohl Befürworter als auch Gegner der Unterzeichnung. Bei einer ersten Abstimmung erklärt sich die Nationalversammlung am 22. Juni mit der Unterzeichnung des Vertrages – inklusive der von Bauer formulierten Vorbehalte – mit 237 gegen 138 Stimmen bei sechs Enthaltungen einverstanden. Als diese Vorbehalte von der Entente aber zurückgewiesen werden, kippen die Mehrheitsverhältnisse, zumal noch der für die Sicherheit in Weimar zuständige Generalmajor Maercker erklärt, für den Fall einer Unterzeichnung stehe das Offizierskorps nicht hinter der Regierung. In einer Probeabstimmung der Zentrumsfraktion um die Mittagszeit des 23. Juni stimmen lediglich 14 Abgeordnete für die Unterzeichnung, 68 dagegen. Für einige Stunden sieht es so aus, als würde sich keine Mehrheit in der Nationalversammlung finden.

In dieser Situation rettet ausgerechnet die politische Rechte mit einem hinterhältigen politischen Schachzug die Unterzeichnung. Auch DNVP, DVP und das Offizierskorps wissen genau, dass der Friedensvertrag unterzeichnet werden muss. Sie wollen aber damit nicht in Verbindung gebracht werden, um später hemmungslos über diejenigen herfallen zu können, die für die Unterzeichnung gestimmt haben. Also versuchen nun am Nachmittag Abgeordnete der DNVP und der DVP, ihre Kollegen vom Zentrum zur Zustimmung zu bewegen. Die beiden Parteien sind sogar bereit, eine Erklärung abzugeben, dass sie die »vaterländischen Gründe« der Unterzeichnungsbefürworter anerkennen. Schließlich ist eine knappe Mehrheit in der Zentrumsfraktion bereit, der Unterzeichnung zuzustimmen, und der Friedensvertrag kann die Nationalversammlung mit Müh und Not passieren – gegen die Stimmen von DNVP und DVP sowie gegen die Mehrheit der DDP und eine Minderheit des Zentrums.

Die Zustimmung ist sehr im Sinne des Volkes, der einfachen Menschen in Deutschland, zu denen auch ein Kutscher gehört, auf den am Abend des 22. Juni der Chefredakteur des *Berliner Tageblatts* Theodor Wolff trifft. »Ein alter Droschkenkutscher, der mich nach Hause fährt und ganz abgezehrt und krumm auf seinem Bock sitzt, zeigt mir den Peitschenstumpf, mit dem er seinen elenden hinkenen Gaul vorwärts treibt. Er erzählt mir – die Langsamkeit der Fahrt gestattet eine Unterhaltung –, eine Peitsche koste jetzt 26 Mark. Sie habe sogar schon 36 gekostet, kein ehrlicher Mensch könne das erschwingen. ›Das kann man nicht mehr‹, sagt er kopfschüttelnd, ›so kann man nicht mehr leben, lieber Herr, es muss unterzeichnet werden, da hilft nun mal alles nichts.‹«

Am 28. Juni setzen Außenminister Hermann Müller (SPD) und Reichsverkehrsminister Johannes Bell (Zentrum) im Spiegelsaal von Versailles ihre Unterschriften unter den Friedensvertrag. Für die nationale Rechte wird »Versailles« neben dem »Dolchstoß« und der »Kriegsschuldlüge« eine ihrer schärfsten Waffen im Kampf gegen die Republik. Der hat inzwischen begonnen und nimmt immer mehr Fahrt auf. Die Gegenrevolution macht mobil – auf allen Ebenen.

27
MIT ALLEN MITTELN –
DIE GEGENREVOLUTION MACHT
MOBIL

Während die Politik im Juni 1919 um die Unterzeichnung des Versailler Friedensvertrags ringt, beraten der Chef des Generalkommandos Freiherr von Lüttwitz und andere Generale darüber, ob es nicht an der Zeit sei, die bestehende Regierung durch eine »den nationalen Interessen genehmere« zu ersetzen. Auch Hauptmann Pabst wird eingeweiht, aber die Pläne und Ziele der Putschisten gehen dem Ersten Generalstabsoffizier des Garde-Kavallerie-Schützen-Korps nicht weit genug. Seine Division ist im Frühjahr massiv auf rund 40.000 Mann aufgestockt und am 1. April zum Korps »hochgestuft« worden. Dieses Korps ist jetzt die tatsächliche Macht im Staat.

Pabst wendet sich am 5. Juli direkt an Reichswehrminister Noske und bietet ihm die Unterstützung des Garde-Kavallerie-Schützen-Korps an, falls er bereit sei, die Regierung nach einem militärischen Umsturz anzuführen. Er, Pabst, sei sich darüber im Klaren, dass man eine Militärdiktatur nur halten könne, wenn sie sich wenigstens auf einen Teil der Arbeiterschaft stützen könne. Noske hingegen geht nicht darauf ein.

Weil der Reichswehrminister aber immer wieder von der Putschbereitschaft Pabsts gehört hat und sie jetzt durchaus für eine Gefahr hält, ordnet er unmittelbar nach dem Gespräch mit Pabst an, das Garde-Kavallerie-Schützen-Korps auf verschiedene Provinzen aufzuteilen. Pabsts Machtposition wäre damit zerschlagen. Als dieser davon erfährt, versucht er, verschiedene Generalstabsoffiziere zum sofortigen militärischen Losschlagen gegen die Regierung zu bewegen. Am 9. Juli findet eine Besprechung der Verschwörer statt, an der auch die Generale von Lüttwitz, von Below und von Loßberg teilnehmen. Sie unterstützen die Pläne Pabsts, können sich aber in der Runde nicht durchsetzen. Noch schrecken einige der Militärs vor einem Putsch zurück. Pabst wird von seinem Vorgesetzten Lüttwitz befohlen, einen dreimonatigen Urlaub anzutreten, um die Lage zu entspannen.

Pabst jedoch macht genau das nicht, sondern lässt am 21. Juli, während sein Vorgesetzter Lüttwitz in Urlaub ist, die vorbereiteten Befehle an die alarmbereiten Regimenter des Garde-Kavallerie-Schützen-Korps herausgeben – und die Truppe befolgt diese Befehle. Ihr Marsch nach Berlin soll nach Pabsts Vorstellungen andere Formationen dazu veranlassen, sich anzuschließen und die Regierung zu stürzen – über die Köpfe der führenden Generale hinweg. Es ist ein veritabler Staatsstreich, den Pabst plant. Sein Ziel ist eine Militärdiktatur. Seine Pläne sehen vor, dass nach der Machtübernahme General von Lüttwitz die Staatsgewalt übernehmen soll, Kriegsminister soll General von Oven werden, Oberbefehlshaber aller Truppen des Reiches Generalleutnant von Hofmann. Unruhen will Pabst mit verschärftem Belagerungszustand und Waffengewalt begegnen. Die Todesstrafe will er verhängen für die Herstellung und Verteilung von Streikaufrufen, die Behinderung Arbeitswilliger, das Abreißen von Regierungsflugblättern, für Plünderung und Sabotage. Standgerichte aus einem Offizier, einem Unteroffizier und zwei Mann sollen mündlich ihre Urteile fällen, eine Berufung ist nicht vorgesehen.

Als die ersten Regimenter schon auf dem Marsch nach Berlin sind, machen die Generale Maercker und Lüttwitz Druck. Lüttwitz ordnet noch am 21. Juli den sofortigen Rückmarsch an. Derselbe Lüttwitz, der ein dreiviertel Jahr später, im März

1920, gegen die Regierung putschen – und scheitern – wird. Im Nachhinein hat er erhebliche Zweifel, ob seine Entscheidung im Juli 1919 richtig war. In seinen 1933 erschienenen Erinnerungen schreibt er: »Das Korps war zu damaliger Zeit eine große Macht, alle anderen Truppenteile blickten mit einer gewissen Ehrfurcht zu ihm auf. Es war wohl möglich, dass sie sich, wenn sich Berlin in den Händen dieses Korps befand und die Regierung matt gesetzt war, der Bewegung angeschlossen hätten. Die mir unbedingt ergebene Truppe war damals sehr viel stärker als im März 1920 beim Kapp-Unternehmen, und vor allen Dingen standen an ihrer Spitze Männer, die absolut verlässliche Antirevolutionäre waren.«

Hält man sich die Liste der geplanten Putsche und Putschversuche zwischen Dezember 1918 und Juli 1919 vor Augen, dann scheint es nur eine Frage der Zeit, wann ein Staatsstreich erfolgreich sein wird. Die Liste zeigt auch sehr deutlich, dass der Kampf gegen die radikale Linke für die Offiziere der alten Armee nur der erste Schritt ist und nicht das Ziel. Es geht ihnen um die Beseitigung der Republik, und sie haben sich mit den Freiwilligenverbänden das geeignete Instrument für einen Staatsstreich geschaffen.

In diesen Freikorps finden sich viele junge Männer mit völkisch-nationalistischen Anschauungen und autoritären Persönlichkeitsstrukturen zusammen, die in der Novemberrevolution das größte Unglück Deutschlands sehen. Bereits im Februar und März 1919 kursiert in den Freikorps ein anonymes Flugblatt, in dem behauptet wird, dass am 9. November 1918 fahneneidbrüchige hochverräterische Matrosen im Verein mit Deserteuren, Verbrechern und Arbeitern, die nie draußen gewesen seien, das stolze Staatswesen zertrümmert hätten. »Euch, die Ihr geführt von Euren Offizieren einer ganzen Welt von Feinden siegreich die Brust botet, sind diese Feigen schmählich in den Rücken gefallen, diesen Halunken habt ihr es zu verdanken, dass heute die Gegner, die vor dem Zusammenbruch waren, über uns triumphieren, dass heute sogar Polen sich ungestraft erfrechen dürfen, deutsche Landesteile zu besetzen, deutsche Bürger zu verjagen oder zu töten und deutsche Frauen und Mädchen zu schänden.« Das Flugblatt endet mit der Ankündigung: »Vor dem Rächerarm der deutschen Frontsoldaten und Offiziere werden die Empörer, die Revolutionäre und das ganze demokratisch-sozialistische Gesindel, das uns in den Rücken gefallen ist, verschwinden.«

Die Verbände neigen zu antidemokratischen, rechtsextremen Meinungen, sind aber keineswegs wilde Horden, wie das der Begriff »Freikorps« nahelegen könnte. Es sind vielmehr militärisch geschulte, höchst disziplinierte Einheiten, die ihren Kommandeuren treu ergeben sind. Und bei denen handelt es sich in aller Regel um hochrangige Offiziere der alten kaiserlichen Armee. Aufbau und Einsatz der Freikorps geschehen nicht nur mit Duldung, sondern unter Anleitung und Aufsicht der Obersten Heeresleitung. Was Gesinnung und Disziplin angeht, passen die Freikorps und das Garde-Kavallerie-Schützen-Korps als einzig mobil gebliebene Einheit der kaiserlichen Armee hervorragend zusammen.

Dass sich in den Freikorps eine gewaltige Gefahr für die entstehende deutsche Demokratie zusammenbraut, ist der USPD und Teilen der SPD durchaus bewusst. Schon seit Februar 1919 versucht die Sozialdemokratie, eigene Anhänger zum Eintritt in die Freikorps zu bewegen, um deren gegenrevolutionäre Ausrichtung zu behindern. Der Erfolg der Werbekampagnen ist jedoch gering, auch Anzeigen und Aufrufe im *Vorwärts* nützen wenig. Die sozialdemokratischen Arbeiter haben genug vom Krieg und keinerlei Neigung, sich weiterhin von reaktionären Offizieren kommandieren zu lassen. Die wenigen Sozialdemokraten, die den Aufrufen folgen, werden von den Freikorpsführern unter allerlei Vorwänden wieder ausgesondert, weil ihnen an einer homogenen nationalistischen und rechtsextremen Truppe gelegen ist. Die Freikorps sollen nach dem

Willen der militärischen Führung in erster Linie ein zuverlässiges Instrument der Konterrevolution sein.

Zunächst stellen sie dieses Instrument noch der Regierung zur Verfügung, und Reichswehrminister Noske macht hemmungslos davon Gebrauch. Das gegenrevolutionäre Potenzial »seiner« Garden erkennt er nicht oder will er nicht erkennen. Nach dem gescheiterten Putschversuch im Juli 1919 löst Noske zwar das Garde-Kavallerie-Schützen-Korps auf und ordnet dessen einzelne Teile anderen Einheiten der vorläufigen Reichswehr zu. Noske nimmt damit Pabst seine ganz persönliche Machtbasis, ändert aber an der politisch-ideologischen Orientierung der Truppe nichts. Die neue Freiwilligenarmee, die gerade im Aufbau ist, rekrutiert er aus den Freikorps und dem bisherigen Garde-Kavallerie-Schützen-Korps. Diese Reichswehr wird nie zur demokratischen Armee der Republik werden. Schon bei der ersten Bewährungsprobe im März 1920 versagt sie vollkommen. Hauptmann Pabst scheidet zwar im Dezember 1919 aus dem aktiven Dienst aus, aber als entschiedener Gegner der Weimarer Republik zieht er dennoch weiter alle Register, um das ungeliebte System zu beseitigen. Seine Handschrift ist auch beim Kapp-Lüttwitz-Putsch im März 1920 deutlich zu erkennen.

Will man Ausmaß und Qualität der gegenrevolutionären Mobilisierung verstehen, darf man den Blick allerdings nicht nur auf Putschversuche und die militärische Führung richten. Auch politisch motivierte Morde, politische Justiz, republikfeindliche Verwaltungsentscheidungen, ideologische Aufrüstung in Schulen, Hochschulen und Kirchen sind wichtige Waffen beim Kampf gegen die entstehende Demokratie.

Als hoch wirksames Mittel zur ideologischen Mobilisierung gegen die Republik erweist sich sehr rasch auch die Dolchstoßthese. Sie wird im Grunde bereits vorbereitet, als Ende September 1918 die Oberste Heeresleitung mit Hindenburg und Ludendorff an der Spitze völlig überraschend die sofortige Um-

bildung des Regierungssystems und die Einleitung von Waffen-
stillstandsgesprächen verlangt – oder besser anordnet.

Schon im November ist dann vom »Dolchstoß« die Rede,
den die Revolution und die wankende Heimat dem heldenhaft
kämpfenden Heer versetzt hätten. Die Dolchstoßthese wird
schnell ein zentraler Bestandteil der Kampfideologie der extremen Rechten, aber sie erscheint auch einem Großteil des Bürgertums plausibel, weil beim Abschluss des Waffenstillstands
die deutschen Truppen noch tief in Feindesland stehen. Bereits
im Frühjahr 1919 gibt es zahlreiche Fälle, in denen evangelische Pfarrer die Dolchstoßthese mit großer Inbrunst und auch
bei offiziellen Anlässen vertreten. Otto Dibelius beispielsweise
predigt am 11. Mai in Berlin: »Ein Volk, das seinem eigenen
Heere den Dolch in den Rücken gestoßen hat, ein Volk, das
seine Brüder und Schwestern preisgegeben hat, um den Fremden in leichtsinnigem Vertrauen die Friedenshand hinzustre-
cken, (...) ein solches Volk hat ein hartes Gericht verdient von
den Händen des gerechten Gottes.« Noch 1927 schreibt Dibelius, dass »Mächte der Finsternis« die Revolution verursacht
hätten. 1933 begrüßt er Hitlers Ernennung zum Reichskanzler,
erst später findet er den Weg in die Bekennende Kirche und
damit in den Widerstand gegen das Regime.

Die Dolchstoßthese ist ein Dauerthema der politischen Auseinandersetzung. Über viele Jahre beschäftigt sie auch die Nationalversammlung bzw. den Reichstag. In seiner Regierungserklärung bezeichnet Scheidemann am 13. Februar 1919 die
Niederlage im Weltkrieg als unvermeidbar. Die Antwort der
rechtsorientierten Presse ist eine regelrechte Kampagne, in der
die Revolution für den militärischen Zusammenbruch verantwortlich gemacht wird. General Ludendorff nutzt die Gelegenheit, in einem offenen Brief an den Reichsministerpräsidenten
alle Verantwortung für das Waffenstillstandsgesuch vom
4. Oktober 1918 und für den »Frieden des Bankrotts« von sich
zu weisen. Scheidemann fordert daraufhin im Kabinett am

**Generalfeldmarschall Paul von Hindenburg und General Erich Ludendorff
trugen viel zur Dolchstoßlegende bei.**

26. März die Bildung eines Staatsgerichtshofes, »um die Herren zu fassen (...), die derart die Schuld der Vergangenheit auf eine neue Gegenwart übertragen wollen«. Nach einer umfangreichen Diskussion konstituiert der Reichstag schließlich am 20. August 1919 eine Enquete-Kommission, die sich als Parlamentarischer Untersuchungsausschuss mit der Schuld am Krieg, seiner Verlängerung und der Niederlage beschäftigen soll.

Dieser Ausschuss bildet vier Unterausschüsse. Der vierte Unterausschuss widmet sich speziell den Ursachen des deutschen Zusammenbruchs, untersucht also insbesondere die Dolchstoßthese. Er tagt mit Unterbrechungen und Neubildungen jahrelang. Einen ersten Höhepunkt seiner Arbeit stellt die Aussage von Generalfeldmarschall Hindenburg und von General Ludendorff vor dem Untersuchungsausschuss am 18. November 1919 dar. Der Auftritt der Generale wird sorgfältig inszeniert. Sie erhalten einen Sonderzug, die Reichswehr schickt eine Ehrenwache zum Bahnhof und stellt Hindenburg zwei Adjutanten zur Verfügung. Die Plätze im Sitzungssaal sind größtenteils an die vaterländische Prominenz und an die Presse vergeben. Hindenburgs Platz ist mit weißen Chrysanthemen und einem schwarz-weiß-roten Band geschmückt. Hindenburg und Ludendorff verlesen eine vorbereitete Erklärung. Auf Einsprüche des Ausschussvorsitzenden und Zwischenrufe gehen sie nicht ein. Hindenburg legt einem ungenannten englischen General die Worte in den Mund, die deutsche Armee sei von hinten erdolcht worden. Flotte und Heer seien planmäßig zersetzt worden. »So mussten unsere Operationen misslingen, es musste der Zusammenbruch kommen; die Revolution bildete nur den Schlussstein.«

Die politische Bedeutung dieses inszenierten Auftritts ist enorm. Die nationale Rechte sieht sich angesichts eines Generalfeldmarschalls, der wie ein Ankläger auftritt, im Aufwind. Hindenburg verleiht der Dolchstoßthese aufgrund seiner Popularität und vermeintlichen Glaubwürdigkeit einen hohen Grad an Seriosität. 1920 erscheinen die im Herbst 1919 verfassten Erinnerungen Hindenburgs. Darin wählt er das geläufige mythologische Bild: »Wie Siegfried unter dem hinterlistigen Speerwurf des grimmigen Hagen, so stürzte unsere ermattete Front; vergeblich hatte sie versucht, aus dem versiegenden Quell der heimatlichen Kraft neues Leben zu trinken.« Um Hindenburg gibt es in den frühen Zwanzigerjahren einen regelrechten Kult, der Generalfeldmarschall wird mit Hannibal und Napoleon verglichen, als der große Sieger des Weltkriegs dargestellt – und immer wieder wird betont, die Revolution habe den Deutschen die Waffen aus der Hand geschlagen. Ludendorff wird sich 1923 am Putschveruch Hitlers gegen die Republik beteiligen und den Führer der NSDAP während seiner Festungshaft in Landsberg am Lech neun Mal besuchen.

Für die allermeisten deutschen Historiker der Weimarer Zeit ist die Dolchstoßthese unumstößliche Tatsache. Unter ihnen ist 1919 kein einziger Sozialdemokrat, es handelt sich um national denkende Männer, die zum größeren Teil wie Johannes Haller, Dietrich Schäfer oder Georg von Below glühende Anhänger der Monarchie oder eines starken Staates sind. Nur wenige entwickeln sich wie Friedrich Meinecke zu »Vernunftrepublikanern«. Schäfer hält zwischen 1918 und 1925 nachweislich 137 Vorträge, in denen es meist um den Dolchstoß geht. Georg von Below erklärt 1919: »Es kann unserem Volk nicht oft genug vor Augen gestellt werden: Nicht ihren Waffenerfolgen verdanken unsere Feinde ihren Sieg, unserer Erbärmlichkeit in der Heimat verdanken sie ihn.«

Die Dolchstoßlegende trägt massiv dazu bei, dass es keineswegs nur ein paar Ewig-Gestrige sind, die dem Kaiserreich nachtrauern und sich 1919 nicht auf die Republik einlassen wollen. Auch die großen Kampagnen gegen das Versailler Vertragswerk sorgen mit dafür, dass Revolution und Republik am Pranger stehen, zumal die Sozialdemokraten davor zurückschrecken, die Kriegsschuldfrage auf die Tagesordnung zu setzen. Indem sie Aktionen gegen den Kriegsschuldartikel 231 unterstützen, beteiligen sie sich indirekt daran, das Kaiserreich weiß zu waschen. Am Ende profitieren davon Monarchisten und nationale Rechte. Der Geist an den Universitäten, in den Schulen, den Gerichtssälen und Amtsstuben bleibt »schwarz-weiß-rot«.

In kaum verschlüsselter Weise wird 1919 in konservativen und nationalen Kreisen dazu aufgefordert, die Republik zu beseitigen. So findet beispielsweise am 31. März 1919, dem Vorabend von Bismarcks Geburtstag, in der Weimarer Herderkirche eine vaterländische Gedenkfeier statt, bei der der DNVP-nahe Theologe Gottfried Traub sowie der spätere Reichskanzler und Außenminister Gustav Stresemann (DVP) sprechen. Abschließend stimmt der Gesangverein »Arion« eine – wie es heißt – »zeitgemäße« Version des Deutschlandliedes an:

»Deutschland, Deutschland über alles,
über alles in der Welt!
Deutschland, durch Verrat und Lüge,
nicht durch Feindes Kraft gefällt!
Von der Maas bis an die Memel einst dem Kaiser
treu und Gott!
Liegst Du wehrlos jetzt und ehrlos jedem Gegner
leicht zu Spott. (…)
Einigkeit und Recht und Freiheit, deutschen
Glückes Unterpfand.
Flohen vor Verrat und Lüge trauernd aus dem
deutschen Land!
Einigkeit und Recht und Freiheit kehren nimmer
dir zurück,
eh du nicht den Wurm zertreten, der zernagt dir
Ehr und Glück!«

Gustav Stresemann und Gottfried Traub sind zum Zeitpunkt dieser Gedenkfeier Mitglieder der Weimarer Nationalversammlung. Traub wird 1920 während des Kapp-Lüttwitz-Putsches gegen die Republik für einige Tage Kultusminister der Putschistenregierung. Stresemann dagegen entwickelt sich später zu einem führenden vernunftrepublikanischen Realpolitiker.

Der Demokrat Ernst Troeltsch warnt im Sommer 1919 vor Tendenzen, das Rad auf allen Ebenen zurückzudrehen. »Ein Teil der Universitäten wählt die schroffsten Kriegspublizisten zu Rektoren, die Studentenschaften sammeln sich in der Hauptmasse um ihre alten Verbindungen und deren Ideologie. Die protestantische Kirche Preußens bereitet sich darauf vor, zur konservativen Gegenburg gegen den Staat der Revolution zu werden. Kurz: Die teils planmäßig gelegten, teils instinktiv hervorleuchtenden Grundlagen der Gegenrevolution werden sichtbar, (...) die Rache haben will an Juden und Judengenossen für den verlorenen Krieg und die verlorene Herrenstellung der bisher herrschenden Klassen.« Als die Nationalversammlung Ende Juli 1919 die Verfassung verabschiedet, wartet ein Gutteil des Bürgertums bereits darauf, dass die Republik möglichst schnell wieder beseitigt wird.

28
»DIE DEMOKRATISCHSTE DEMOKRATIE DER WELT« – DIE WEIMARER VERFASSUNG

Am 31. Juli 1919 verabschiedet die Nationalversammlung in dritter Lesung die Verfassung des Deutschen Reiches und schließt damit einen Prozess ab, der schon in den ersten Tagen der Revolution begonnen hat. Kaum im Amt, beschließt der Rat der Volksbeauftragten, den liberalen Berliner Rechtsprofessor Hugo Preuß zum Staatssekretär des Inneren zu machen und mit der Ausarbeitung eines Verfassungsentwurfs zu beauftragen. Das unterstreicht, wie wichtig es den Sozialdemokraten ist, den unsicheren Boden revolutionärer Zustände so schnell

Der liberale Rechtsprofessor Hugo Preuß erarbeitet als Staatssekretär die Weimarer Verfassung.

wie möglich zu verlassen. Preuß ist unter den deutschen Professoren für Staatsrecht wohl der einzige Demokrat und zudem mit demokratischen Verfassungsvorbildern voll vertraut. Bevor er zusagt, bespricht sich Preuß mit politischen Freunden wie dem Chefredakteur des *Berliner Tageblatts* Theodor Wolff. Dabei berichtet er, »dass Ebert ihn sehr gedrängt und ihm gesagt hat: Wir können das nicht, wir haben dafür keine Leute«. Die sozialistische Regierung akzeptiert mit der Berufung von Preuß von Anfang an einen liberal-demokratischen Zuschnitt der Verfassung und verzichtet darauf, dem künftigen Staatswesen eine deutlich sozialdemokratische Prägung zu geben. Möglicherweise versteht Ebert die Ernennung von Preuß auch bereits als Angebot an die Linksliberalen und das Zentrum, die politische Zusammenarbeit fortzusetzen, die man während des Krieges begonnen hat.

Seinen ersten Entwurf legt Preuß Anfang Januar 1919 vor. Er übernimmt darin Teile der Frankfurter Reichsverfassung vom 28. März 1849, greift Anregungen aus der englischen, schweizerischen und französischen Verfassung auf und verarbeitet auch Elemente aus Verfassungsvorschlägen, die im Verlauf des Krieges erarbeitet worden sind. Am Abend des 14. Januar wird der Entwurf vom Rat der Volksbeauftragten mit Vertretern der Reichsämter beraten. Dabei steht zunächst völlig die Frage im Mittelpunkt, ob das neue Staatswesen ein Einheitsstaat werden soll, wie Preuß das vorschlägt und wie das auch die Sozialdemokratie immer gefordert hat. Ebert ist allerdings der Überzeugung, »dass die Reichseinheit nur möglich ist auf föderativer Grundlage«. Schon bei dieser ersten Beratung im Kabinett deutet sich das spätere Ergebnis an: Auch ohne Dynastien bleiben die bisherigen Länder im Wesentlichen erhalten. Selbst das übergroße und übermächtige Preußen, das mehr als drei Fünftel der Fläche und der Einwohner des Reichs umfasst, bleibt bestehen. Innerhalb der föderativen Struktur wird allerdings die Zentralgewalt gegenüber den Zeiten des

Kaiserreichs deutlich gestärkt. Die einzelnen Länder haben keine Vertretungen im Ausland mehr, beim Post- und beim Eisenbahnwesen, im Hinblick auf Steuern und Schulen wird mehr Einheitlichkeit erreicht.

Ebert vermisst im ersten Entwurf »die scharfe, ins Auge fallende Betonung gewisser demokratischer Gesichtspunkte: persönliche Freiheit, Freiheit der Wissenschaft in ihrer Lehre, Gewerbefreiheit, Pressefreiheit, Versammlungsfreiheit, Koalitionsfreiheit usw.«. Der zweite Entwurf von Hugo Preuß trägt dem Rechnung. Er enthält neben einem ersten Abschnitt »Das Reich und die deutschen Freistaaten« einen zweiten Abschnitt »Die Grundrechte des deutschen Volkes«, in dem ausführlich nicht nur individuelle Rechte, sondern auch Regelungen für das Gemeinschaftsleben festgelegt sind. Weder im ersten noch im zweiten Entwurf werden allerdings Fragen der Wirtschafts- und Sozialpolitik berücksichtigt.

Kritisch angesprochen wird zu diesem frühen Zeitpunkt auch bereits die außerordentlich starke Stellung des Reichspräsidenten, die Ebert »etwas zu weit« zu gehen scheint. Der Reichspräsident der Weimarer Verfassung ist ein starkes Gegengewicht zum Parlament. Er wird direkt vom Volk gewählt, hat eine lange Amtsperiode von sieben Jahren, vertritt das Reich völkerrechtlich und ist Oberbefehlshaber der gesamten Wehrmacht. Er ernennt den Reichskanzler und auf dessen Vorschlag die Reichsminister. Der Reichspräsident kann den Reichstag auflösen, allerdings nur ein Mal aus demselben Anlass. Er kann »mit Hilfe der bewaffneten Macht« gegen Länder vorgehen, die ihre Pflichten nicht erfüllen, auch Sicherheit und Ordnung mit allen Mitteln wiederherstellen, wenn sie »erheblich gestört oder gefährdet wird«. Solche Maßnahmen nach Artikel 48 der Verfassung sind allerdings »auf Verlangen des Reichstags außer Kraft zu setzen«.

Nicht nur Preuß, auch seine liberalen Berater, allen voran der Nationalökonom und Soziologe Max Weber, tendieren dazu, dem von Parteien geprägten Parlament einen Reichspräsidenten gegenüberzustellen, der gegenüber den Parteiinteressen das Volksganze verkörpern und gegebenenfalls auch durchsetzen soll. Bis weit ins Lager der bürgerlichen Demokraten hinein gibt es ein tief verwurzeltes Misstrauen gegen die Parteien, denen nicht zugetraut wird, im politischen Wettstreit am Ende doch gemeinsam tragfähige Lösungen zu finden. Im Amt des Reichspräsidenten offenbart sich die Kontinuität obrigkeitsstaatlichen Denkens über die Revolutionsmonate hinweg.

Das stößt in der SPD auf heftige Kritik. In der Sitzung der SPD-Fraktion der Nationalversammlung spricht einer der Abgeordneten von einem »Kaiserersatz«, und im Plenum kritisiert der Fraktionssprecher am 28. Februar, der Entwurf gebe dem Reichspräsidenten mehr Macht, als sie der Präsident der USA oder der Präsident der Französischen Republik hätten. Man dürfe sich nicht davon blenden lassen, dass jetzt ein Sozialdemokrat Präsident sei. »Wir müssen mit der Tatsache rechnen, dass eines Tages ein anderer Mann aus einer anderen Partei, vielleicht aus einer reaktionären, staatslüsternen Partei an dieser Stelle stehen wird. Gegen solche Fälle müssen wir uns doch vorsehen, zumal die Geschichte anderer Republiken höchst lehrreiche Beispiele in dieser Beziehung geliefert hat.« Die Kritik der USPD ist noch entschiedener, aber die bürgerlichen Parteien bleiben davon unbeeindruckt. Sie erweitern im Gegenteil die Machtbefugnisse des Reichspräsidenten noch und kippen kurz vor der letzten Abstimmung am 30. Juli die Regelung, dass »Notverordnungen« des Reichspräsidenten der Zustimmung des Reichstags bedürfen. In der abschließenden Fassung muss der Reichspräsident das Parlament nur noch unverzüglich von seinen Maßnahmen in Kenntnis setzen.

Der Verfassungsentwurf wird der Nationalversammlung am 21. Februar zugeleitet und nach der ersten Lesung vom 24. Februar bis 4. März an einen 28-köpfigen Verfassungsausschuss überwiesen. In ihm sind alle Fraktionen entsprechend ihrer

Fraktionsstärke vertreten. Den Vorsitz überlassen die Sozialdemokraten als stärkste Gruppe aber der DDP, für die der Württemberger Conrad Haußmann das Amt übernimmt. Dieser Ausschuss tagt zwischen dem 4. März und dem 18. Juni 42 Mal. Unter Ausschluss der Öffentlichkeit finden hier heftige Debatten statt. Aber auch bei der zweiten Lesung im Plenum ab dem 2. Juli wird weiter um einzelne Artikel und um Kompromisse gerungen.

Gleich am 2. Juli geht es um den Namen des deutschen Staates. Die USPD beantragt, ihn »Deutsche Republik« zu nennen – und nicht mehr Deutsches Reich. Sie will damit den Bruch mit der alten Ordnung deutlich machen. Die SPD stimmt zu, aber die bürgerlichen Parteien beharren auf der Bezeichnung »Deutsches Reich«. Hoch emotional wird an diesem Tag auch über die »Farben des Reiches«, also die Flagge der neuen Republik debattiert. Die Redner von SPD und Zentrum treten für Schwarz-Rot-Gold ein, die Farben der Demokraten in der Revolution von 1848. DVP und DNVP wollen die alten Farben des Kaiserreiches Schwarz-Weiß-Rot beibehalten. Die USPD plädiert für eine rote Flagge als Zeichen der Revolution. Die DDP ist in dieser Frage gespalten: Die Mehrheit will weiter die bisherige Flagge des Kaiserreichs, aber eine große Minderheit ist für Schwarz-Rot-Gold. Am Ende steht ein Kompromiss: Die neuen Farben des Deutschen Reiches sind Schwarz-Rot-Gold, aber die Flagge der Handelsschifffahrt bleibt Schwarz-Weiß-Rot mit einer schwarz-rot-goldenen Gösch in der oberen inneren Ecke.

Schon in den Ausschussberatungen hat sich die SPD für Elemente der direkten Demokratie stark gemacht. Auch in dieser Frage gibt es sehr unterschiedliche Positionen. In der Plenardebatte am 7. Juli wird das Thema noch einmal behandelt. Am Ende steht ein Kompromiss, der einen Volksentscheid für den Fall vorsieht, dass ein Zehntel der Stimmberechtigten diesen durch ein Volksbegehren fordert. Die Möglichkeit, vom Reichstag beschlossene Gesetze durch einen Volksentscheid zu annullieren, wird außerordentlich schwer gemacht.

Die Debatten über Artikel des Grundrechteteils offenbaren besonders deutlich die unterschiedlichen Positionen der Sozialisten, der Bürgerlichen und der Konservativen zu praktisch allen Fragen des Zusammenlebens. Ob Abschaffung der Todesstrafe, Gleichberechtigung der Geschlechter, Abschaffung von Adelsprädikaten, Gleichstellung der unehelichen Mütter und Kinder mit Ehefrauen und ehelichen Kindern, Jugendfürsorge, Trennung von Staat und Kirche – überall stehen gegensätzliche Positionen hart im Raum, und es werden mehr oder weniger tragfähige Kompromisse gefunden. Besonders schwer fällt das auf dem Feld der Bildungspolitik in den Fragen des Religionsunterrichts und der kirchlichen Schulaufsicht. Den Sozialdemokraten geht es um bessere Bildungschancen für die unteren Bevölkerungsschichten, dem Zentrum um die Zulassung konfessioneller Schulen im ganzen Reichsgebiet. Nach langem Hin und Her, begleitet von Drohungen, die gesamte Verfassung abzulehnen, verständigen sich SPD, DDP und Zentrum schließlich darauf, die gemeinsame Schule aller Bekenntnisse solle in Zukunft »Regelschule« sein. Auf Antrag der Erziehungsberechtigten könne an ihre Stelle aber auch eine konfessionelle oder bekenntnisfreie Schule treten.

Umstritten ist selbstverständlich auch der Niederschlag, den die Räte in der Verfassung finden sollen. Die Regierung hält die Zusage, die den streikenden Arbeitern im Frühjahr gegeben worden ist, und verankert in Artikel 156 die Möglichkeit, »geeignete private wirtschaftliche Unternehmungen« in »Gemeineigentum« zu überführen. Artikel 165 bescheinigt Arbeitern und Angestellten, sie seien dazu berufen, »gleichberechtigt in Gemeinschaft mit den Unternehmern an der Regelung der Lohn- und Arbeitsbedingungen sowie an der gesamten wirtschaftlichen Entwicklung der produktiven Kräfte mitzuwirken«. Gewerkschaften und Organisationen der Unternehmer werden ausdrücklich anerkannt. Außerdem werden Betriebsarbeiterräte, nach Wirtschaftsgebieten gegliederte Bezirksarbeiterräte und ein Reichsarbeiterrat eingeführt. Gemeinsam mit den Vertretungen der Unternehmer sollen sie Bezirkswirtschaftsräte und einen Reichswirtschaftsrat bilden, die in sozialpolitischen und wirtschaftspolitischen Fragen zu hören sind. Dem Reichswirtschaftsrat wird ein Initiativrecht für Gesetzesvorlagen eingeräumt.

Alles in allem ist der Grundrechteteil der Weimarer Verfassung ein Sammelsurium, das versucht, auf demokratischer Grundlage einen Ausgleich zwischen den unterschiedlichsten Interessen und Positionen zu schaffen – und insofern ein getreuer Spiegel der Zeit und der politischen Kräfteverhältnisse, wie sie sich im Frühjahr 1919 entwickeln. Die Weimarer Verfassung bietet der Gesellschaft durchaus Chancen und demokratische Entfaltungsmöglichkeiten. Es ist nicht der Verfassungstext, an dem die Republik scheitern wird. Vielmehr ist es die Diskrepanz zwischen den Zielen und Normen der Verfassung und den tatsächlichen Verhältnissen in Verwaltung, Wirtschaft, Heer und Justiz.

Am 31. Juli 1919 nimmt die Nationalversammlung die Weimarer Reichsverfassung mit großer Mehrheit an. Mit Ja stimmen 262 Abgeordnete von SPD, DDP und Zentrum, mit Nein 75 Abgeordnete von DVP, DNVP, Bayerischem Bauernbund und USPD. Es gibt eine Enthaltung, und 86 Abgeordnete bleiben der Abstimmung fern, die meisten von ihnen gehören den Mehrheitsparteien an.

Der USPD-Abgeordnete und frühere Volksbeauftragte Dittmann erklärt, die Weimarer Verfassung enthalte »vom demokratischen und besonders vom sozialistischen Standpunkt aus so viele Schwächen und Halbheiten, so viele unmögliche Kompromisse zwischen Kapitalismus und Sozialismus als Folge der bürgerlichen Mehrheit in der Nationalversammlung, dass die Fraktion der USPD gegen sie gestimmt hat.«

Ein klares Bekenntnis zum Verfassungskompromiss legen vor allem die Sozialdemokraten ab. Reichsinnenminister Eduard David erklärt, das Deutsche Reich könne jetzt als »die demokratischste Demokratie der Welt« gelten, der *Vorwärts* lobt vor allem die »neue und nun endgültig sichere Grundlage«, auf die das ganze Leben der Nation gestellt sei.

Das ist nur bedingt richtig. Während die Sozialdemokratie auch während der Arbeit an der Verfassung vielfältig zeigt, dass sie aus Überzeugung Kompromisse anstrebt und zur Teilung der Macht mit dem Bürgertum bereit ist, macht auf der politischen Rechten längst die Konterrevolution mobil. Es ist nicht nur das Junkertum von östlich der Elbe, es sind nicht nur rechtsextreme Offiziere, nicht nur völkische Rechte, es ist das »ganz normale« konservative Bürgertum, auch und gerade das akademische, das der Republik vom ersten Tag an den Kampf ansagt. Ernst Troeltsch notiert in einem der Briefe, die er für die Zeitschrift *Der Kunstwart* unter dem Pseudonym *Spektator* geschrieben hat, in manchen juristischen Kollegien werde mit den Füßen gescharrt, wenn das Wort »Reichsverfassung« falle.

Zu befürchten haben die Gegner der Republik in den Schulen, den Hörsälen, den Amtsstuben und den Gerichten so gut wie nichts. »Zu den folgenreichsten Beschlüssen der Nationalversammlung gehört die Verankerung der ›unantastbaren Beamtenrechte‹ in der Verfassung von Weimar«, hält Dittmann in seinen Erinnerungen fest. »Dadurch wurden allen früheren Offizieren und reaktionären Beamten die Gehalts- und Pensionsansprüche und ihre Unabsetzbarkeit, außer im Wege des Disziplinarverfahrens, sichergestellt. (...) Jetzt konnten die alten Reaktionäre in den Behörden ihre Sabotage umso unbesorgter und dreister betreiben. Die Gefahr für die Republik, deren Verfassung am 11. August von Reichspräsident Friedrich Ebert unterzeichnet wird und am 14. August in Kraft tritt, kommt nicht von links, sondern von rechts.

29
DER KATER NACH DEM RAUSCH – VON DER »GRÖSSTEN ALLER REVOLUTIONEN« ZUM »ZUSAMMENBRUCH«

Ein Jahr danach ist von der »größten aller Revolutionen« keine Rede mehr. Beim Antritt seines Amtes als Rektor der Berliner Humboldt-Universität im November 1919 erklärt der Althistoriker Eduard Meyer, der 9. November sei das Symbol für den politischen, geistigen und moralischen Niedergang des deutschen Volkes, das plötzlich und vollständig versagt habe. In seinen Augen ein einmaliger Vorgang in der Weltgeschichte. Das »Wahngebilde einer greifbar bevorstehenden Umwandlung des gesamten Menschengeschlechts« habe zur Selbstentmannung eines ganzen Volkes geführt, »so wirft es die Waffen weg, zerbricht sein eigenes Heer, liefert seine stolze Flotte freiwillig aus und stürzt wehrlos, um Gnade bettelnd, seinen Feinden zu Füßen.«

Auch Gustav Stresemann (DVP) zieht in der Wochenschrift *Deutsche Stimmen* am 5. November 1919 eine vernichtende Bilanz. »Wer freut sich eigentlich des 9. November? Die Demokratie (gemeint ist die DDP – Anm. des Verf.) beginnt von ihm abzurücken, obwohl sie ihn erst bejubelte. Das Zentrum macht aus seiner Abneigung kein Hehl. Die Sozialdemokratie steht im Zeichen des Katzenjammers und einer ihrer Führer gesteht, dass die Massen sagten: Wenn das Sozialismus ist, was wir heute erleben, dann wollen wir wieder zurück zum alten Regime. Die Unabhängigen fühlen sich durch den 9. November betrogen, weil die Revolution in einer Farce der kapitalistischen Republik geendet habe. Die Gefühle unserer Freunde bedarf es nicht darzulegen. Müde und armselig schleppt sich die Revolution durch das erste Jahr ihres Bestehens. Überall Niederbruch, fast nirgends ein Anfang von Neuem. – Das ist die Novemberstimmung, in der das deutsche Volk den Jahrestag der Revolution begeht.«

Natürlich sei es nicht richtig, das gegenwärtige Elend lediglich auf die Revolution schieben zu wollen. Sie habe eine bitter schwere Erbschaft übernommen, »der Sieg im Weltkrieg war nicht mehr zu gewinnen, es ging nur noch um den ehrenvollen Frieden«. Aber dass der Friede »zum Niederbruch unserer ganzen Weltstellung führte, das ist die Errungenschaft der Revolution. Und deshalb wird der Revolutionstag nie nationaler Gedenktag in Deutschland werden. Die Revolution und die Republik, beide vermögen dem Gemüt des deutschen Volkes nichts zu geben.« Der Revolution fehle jede nationale Tiefe und deutsche Größe, sie werde »nur in Verbindung mit dem deutschen Elend der Gegenwart genannt und von späteren Geschlechtern verflucht werden«.

»Wenn wir am 9. November die Bilanz des ersten Revolutionsjahres ziehen, gelangen wir zu trostlosen Feststellungen«, schreibt Heinrich Ströbel, der im November und Dezember 1918 Preußischer Ministerpräsident war und zum rechten Flügel der USPD gehört. »Mit Ausnahme einer Handvoll politischer Streber und des stattlichen Haufens des Schiebertums, das sich auch während der Revolution gleich Hyänen am verwesenden Kadaver unserer Volkswirtschaft mästet, empfindet das ganze Land den stärksten Unmut über den Verlauf und die Ergebnisse der Revolution.« Ströbel ist nicht nur Befürworter einer parlamentarischen Demokratie, sondern auch Verfechter einer grundlegenden Demokratisierung der Gesellschaft, die bislang unterblieben ist. »Und heute, wo sich die Geburtsstunde der Republik jährt, brennen nicht nur Junker und Großbourgeoisie darauf, ihr bei erster Gelegenheit den Todesstoß zu versetzen, ist sie nicht nur für Kleinbürger und Bauern der Gegenstand des Hohns und der Verachtung geworden, sondern auch für das Proletariat selbst, das sich geäfft und betrogen fühlt und die Demokratie nur für die Kulisse hält, hinter der sich kapitalistische Ausbeutung und bürokratisch-militaristische Willkürherrschaft genau so schamlos abspielten, wie unter der Monarchie und der unverhüllten Säbeldiktatur.«

Die Freiheit, das Zentralorgan der USPD, stellt am 10. November 1919 fest, »dass nur noch die Arbeiter und vielleicht noch einige kleine bürgerlich-demokratische Gruppen des revolutionären Inhalts dieses Tages gedenken«. Aus der Perspektive des linken Flügels der USPD erscheint das Geschehen des 9. November nach Jahresfrist eher als »Zusammenbruch«, als »geglückte Revolte« gegen den morschen Obrigkeitsstaat. Die *Leipziger Volkszeitung* hält die Novemberrevolution jetzt für ein »politisches Vorbeben« im Hinblick auf künftige Umwälzungsprozesse. Die eigentliche Revolution sieht man erst noch kommen.

Das ist auch die Vorstellung der KPD. Der Leitartikel der *Roten Fahne* »Zum 9. November« beginnt mit einem Verweis auf die Oktoberrevolution und stellt fest, die deutschen Arbeiter müssten aus dem »heiligen Feuer der russischen Revolution« Mut und Kraft schöpfen, um ihr eigenes Werk, die proletarische Revolution in Deutschland, zu vollenden. Der 9. November sei der Tag, an dem der deutsche Imperialismus zusammenbrach, zugleich aber auch der Tag des beispiellosen Verrats der »Mehrheitssozialisten« an der Revolution. »Das revolutionäre Proletariat feiert darum den 9. November nicht als einen Tag des Sieges. Es gedenkt an diesem Tage seiner Fehler, seiner Schwächen, es gedenkt des Verrats seiner Führer. Am 9. November gelobt das revolutionäre Proletariat Deutschlands alle Kraft daran zu setzen, bis die Junker, die Offiziere, die Bourgeois und ihre sozialistischen Helfer (...) am Boden liegen. Am 9. November erklärt es den Krieg der bürgerlichen Demokratie in jeglicher Form, erhebt es wieder den alten Schlachtruf: Alle Macht den Arbeiter-, Soldaten und Bauernräten.«

Jeden niedergeschlagenen Aufstand und Streik des Jahres 1919 verbucht die *Rote Fahne* als Sieg, weil dadurch der Glaube »an einen Ausgleich zwischen Ausbeutern und Ausgebeuteten« beseitigt worden sei. Vor einer Konterrevolution der Generale und Freikorps ist der KPD nicht bang, denn sie würde nach ihrer Überzeugung zu einer nackten Gewaltherrschaft führen, und damit »das Todesröcheln des kapitalistischen Deutschlands und der Geburtsschrei des proletarischen Deutschlands sein. Welche Wunden auch der Sieg der unmaskierten, offenen Konterrevolution der deutschen Arbeiterklasse, dem deutschen Kommunismus schlagen könnte, er würde seinen Aufstieg zur Macht in schnellem Tempo herbeiführen; denn er würde die Arbeiterklasse einigen, das Joch unerträglich machen.« Das ist schon 1919 eine fahrlässige Unterschätzung der Konterrevolution, 1933 wird sich dies bitter rächen.

Nur im sozialdemokratischen Milieu ist zum ersten Jahrestag im November 1919 noch positive Stimmung zu bemerken, mitunter sogar eine gewisse Euphorie. Der *Vorwärts* nennt den 9. November 1918 den »größten Wendepunkt in der Geschichte des deutschen Volkes und der Arbeiterschaft«. Natürlich habe die Umwälzung des November 1918 nichts Vollkommenes geschaffen, sondern »nur etwas Entwicklungsfähiges, Werdendes«, betont Friedrich Stampfer, der Chefredakteur. Aber man dürfe nicht verkennen, »dass hier die Arbeiterklasse einem großen Staat die Zeichen ihres Geistes aufgeprägt hat. Das arbeitende Volk hat aus dem Trümmerfall des Weltkriegs die demokratische Republik Deutschland geschaffen, niemand wird auf Dauer imstande sein, ihm in diesem Hause, das es sich selbst gebaut hat, eine Knechtsrolle aufzuzwingen.« Die politische Demokratie, die man erreicht habe, sei der erste Schritt auf dem Weg zum Sozialismus. »Wir glauben, dass die deutsche Arbeiterklasse reif und gebildet genug ist, um auf dem Weg über die Demokratie zum Sozialismus aufsteigen zu können: Wäre dieser Glaube falsch, dann gäbe es auch keinen anderen Weg dahin, denn das Schicksal einer Arbeiterklasse, die diese Machtmittel nicht zu gebrauchen verstände, wäre hoffnungslos.«

Etwa 70 Veranstaltungen führt die SPD allein in Berlin im November 1919 durch, den Gewerkschaften gelingt es mit den Arbeitgebern eine demonstrative »Arbeitsruhe« zu verabreden – 1919 und auch noch in den folgenden Jahren. Alle Versuche, den 9. November zum staatlichen Feiertag zu erheben, scheitern jedoch am Widerstand der bürgerlichen Parteien. Die breite Hauptströmung der SPD will trotz alledem nicht in Vergessenheit geraten lassen, dass die Revolution 1918 die Geburtsstunde der deutschen Republik ist. Sie will den 9. November nicht kampflos den Dolchstoß-Demagogen überlassen.

Der Demokrat und Chefredakteur des *Berliner Tageblatts*, der am 10. November 1918 das Schlagwort von der »größten aller Revolutionen« geprägt hat, schreibt ein Jahr später von einem grauen Novembertag, »an dem ein Regime zusammenstürzte, das niemand mehr hielt«. Jetzt sieht Theodor Wolff in schief geschobenen Mützen und aufgeknöpften Uniformröcken nur noch »nach russischem Muster entworfene Theaterrequisiten der Revolution« und klagt darüber, dass da keine Marseillaise gewesen sei, welche die Herzen fortgerissen habe. Dass die Marseillaise nicht 1789, sondern 1792 komponiert und erst weitere drei Jahre später zur französischen Nationalhymne gemacht wurde, vergisst er zu erwähnen – und das ist durchaus symptomatisch: Die deutsche Revolution von 1918/19 leidet schon ein Jahr nach ihrem Beginn sowohl unter höchsten Erwartungen unterschiedlichster Art als auch unter der Verklärung historischer Vorbilder, insbesondere der großen Französischen Revolution durch das liberale Bürgertum.

Manchen Erwartungen tritt Wolff entgegen und fordert mehr Geduld. Natürlich lebe in der Republik »noch viel vom Geiste des monarchischen Staates«, aber man könne doch nicht annehmen, »ein in langer monarchischer Tradition geschultes, die Selbständigkeit kaum ahnendes, mit starren Anschauungen vollgepfropftes Volk könnte an einem Revolutionstage sich wie in dem Märchen aus einem Bären in einen Bräutigam verwandeln«. Auch in Frankreich sei das alles nicht geradlinig und ohne Rückfälle gegangen.

Eines, allerdings, ist für Wolff klar: ohne Revolution keine Demokratie. »Die Ansicht, dass es in Deutschland möglich gewesen wäre, das unter dem Prinzen Max von Baden eingeleitete System parlamentarischer Regierung im Frieden auch ohne Revolution fortzusetzen und zu festigen, entspringt einem mit melancholischem Bedauern gemischten Optimismus, der die Nachprüfung nicht verträgt, (...) in einem kaiserlichen Deutschland hätte das Militär leicht immer wieder das Parlament in die Ecke gedrückt.« Man solle sich darüber klar werden, rät er seinen Lesern, »dass doch eigentlich erst die Revolution, so getrübt ihre Sonne auch aufging, dem deutschen Volke die Rechte und die schweren Pflichten mündiger Nationen gesichert hat.« Was die Zukunft angeht, gibt sich Wolff im *Berliner Tageblatt* durchaus optimistisch und setzt auf die Bildungseinrichtungen: »Die deutsche Republik wird bestehen bleiben, wenn es gelingt, Schule und Universität zu ihren Verkündern zu machen, kommende Generationen in demokratischem Empfinden zu erziehen. Nicht heute, sondern in zwanzig Jahren möge man anfragen, ob es noch viel vom alten Geiste gibt!« Es gibt allerdings viele in der jungen Republik, die ihr so viel Zeit nicht lassen wollen. In Schulen und Universitäten, in Amtsstuben und Gerichtssälen, in Unternehmen und in Kasernen.

30
PATT – EIN TIEF GESPALTENES LAND

Schon seit Sommer 1919 bereitet eine nationalistische Gruppe um General Ludendorff und den ostpreußischen Generalland-schaftsdirektor Wolfgang Kapp einen Staatsstreich vor. Kapp hat 1917 zu den Mitbegründern der Vaterlandspartei gehört, für die der Krieg nur mit einem Sieg und großen Gebietsgewin-nen für das Deutsche Reich enden konnte. Im Oktober 1919 gründet die zunächst lose Gruppe um Ludendorff und Kapp die »Nationale Vereinigung« und schafft damit einen organisa-torischen Rahmen, eine Schaltstelle für den Staatsstreich. Zu-gleich bemüht sie sich intensiv darum, aktive Offiziere für die Verschwörung zu gewinnen. Der Zeitpunkt dafür ist günstig, weil im ersten Halbjahr 1920 die Reichswehr von etwa 250.000 Mann, die sie zurzeit einschließlich der Freikorps umfasst, auf die vom Versailler Friedensvertrag vorgeschriebene Stärke von 100.000 Mann reduziert werden soll. Das löst bei vielen Offi-zieren und Soldaten der Truppe und der Freikorps Existenz-ängste aus und erhöht die ohnehin vorhandene Bereitschaft, gegen die Regierung der verhassten Republik vorzugehen. Zu-gleich müssen die Verschwörer aber auch fürchten, dass nach und nach Truppenteile aufgelöst werden, die ihre antidemokra-tische Gesinnung teilen und ihnen treu ergeben sind – so wie das bereits mit dem Garde-Kavallerie-Schützen-Korps gesche-hen ist.

Als am 29. Februar 1920 angeordnet wird, die Marinebrigade Ehrhardt aufzulösen, sehen die Putschisten darin den geeigneten Zeitpunkt zum Losschlagen. Für den Abend des 10. März ist eine Besprechung zwischen dem Reichspräsidenten, dem Reichswehrminister und General Lüttwitz anberaumt, bei der es um die Truppenreduzierungen und die Struktur der Reichswehr gehen soll. Lüttwitz ist seit dem Frühjahr 1919 Befehlshaber aller Truppen östlich der Elbe sowie der Verbände in Thüringen, Sachsen und Hannover. Er sieht sich seit dem Ausscheiden Hindenburgs am 25. Juni und der Auflösung der Obersten Heeresleitung am 3. Juli als militärischer Führer der gesamten Armee. Lüttwitz ist im Herbst 1919 zu den Verschwörern um Kapp und Ludendorff gestoßen, aber er gehört seit Langem zu den Generalen, die über einen Staatsstreich nachdenken und nach dem optimalen Zeitpunkt dafür suchen. Am Abend des 10. März fordert Lüttwitz ultimativ, jeden weiteren Truppenabbau zu unterlassen, die Nationalversammlung sofort aufzulösen und Neuwahlen zum Reichstag auszuschreiben. Er fordert personelle Veränderungen der Regierung, seine eigene Ernennung zum Oberbefehlshaber der gesamten Reichswehr und die Ablösung von General Reinhardt, dem Chef der Heeresleitung, der loyal zur Regierung steht.

Natürlich kann Lüttwitz nicht ernsthaft damit rechnen, dass seine Forderungen von Ebert erfüllt werden. Aber er wird nicht etwa sofort verhaftet, sondern erst am folgenden Tag seines Kommandos enthoben. Gegen die Mitverschwörer Kapp und Pabst ergehen Haftbefehle, die aber nicht vollstreckt werden können, weil die beiden aus Kreisen des Berliner Polizeipräsidiums gewarnt werden. Lüttwitz begibt sich zur Marinebrigade Ehrhardt, die in der Nähe von Berlin liegt. In der Nacht zum 13. März setzt Lüttwitz die Brigade in Marsch. Der Putsch ist da.

Im Verlauf der Nacht stellt sich heraus, dass sich die führenden Generale der Reichswehr fast durchweg weigern, gegen die

Putschisten vorzugehen. Lediglich General Reinhardt ist bereit, den Putsch mit Waffengewalt niederzuschlagen. Der Chef des Truppenamtes, General von Seeckt, erklärt dagegen, er werde einen militärischen Widerstand gegen die anrückenden Truppen der Putschisten nicht zulassen. Später erklärt er bündig: »Reichswehr schießt nicht auf Reichswehr.« Gegen 4 Uhr am frühen Morgen des 13. März tritt unter Leitung von Reichspräsident Ebert das Reichskabinett zusammen, auch einige Minister der preußischen Regierung sind dabei. Man beschließt, dass der Reichspräsident, der Reichskanzler und einige Minister Berlin verlassen und nach Dresden fliehen sollen. Ein Teil der Regierung bleibt in Berlin zurück.

Die Brigade Erhardt hält Einzug in Berlin im März 1920 – unter der Kriegsflagge des Kaiserreichs.

Im Morgengrauen rückt die Marinebrigade Erhardt unter Lüttwitz' Führung in die völlig ungeschützte Hauptstadt ein und besetzt das Regierungsviertel. Wolfgang Kapp wird zum neuen Reichskanzler ausgerufen. In verschiedenen Teilen des Reiches sind Reichswehrkommandeure bereit, sich den Putschisten an-

Gepanzertes Fahrzeug der Putschisten. Das Hakenkreuz wird von der Marinebrigade Erhardt vielfach als Symbol auf Fahrzeugen und Stahlhelmen verwendet.

zuschließen. Am 13. März 1920 scheint die junge deutsche Demokratie am Ende.

Gerettet wird die Republik von denen, die sie ins Leben gerufen haben: von den Arbeitern. Bereits am frühen Morgen des 13. März wird ein Aufruf herausgegeben, in dem es heißt: »Arbeiter! Parteigenossen! Der Militärputsch ist da! (...) Es geht um alles! Darum sind die schärfsten Abwehrmittel geboten. Kein Betrieb darf laufen, solange die Militärdiktatur der Ludendorffe herrscht! Deshalb legt die Arbeit nieder! Streikt! Schneidet dieser reaktionären Clique die Luft ab. Kämpft mit jedem Mittel um die Erhaltung der Republik! Lasst allen Zwist beiseite! Es gibt nur ein Mittel gegen die Diktatur (...): Generalstreik auf der ganzen Linie! Proletarier vereinigt Euch! Nieder mit der Gegenrevolution!« Unterzeichnet ist der Aufruf von den sozialdemokratischen Mitgliedern der Reichsregierung einschließlich des Reichspräsidenten und von Otto Wels für den Parteivorstand der SPD. Verfasst hat ihn der Pressesprecher der Reichskanzlei Ulrich Rauscher. Die Initiative zu diesem Aufruf ging vermutlich von der Partei aus, nicht von den sozialdemokratischen Regierungsmitgliedern. Der Tenor des Aufrufs entspricht ganz der kritischen Haltung, die sich innerhalb der SPD schon seit dem Sommer 1919 gegenüber dem Handeln der eigenen Regierungsmitglieder Bahn gebrochen hat.

Bereits am Vormittag des 13. März stellen sich der Vorstand des Allgemeinen Deutschen Gewerkschaftsbundes (ADGB) und die Berliner Gewerkschaftskommission hinter den Streik. Ein gemeinsamer Aufruf mit der Arbeitsgemeinschaft freier Angestelltenverbände (AfA), der SPD und der USPD scheitert am Nachmittag an der Haltung der USPD, die zwar den Generalstreik unterstützt, aber kein gemeinsames Auftreten mit der SPD möchte. Die Zentrale der KPD erklärt zu diesem Zeitpunkt in einem Flugblatt sogar, das revolutionäre Proletariat werde »keinen Finger rühren für die demokratische Republik, die nur eine düstere Maske der Diktatur der Bourgeoisie war«. Später rückt sie von dieser Position ab. Es gelingt jedoch nicht, in Berlin eine gemeinsame zentrale Streikleitung einzurichten. USPD und KPD bilden eine eigenständige »Zentralstreikleitung« neben der »Reichszentrale« von ADGB und AfA, die in engem Kontakt mit der SPD steht. Den Freien Gewerkschaften kommt in dieser Situation eine Führungsrolle zu. Sie haben die Zahl ihrer Mitglieder seit dem November 1918 massiv auf inzwischen 8 Millionen gesteigert und verkörpern wie keine andere Institution die Einheit der Arbeiterbewegung.

Noch am 13. März erlassen Reichspräsident und Reichsregierung in Dresden einen »Aufruf an das deutsche Volk«, der den Generalstreik nicht erwähnt, wohl aber die Beamten und Soldaten an ihre Treuepflicht gegenüber der gewählten Regierung erinnert. In Telegrammen weisen sie die Finanzämter an, keine Zahlungsanweisungen der verfassungswidrigen Kapp-Regierung auszuführen.

Am 14. März setzt der Generalstreik mit ganzer Wucht ein und legt das Land lahm. Die Unterstaatssekretäre in Berlin beschließen an diesem Tag, Weisungen nur von der verfassungsmäßigen Regierung entgegenzunehmen. In den verschiedensten Städten des gesamten Reichsgebiets entstehen Aktionsausschüsse, in denen Gewerkschafter, Sozialdemokraten, Unabhängige, Kommunisten und gelegentlich auch Demokraten zusammenarbeiten. Zur Abwehr des konterrevolutionären Putschs finden sich an der Basis die unterschiedlichsten Strömungen der Arbeiterbewegung wieder zusammen, die Stimmung gleicht zeitweise der in den revolutionären Novembertagen 1918. Die elementaren politischen Differenzen zwischen den sozialistischen Parteien werden in den lokalen Aktionsausschüssen mitunter schlicht beiseitegewischt. Da erscheinen gelegentlich von SPD-Bezirksvorständen mitunterzeichnete Flugblätter, die als Kampfziel die Diktatur des Proletariats und den Sozialismus auf der Grundlage des Rätesystems benennen.

Vor allem im Ruhrgebiet flammen die Auseinandersetzungen wieder auf, die im April 1919 mit militärischer Gewalt niedergeschlagen worden sind. Der noch immer in Münster als militärischer Kommandeur amtierende General von Watter setzt Truppen in Marsch, unterlässt aber jede klare Stellungnahme gegen die Putschisten. Watters Freikorps hissen nach ihrem Einzug schwarz-weiß-rote Fahnen und lassen damit keinen Zweifel an ihrer Gesinnung. Schon am 15. März lässt Watter Standgerichte einsetzen, die streikenden Arbeiter wissen noch aus dem Vorjahr, was ihnen blüht. Innerhalb kürzester Zeit bilden sie eine »Rote Armee« und treten zum bewaffneten Kampf gegen Watters Verbände an. Auch im mitteldeutschen Industrierevier kommt es wieder zu bewaffneten Auseinandersetzungen.

Auf große Sympathien stoßen die Putschisten insbesondere in den östlichen Provinzen Preußens und innerhalb der Reichswehr, aber das reicht nicht als Machtgrundlage. Bereits am 17. März muss Kapp zurücktreten. Lüttwitz versucht sich noch einige Stunden als Militärdiktator zu halten, scheitert mit diesen Ambitionen aber noch am selben Tag. Nach nur vier Tagen ist der Putsch abgewehrt.

Die Gewerkschaften sehen sich nach diesem »glänzenden Sieg« in einer neuen und sehr politischen Rolle. Der Generalstreik sei »die erste Probe einer groß angelegten politischen Aktion«, schreibt der Vorsitzende des ADGB Carl Legien. Als »die Beauftragten der arbeitenden Bevölkerung« nehmen die Gewerkschaften für sich in Anspruch, bei einer »Neuordnung der Verhältnisse« mitzuwirken, die den Wünschen des Volkes entspreche und Gewähr für eine sichere Zukunft biete. Diesen Anspruch teilen ADGB, AfA und Deutscher Beamtenbund (DBB) am 18. März der inzwischen nach Stuttgart weitergeflohenen Regierung mit. Unmittelbar erwarten sie die restlose Entfernung und Entwaffnung aller unzuverlässigen Militäreinheiten sowie eine völlige Neuorganisation der Truppen. Bis zur Erfüllung dieser Forderungen wollen sie den Generalstreik fortführen.

Am selben Tag erscheint in einer Extra-Ausgabe des *Vorwärts* ein Kommentar zu den Ereignissen: »Warum konnte es soweit kommen? Weil Fehler begangen wurden, über die noch offen gesprochen werden muss, und für die diejenigen, die sie begingen, die Konsequenzen tragen müssen! Die Regierung muss umgebildet werden. Nicht nach rechts, beileibe nicht, sondern *nach links*. Wir brauchen eine Regierung, die unbedingt entschlossen ist im Kampf gegen die militaristisch-nationalistische Reaktion und die sich das Vertrauen des arbeitenden Volkes soweit wie möglich *nach links* hin zu erwerben weiß.«

Wird jetzt nachgeholt, was beim ersten Anlauf im Winter 1918/19 unterlassen worden ist? Wird jetzt die politische Demokratie flankiert von Demokratisierungsmaßnahmen in allen Bereichen der Gesellschaft, insbesondere in der Reichswehr?

Am 18. und 19. März verhandeln im Preußischen Staatsministerium in Berlin die in der Hauptstadt verbliebenen Vertreter der Reichsregierung, der preußischen Regierung, der Koalitionsparteien, des ADGB, der AfA und des DBB. Nicht nur DDP und Zentrum weisen die Forderungen der Gewerkschaften zurück, auch der SPD-Vorsitzende Otto Wels erklärt, eine Umbildung des Kabinetts könne nicht Gegenstand eines Streiks sein, die Partei lasse sich von den Gewerkschaften in dieser Frage nicht unter Druck setzen. Die Sitzung wird ohne Ergebnis abgebrochen. Nach einem Telefonat mit Ebert am folgenden Tag verständigt man sich schließlich auf die Formel: »Die Vertreter der Mehrheitsparteien verpflichten sich, dafür zu sorgen, dass bei der Umbildung der Regierungen im Reich und den Ländern die Personenfrage von den Parteien im Einverständnis mit den gewerkschaftlichen Arbeiterorganisationen gelöst und dass diesen Organisationen ein entscheidender Einfluss auf die Neuregelung der wirtschaftlichen und sozialpolitischen Gesetzgebung eingeräumt wird.«

Nach schwierigen nächtlichen Verhandlungen akzeptieren die Regierungsparteien schließlich in den Morgenstunden des 20. März einen acht Punkte umfassenden Katalog der Gewerkschaften, der neben der eben zitierten Formel auch Kernforderungen der Revolutionsbewegung enthält: Entwaffnung und Bestrafung aller am Putsch Beteiligten; Säuberung und Demokratisierung der Verwaltung; Ausbau der Sozialgesetzgebung; sofortige Inangriffnahme der Sozialisierung der dazu reifen Wirtschaftszweige; Einberufung der Sozialisierungskommission; Auflösung aller konterrevolutionären militärischen Formationen und ihre Ersetzung durch Formationen aus den Kreisen der zuverlässigen republikanischen Bevölkerung, insbesondere der organisierten Arbeiter, Angestellten und Beamten; wirksame Erfassung der Lebensmittel, Bekämpfung des Wuchers und Schiebertums. Der Generalstreik wird am 20. März um 7.05 Uhr beendet.

Diese Forderungen sind in der Sozialdemokratie seit Langem äußerst populär. Jetzt herrscht die Meinung vor, sie müssten endlich erfüllt werden, der Putsch von rechts habe eine neue Situation geschaffen. Die Wiederherstellung von Ruhe und Ordnung dürfe nicht zur Wiederherstellung des alten Zustandes vor dem Putsch führen. Der *Vorwärts* hat keinerlei Zweifel daran, dass dies die Haltung der ganzen Sozialdemokratie ist. Die Umsetzung der Vereinbarungen bedeute »einen mächtigen Ruck nach links«. Am 22. März tagen Vertreter der Gewerkschaften, der SPD und der USPD bei Reichskanzler Bauer und sprechen über eine reine Arbeiterregierung. Sie kommt aus den unterschiedlichsten Gründen nicht zustande, letztlich will sie niemand ernsthaft. Carl Legien hat den Gedanken wohl vor allem ins Spiel gebracht, um innerhalb der Arbeiterschaft um Vertrauen zu werben und gleichzeitig die Regierung unter Druck zu setzen. Legien hat in diesen Putsch- und Krisentagen einerseits das Ziel, möglichst schnell die Ordnung wiederherzustellen. Andererseits hält er einen Politikwechsel für zwingend, der die Wünsche der breiten Arbeiterschaft stärker berücksichtigt. Es geht ihm dabei auch darum, den radikalen Kräften in der Arbeiterschaft soweit den Wind aus den Segeln zu nehmen, dass blutige Auseinandersetzungen zwischen aufgebrachten Arbeitern und Putschisten oder Ordnungskräften der Regierung möglichst schnell beendet werden oder gar nicht erst aufkommen.

Das erweist sich als äußerst schwierig, im Ruhrgebiet als unmöglich. Dort setzt sich die Rote Armee gegen Watters Truppen durch und vertreibt sie aus dem Revier. Beim fluchtartigen Rückzug des Militärs erbeuten die Arbeiterwehren große Mengen von Waffen und Munition. Weder der Streik noch die bewaffneten Kämpfe enden hier am 20. März. Niemand hat die kämpfenden Arbeiter in der Roten Armee gezählt, die Angaben schwanken zwischen mehreren Zehntausend und Einhunderttausend, in jedem Fall handelt es sich um den größten bewaffneten Aufstand auf deutschem Boden seit den Bauernkriegen im frühen 16. Jahrhundert. Ausmaß und Intensität dieser Kämpfe sind überraschend, ihre Zielsetzung nicht. Es liegt im

Gegenteil auf der Hand, dass nach der siegreichen Abwehr des gegenrevolutionären Putsches die unterschiedlichen Vorstellungen innerhalb der sozialistischen Arbeiterbewegung in aller Schärfe wieder sichtbar werden. Die »Einheit« ist auf einige Tage beschränkt und hat rein defensiven Charakter.

Am Ende wird die Aufstandsbewegung niedergeschlagen – von den Truppen, deren Kommandeure sich geweigert haben, militärisch gegen die Putschisten vorzugehen. Es sind Verbände, die sich nach kürzester Zeit völlig von Vorgaben der Politik lösen und keinerlei Verabredungen einhalten. Reichswehr und Freikorps sind entschlossen, blutige Vergeltung zu üben. »Pardon gibt es überhaupt nicht«, schreibt beispielsweise ein Mitglied der Brigade Epp, der Student und Oberjäger Max Zeller, über Kämpfe am 1. April bei Pelkum. »Selbst die Verwundeten erschießen wir noch. Die Begeisterung ist großartig, fast unglaublich. Unser Bataillon hat zwei Tote; die Roten haben 200 bis 300 Tote. Alles, was uns in die Hände kommt, wird mit dem Gewehrkolben zuerst abgefertigt und dann noch eine Kugel.« Während des ganzen Gefechts habe er an die Schwestern von Station A gedacht, verrät Zeller, die Station des Lazaretts, aus dem er gerade entlassen worden war. »Das kommt nämlich daher, dass wir auch zehn Rote-Kreuz-Schwestern sofort erschossen haben, von denen hat nämlich jede eine Pistole bei sich. Mit Freude schossen wir auf diese Schandbilder; und wie diese geweint und gebetet haben; aber wer mit einer Waffe getroffen wird, der ist unser Gegner und der muss dran glauben. Gegen die Franzosen waren wir im Felde viel edler.«

Aufseiten der Reichswehr zählt man 208 Tote und 123 Vermisste, bei der Sicherheitspolizei 41 Tote, die Zahl der Toten, welche die Ruhrarbeiter zu beklagen haben, ist niemals genau ermittelt worden, liegt aber mit Sicherheit weit über 1000. Die militärischen Standgerichte fällen 205 Todesurteile, von denen 50 vollstreckt werden, bevor die Reichsregierung die Standgerichte am 3. April auflöst.

Die Regierung fühlt sich nach wie vor auf diese Einheiten angewiesen, die sich ihrer Kontrolle aber weitgehend entziehen. Es unterbleibt jedenfalls alles, was auch aus den Reihen der SPD und der Gewerkschaften gegen die konterrevolutionären Gefahren gefordert worden ist. Am Ende scheidet ausgerechnet General Reinhardt, der als Einziger aus der Reichswehrführung militärisch gegen die Putschisten vorgehen wollte, aus seinem Amt als Chef der Heeresleitung aus, und General von Seeckt wird sein Nachfolger.

Die Regierung wird zwar umgebildet, aber nicht etwa so, dass ein »Ruck nach links« erkennbar wäre. Neuer Reichskanzler wird am 27. März der bisherige Außenminister Hermann Müller (SPD). Gustav Noske muss als Reichswehrminister seinen Hut nehmen, obwohl Reichspräsident Ebert das unter allen Umständen zu vermeiden versucht. Sein Nachfolger wird der ehemalige Oberbürgermeister von Nürnberg Otto Geßler (DDP), der wenig sachliche Kompetenz für das Amt des Reichswehrministers mitbringt und von sich selbst in diesen Tagen erklärt, er hänge noch immer am Bayerischen Königshaus und sei »höchstens Vernunftrepublikaner«. Mit einigen personellen Veränderungen entspricht das Kabinett Müller dem vorher regierenden Kabinett Bauer. Auf Reichsebene bleibt im Grunde alles beim Alten, auch die Gewerkschaften profitieren nicht nachhaltig vom Erfolg des Generalstreiks.

In Preußen allerdings zeigt sich die neue Regierung unter Otto Braun (SPD) als ausgesprochen stabil. Bis auf zwei kurze Unterbrechungen in den Jahren 1921 und 1925 regiert Braun bis Mitte 1932, und Preußen erarbeitet sich in diesen Jahren den Ruf, ein Bollwerk der Republik zu sein. Die gegenteilige Entwicklung nimmt Bayern. Hier wird unmittelbar nach Beginn des Kapp-Lüttwitz-Putsches die Regierung Hoffmann von General von Möhl zum Rücktritt gezwungen. Möhl installiert eine neue Regierung unter der Führung des bisherigen oberbayerischen Regierungspräsidenten Gustav Ritter von Kahr. Die

SPD gehört dieser Regierung nicht mehr an. In Bayern gelingt also der Putsch der nationalen Rechten, die SPD bleibt hier für die ganze Zeit der Weimarer Republik in der Oppositionsrolle.

Es spricht Bände über das Justizwesen der Republik, dass nur einer der Putschisten des März 1920 gerichtlich abgeurteilt wird. Traugott von Jagow, der als Innenminister vorgesehene frühere Regierungspräsident von Breslau, wird zu fünf Jahren Festungshaft verurteilt, von denen er drei verbüßt. Das Gericht rechnet ihm »selbstlose Vaterlandsliebe« als mildernden Umstand an. Alle anderen Beteiligten fliehen ins Ausland, werden gar nicht angeklagt oder freigesprochen.

Im März 1920 endet die revolutionäre Gründungsphase der Weimarer Republik, und sie hinterlässt ein tief gespaltenes Land. Die Arbeiterschaft hat eindrucksvoll bewiesen, dass sie gemeinsam in der Lage ist, gegenrevolutionäre Umsturzversuche abzuwehren und die Republik zu verteidigen. Sie hat allerdings auch gezeigt, dass sie nicht über die Kraft und die Einigkeit verfügt, die politische Demokratie durch eine umfassende Demokratisierung der Gesellschaft zu ergänzen. Die nationale Rechte hat sich als gefährlicher und mächtiger Feind der Demokratie erwiesen. Sie hat freilich auch erfahren müssen, dass sie trotz aller militärischen Machtmittel nicht in der Lage ist, die demokratische Republik gegen den Willen einer gemeinsam und entschieden handelnden Arbeiterbewegung zu beseitigen. Die Erfahrung des März 1920 reicht allerdings noch nicht aus, auf Frontalangriffe gegen die Republik zu verzichten. Dazu bedarf es eines weiteren gescheiterten Anlaufs. Er wird im November 1923 stattfinden. Dann ist neben Ludendorff auch Adolf Hitler beteiligt.

Auch die Reichstagswahlen, die am 6. Juni 1920 stattfinden, zeigen die tiefe Zerrissenheit des Landes. Auf der äußersten politischen Linken steht eine Kommunistische Partei, für die Gewehre und Wahlzettel nur zwei verschiedene Varianten der Diktatur des Kapitals sind. Die KPD ist noch im Sommer

1920 fest davon überzeugt, dass sich Deutschland mitten in einer revolutionären Phase befindet, die gar nicht anders enden kann als mit der Diktatur des Proletariats. Sie ist allerdings eine Splitterpartei ohne Massenbasis. Sie erreicht 2,1 Prozent der Stimmen, an den Wahlen zur Nationalversammlung am 19. Januar 1919 hat sie sich nicht beteiligt.

Die USPD dagegen ist 1920 zur ernsthaften Konkurrenz für die SPD geworden. Sie hat im Verlauf des Jahres 1919 Hunderttausende von Mitgliedern hinzugewonnen – 750.000 sind es im Herbst 1919. Die mit den bisherigen Ergebnissen der Revolution unzufriedenen Arbeiter strömen ihr in Massen zu. Bei den Juniwahlen kann die USPD ihren Stimmenanteil gegenüber den Wahlen zur Nationalversammlung mehr als verdoppeln. Sie erhält 17,6 Prozent der Stimmen – nach 7,6 Prozent – und liegt nur noch 4,3 Prozent hinter der SPD. Das Wahlergebnis suggeriert allerdings eine Stärke, die die USPD zu diesem Zeitpunkt schon nicht mehr hat.

Das Projekt einer demokratisch-sozialistischen Partei links von der SPD steht im Sommer 1920 kurz vor dem Scheitern. Seit Gründung der Kommunistischen Internationale (Komintern) durch die Bolschewiki im März 1919 sind die sozialistischen Parteien weltweit gezwungen, sich zwischen dieser Neugründung und der traditionellen Sozialistischen Internationale der Arbeiterparteien zu entscheiden. Der linke Flügel der USPD hat sich in Zielsetzung und Strategie immer mehr der KPD angenähert und will einen Beitritt der USPD zur Komintern erreichen. Das gelingt im Spätherbst 1919 beim Leipziger Parteitag noch nicht, aber nach monatelangen heftigen Flügelkämpfen fasst der Parteitag in Halle im Oktober 1920 mit 236 zu 156 Stimmen einen entsprechenden Beschluss. Er bedeutet zugleich die Spaltung der Partei. Die Parteilinke vereinigt sich im Dezember 1920 mit der KPD. Erst jetzt ist die KPD eine Partei mit einer gewissen Massenbasis. Bei den nächsten Reichstagswahlen am 4. Mai 1924 erreicht sie 12,6 Prozent der Stimmen. Aus der Perspektive der KPD ist das ein gewaltiger Sprung nach vorn. Zugleich aber bleibt das Wahlergebnis 5 Prozent hinter dem der USPD im Jahr 1920 zurück. Während der gesamten Zeit der Weimarer Republik wird die KPD bei Reichstagswahlen nie einen höheren Stimmenanteil erzielen als die USPD im Jahr 1920.

Mit der Spaltung der USPD ist auch der Versuch beendet, zu einer intensiven Zusammenarbeit der Arbeiterparteien zu kommen. Die USPD-Minderheit vereinigt sich im September 1922 zwar wieder mit der SPD, aber das erbringt nicht die umfassende Einheit, die die Revolutionsbewegung am 10. November 1918 im Auge hatte und die von der Basis der beiden sozialdemokratischen Parteien seither immer wieder beschworen wurde. Die Einheit der sozialistischen Arbeiterbewegung ist 1920 dauerhaft gescheitert. Der unerbittliche Kampf zwischen Sozialdemokraten und Kommunisten wird zu einem prägenden Merkmal der Weimarer Republik.

Die SPD bekennt sich klar und eindeutig zur Republik. Sie ist – trotz mancherlei Kritik an der konkreten Ausgestaltung der Weimarer Verhältnisse – die große Staatspartei der jungen Republik. Sie hat die parlamentarische Demokratie durchgesetzt und gegen massive Widerstände aufrechterhalten. Dies ist eine ihrer großen historischen Leistungen. Zugleich hat sie Chancen ungenutzt gelassen, die politische Demokratie durch eine umfassende »Demokratisierung« von Militär, Verwaltung und Wirtschaft zu ergänzen, wie das die sozialdemokratische Mehrheit der Arbeiter- und Soldatenräte in der Revolutionszeit gefordert hat. Bei den Reichstagswahlen im Juni 1920 ist die SPD die große Verliererin. Sie büßt 16 Prozent ein und erhält nur noch 21,9 Prozent der abgegebenen Stimmen. Nie wieder wird sie bei Reichstagswahlen die 30-Prozent-Marke überwinden. Die Parteibasis der SPD übt schon beim ersten Nachkriegsparteitag der SPD vom 10. bis zum 15. Juni 1919 in Weimar massive Kritik an der Politik der SPD-Regierungsmitglieder und am Zustand der Republik. Aber sie wird an der demokratischen Republik stets festhalten und sie gegen alle Angriffe verteidigen.

Auch im bürgerlichen Lager hat schon 1919 ein Radikalisierungs- und Polarisierungsprozess eingesetzt, der bei den Reichstagswahlen im Juni 1920 deutlich sichtbar wird. Die DDP ist die einzige republikanische Partei des Bürgertums, gewissermaßen die kleine Staatspartei der Weimarer Republik. Sie hat gemeinsam mit der SPD und der katholischen Zentrumspartei die erste Regierung gebildet, die Weimarer Koalition. Wegen der Unterzeichnung des Friedensvertrages hat sie die Koalition verlassen und damit auch Rücksicht auf die entschieden ablehnende Stimmung im gesamten Bürgertum genommen. Die DDP erreicht bei den Reichstagswahlen am 6. Juni 1920 nur noch 8,3 Prozent der abgegebenen Stimmen gegenüber 18,5 Prozent bei den Wahlen zur Nationalversammlung im Januar 1919.

Die Deutsche Zentrumspartei, der dritte Koalitionspartner, rutscht bei den Juniwahlen von 19,7 Prozent auf 13,6 Prozent ab. Das Zentrum hat sich im Februar 1919 zwar an der ersten Regierung der Weimarer Republik beteiligt, aber die Partei stand der Revolution insgesamt ablehnend gegenüber und hatte große Schwierigkeiten, sich auf den Boden der Tatsachen zu stellen. Das Zentrum bekennt sich keineswegs so deutlich und einheitlich zur Republik, wie die Regierungsbeteiligung das nahezulegen scheint. In den Reihen der Partei gibt es nach wie vor überzeugte Anhänger der Monarchie, die in der Revolution ein sündhaftes Aufbegehren gegen die gottgewollte Obrigkeit sehen. Das Zentrum leidet aber weniger stark unter dem Polarisierungsprozess im bürgerlichen Lager als die DDP.

Stärkster Profiteur dieses Prozesses ist die DVP. Sie klettert im Juni 1920 von 4,4 Prozent auf 13,9 Prozent. Die früheren Nationalliberalen machen mehrheitlich kein Hehl daraus, dass sie der Republik ablehnend gegenüberstehen und Anhänger der Monarchie sind. Zugleich aber wollen sie auf dem Boden der Verfassung für ihre Überzeugungen streiten und lehnen den

Einsatz gewaltsamer Methoden ab. Der Parteivorsitzende Gustav Stresemann erkennt schon 1919, dass eine Rückkehr zur Monarchie allenfalls durch Putsch und Bürgerkrieg zu erreichen wäre. Beides lehnt er ab und plädiert für die politische Mitarbeit auf dem Boden der bestehenden demokratischen Ordnung. Die DVP akzeptiert die Republik vorläufig und mit Vorbehalt.

Nicht so die DNVP. Sie ist ein Sammelbecken nationalistischer, monarchistischer und völkischer Gruppen und Strömungen, die in aggressiver Weise die Republik ablehnen. Bei den Reichstagswahlen im Juni 1920 wird die DNVP mit 15,0 Prozent stärkste Kraft im bürgerlichen Lager – nach 10,3 Prozent im Januar 1919. Viele in der Partei warten nicht nur, sondern sehnen den Tag herbei, an dem der verhassten Republik der Garaus gemacht wird.

Die Revolution hinterlässt ein tief gespaltenes Land, aber sie ist nicht gescheitert – davon kann man allenfalls sprechen, wenn man die Erwartung hat, dass alle Ziele der Revolutionsbewegung in einem Anlauf erreicht werden sollten. Dies ist in der Tat nicht gelungen. In mancher Hinsicht blieb die Revolution hinter ihren Möglichkeiten zurück. Sie erreichte nicht eine umfassende Demokratisierung der Gesellschaft, mächtige Feinde der Demokratie behielten ihre Machtpositionen, ein Teil der sozialistischen Arbeiterbewegung wurde nach den ersten Wochen der Revolution in eine Fundamentalopposition zur demokratischen Republik gedrängt. Die Ursachen dafür sind vielfältig und nicht einer einzelnen politischen Kraft oder gar Person anzulasten – dies, so hoffe ich, hat die genaue Betrachtung des Revolutionsverlaufs gezeigt.

Es hätte manches besser laufen können – es hätte aber auch viel schlimmer kommen können. Deutschland sind im Winter 1918/19 eine Hungerkatastrophe und ein völliger Zusammenbruch der Wirtschaft erspart geblieben. Es ist im Frühjahr 1919 zu barbarischer Gewaltanwendung vor allem vonseiten der

Freikorps gekommen, aber der Bürgerkrieg hätte noch weitaus katastrophalere Ausmaße annehmen können, das Land hätte in Chaos zerfallen können. Wir sollten, meine ich, nicht nur auf das schauen, was im Glas fehlt, sondern auf seinen Inhalt.

Die Revolution von 1918/19 hat sehr viel erreicht. Sie ist zunächst und vor allem der wahre Beginn unserer Demokratie. Die Reformen von Ludendorffs Gnaden waren nicht mehr als ein Täuschungsmanöver, das abgebrochen wurde, als es nicht die Wirkung zeigte, die man sich in der Obersten Heeresleitung versprochen hatte. Die Demokratie in Deutschland ist kein Geschenk des alten Regimes, sondern wurde von Matrosen, Arbeitern und Soldaten erkämpft. Der Revolution verdanken wir eine parlamentarische Republik mit einer im Weltmaßstab fortschrittlichen Verfassung, die Frauen das Wahlrecht gibt, die allen Bürgern Freiheitsrechte sichert und soziale Rechte zuschreibt. Der Revolution verdanken wir eine Wirtschaft, die vom Grundgedanken der Tarifpartnerschaft zwischen Unternehmerverbänden und Gewerkschaften geprägt ist, die Betriebsräte und Mitbestimmung kennt, in der Arbeiter nicht mehr nur Verfügungsmasse der Fabrikherren sind. Wir verdanken ihr eine Gesellschaft, die enorme kulturelle Kräfte freisetzt, in der Untertanengeist immer weniger einen Platz hat.

Die demokratische Republik in diesem tief gespaltenen Land wird im Nachhinein – mit Blick auf den 30. Januar 1933 – allzu schnell als brüchiges Gebilde ohne Überlebenschance gesehen. Ist nicht das Gegenteil richtig? Hat diese demokratische Republik nicht eine fast unglaubliche Widerstandsfähigkeit an den Tag gelegt? Sie übersteht existenzielle innen- und außenpolitische Krisen, die komplette Geldentwertung durch eine wahnwitzige Inflation und kommt mit einem Freistaat Bayern zurecht, in dem die völkischen und rassistischen Nationalisten eine sichere Heimstatt finden. Sie erlebt Jahre politischer Beruhigung, wirtschaftlichen Aufschwungs und kultureller Blüte, die zu großen Hoffnungen berechtigen. Bei den

Reichstagswahlen im Mai 1928 erreicht die NSDAP 2,6 Prozent, die DNVP 14,2 Prozent der Stimmen. Zu diesem Zeitpunkt kommt wohl kaum einer der Zeitgenossen auf den Gedanken, dass die Republik in höchstem Maße gefährdet sein könnte. Sie hat im Gegenteil Tritt gefasst und unter schwierigsten Umständen zu einer bemerkenswerten Stabilität gefunden. Es ist wahrlich keine ausgemachte Sache, dass diese Weimarer Republik knapp fünf Jahre später gescheitert sein wird.

Trotz dieses Scheiterns bleiben die Revolution von 1918/19 und die erkämpfte demokratische Republik eine wichtige kollektive Erfahrung, ohne die vermutlich der Wiederaufbau demokratischer Verhältnisse nach 1945 weitaus schwieriger gewesen wäre. An vielen Stellen weltweit zeigt sich in den vergangenen Jahrzehnten, wie schwierig »nationbuilding« nach dem Ende diktatorischer Regime ist. Manches von dem, was in den Revolutionsmonaten 1918/19 unterblieben ist und nicht erreicht werden konnte, nahmen die Alliierten nach dem Sieg über Hitler-Deutschland und dem Ende des Zweiten Weltkriegs in Angriff. Anderes hat die Bundesrepublik im Verlauf ihrer Geschichte erledigen können. Der demokratische Geist, den die Revolutionsbewegung in Militär, Justiz, Verwaltung, Universitäten und Schulen einziehen sehen wollte, ist inzwischen angekommen. Und auch im Bereich der Wirtschaft ist einiges erreicht worden. Mehr als jeder andere deutsche Staat kann die heutige Bundesrepublik als Verwirklichung dessen gelten, was die Revolutionsbewegung von 1918/19 vor Augen hatte.

STATT EINES NACHWORTS: HITLERS ALBTRAUM

Kein deutscher Politiker hat mehr über die Revolution von 1918/19 gesprochen als Adolf Hitler. Kaum eine Hitler-Rede, die nicht mit einer Anklage gegen das »Verbrechen vom 9. November« beginnt und in irgendeiner Form mit den »Novemberverbrechern« abrechnet. Hitler erlebt den Beginn der Revolution im Lazarett und will am liebsten alles rückgängig machen und die Verantwortlichen auslöschen. Die Revolution im November 1918 ist Hitlers Erweckungserlebnis. So jedenfalls beschreibt er es im ersten Band von »Mein Kampf«, den er 1924 während seiner Festungshaft in Landsberg formuliert. Das Kapitel »Die Revolution« endet mit dem Satz: »Ich aber beschloss nun, Politiker zu werden.«

Der Nationalsozialismus versteht sich in allererster Linie als Bewegung gegen die Revolution von 1918/19. Kein Tag des Jahres reizt Hitler mehr als der 9. November, in pathetischen Appellen und Schwüren unverhüllt den gewaltsamen Sturz der Republik zu fordern. Klares Ziel ist es, die »Schmach« von 1918 durch die Beseitigung der eigentlich Schuldigen, der Feinde im Inneren auszumerzen. Mal ist vom 9. November als dem »Tag schamloser Eidbrüche« die Rede, mal vom »Tag des größten Verbrechens der deutschen Geschichte«, mal vom »Jahrestag der Lumpen- und Judenrevolte«. Regelmäßig wird dazu aufgefordert, das Rad der Geschichte herumzureißen, die am 9. November 1918 errichtete »jüdische Blutdiktatur« zu beenden und die »völkische Wiedergeburt« Deutschlands zu organisieren.

Es ist kein Zufall, dass Hitler seinen ersten Putschversuch an einem 9. November unternimmt, dem des Jahres 1923. Es ist der fünfte Jahrestag der Revolution. »Am 9. November 1918 siegte der Hochverrat, am 9. November 1923 beginnt die Sühne, das gerechte Gericht an den Volksbetrügern«, ist im *Völkischen Beobachter* zu lesen. Auch die SS, die »Schutzstaffel« der NSDAP, wird ganz bewusst an einem 9. November gegründet. Trotzig und symbolträchtig setzen Hitler und die Seinen der Weimarer Republik jedes Jahr aufs Neue am 9. November ihre Kriegserklärung entgegen.

Die Niederlage des Deutschen Reiches im Ersten Weltkrieg ist in Hitlers Augen ohne Einschränkung und Zweifel auf den »Verrat« der »Novemberverbrecher« zurückzuführen. Eine gründliche Abrechnung mit den »Parteien des nationalen Verrats« ist für ihn zwingend. Als gegen Ende der Zwanzigerjahre die wirtschaftlichen Probleme größer werden, charakterisiert die NS-Presse die Novemberrevolution immer wieder als »Judenputsch« und »Börsenrevolte«. Antisemitische Tendenzen treten nun immer stärker hervor. Keine Revolution der Arbeiter sei es gewesen, sondern eine Revolution des jüdischen Finanzkapitals, erklärt die Kampfpresse. Die Revolution von 1918 habe die geheimen »Triebkräfte« der Geschichte, die Juden, an die Oberfläche gespült. Gemeinsam mit ihren »marxistischen Knechten« hätten sie den alten Staat zerschlagen und an seine Stelle die Republik, die »jüdische Blutdiktatur« gesetzt. »Auf vielerlei Art sind schon Staaten gegründet worden«, brüllt Hitler am 9. November 1927 im Münchner Bürgerbräukeller, »aber noch selten wurde wohl ein Staat ins Leben gerufen von einer Koalition von Zuhältern, Dieben, Deserteuren, Einbrechern und Schiebern, und an der Spitze der Organisator dieser genialen Methode, der internationale Hebräer, der Jude«.

440

Mit wechselnder Stoßrichtung und schillernder Bedeutungszuschreibung ist der 9. November während der gesamten Zeit der Weimarer Republik *der* große Gedenk- und Kampftag der NSDAP. Hitler lässt keinerlei Zweifel daran, dass er mit den angeblich für die Niederlage Verantwortlichen abrechnen wird. Als er im September 1930 sein sogenanntes Bekenntnis zur Legalität ablegt, verbindet er es mit der klaren Aussage: »Wenn die Bewegung in ihrem legalen Kampf siegt, wird ein deutscher Staatsgerichtshof kommen, und der November 1918 wird seine Sühne finden, und es werden auch Köpfe rollen.« Die Errichtung des »Dritten Reiches« ist die Antwort des Nationalsozialismus auf die Revolution von 1918/19.

Als Hitler 1933 am Ziel ist, verliert der 9. November nichts von seinem Stellenwert als Symbol dessen, wogegen der Nationalsozialismus angetreten ist. Allerdings nehmen die Nationalsozialisten nun für sich in Anspruch, die eigentlichen, die »deutschen« Revolutionäre zu sein. »Es gibt keine Revolution von 1918!«, liest man 1933 in einem Buch mit Goebbels-Reden. »Die Revolution der Deutschen hat dort ihren Ursprung, wo die Revolte von 1918 ihre Sühne fand! Mit Ekel und Verachtung werden die kommenden deutschen Geschlechter die Novemberlinge einer schändlichen Nachkriegsrevolte an den Pranger des Pazifismus und Landesverrats stellen. Für alle Zeiten wird der 9. November 1918 die Nation an jenen schwarzen Tag ihrer Geschichte erinnern, da ein zügelloser Haufe vaterlandsloser Gesellen das heilige Denkmal des sieggekrönten, deutschen Frontsoldaten – des toten Helden aus dem großen Kriege – mit den wahnsinnigen Parolen internationaler Völkerverbrüderung besudelte.«

Jahr für Jahr spricht Hitler nach 1933 am Vorabend des 9. November im Münchner Bürgerbräukeller und schwört die Bewegung auf seine Ziele ein. Zum 20. Jahrestag des Revolutionstages brennen am 9. November 1938 die Synagogen, und etwa einhundert jüdische Deutsche werden ermordet. Auch als das Regime längst alle Macht in Händen hat, bleibt der 9. November der Kampftag der Partei, an dem sie mit ihren Gegnern ins Gericht geht, sich der eigenen Ziele vergewissert und sich die bisherigen Erfolge vor Augen führt.

Zugleich aber zeigt Hitler damit Jahr für Jahr, wie elementar das Trauma war, das die Revolution 1918 bei ihm ausgelöst hat. Ein »November 1918« ist das, was er bis zuletzt am meisten fürchtet. Als Hitler am 1. September 1939 wenige Stunden nach dem Einmarsch der Wehrmacht in Polen vor dem Reichstag spricht, fehlt nicht der Hinweis: »Ein November 1918 wird sich niemals mehr in der deutschen Geschichte wiederholen!« In den folgenden Wochen wiederholt er das immer wieder. Regelmäßig kommt Hitler in Reden auch während des Krieges auf den November 1918 zu sprechen. Als nach dem Angriff auf die Sowjetunion in der Bevölkerung Zweifel und Ängste stärker werden, brüllt er am 8. November 1941 geradezu beschwörend: »Niemals wird sich in Deutschland ein November 1918 wiederholen!«

Berauscht von den eigenen Erfolgen als Diktator und Feldherr, wettert Hitler jetzt immer häufiger über das »Versagen der führenden politischen und militärischen Schichten des Volkes gegenüber den Elementen der Destruktion, der Unordnung, des Aufruhrs« im November 1918. Noch deutlicher wird er am 7. April 1942 beim Abendessen im Führerhauptquartier. »Wenn man sich mit dieser Revolution einmal genauer befasse, müsse man feststellen, dass sie in keiner Weise von weltanschaulichen Gesichtspunkten getragen gewesen, sondern überwiegend von Gesindel geführt worden sei, das erst kurz vorher irgendwelche Gefängnisse oder Strafanstalten verlassen habe. Ob man Berichte über den Verlauf der Revolution in Köln, in Hamburg oder in einer sonstigen Stadt nachlese, immer wieder müsse man feststellen, dass die ganze sogenannte Volksbewegung in eine ganz gewöhnliche, ganz gemeine Dieberei und Plünderei ausgewachsen sei. Man könne daher nur Verachtung für die Schwächlinge haben, die vor diesem ›Gesox‹ ausgerissen seien.« Hitler nennt bei dieser Gelegenheit eine Reihe von Maßnahmen, die er in einem ähnlichen Fall ergreifen würde, bis hin zur »Erschießung dieses einige hunderttausend Menschen umfassenden ›Gesox‹«.

Nach dem Attentat vom 20. Juli 1944 greift Hitler ganz bewusst auf das Bild des Dolchstoßes zurück, den angeblich die Revolution für das siegreich kämpfende Heer bedeutet hat. Er spricht im Rundfunk davon, dass eine ganz kleine Gruppe von Verrätern geglaubt habe, »wie im Jahre 1918 den Dolchstoß in den Rücken führen zu können«. In den folgenden Tagen wird die Formel oft wiederholt, verbunden mit der Ankündigung: »Wer aber heute den Dolch oder die Bombe gegen Deutschland erhebt, wird unbarmherzig und rücksichtslos vernichtet.«

Bis zuletzt ist die Revolution von 1918/19 für Hitler eine offene Wunde, das Trauma der deutschen Geschichte, das sich nie wiederholen darf. Er hat sich nicht nur als Propagandist und Redner laufend mit dieser Revolution beschäftigt, sondern sich auch sehr persönlich jahrelang an ihr abgearbeitet. Für ihn symbolisiert der November 1918 alles, was er ablehnt, alles, wogegen er Politik macht.

Sollte für uns heute nicht allein das schon Anlass genug sein, uns näher mit dieser Revolution zu beschäftigen? Wenn der Mann, der wie kein zweiter das »dunkle Deutschland« verkörpert, sich so sehr als Antipode dieser Revolution verstanden hat, hat dann nicht das »helle Deutschland« allen Grund, sich an sie zu erinnern?

Die Auseinandersetzung lohnt. Die Revolution von 1918/19 gehört zu den Sternstunden der Freiheits- und Demokratiebewegung in Deutschland. Ihr verdanken wir die erste demokratische Republik. Sie gehört in eine Reihe mit 1848/49 und 1989. Es ist an der Zeit, sich mit Dankbarkeit, Stolz und Hochachtung an sie zu erinnern.

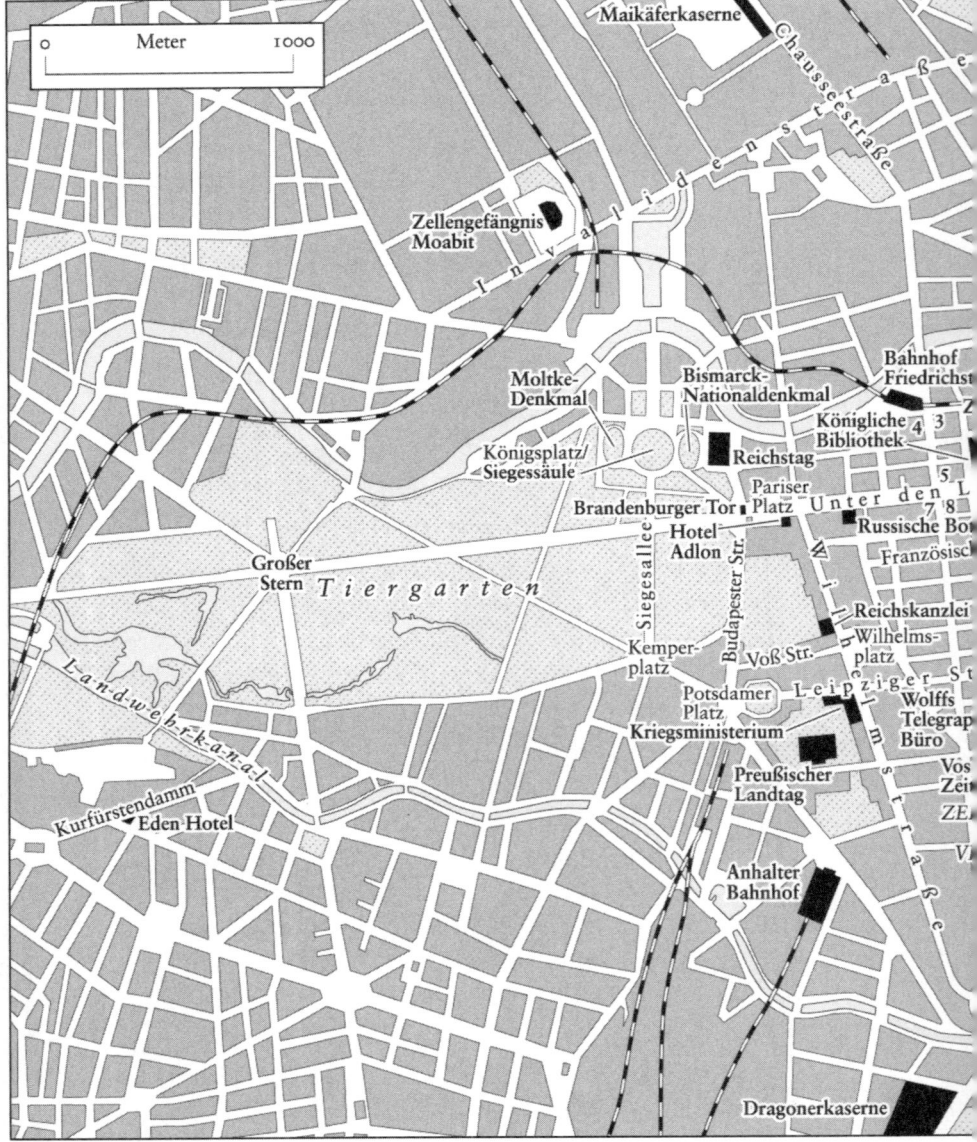

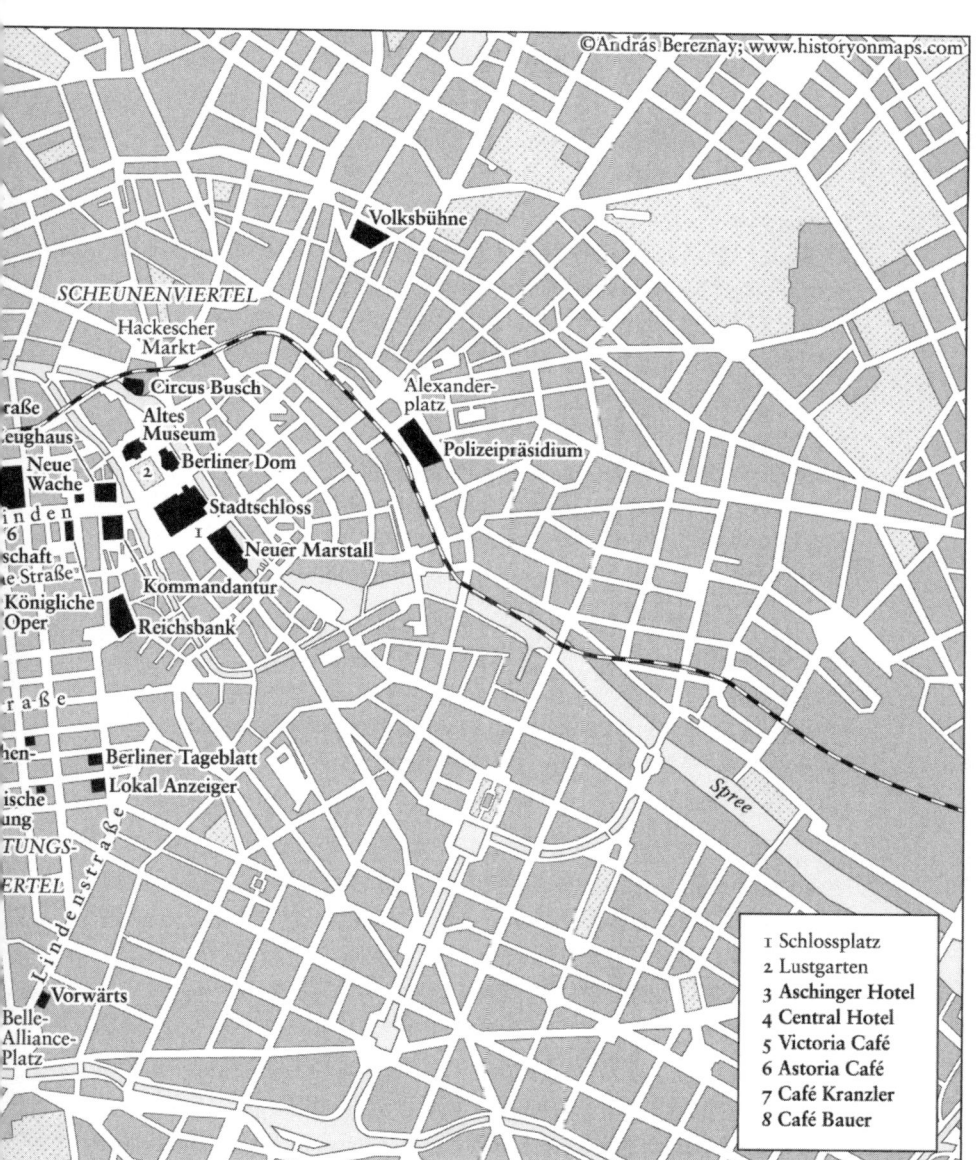

©András Bereznay; www.historyonmaps.com

Volksbühne

SCHEUNENVIERTEL

Hackescher
Markt

Circus Busch

Altes
Museum

Alexander-
platz

raße

eughaus

Neue
Wache

Berliner Dom

Polizeipräsidium

inden

2

6

schaft
e Straße

Stadtschloss

Königliche
Oper

Neuer Marstall

Kommandantur

Reichsbank

1

r a ß e

hen-

Berliner Tageblatt

ische

Lokal Anzeiger

ung

TUNGS-

ERTEL

Spree

Lindenstraße

1 Schlossplatz
2 Lustgarten
3 Aschinger Hotel
4 Central Hotel
5 Victoria Café
6 Astoria Café
7 Café Kranzler
8 Café Bauer

Vorwärts

Belle-
Alliance-
Platz

Karte Berlin-Mitte zur Revolutionszeit 1918/19

ZEITTAFEL

21.03.1918
Beginn der letzten deutschen Großoffensiven an der Westfront. Abbruch am 17. Juli ohne nachhaltigen Erfolg.

25.09.1918
Bulgarien bittet um Waffenstillstand. Besetzung der Erdölfelder Rumäniens durch Truppen der Entente steht unmittelbar bevor. Vorräte des deutschen Heeres reichen für maximal zwei Monate.

28.09.1918
Oberste Heeresleitung unter Hindenburg und Ludendorff fordert sofortige Einleitung von Waffenstillstandsverhandlungen und Umbildung der Regierung.

03.10.1918
Prinz Max von Baden wird Reichskanzler und bildet eine Regierung unter Beteiligung der SPD, des Zentrums und der Fortschrittlichen Volkspartei.

04.10.1918
Das Deutsche Reich ersucht den Präsidenten der USA um die Einleitung von Waffenstillstandsverhandlungen.

24.10.1918
Seekriegsleitung erteilt Hochseeflotte den – geheimen – Befehl, Entscheidungsschlacht gegen britische Flotte vorzubereiten.
Armeebefehl der OHL fordert die Truppe auf, den militärischen Widerstand mit äußersten Kräften fortzusetzen.

26.10.1918
Reichstag beschließt »Oktoberreform«.
Entlassung Ludendorffs als Erster Generalquartiermeister; Nachfolger wird Wilhelm Groener.

20.10.1918
Kaiser Wilhelm II. begibt sich ins Große Hauptquartier im belgischen Spa und entzieht sich Rücktrittsforderungen. Nach dem »Seeklar«-Befehl kommt es auf Schiffen der Hochseeflotte zu Meuterei.

30.10.1918
Verhaftung der Meuterer; Seekriegsleitung gibt Schlachtpläne auf; Teile der Flotte werden nach Kiel verlegt.

03.11.1918
Aufstand für Freilassung von Meuterern in Kiel.

04.11.1918
Arbeiter- und Soldatenrat übernimmt die Macht in Kiel.

05–09.11.1918
Revolutionsbewegung breitet sich mit großer Geschwindigkeit aus.

07/08.11.1918
Sturz der Wittelsbacher in München: »Freistaat Bayern« wird ausgerufen.

SPD-Spitze fordert in Berlin Rücktritt des Kaisers.

09.11.1918
Revolution siegt in Berlin. Ausrufung der Republik.

10.11.1918
Arbeiter- und Soldatenräte wählen neue Regierung (»Rat der Volksbeauftragten«) aus SPD und USPD. Gleichberechtigte Vorsitzende sind Ebert (SPD) und Haase (USPD). Arbeiter- und Soldatenräte setzen auch »Vollzugsrat« ein.

OHL stellt sich der neuen Regierung zur Verfügung.

11.11.1918
Waffenstillstand unterzeichnet – auf deutscher Seite nicht von Generalen, sondern von ziviler Delegation unter Leitung des Zentrumsabgeordneten Matthias Erzberger.

Rat der Volksbeauftragten beauftragt alle Staatssekretäre und Chefs der Reichsbehörden, ihre Geschäfte weiterzuführen.

12.11.1918
»Aufruf des Rates der Volksbeauftragten an das Deutsche Volk« stellt das Regierungsprogramm dar und erfüllt langjährige demokratische und soziale Forderungen: Frauenwahlrecht, Abschaffung des preußischen Dreiklassenwahlrechts, bürgerliche Freiheitsrechte, achtstündiger Maximalarbeitstag.

15.11.1918
Unternehmerverbände und Gewerkschaften unterzeichnen Grundsatzabkommen: Gewerkschaften als Vertretung der Arbeiterschaft anerkannt, Bekenntnis zu Tarifverträgen, Schaffung gemeinsamer Ausschüsse zur sozialpartnerschaftlichen Gestaltung des gesamten Wirtschaftslebens.

Liberaler Staatsrechtler Hugo Preuß wird Staatssekretär des Inneren und soll Verfassung für die Deutsche Republik erarbeiten.

20.11.1918
Gründung der linksliberalen Deutschen Demokratischen Partei (DDP).

22.11.1918
Rat der Volksbeauftragten und Vollzugsrat verständigen sich über Abgrenzung ihrer Kompetenzen. Arbeiter- und Soldatenräte erhalten Kontrollrechte, nicht aber Rechte der Exekutive.

24.11.1918
Gründung der Deutschnationalen Volkspartei (DNVP) als Sammelbecken nationalistischer, nationaler, konservativer und völkischer Strömungen.

04.12.1918
Berufung einer Sozialisierungskommission aus Wissenschaftlern, Gewerkschaftern und Unternehmern.
Großveranstaltungen in Köln mit starken separatistischen Strömungen. Separatistische Tendenzen auch in Bayern und Oberschlesien.

06.12.1918
Versuch von Truppenteilen, Ebert zum »Präsidenten der Deutschen Republik« auszurufen.
Versuchte Verhaftung des Vollzugsrats.
Beschießung von genehmigten Demonstrationszügen der Spartakusgruppe. 14 Tote, mehr als 30 Verletzte.

10.12.1918
Beginn des feierlichen Truppeneinzugs in Berlin. OHL schreckt vor ursprünglich geplanter militärischer Machtübernahme zurück.

15.12.1918
Gründung der Deutschen Volkspartei (DVP) als politische Vertretung des nationalliberalen Bürgertums.

16.–21.12.1918
Erster Reichskongress der Arbeiter- und Soldatenräte in Berlin beschließt »Demokratisierung« der Armee, Wahlen zu einer Verfassunggebenden Nationalversammlung am 19. Januar 1919 und sofortigen Beginn der Sozialisierung der hierzu reifen Industrien. Ziel der Revolutionsbewegung ist parlamentarische Demokratie in umfassend demokratischer Gesellschaft.

19.12.1918
OHL erkennt Beschluss des Rätekongresses zur militärischen Kommandogewalt nicht an.

23.12.1918

Konflikt zwischen Rat der Volksbeauftragten und Volksmarinedivision über Reduzierung der Division, Räumung des Berliner Schlosses und Löhnung der Matrosen. Zeitweise wird die Reichskanzlei abgeriegelt und der Berliner Stadtkommandant festgesetzt. Verständigung wird durch OHL hintertrieben.

24.12.1918

Beschießung der Volksmarinedivision in Schloss und Marstall durch Truppen der OHL – mehr oder weniger mit Einverständnis Eberts. Putschversuch der OHL scheitert am Widerstand der Berliner Arbeiter.

29.12.1918

USPD-Volksbeauftragte erklären Austritt aus der Regierung.

Nachfolger werden Noske (SPD) und Wissell (SPD).

Reichskonferenz der Spartakusgruppe beschließt Trennung von USPD und Gründung eigener Partei.

30.12.1918

Gründungsparteitag der KPD (Spartakusbund).

03.01.1919

USPD-Mitglieder der preußischen Regierung treten zurück.

04.01.1919

Berliner Polizeipräsident Eichhorn (USPD) hält trotz Entlassung am Amt fest.

Revolutionäre Obleute, die Berliner USPD und die Zentrale der KPD rufen zu einer Protest-Demonstration gegen die Entlassung Eichhorns auf.

05.01.1919

Größte Massendemonstration seit dem 9.11. Hunderttausende zeigen Unzufriedenheit mit bisherigem Verlauf der Revolution.

Bewaffnete Demonstranten besetzen Zeitungs- und Verlagshäuser.

Revolutionäre Obleute, Berliner USPD und Zentrale der KPD rufen zu Demonstrationen und Sturz der Regierung auf.

06.01.1919

Beginn des »Januaraufstands«.

08.01.1919

Vermittlungsversuche der USPD-Spitze scheitern.

09.01.1919

Zehntausende Berliner Arbeiter versuchen ohne Erfolg, Blutvergießen zu verhindern und ein Zusammengehen von SPD und USPD zu erreichen.

10.01.1919

Ausrufung der Räterepublik in Bremen: Nach wenigen Tagen am Ende.

11./12.01.1919

Eroberung der besetzten Gebäude in Berlin durch regierungstreue Verbände.

Großer Bergarbeiterstreik im rheinisch-westfälischen Revier beginnt.

Gemeinsame Sozialisierungsinitiative von SPD, USPD und KPD in Essen.

15.01.1919

Besetzung und »Säuberung« Berlins durch Freikorps und Truppen der OHL, die bisher nicht in die Kämpfe eingegriffen haben.

Festnahme von Luxemburg und Liebknecht. Ermordung auf Befehl von Hauptmann Pabst (Garde-Kavallerie-Schützen-Division).

19.01.1919

Wahlen zur Verfassunggebenden Nationalversammlung.

04.02.1919

Freikorps rücken in Bremen ein.

Damit beginnt umfassender Einsatz von Freikorps aus meist rechtsextremen Offizieren und Mannschaften zur Niederschlagung von Unruhen und Streiks.

06.02.1919

Konstituierung der Nationalversammlung in Weimar.

11.02.1919

Wahl Eberts zum Reichspräsidenten.

12.02.1919

Bildung der ersten Regierung der Weimarer Republik. Koalition von SPD, DDP und Zentrum.

Ab 16.02.1919

Generalstreik von Bergarbeitern im rheinisch-westfälischen Revier. Etwa die Hälfte aller Belegschaften beteiligt. Freikorps marschieren ins Revier ein.

21.02.1919

Ermordung des bayerischen Ministerpräsidenten Kurt Eisner (USPD).

Ab 24.02.1919

Generalstreik im mitteldeutschen Industrierevier. Bis zu 75 Prozent der gesamten Arbeiterschaft im Ausstand. Freikorps marschieren ein.

Ab 03.03.1919

Generalstreik in Berlin für Ziele der Revolutionsbewegung. Militär und Freikorps marschieren ein. Mindestens 1200 Tote.

Ab 01.04.1919
Unbefristeter Generalstreik im rheinisch-westfälischen Revier. Bis zu 73 Prozent der Zechenbelegschaften beteiligt. Freikorps marschieren ein.

07.04.1919
Ausrufung der »Räterepublik Baiern« in München.

08.-14.04.1919
Zweiter Reichskongress der Arbeiter-, Bauern- und Soldatenräte. Zentrale Themen sind Wirtschaftsdemokratie und Rolle von Arbeiter- oder Betriebsräten.

25.04.1919
Gewerkschaften öffnen sich für die Betriebsräte-Idee.

Ab 30.04.1919
Truppeneinmarsch in München, blutige Niederschlagung der bayerischen Räterepublik.

07.05.1919
Übergabe der Friedensbedingungen in Versailles.

20.06.1919
Neubildung der Regierung. DDP ist gegen Unterzeichnung des Friedensvertrages und scheidet aus.

28.06.1919
Unterzeichnung des Versailler Vertrags.

31.07.1919
Verabschiedung der Weimarer Reichsverfassung durch die Nationalversammlung.

14.08.1919
Verfassung tritt in Kraft.

13.01.1920
2. Lesung des Betriebsrätegesetzes in der Nationalversammlung. Sicherheitspolizei feuert in Demonstration vor dem Reichstag: 42 Tote.

04.02.1920
Betriebsrätegesetz tritt in Kraft: erstmals betriebliche Mitbestimmung.

13.03.1920
Kapp-Lüttwitz Putsch.

Ab 14.03.1920
Generalstreik im ganzen Land.

17.03.1920
Kapp-Lüttwitz-Putsch gescheitert.

LITERATUR

Adolph, Hans J. L. (1971): Otto Wels und die Politik der deutschen Sozialdemokratie 1894-1939. Berlin: de Gruyter

Arbeitskreis verdienter Gewerkschaftsveteranen beim Bundesvorstand des FDGB (Hrsg.) (1960): 1918. Erinnerungen von Veteranen der deutschen Gewerkschaftsbewegung an die Novemberrevolution. 2. erg. u. verb. Aufl. Berlin: Verl. Tribüne

Barth, Boris (2003): Dolchstoßlegenden und politische Desintegration. Das Trauma der deutschen Niederlage im Ersten Weltkrieg 1914–1933. Düsseldorf: Droste

Barth, Emil (1919): Aus der Werkstatt der deutschen Revolution. Berlin: Hoffmann's Verlag

Bernstein, Eduard (1998): Die deutsche Revolution von 1918/19. Reprint der Ausgabe von 1921. Bonn: Dietz

Beutin, Heidi u.a. (Hrsg.) (2010): Das waren Wintermonate voller Arbeit, Hoffen und Glück ... Die Novemberrevolution 1918 in Grundzügen. Frankfurt am Main: Lang

Bieber, Hans-Joachim (1981): Gewerkschaften in Krieg und Revolution. 2 Bände. Hamburg: Christians

Bieber, Hans-Joachim (1992): Bürgertum in der Revolution. Hamburg: Christians

Büttner, Ursula (2008): Weimar – die überforderte Republik. Stuttgart: Klett-Cotta

Carsten, Francis L. (1973): Revolution in Mitteleuropa 1918–1919. Köln: Kiepenheuer & Witsch

Dittmann, Wilhelm (1995): Erinnerungen. Bearb. u. eingel. von Jürgen Rojan. Frankfurt a. M. – New York: Campus

Drabkin, Jakov S. (1968): Die Novemberrevolution in Deutschland. Berlin (DDR): VEB Deutscher Verlag der Wissenschaften

Eichhorn, Emil (1919): Eichhorn über die Januar-Ereignisse. Berlin: Verlagsgen. »Freiheit«

Elben, Wolfgang (1965): Das Problem der Kontinuität in der deutschen Revolution. Düsseldorf: Droste

Engelmann, Dieter/Naumann, Horst (1999): Hugo Haase. Berlin: Edition Neue Wege

Erzberger, Matthias (1920): Erlebnisse im Weltkrieg. Stuttgart – Berlin – Köln – Mainz: Deutsche Verlags-Anstalt

Fischer-Baling, Eugen (1932): Volksgericht. Die Deutsche Revolution von 1918 als Erlebnis und Gedanke. Berlin: Rowohlt

Gallus, Alexander (Hrsg.) (2010): Die vergessene Revolution von 1918/19. Göttingen: Vandenhoeck & Ruprecht

Gietinger, Klaus (2008): Der Konterrevolutionär. Waldemar Pabst – eine deutsche Karriere. Hamburg: Nautilus

Goebbels, Joseph (1933): Revolution der Deutschen. Oldenburg: Stalling

Grebing, Helga (Hrsg.) (2008): Die deutsche Revolution 1918/19. Berlin: Vorwärts-Buch

Groener, Wilhelm (1957): Lebenserinnerungen. Göttingen: Vandenhoeck & Ruprecht

Haffner, Sebastian (1969): Die verratene Revolution. München: Scherz

Haffner, Sebastian (2003): Geschichte eines Deutschen. Die Erinnerungen 1914–1933. 14. erg. Aufl. Stuttgart – München: Pantheon Verlag

Hartmann, Christian u.a. (Hrsg.) (2016): Hitler, Mein Kampf. Eine kritische Edition. München: Institut für Zeitgeschichte

Illustrierte Geschichte der Deutschen Revolution (1929). Berlin: Internationaler Arbeiter-Verlag

Institut für Marxismus-Leninismus beim ZK der SED (Hrsg.) (1978): Illustrierte Geschichte der deutschen Novemberrevolution 1918/ 19. Berlin: Dietz

Institut für Marxismus-Leninismus beim ZK der SED (Hrsg.) (1958): Vorwärts und nicht vergessen. Erlebnisberichte aktiver Teilnehmer der Novemberrevolution 1918/19. Berlin: Dietz

Jones, Mark (2017): Am Anfang war Gewalt. Die deutsche Revolution 1918/19 und der Beginn der Weimarer Republik. Berlin: Propyläen Verlag

Kaiser Wilhelm II. (1922): Ereignisse und Gestalten aus den Jahren 1878–1918. Leipzig – Berlin: Koehler

Kershaw, Ian (1998): Hitler. Bd 1. Stuttgart: Deutsche Verlags-Anstalt

Kessler, Harry Graf (2006): Das Tagebuch. Sechster Band 1916–1918. Stuttgart: Cotta

Kessler, Harry Graf (2007): Das Tagebuch. Siebter Band 1919–1923. Stuttgart: Cotta

Kluge, Ulrich (1985): Die deutsche Revolution 1918/1919. Frankfurt a. M.: Suhrkamp

Kolb, Eberhard (1962): Die Arbeiterräte in der deutschen Innenpolitik 1918/1919. Düsseldorf: Droste

Kolb, Eberhard (Hrsg.) (1972): Vom Kaiserreich zur Weimarer Republik. Köln: Kiepenheuer & Witsch

Kolb, Eberhard (1984): Die Weimarer Republik. München – Wien: Oldenbourg

Kollwitz, Käthe (2012): Die Tagebücher 1908–1943. Erw. Neuausg. München: btb

Konrad, Rüdiger (= Michael Heinz) (2012): Waldemar Pabst. Noskes »Bluthund« oder Patriot? Beltheim-Schnellbach: Bublies

Kriegsgeschichtliche Forschungsanstalt des Heeres (Hrsg.) (1940): Die Wirren in der Reichshauptstadt und im nördlichen Deutschland 1918–1920. Berlin: Mittler & Sohn

Laschitza, Annelies (1996): Im Lebensrausch, trotz alledem. Rosa Luxemburg. Berlin: Aufbau-Verlag

Lehnert, Detlef/Megerle, Klaus (Hrsg.) (1989): Politische Identität und nationale Gedenktage. Zur politischen Kultur in der Weimarer Republik. Opladen: Westdeutscher Verlag

Luxemburg, Rosa (1974): Gesammelte Werke. Bd. 4. Berlin: Dietz

Mann, Thomas (1979): Tagebücher 1918–1921. Frankfurt a. M.: S. Fischer

Matthias, Erich (1970): Zwischen Räten und Geheimräten. Die deutsche Revolutionsregierung 1918–1919. Düsseldorf: Droste

Meinecke, Friedrich (1919): Nach der Revolution. München – Berlin: Oldenbourg

Meinecke, Friedrich (1949): Straßburg, Freiburg, Berlin 1901–1919. Erinnerungen. Stuttgart: Koehler

Miller, Susanne (1978): Die Bürde der Macht. Die deutsche Sozialdemokratie 1918–1920. Düsseldorf: Droste

Mühlhausen, Walter (2006): Friedrich Ebert 1871–1925. Bonn: Dietz

Müller, Richard (1974): Vom Kaiserreich zur Republik. Reprint. Berlin: Olle & Wolter

Müller, Richard (1973): Die Novemberrevolution. Reprint. Berlin: Olle & Wolter

Müller, Richard (1979): Der Bürgerkrieg in Deutschland. Reprint. Berlin: Olle & Wolter

Müller-Franken, Hermann (1928): Die November-Revolution. Erinnerungen. Berlin: Verlag Der Bücherkreis

Münsterberg, Oskar: Novemberrevolution 1918. Aufzeichnung aus dem Tagebuch des Unternehmers und Kunsthistorikers. Lemo Lebendiges Museum online

Neitzel, Sönke (2008): Weltkrieg und Revolution 1914–1918/19. Berlin: be.bra Verlag

Niess, Wolfgang (2013): Die Revolution von 1918/19 in der deutschen Geschichtsschreibung. Berlin – Boston: De Gruyter

Noske, Gustav (1920): Von Kiel bis Kapp. Berlin: Verlag für Politik und Wirtschaft

Noske, Gustav (1947): Erlebtes aus Aufstieg und Niedergang einer Demokratie. Offenbach: Bollwerk-Verlag

Oertzen, Peter v. (1963): Betriebsräte in der Novemberrevolution. Düsseldorf: Droste

Payer, Friedrich (1923): Von Bethmann Hollweg bis Ebert. Erinnerungen und Bilder. Frankfurt a. M.: Frankfurter Societäts-Druckerei

Picker, Henry (1951): Hitlers Tischgespräche im Führerhauptquartier 1941–42. Bonn: Athenäum

Plener, Ulla (Hrsg.) (2009): Die Novemberrevolution 1918/1919 in Deutschland. Berlin: Karl Dietz

Prinz Max von Baden (1968): Erinnerungen und Dokumente. Stuttgart: Klett

Purlitz, Friedrich (Hrsg.) (1919): Die deutsche Revolution. Bd. 1. November 1918 – Februar 1919. Bd. 2. März 1919 – Juni 1919. Deutscher Geschichtskalender. Leipzig: Meiner

Pyta, Wolfram (2007): Hindenburg. München: Siedler

Rathenau, Walter (1919): Kritik der dreifachen Revolution. Berlin: S. Fischer

Die Regierung der Volksbeauftragten 1918/19. 2 Bde. Eingel. von Erich Matthias; bearb. von Susanne Miller unter Mitw. von Heinrich Potthoff (1969). Düsseldorf: Droste

Regionale und lokale Räteorganisationen in Württemberg 1918/19. Bearb. von Eberhard Kolb und Klaus Schönhoven (1976). Düsseldorf: Droste

Reinhard, Wilhelm (1933): 1918/1919. Die Wehen der Republik. Berlin: Brunnen-Verlag

Revolution und Fotografie (1989). Berlin 1918/19. Berlin: Nishen

Ritter, Gerhard A./Miller, Susanne (Hrsg.) (1975): Die deutsche Revolution 1918–1919. Dokumente. 2., erw. u. überarb. Ausg. Hamburg: Hoffmann und Campe

Rosenberg, Arthur (1935): Geschichte der Deutschen Republik. Karlsbad: Verlagsanstalt »Graphia«

Rosenberg, Arthur (1961): Entstehung der Deutschen Republik 1871–1918. Reprint. Frankfurt a.M.: Europäische Verlagsanstalt

Rürup, Reinhard (Hrsg.) (1975): Arbeiter- und Soldatenräte im rheinisch-westfälischen Industriegebiet. Wuppertal: Hammer

Rürup, Reinhard (1993): Die Revolution von 1918/19 in der deutschen Geschichte. Bonn: Friedrich-Ebert-Stiftung

Rürup, Reinhard (2009): Der 9. November in der deutschen Geschichte. Berlin: Abgeordnetenhaus von Berlin

Scheidemann, Philipp (1921): Der Zusammenbruch. Berlin: Verlag für Sozialwissenschaft

Scheidemann, Philipp (1928): Memoiren eines Sozialdemokraten. 2 Bde. Dresden

Stampfer, Friedrich (1947): Die vierzehn Jahre der ersten deutschen Republik. 3. Aufl. Hamburg: Verlag Auerdruck

Stampfer, Friedrich (1957): Erfahrungen und Erkenntnisse. Aufzeichnungen aus meinem Leben. Köln: Verlag für Politik und Wirtschaft

Sternsdorf-Hauck, Christiane (2008): Brotmarken und rote Fahnen. Frauen in der bayerischen Revolution und Räterepublik 1918/19. Köln – Karlsruhe: Neuer ISP Verlag

Stresemann, Gustav (1919): Von der Revolution bis zum Frieden von Versailles. Reden und Aufsätze. Berlin: Staatspolitischer Verlag

Ströbel, Heinrich (1919): Die Bilanz der Revolution. Berlin: Verlag Neues Vaterland

Ströbel, Heinrich (1922): Die deutsche Revolution. Ihr Unglück und ihre Rettung. 3. Auflage. Berlin: Verlag für praktische Politik und geistige Erneuerung

Thaer, Albrecht v. (1958): Generalstabsdienst an der Front und in der O.H.L. Göttingen: Vandenhoeck & Ruprecht

Troeltsch, Ernst (1994): Die Fehlgeburt einer Republik. Spektator in Berlin 1918 bis 1922. Frankfurt a. M.: Eichborn

Ullrich, Volker (2009): Die Revolution von 1918/19. München: Beck

Wette, Wolfram (1987): Gustav Noske. Eine politische Biographie. Düsseldorf: Droste

Winkler, Heinrich August (1979): Die Sozialdemokratie und die Revolution von 1918/19. Berlin; Bonn: Dietz

Winkler, Heinrich August (1984): Von der Revolution zur Stabilisierung. Arbeiter und Arbeiterbewegung in der Weimarer Republik 1918 bis 1924. Berlin; Bonn: Dietz

Winkler, Heinrich August (1993): Weimar 1918–1933. München: C.H. Beck

Wolff, Theodor (1984): Tagebücher 1914–1919. Boppard am Rhein: Boldt

Wolff, Theodor: (1997): Der Chronist. Düsseldorf, München: Econ

Der Zentralrat der Deutschen Sozialistischen Republik 19.12.1918 bis 8.4.1919. Bearb. von Eberhard Kolb unter Mitw. von Reinhard Rürup (1968). Leiden: E. J. Brill

DANK

Zum Gelingen dieses Buches hat eine Reihe von Frauen und Männern beigetragen, denen mein herzlicher Dank gilt. MitarbeiterInnen der Württembergischen Landesbibliothek und anderer Bibliotheken sowie Archive haben mich bei Recherchen unterstützt, besonders Gabriel A. Mustela und Olaf Guerke von der Friedrich-Ebert-Stiftung haben das Projekt mit vielfältigem Rat und Anregungen gefördert. Angela Schneider-Bodien hat in Berliner Archiven recherchiert. Der Südwestrundfunk hat das Projekt durch Großzügigkeit gefördert, meine Partnerin Ellen Mazurek nicht nur durch ihre Nachsicht angesichts meiner langen Aufenthalte in der Revolutionswelt, sondern auch in ganz ausgeprägter Weise durch Kreativität und Ideenreichtum. Die Zusammenarbeit mit meinem Lektor Franz Leipold war ein reines Vergnügen. Als äußerst hilfreicher und kritischer Begleiter war er offen für alle Wünsche und hat bis zuletzt schier Undenkbares möglich gemacht. Mein besonderer Dank gilt Levin Krüger, der als Erster das komplette Typoskript gelesen und bearbeitet hat. Seine Fragen, Anmerkungen und Verbesserungsvorschläge haben mir außerordentlich weitergeholfen. Als historisch interessierter Jurist der jüngeren Generation und als erfahrener Korrektor wissenschaftlicher Veröffentlichungen war er mir ein ideales Gegenüber. Mein ganz besonderer Dank gilt Prof. Dr. Eberhard Kolb, einem exzellenten Fachmann und Pionierforscher auf dem Gebiet der Revolution von 1918/19, der das Typoskript kritisch geprüft und mich vor der einen oder anderen Ungenauigkeit bewahrt hat. Sein überaus positives Urteil hat mich sehr bestärkt.

PERSONENREGISTER